hoch
empor

Uli Sorg

hoch empor

Bilder und Geschichten

uweb Verlag

CIP-Titelaufnahme der Deutschen Nationalbibliothek
Sorg, Uli
hoch empor
Hrsg. Uli Sorg
2. Aufl., Tettnang
uweb, 2008
ISBN 978-3-9811505-0-6

Daten der Deutschen Nationalbibliografie zu diesem Buch
finden Sie im Internet unter: <http://dnb.d-nb.de>

www.hochempor.de

Umschlagentwurf: Uli Sorg, Umschlagabbildung, Ausschnitt aus einem Acrylgemälde von Christine Thoma.
Fotografie, Visuelle Gestaltung, Typografie und Druckvorstufe: Uli Sorg
Repro: Uli Sorg, diascan E. Bauer
Druck, Bindung und Gesamtherstellung: LONGO SPA-AG, Bozen, www.longogroup.it
Gedruckt mit MAN Roland 706, CTP: Punktraster 70 L/cm
Die Tiefenwirkung der Bilder und die Leuchtkraft der Farben wurden mit dem Intenso Plus ® Verfahren erzielt.
Gedruckt in Bozen, 2007

Gedruckt auf umweltfreundlichem, chlor- und säurefrei gebleichtem Papier. Gardamatt, 150 g/m^2.
ISBN: 978-3-9811505-0-6

Le soleil
n´ est jamais si
beau qu ún jour
où l´ on se met en route.

Die Sonne
ist niemals so schön
wie an dem Tag,
an dem man sich auf den Weg macht.

Jean Giono

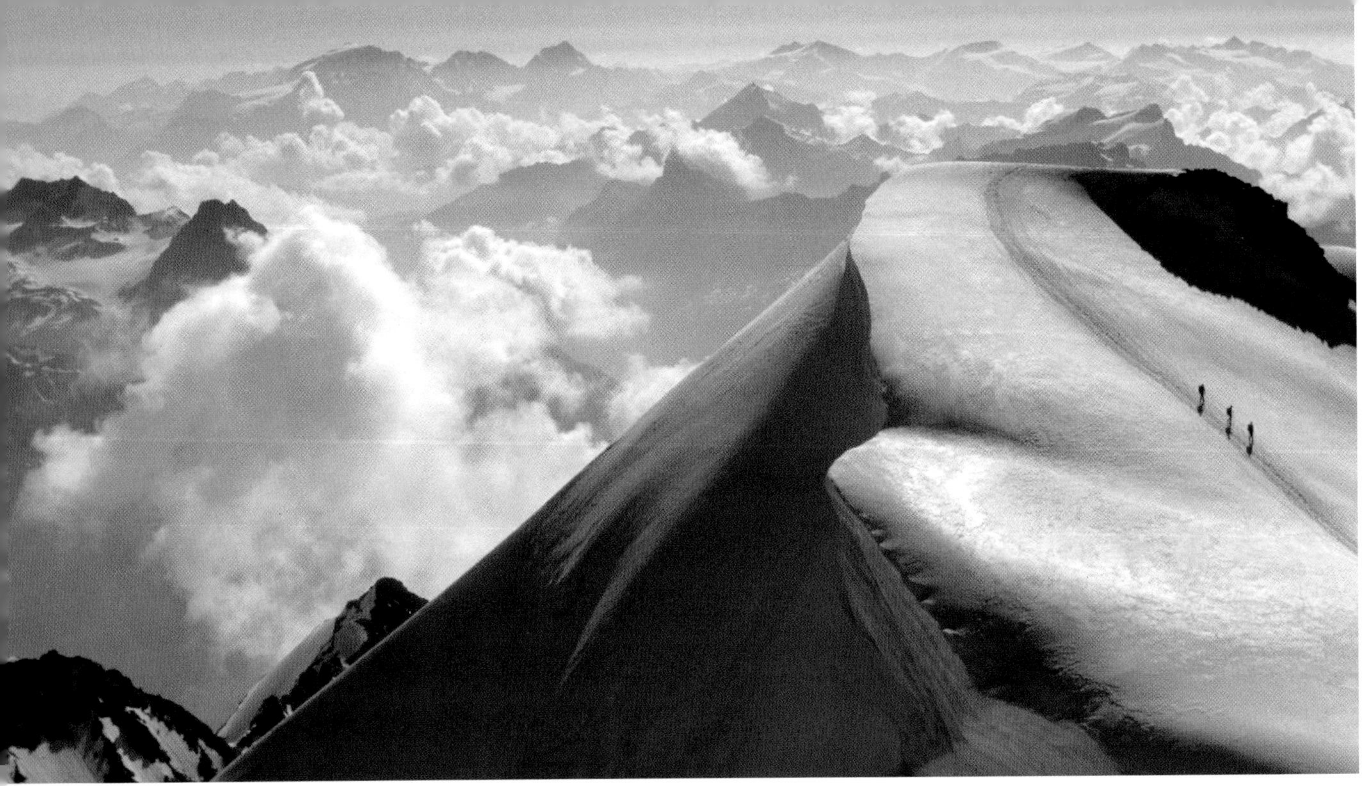

▲ *Auf dem Piz Palü, 3905 m*

Nur Sonne trinkt der Tag über dem Meer das in den Tälern wogt. Es blitzt und gleißt der Gletscher, und der Firn und Gipfel ungezählt tragen den Glanz aus Fernen zu mir her.
Hoch oben im Gewölb für's Auge viel zu weit, versiegt der lichte Strom in der Unendlichkeit.

Edwin Nutt

Inhalt

Vorwort *8*
Moderner Alpinismus?

Geh aus mein Herz und suche Freud...
Bergsteigen als Herzenssache

Stille 14
Zeit 30
Geduld und Mühen 40

Wenn wir erklimmen schwindelnde Höhen...
Gipfel und Weggefährten

Kilimanjaro 52
Matterhorn 100
Vajolettürme 112

Zwei Spuren im Schnee...
Berge im Winter

Rauhreif und Firnenglanz 124
Vollmondskitour 130
Geheimtip Sulzfluh 138

Im Frühtau zu Berge...
Dort, wo der Wildbach rauscht

Stein 152
Wasser 162
Sectio aurea u. Rauher Enzian 168

Blau, Blau, Blau blüht der Enzian...
Edelweiß blühen, Herzen erglühen

Enzian 178
Edelweiß 186
Hauswurz 192

Wo die blauen Gipfel ragen...
Aquila, Mankei, Ibex & Co.

Adler 206
Murmeltier 208
Steinbock 210

Prost, Mahlzeit...
Kulinarisches Gipfelglück

Soll ich kochen, oder kochst du? 214
Die philosophische Gipfelrast 220
Rezepte 228

Anhang
Wie meine Aufnahmen entstanden 252
Anmerkungen 258
Quellennachweis, Literatur 262
Bildnachweis 266
Dank

Vorwort

Dieses Buch ist im Zeitraum vom Frühjahr 2003 bis Herbst 2007 entstanden.

Von meinen unzähligen Berg- und Skitouren hatten sich über die Jahrzehnte hinweg so viele Farbdias angehäuft, dass ich fast daran war, den Überblick zu verlieren. Dazu kam in den letzten Jahren eine große Menge an digitalem Bildmaterial. Durch die neue Art des Fotografierens, war das Archivieren der Aufnahmen nicht unbedingt einfacher geworden. Im Gegenteil! Die vielen Pflanzen-, Tier- und Naturaufnahmen schlummerten auf unzähligen Silberscheiben im Regal vor sich hin. Oft fragte ich mich, ob diese digitalen Bilddaten in den nächsten Jahrzehnten überhaupt noch lesbar sind. Bei der Durchsicht meiner Bilder kamen mir auch immer wieder dazu passende Gedichte, Lyrik und Prosatexte in den Sinn. Schon seit Jahrzehnten sammle ich ebensolches Material rund um den Alpinismus. Manches Bild entstand auch erst durch die Inspiration eines Textes.

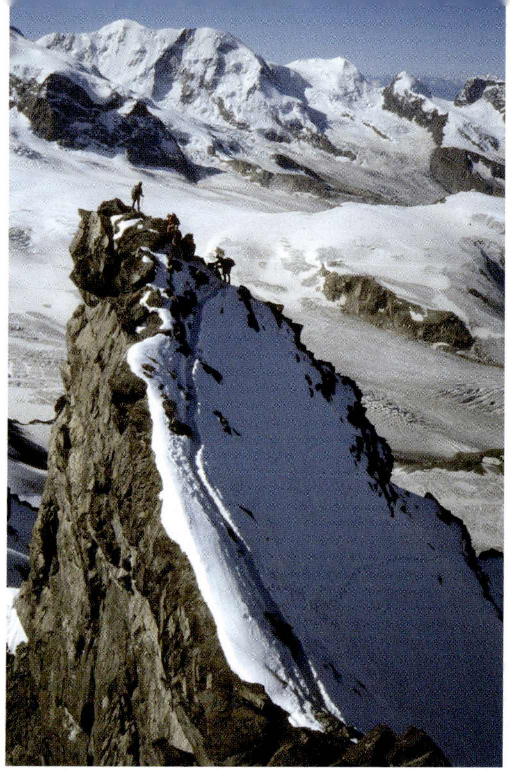

▲ *Blick vom Rimpfischhorn, 4199 m, auf den Südwestgrat*

► *Brenteihütte in der Brenta*

So reifte der Gedanke in mir, meine „schönsten" Bilder, Eindrücke und Gedanken in der althergebrachten Form eines Buches zu archivieren. Bestimmt war dieser Entschluss damals für mich auch ein kleiner Schritt, um der Schnelllebigkeit und Beschleunigung unserer hastenden Zeit entgegenzutreten.

Die Entwicklungen des „modernen" Alpinismus nehmen meines Erachtens immer groteskere Formen an. Das fängt bei Skitourenrennen mit 5000 Teilnehmern an, (Voraussetzung zur Teilnahme sind 20 heruntergehetzte Skitouren pro Saison und die Fähigkeit mindestens 700 Hm pro Stunde zu absolvieren) und endet bei Climbathlon, Speedklettern und Transalpinrun mit 230 km Distanz und 14000 Hm. Dieser ungebremste Aktionismus, dieser kollegiale Bewegungsrausch überrennt in zunehmendem Maße die empfindlichen alpinen Vegetationszonen und vernichtet die letzten weißen Flecken der Stille in unserem räumlich begrenzten Alpenraum. Zu all diesen Aktivitäten, braucht Mann/Frau natürlich „Multi Condition Ski" mit dynamischen Fahreigenschaften, „High Performance Sportswear" aus „hochatmungsaktivem, thermisch getaptem 95 Lagen-Laminat" und „Innovative Multisport-Footwear" für die optimale „Walk- und Downhill-Performance". Nicht zu vergessen das CE-geprüfte Safety Equipment mit „Airshock-Protektoren" in neuester „Trailframe Overlap Technologie". Die „Think Tanks" des DAV entwickeln hierfür parallel das entsprechende

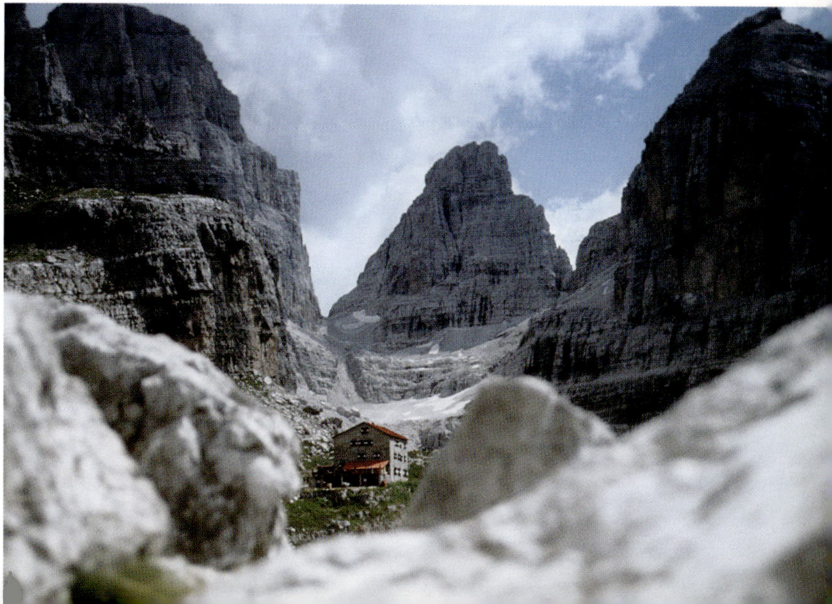

Risikomanifest mit Snow-, Wander- und Climbcard. Sämtliche natürlich mit integriertem UIAA-Skalen, Sensor, Schritt- und UV-Expositionsmesser sowie Herzfrequenz-Datenlogger.

Die gängigen Kletter-, Wander- und Bergzeitschriften unterstützen diesen Boom tatkräftig mit ausführlichen redaktionellen Artikeln, die globale Werbeindustrie fordert da schon ihre Attribute für die

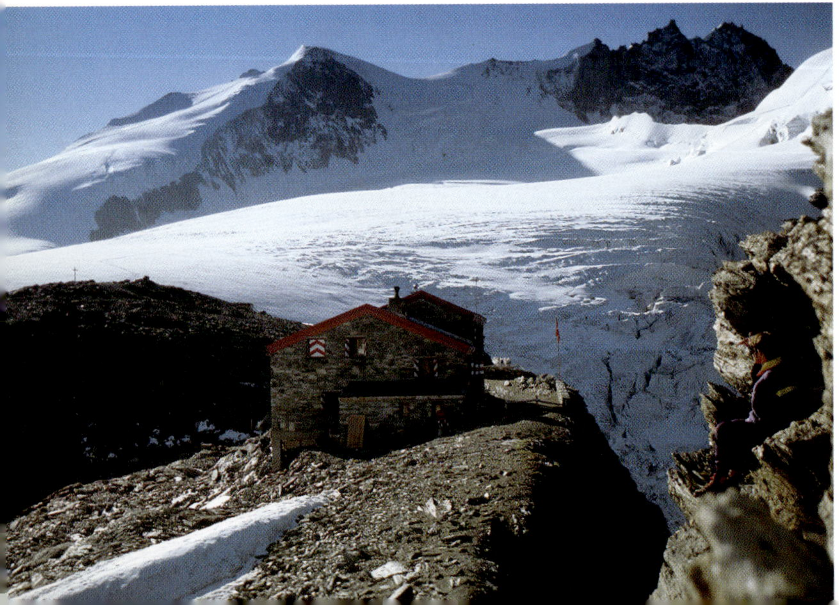

teuer bezahlten bunten Werbeseiten. Braucht man das? Ich nicht, mich haben weder Hiking, Biking oder Nordic Walking interessiert. Genauso wenig Gefallen fand ich an Lodge-, Zelt- oder Komforttrekking. Ich bin weder ein Freerider, Softmover oder Hardrocker und zum Bouldern, Plaisier-, Flash- oder Speedklettern im Bohrhakenabstand eines Meters fehlt mir die Zeit. Außerdem ist es enorm anstrengend und teuer dabei immer auf dem aktuellsten Stand zu sein.

Diesem mühsamen Gekratze an der Oberfläche, diesem Gieren nach absoluten Höchstleistungen kann ich nichts abgewinnen. Für mich ist Klettern, Bergsteigen oder einfach nur Wandern eine „Herzenssache", wie es Julius Kugy schon 1916 so treffend formulierte, und genauso gut stimme ich mit ihm heute überein, wenn er schreibt: „Man suche nicht das (technische) Klettergerüst des Berges, man suche seine Seele".

Vielleicht bin ich mit der einen oder anderen Aufnahme und meinen Gedanken dazu fündig geworden. Zeit, Stille und oft einen zweiten Anlauf habe ich aber immer dazu gebraucht.

Uli Sorg

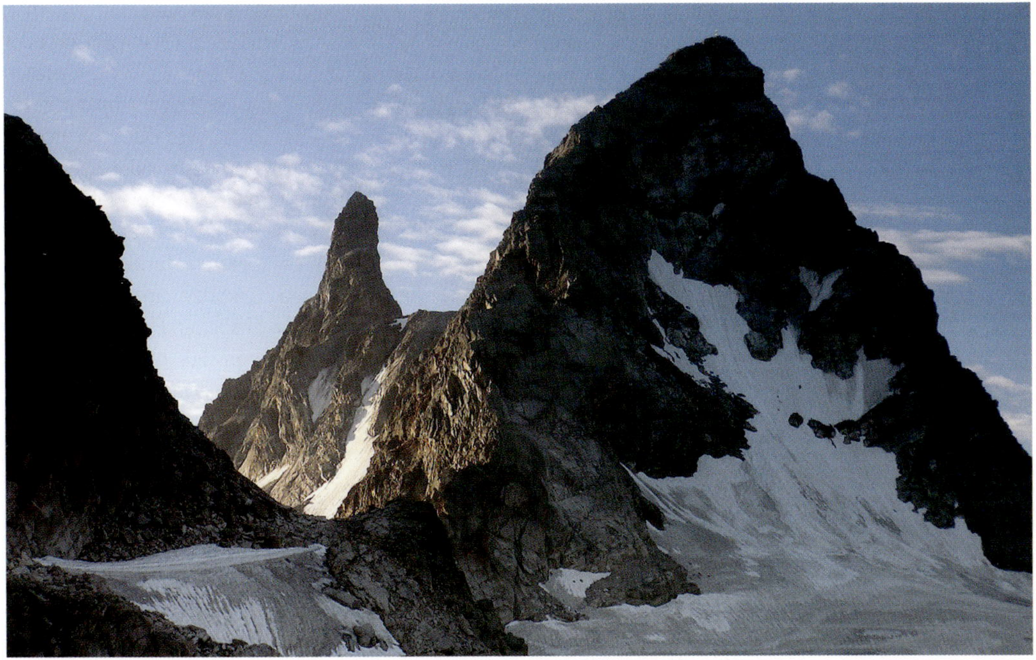

▲ *Großes Seehorn und Großlitzner in der Silvretta*

◄ *Tracuithütte im Wallis, im Hintergrund Bishorn und Weißhorn*

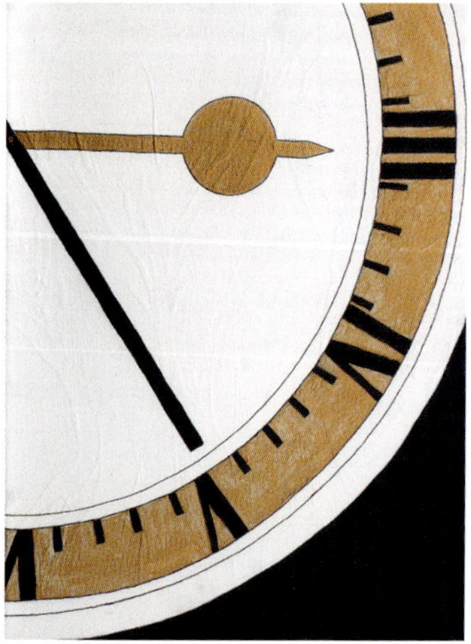

◄ *Zeit*
Acryl auf Leinwand, 30 x 40 cm
Christine Thoma

Geh aus mein Herz und suche Freud,,,
Bergsteigen als Herzenssache

Stille

Zeit

Geduld und Mühen

Stille

Still, es war sehr still. Hatte ich überhaupt schon mal eine solche Stille „gehört"? Ich blieb stehen. Noch vor einer Stunde war ich von der lärmenden Autobahn nach Brand abgebogen und hierherauf, Richtung Lünersee marschiert. Ich musste für ein paar Stunden der Alltagshektik entrinnen, in die Höhe, abschalten und meine Akkus aufladen.

Das Seetal, das sich in Nordsüdrichtung von Brand zum Lünersee hochzieht, war noch tief verschneit und die Abstürze der Schesaplana, dem höchsten Gipfel des Rätikons, schauten mit ihren vereisten Wasserfällen noch ganz winterlich aus.

Es war ein sonniger Frühjahrstag, und ich war voller Tatendrang, als ich auf der Schattenlagantstraße gemütlich bergan wanderte. Von den Wänden des Zirmenkopfes strich ein kalter, aber nicht unangenehmer Wind über die Schattenlagantalpe das Tal herab. Gedankenvertieft stapfte ich durch den knöcheltiefen Schnee aufwärts Richtung Douglasshütte und ahnte, dass die Schneehöhe weiter oben meinem Ausflug bald ein Ende bereiten würde. Die meterhohen Schneewände links und rechts des Fahrweges waren von einer Schneefräse senkrecht abgeschnitten und verschluckten jeden Laut. Etwas weiter oben, wo der Alvierbach gluckernd und gurgelnd die Straße unterquert, wurden die Schneemassen durch Verwehungen plötzlich übermächtig. Die freigefräste Schneise bildete einen schmalen, hohen Gang. Ich drehte mich um, versuchte irritiert ein Geräusch, einen Laut, oder einfach nur ein Vogelzwitschern wahrzunehmen. Nichts. Absolute Lautlosigkeit, vollkommene Stille, ein seltsamer und ergreifender Sinneseindruck. Es ist nicht so, dass ich auf meinen unzähligen Touren nicht schon öfters mit ähnlicher Geräuschlosigkeit konfrontiert worden wäre. Meistens fliehen wir Bergsteiger ja

stillî

althochdeutsch (...) bedeutete ursprünglich „stehen, unbeweglich" auch „schweigend, verborgen"

DUDEN: Etymologie der deutschen Sprache

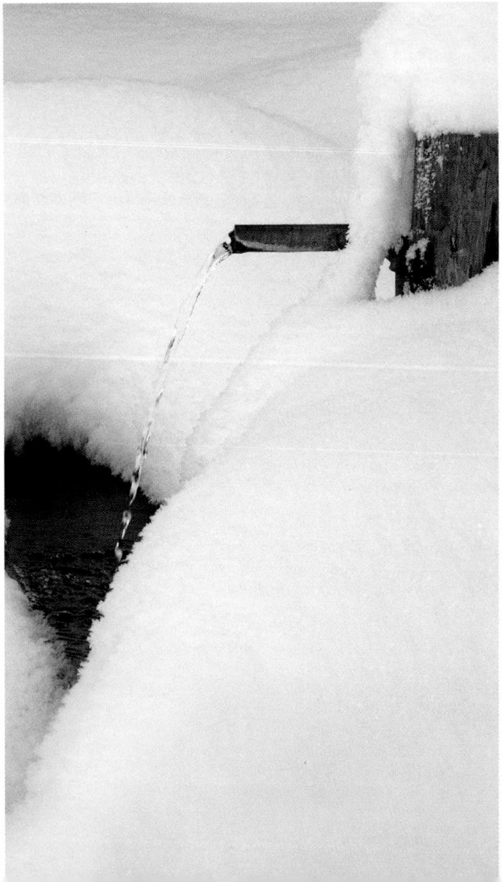

Der Weg
zu allem Großen
geht durch die Stille
FRIEDRICH NITZSCHE

gerade wegen Lärm und Hektik aus der Stadt. Wir wollen dem permanenten Lärmpegel des Straßenverkehrs, dem Industrielärm und der Hintergrundberieselung entgehen und „Ruhe" finden in den Bergen.

Sehr oft genießen wir die Stille in den Bergen und schöpfen Kraft und neue Impulse durch die „Leer-Räume", die wir hier oben und später auch in uns entdecken. Wir finden zu uns selbst und nach Serge Poliakoff, in eine andere Welt:

„Stille ist nicht bloß Abwesenheit von Lärm, sondern ein Schweigen, das den Menschen Augen und Ohren öffnet für eine andere Welt".

Hier, ein paar hundert Höhenmeter über dem umtriebigen und geschäftigen Tal, habe ich etwas, was ich unten, unter den Menschen, so oft nicht habe: Frieden, Ruhe, Stille.

Nachdem ich noch einmal ein paar hundert Meter höher gestiegen war, blieb ich abermals stehen und horchte. Nein, das hier war etwas anderes, es war keine Leere, es hat nichts gefehlt, viel-

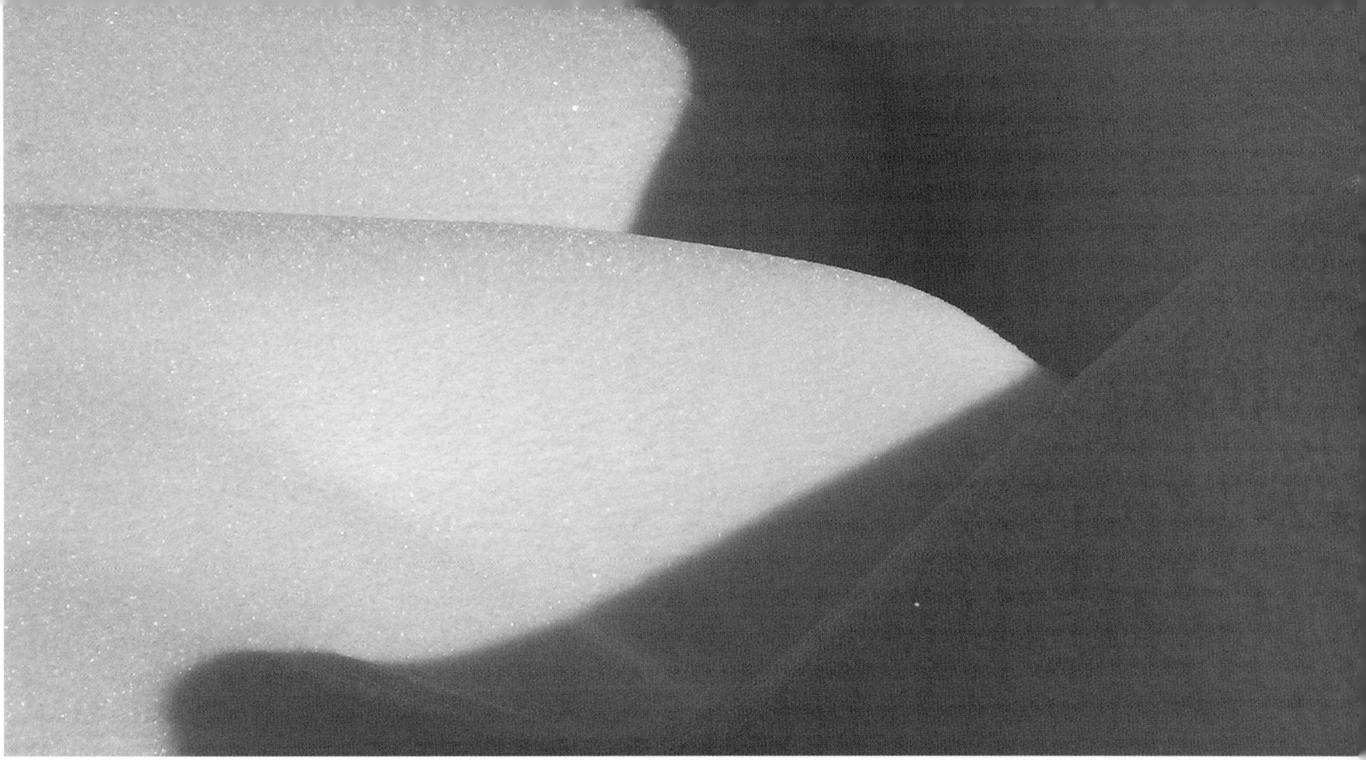

mehr umgab mich etwas, das ich bis dahin in dieser Intensität nicht gekannt hatte: tiefe Stille. Als wehe sie gespensterhaft und geräuschlos von den Nordwänden des Zirmenkopfes herab und füllte den schmalen, von Schneewänden begrenzten Korridor. Als wäre dies ein geweihter Ort, wo wir Menschen ehrfurchtsvoll aufhorchen müssten. Ich befand mich ja nicht in einem schallisolierten Raum, ich stand in freier Natur und diese Natur um mich herum lebte, kleine Zweiglein bewegten sich und eine Unzahl von Schäfchenwolken zogen am blauen Frühlingshimmel über die Brandner Mittagsspitze. Es war etwas Wundersames, Bewegendes. Laotse braucht dazu nur sechs Worte: „Die größte Offenbarung ist die Stille." Konnte ich plötzlich in mich hineinhorchen? Kann man sich selbst hören? Jahre später bekam ich ein Büchlein in die Hände und fand darin meine bewegende Erfahrung am Lünersee bildhaft beschrieben:

Die Fülle des Lebens, die Fülle Gottes kann nur in uns wohnen, wenn wir Raum dafür schaffen. Und neue Impulse und Gedanken finden erst dann Platz in uns, wenn wir vorher Leer-Räume dafür schaffen.

LAO-TSE

„Die Stille ist in den Bergen oft ungeheuer gegenwärtig und raumfüllend. Stille ist kein Mangel an Schall, kein Ausbleiben von Geräuschen, kein Ausdruck eines Fehlens so wie die Dürre ein ausgeprägter Mangel an Flüssigkeit ist. Sie ist ganz im Gegenteil ein Zustand der Fülle, etwas, das einen Raum ausfüllt und sogar das Auftreten von Lauten und Tönen überdauern kann. Manchmal bleibt es still, auch wenn Geräusche kommen. In Augenblicken scheint es, als ließe sich in den Bergen diese Stille sogar hören".[1]

Alpenrispengras/Pòa alpina vivipara ►

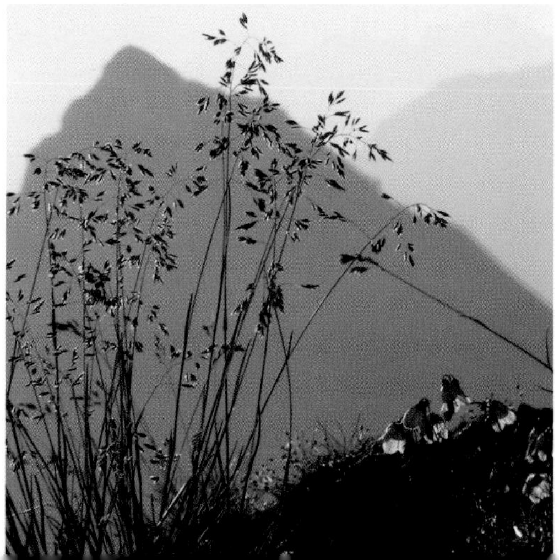

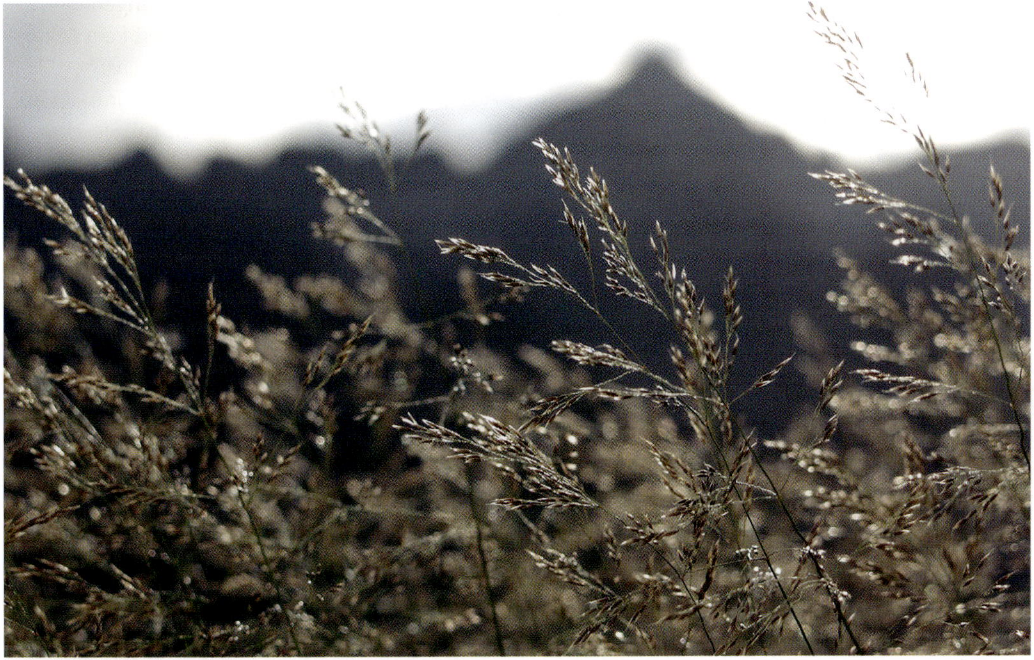

Die Stille der Berge raubt einem wirklich die Sprache. Ich schreie irgendetwas in die Geräuschlosigkeit der Landschaft, um mich von meinem Leben zu überzeugen.

AUS: „ERLEBNIS BERG" REINHARD KARL

Ein Wert, der seit Anbeginn
mit dem Gebirge verbunden bleibt,
ist die Stille.
Und je lauter die Welt wird,
desto wichtiger wird dieser Wert.
Nichts kommt uns so unbemerkt abhanden
wie die Stille.
Auch deshalb gilt es,
die letzten unerschlossenen Bergregionen
vor Infrastruktur aller Art zu schützen
und leise in die Stille vorzudringen.
Wir dürfen sie nicht vertreiben!

Reinhold Messner

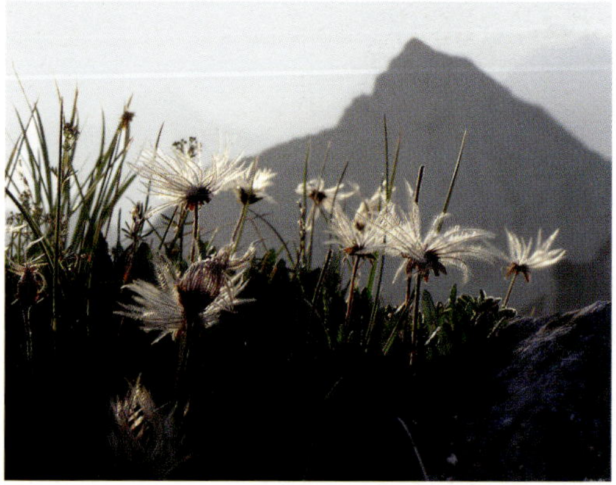

▲ *Achtblättrige Silberwurz/Dryas octopetala*

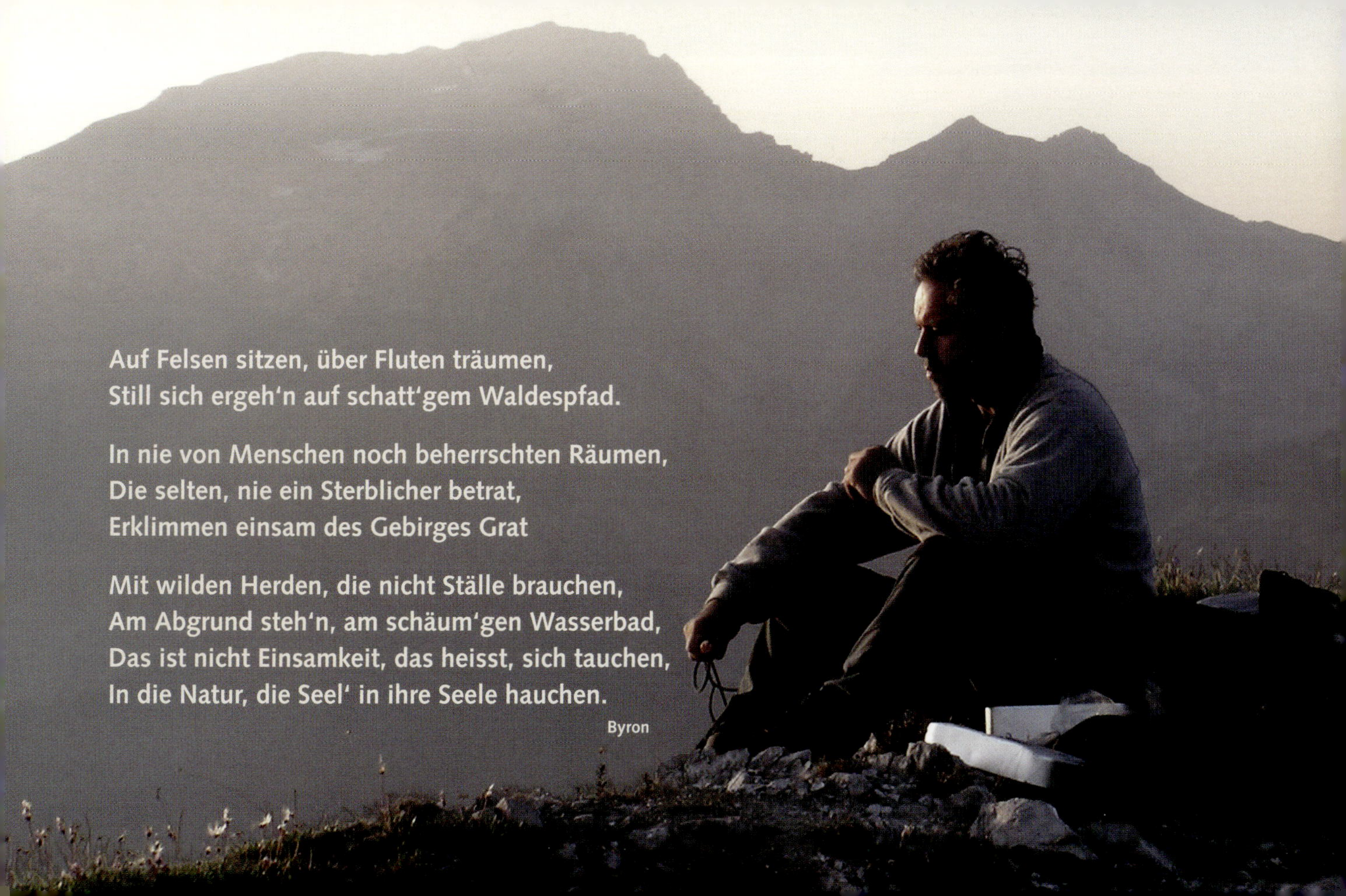

Auf Felsen sitzen, über Fluten träumen,
Still sich ergeh'n auf schatt'gem Waldespfad.

In nie von Menschen noch beherrschten Räumen,
Die selten, nie ein Sterblicher betrat,
Erklimmen einsam des Gebirges Grat

Mit wilden Herden, die nicht Ställe brauchen,
Am Abgrund steh'n, am schäum'gen Wasserbad,
Das ist nicht Einsamkeit, das heisst, sich tauchen,
In die Natur, die Seel' in ihre Seele hauchen.

Byron

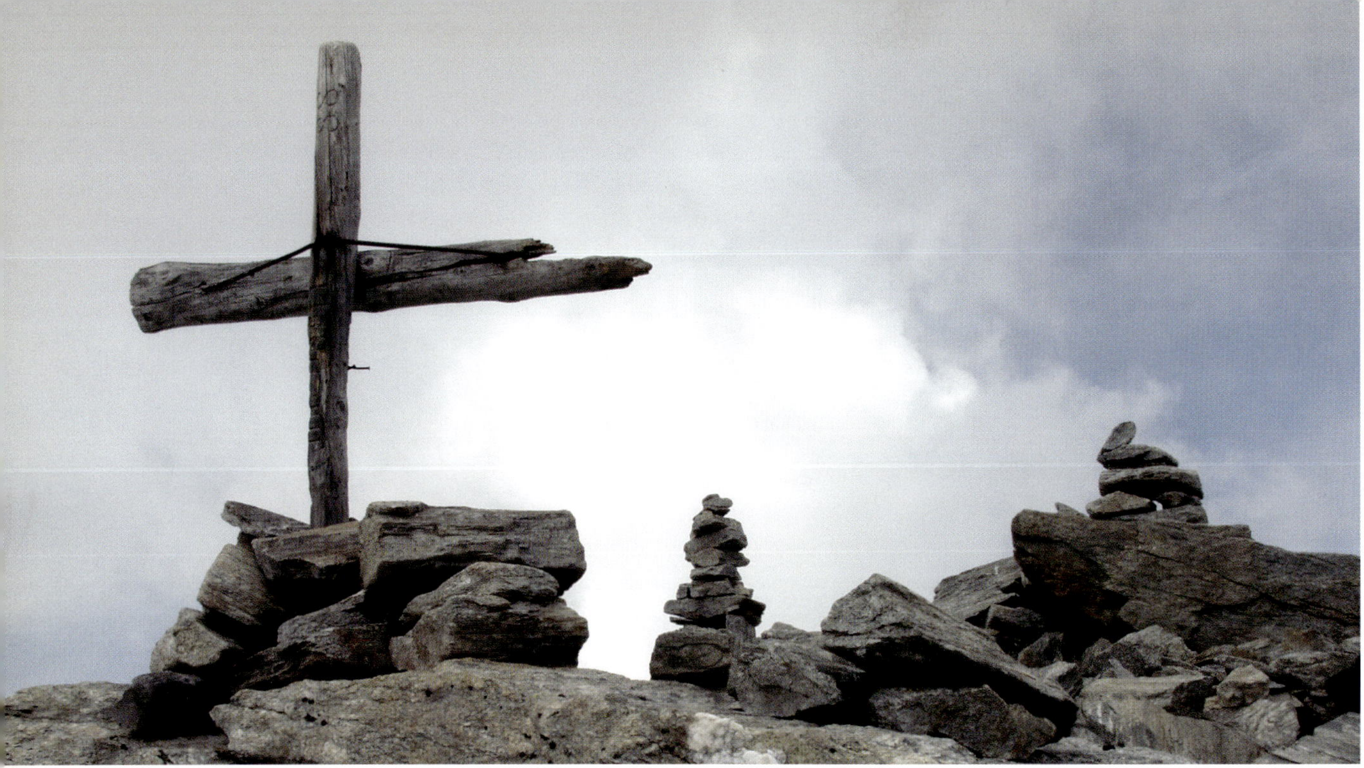

Stille ist mehr als die Abwesenheit von Lärm. Ich würde es mit dem Raumbegriff beschreiben.
Stille ist, sich einen Raum zu schaffen, in den sich aus dem Innern heraus neue Einfälle und Assoziationen entwickeln können. Platz, um sich selbst zu hören.

WOLFGANG PICHLER, PSYCHOANALYTIKER
UND PROFESSOR AN DER UNIVERSITÄT SALZBURG

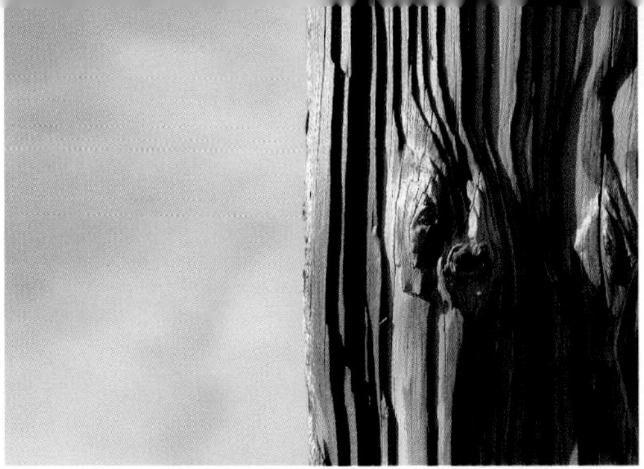

Es schien, als gäbe es auf der ganzen Welt nichts Lebendiges. In dieser Stille lag ein Segen und auch etwas Wundersames. Es war die Art von Stille, die uns nach innen ruft, dorthin, wo der Ursprung unseres Seins liegt.

Paul Gruchow

So saß ich vor dem Hause auf der Bank und sah diese Berge an. Sie standen da in müder Tagesruhe, und das späte, kühle, Nachmittagslicht lag auf ihnen, sachte aufglimmend.

Im See schliefen die Wellen und in der Luft das Echo … Es gibt eine Stille, - kennst Du sie? - in der man meint, man müsse die einzelnen Minuten hören, wie sie in den Ozean der Ewigkeit hinuntertropfen.

Adalbert Stifter

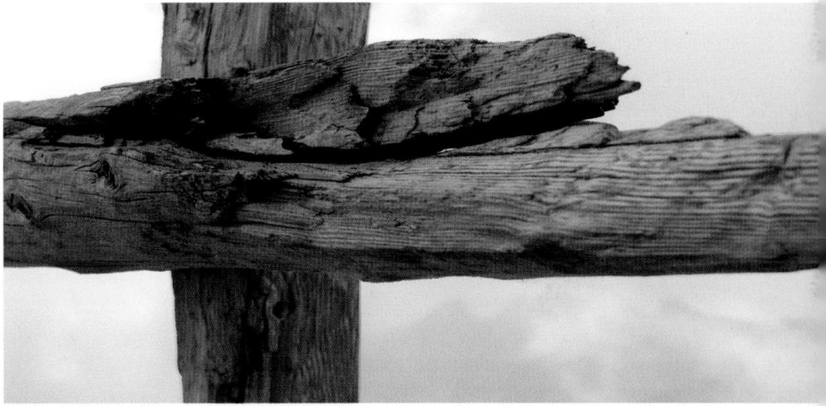

▲ *Verwittertes Gipfelkreuz auf dem Monte Zucchero, 2736 m, im Tessin*

Dreißig Speichen gehören zu einer Nabe, doch erst durch das Nichts in der Mitte kann man sie verwenden.

Man formt Ton zu einem Gefäß, doch erst durch das Nichts im Innern kann man es benutzen.

Man macht Fenster und Türen für das Haus, doch erst durch das Nichts in ihren Öffnungen erhält das Haus seinen Sinn.

Somit entsteht der Gewinn durch das, was ist, erst durch das, was nicht da ist.

Lao-Tse

Trauben-Steinbrech/Saxifraga paniculàta und Moos-Steinbrech/Saxifraga bryoídes (rechts) beide Montafon

Verstehen - durch Stille,
Wirken - aus Stille,
Gewinnen - in Stille.
»Soll das Auge die Farben gewahren, so muss es selber zuvor aller Farben entkleidet sein.«

Quelle unbekannt

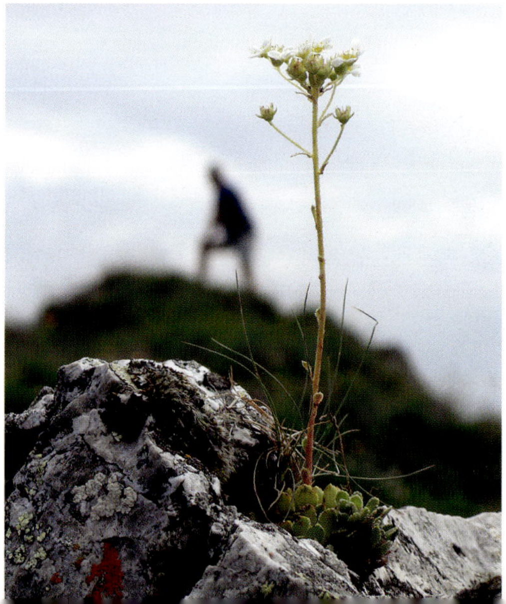

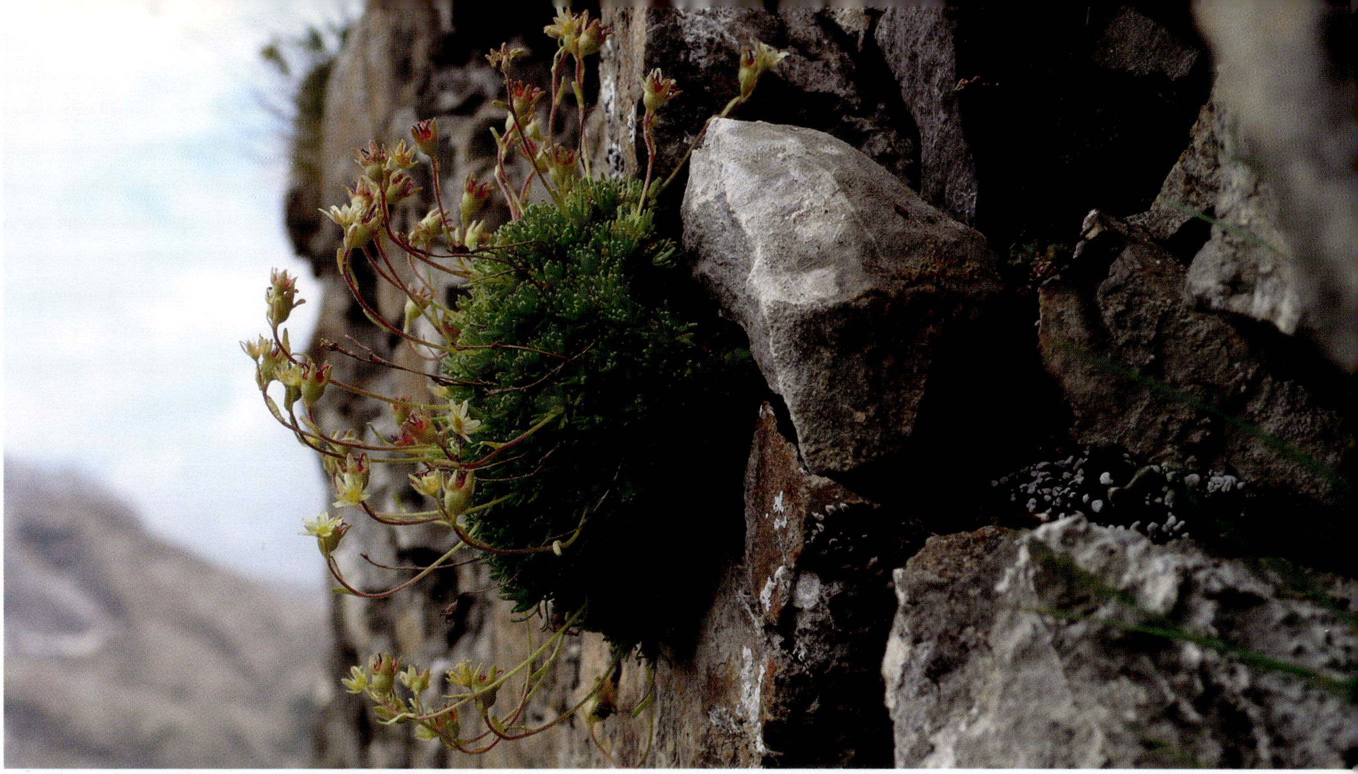

Mitten im Gelärm das innere Schweigen bewahren. Offen, still, feuchter Humus im fruchtbaren Dunkel bleiben, wo Regen fällt und Saat wächst - stapfen auch noch so viele im trockenen Tageslicht über die Erde in wirbelndem Staub.

DAG HAMMARSKJÖLD

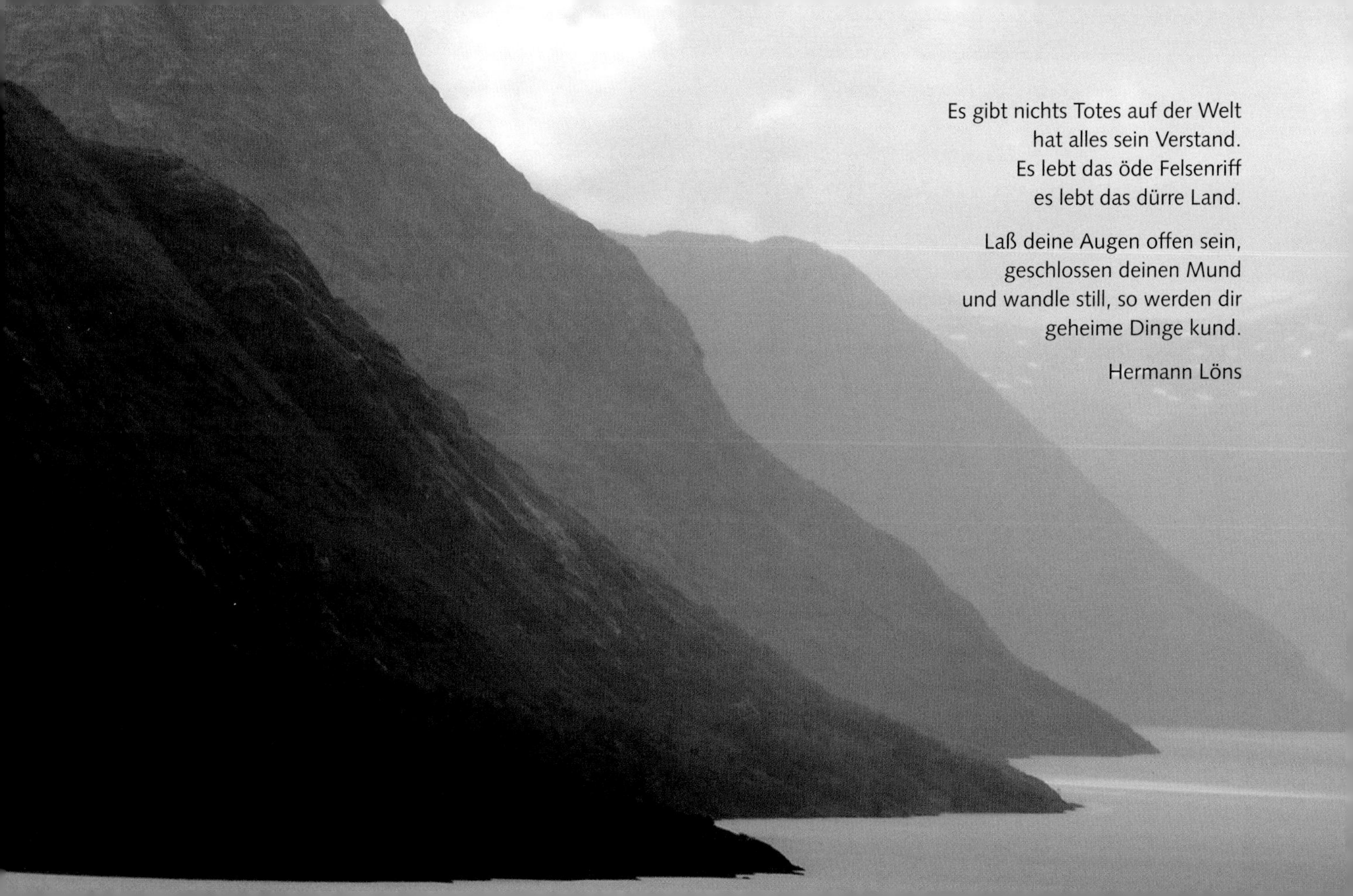

Es gibt nichts Totes auf der Welt
hat alles sein Verstand.
Es lebt das öde Felsenriff
es lebt das dürre Land.

Laß deine Augen offen sein,
geschlossen deinen Mund
und wandle still, so werden dir
geheime Dinge kund.

Hermann Löns

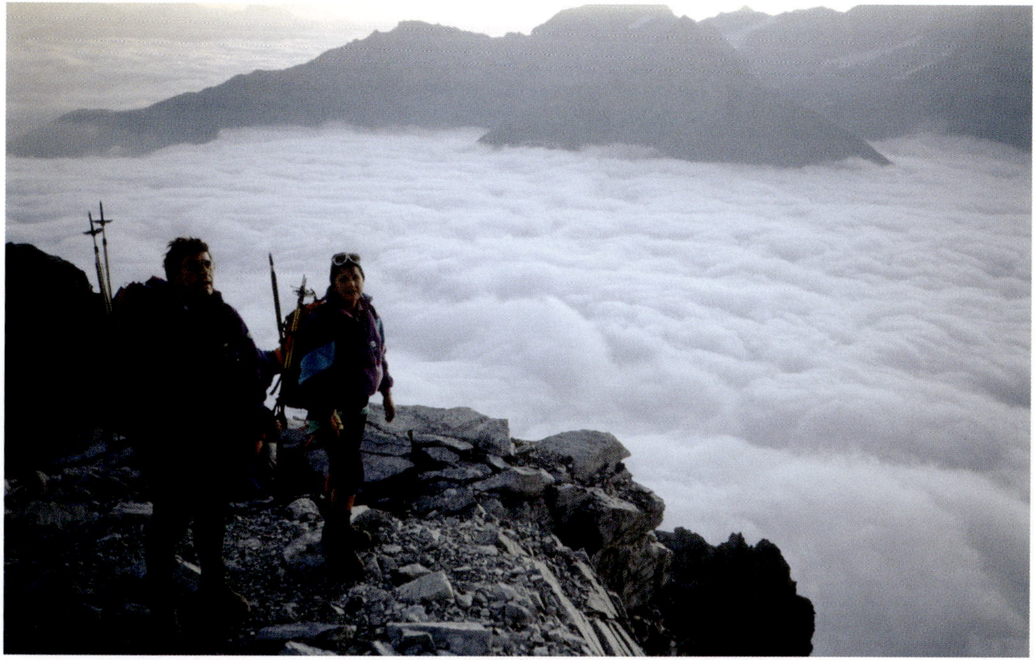

Als ob die Wasser des
Weltmeeres ins Gebirge
einbrächen, ballt sich
über tiefen Tälern der
Nebel.
Dann sind die hohen
und hehren Berge
allein.
Wer sich zu dieser
Stunde hinaufwagt,
steht ergriffen
vor den Bausteinen
der Schöpfung.

Franz A.Roedelberger

▲ *Das erste Morgenlicht am Zustieg zum Ortler*

◄ *Einer der unzähligen Fjorde Norwegens*

Jeder Berg hat seine
Stunde, wo er ganz
besonders schön ist:
Es ist nicht der Mittag,
denn dann sind die
Berge ganz erdrückt
vom Licht.
Es ist die Zeit der
Morgen- oder Abend-
dämmerung,
wenn die Sonne die
Berge zum Leben er-
weckt oder sie flieht.

Gaston Rebuffat

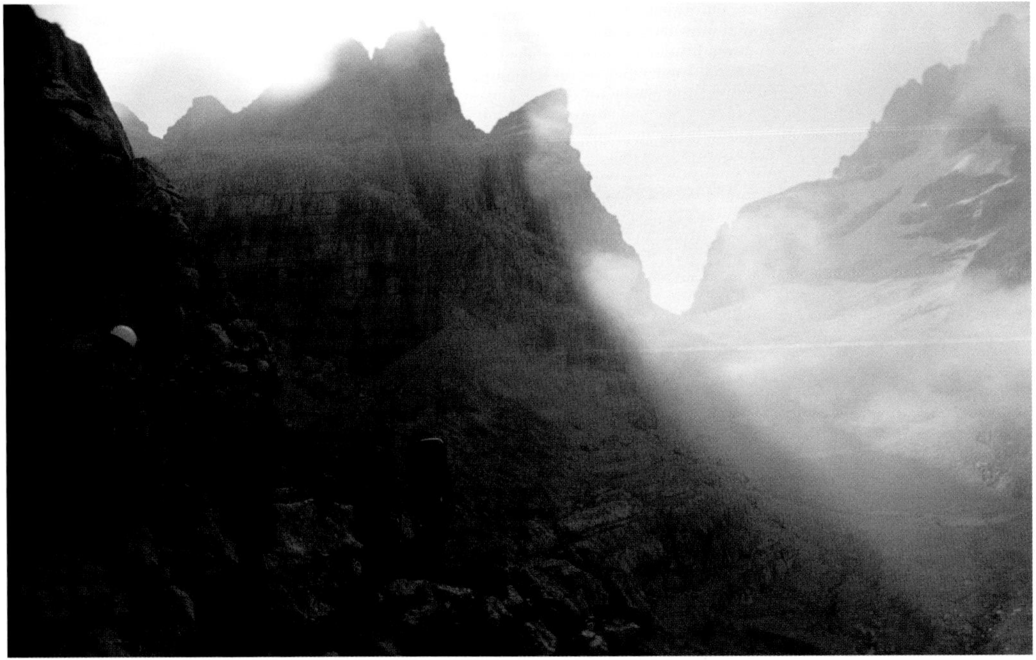

▲ *Im Morgengrauen steigen wir zur Bocchetta Alta auf (Brenta)*

► *Abendstimmung am Spullersee im Lechquellengebirge*

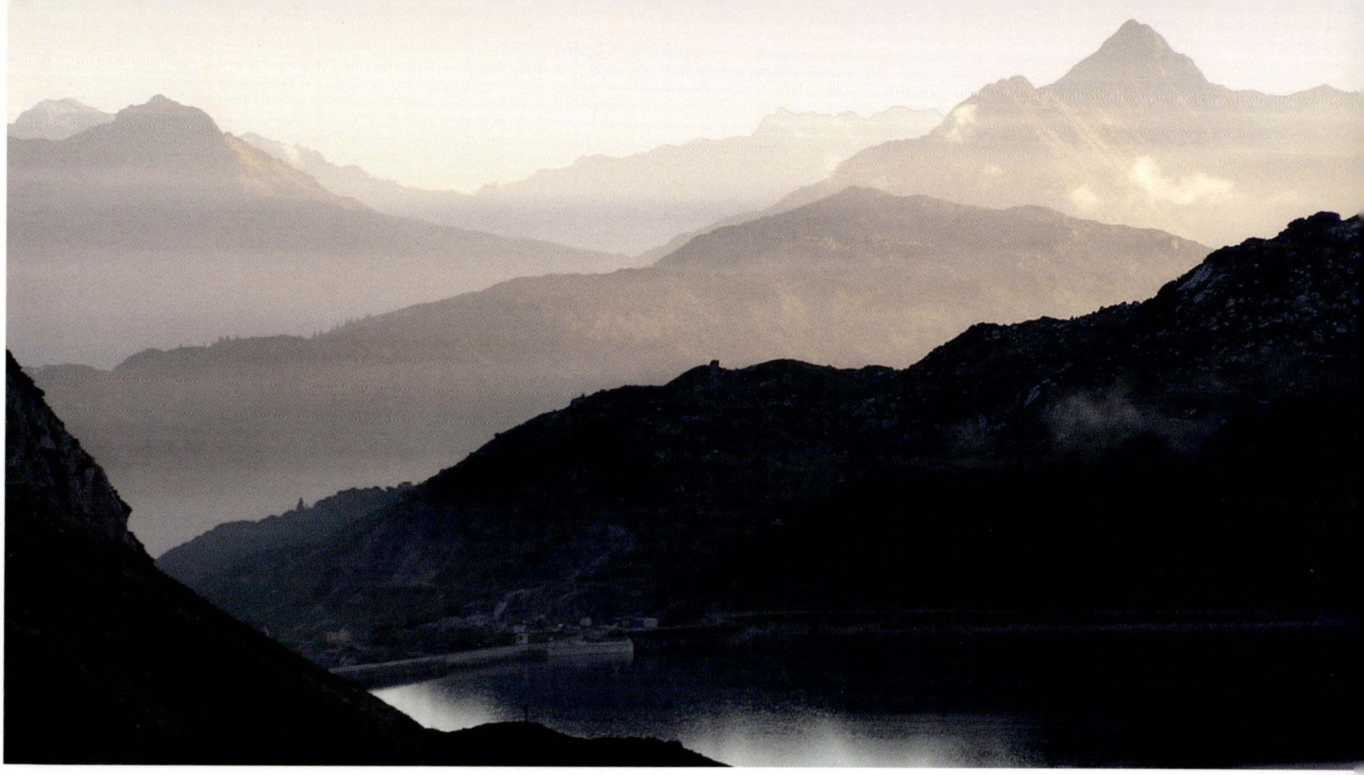

Der See ist erloschen, schwarz schläft das Ried, im Traume flüsternd. Ungeheuer ins Land gedehnt drohen die hingestreckten Berge. Sie ruhen nicht. Sie atmen tief, und sie halten einer den andern an sich gedrückt. Tief atmend, mit dumpfen Kräften beladen, unerlöst in verzehrender Leidenschaft.

Hermann Hesse

Zeit

zît - das altgermanische Substantiv (...) zît gehört im Sinne von „Abgeteiltes, Abschnitt" zu der indogermanischen Wurzel dâi „teilen, zerschneiden, zerreißen".
DUDEN: *Etymologie der deutschen Sprache*

Schon bei meinen ersten Bergtouren habe ich etwas ganz Wichtiges für mich entdeckt: Langsamkeit und Ruhe als neue Lebensqualität. Durch meinen Beruf war ich nicht selten besonders beschleunigter Lebensumstände ausgesetzt. Meistens wurde bis spät in die Nacht gearbeitet, oft am Wochenende, manchmal auch an Feiertagen. Immer musste etwas „noch ganz schnell" fertig werden, zu einer Messe, einer Präsentation, oder einfach weil eine „Deadline" den Abschluss der Arbeit fixierte. Schon die Ausdrücke Deadline und Konventionalstrafe bei Zeitverzug hatten mir damals Angst und Respekt eingeflößt. Mein Lebensrhythmus war zeitweise anderen Rhythmen und Werten untergeordnet. Zeiteinsparung, Geschwindigkeit und Effizienz waren die allesbestimmenden Kriterien, nach de-

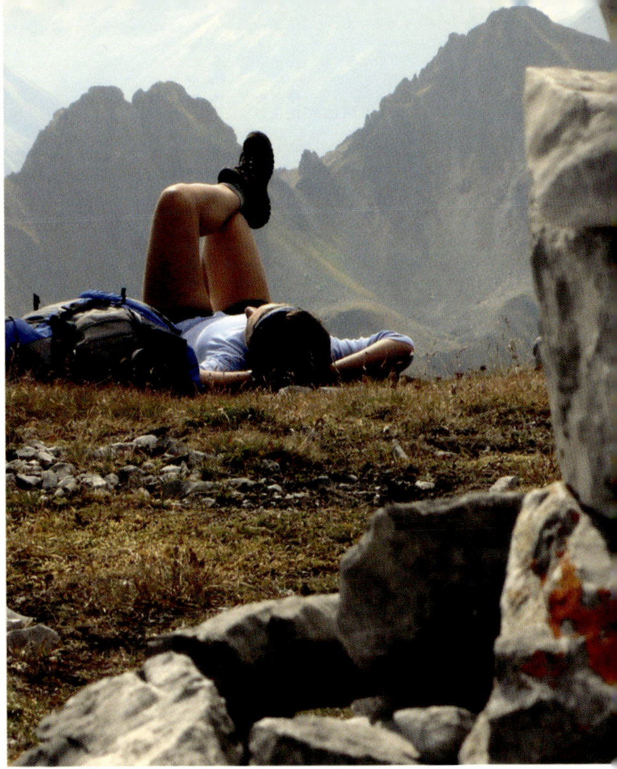

Augenblick, verweile doch, du bist so schön.
GOETHE, „FAUST"

nen ich zu funktionieren hatte. Sie sind es sicherlich auch heute wieder für viele Arbeitnehmer. Für meinen damaligen Chef war Zeit natürlich Geld, für mich war und ist Zeit eigentlich immer Zeit. So mancher Kollege und Bekannte ist damals ausgebrannt und leidenschaftslos auf der Strecke geblieben, oder besser gesagt: aus dem Rhythmus gekommen.

Heute lebe ich, durch den einen, oder anderen glücklichen Lebensumstand, viel weniger nach dem Diktat der Termine, versuche, wo es nur geht, der Beschleunigung entgegenzuwirken und mehr auf die Naturrhythmen zu achten. Einen nicht unbeträchtlicher Teil meiner Freizeit verbringe ich in den Bergen. Hier zählt nicht das Tempo, hier hat die Zeit einen anderen Wert. Das fällt mir meist dann auf, wenn ich sinnierend, Schritt für Schritt, in einen gleichmäßigen Bewegungsablauf gerate, den ein anderer vielleicht als meditieren bezeichnen würde. Dann habe ich den richtigen Rhythmus gefunden, wechseln sich Aktivität und Inaktivität in gelungener Weise ab. Neben schnellem Zupacken am Seil, schweißtreibenden Grataufschwüngen, oder widrigem Gehatsche steht das Schauen, Verweilen und Hineinversinken in die Natur. Auf eine anstrengende, steile Schuttrinne mit zahlreichen Spitzkehren, folgt ein

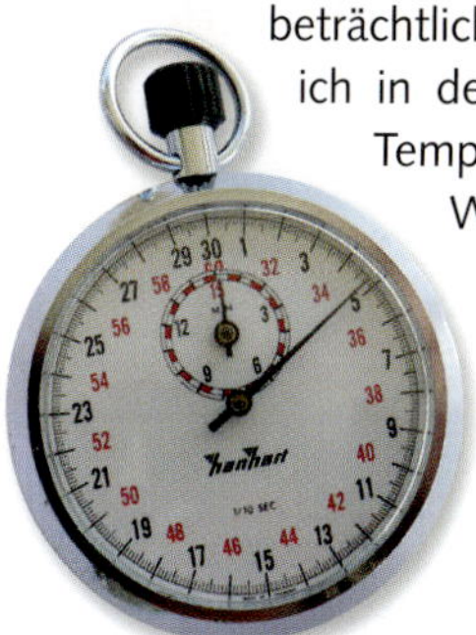

◄ Gipfelrast auf der Scheienfluh
► Teufelskralle u. stumpfblätteriger Mannsschild in der Silvretta. Im Hintergrund der Großlitzner

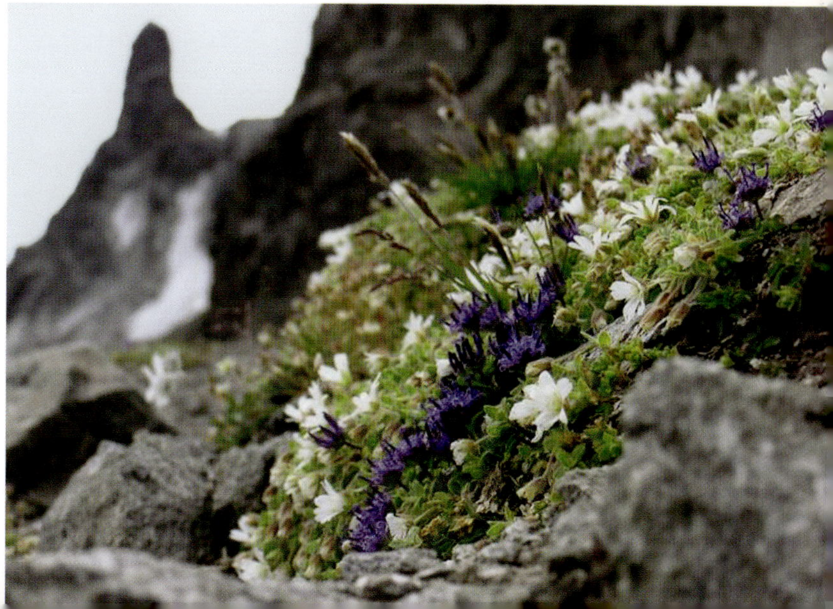

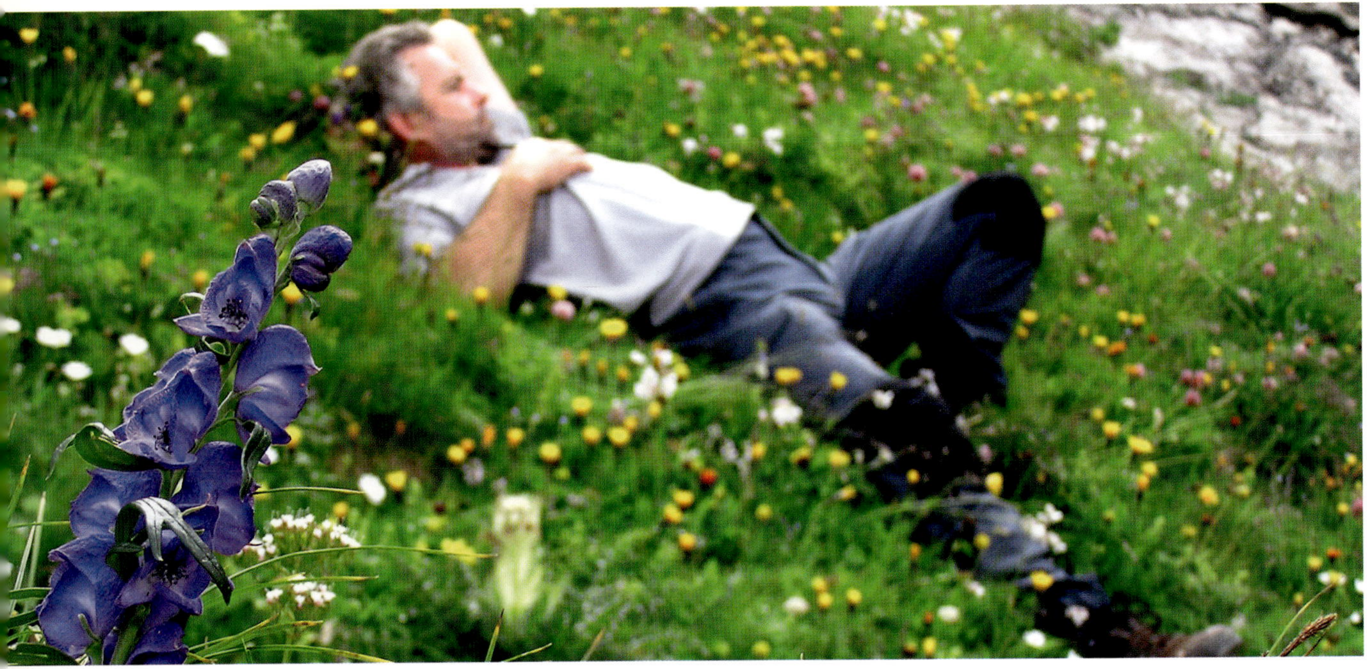

Es tut unserer Seele gut, wenn wir in den Rhytmus der Natur einschwingen. Naturgemäß leben heißt auch dem Wesen der Seele gemäß leben.

ANSELM GRÜN

gemütliches Wegstück mit grandiosen Postkartenausblicken, fotogenen Gebirgspflanzen oder einem schönen Stein am Wegesrand. Jetzt nehme ich mir die Zeit, um den Blick in die Ferne schweifen zu lassen und innezuhalten.

Auf das Anspannen der Kräfte folgt das Nachlassen, das „Sichgehenlassen" und Ausruhen. Gerade diese Pausen sind wichtig, sind sie doch ein wesentlicher Bestandteil einer gelungenen Bergtour. Auch schon für Goethe lag der Schlüssel zum Glück im Wechsel und Rhythmus: „Alles Behagen am Leben ist auf eine regelmäßige Wiederkehr der äußeren Dinge gegründet. Der Wechsel von Tag und Nacht, der Jahreszeiten, der Blüten und Früchte, und was uns sonst von Epoche zu Epoche entgegentritt, damit wir es genießen können und sollen, diese sind die eigentlichen Triebfedern des irdischen Lebens. Je offener wir für diese Genüsse sind, desto glücklicher fühlen wir uns."

Man sollte nicht Zeitvertreib sondern Zeitgenuss sagen.

JEAN PAUL

◄ *Nach der Tour*
► *Auf dem Weg zum Piz Kesch*

In den Bergen „ticke ich richtig", gibt mir mein Schritttempo den richtigen Takt an. Manchmal kommt es auch vor, dass eine mit 3 1/2 Stunden angegebene Wegstrecke oder Klettertour in 3 Stunden begangen ist. An diesem Tag habe ich eben anders getickt, habe ich einen anderen, schnelleren Rhythmus gefunden.

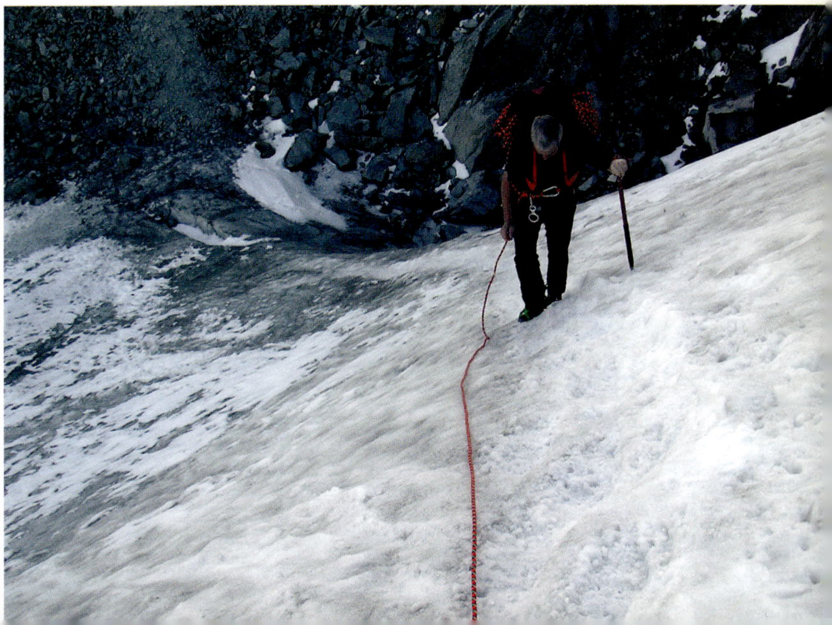

Das Entscheidende jedoch ist: Ich habe den Rhythmus vorgegeben.

Der deutsche Philosoph Georg W. F. Hegel schreibt im Bezug auf die Musik dazu:

„Die Befriedigung aber, welche das Ich, durch den Takt im Wiederfinden seiner selbst erhält, ist um so vollständiger, als die Einheit und Gleichförmigkeit weder der Zeit, noch den Tönen als solchen zukommt, sondern etwas ist, das nur dem Ich angehört und von demselben zu seiner Selbstbefriedigung in die Zeit hineingesetzt ist".

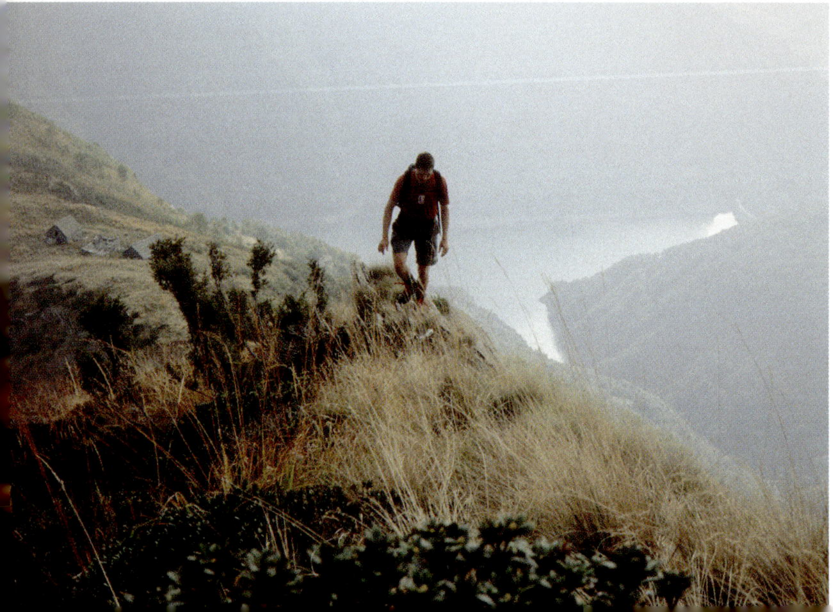

Die Zeit erhält also erst durch meinen Takt oder mein rhythmisches Gehen Bedeutung und Inhalt. Der Rhythmus macht die Zeit, (der Takt die Musik), und die Uhr misst sie nur.

„Nicht die Uhr, sondern das rhythmisch pulsierende Herz bleibt stehen, wenn wir sterben". (K.A. Geißler in „Zeit") Vielleicht sind gerade diese selbstgemachten rhythmischen Prinzipien das Gewinnbringende an Bergtouren. Wenn uns der Bewegungsablauf nämlich nicht passt, melden wir uns und sagen: „Ich muss erst in den richtigen Rhythmus kommen" oder „Heute läuft's nicht richtig".

Bei meiner Kilimanjarobesteigung war es mir oft nicht möglich, bei normalem Gehtempo alle Sinneseindrücke erschöpfend aufzunehmen. Es waren soviele neue, starke Reize: Neues zum Sehen, Riechen, Hören und Erleben, dass die zwei

◀ *Hoch über dem Lago di Vogorno (Verzasca-Stausee) auf einsamem Weg zum Madòne, 2039 m*

wöchige Tour hätte ohne weiteres auf vier Wochen ausgedehnt werden können. Leider hat ein exakter Ablaufplan, mit fest gebuchtem Rückflugtermin, dies nicht möglich gemacht.

Bei kürzeren Unternehmungen wie Skitagestouren und Bergtouren mit 1-2 Übernachtungen hier in unserer Region (Ost- und Westalpen) stellt sich der Sachverhalt natürlich anders dar. Schon bei der Tourenplanung wird auf ein üppiges Zeitpolster und auf das entsprechende „Drumherum" geachtet. Sei `s bei Skitouren der gemütliche Winterraum zur Nächtigung, bei Bergtouren unser geliebter Trangia-Kocher für das Gipfelmenü, oder die ausgetüftelte Tourenwahl bzw. Variante. (... man spricht auch von sogenannten Geheimtipps!) Meistens ist nicht einmal der exakte Rückkehrtermin festge-

Nur dem Anschein nach ist die Zeit ein Fluss. Sie ist eher eine grenzenlose Landschaft, und was sich bewegt, ist das Auge des Betrachters.

THORNTON WILDER

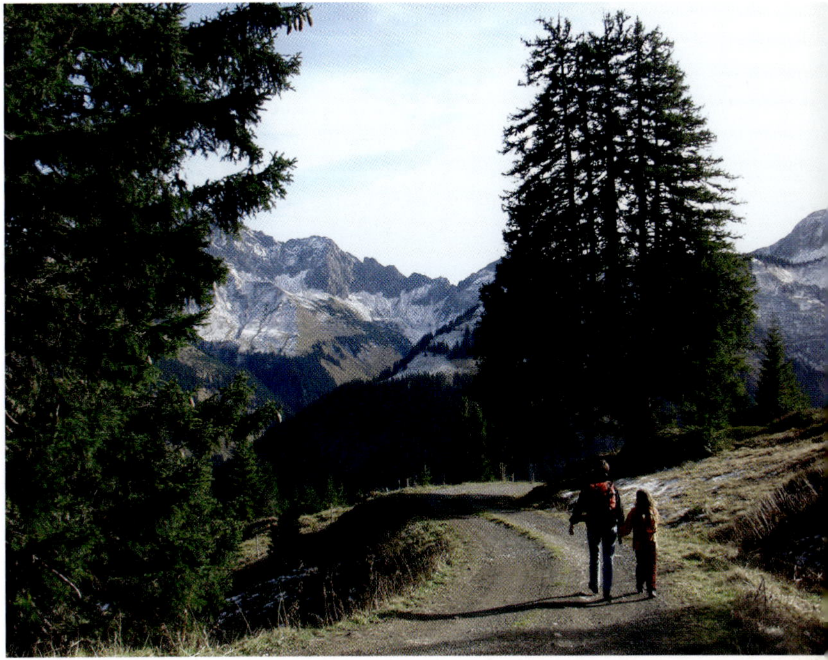

▲ *Spätherbst-Spaziergang im Bregenzerwald*

legt, oder es kommt vor, dass wir die Tour, einfach des schönen Wetters wegen, um einen Tag verlängern. Im Vordergrund steht immer die hektikfreie Unternehmung.

Das beginnt bei den Vorbereitungen (Vorfreude), wobei oft wettertechnisch erst der richtige Zeitpunkt abgewartet werden muss. Dann wird hin- und hertelefoniert, nochmals Wetterbericht, Lawineninfos und Lagebericht des Hüttenwirts abgefragt, gepackt und losgefahren. Irgendwann, meist schon während des Aufstiegs ruft der Erste aus: „...ist das schön!" und alle wissen, jetzt passt `s, jetzt bleibt die Zeit für einen Augenblick stehen.

Bei der bekannten Geschichte mit dem alten Indianer ist es gerade umgekehrt. Dieser wollte bei seiner ersten Autofahrt unbedingt nach einer Stunde aussteigen und setzte sich an den Straßenrand. „Was willst du", fragten ihn die anderen, „ist dir schlecht?" -„Nein", sagte er, „ich muss nur warten, bis mein Herz nachkommt. . ."

Die Zeit der Steine

Die Zeit der Planzen
dann kam die Zeit der Tiere
dann kam die Zeit der Menschen
nun kommt die Zeit der Steine

Wer die Steine reden hört
weiß
es werden nur Steine bleiben

Wer die Menschen reden hört
weiß
es werden nur Steine bleiben

Erich Fried, Reich der Steine

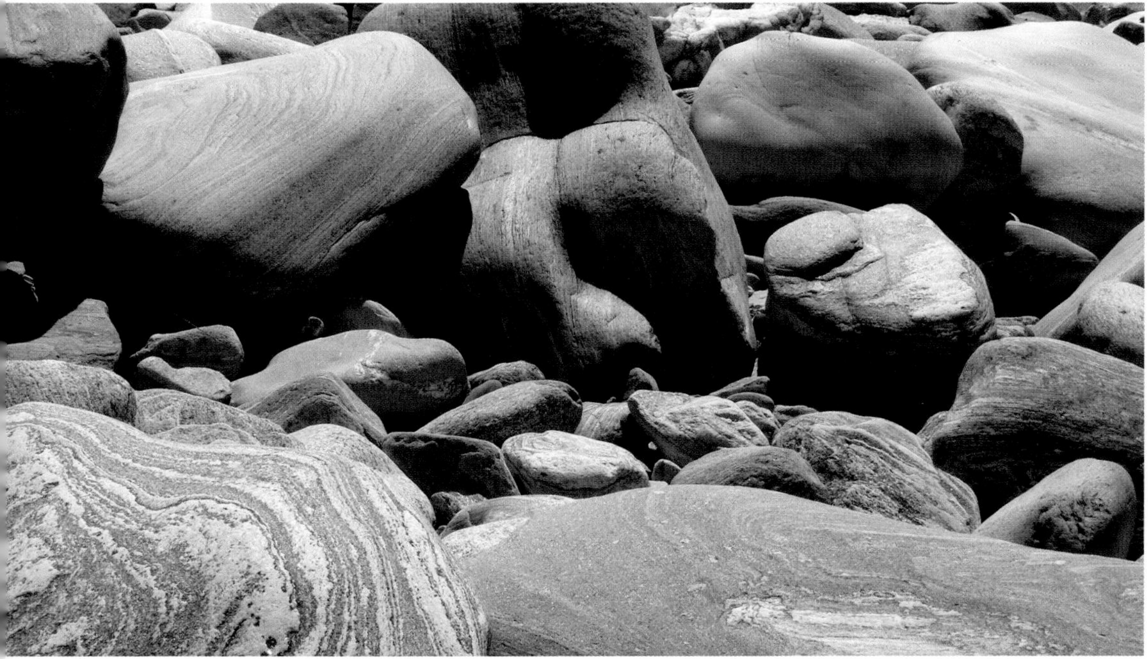

▲ *In der Maggia bei „Ponte Brolla“*

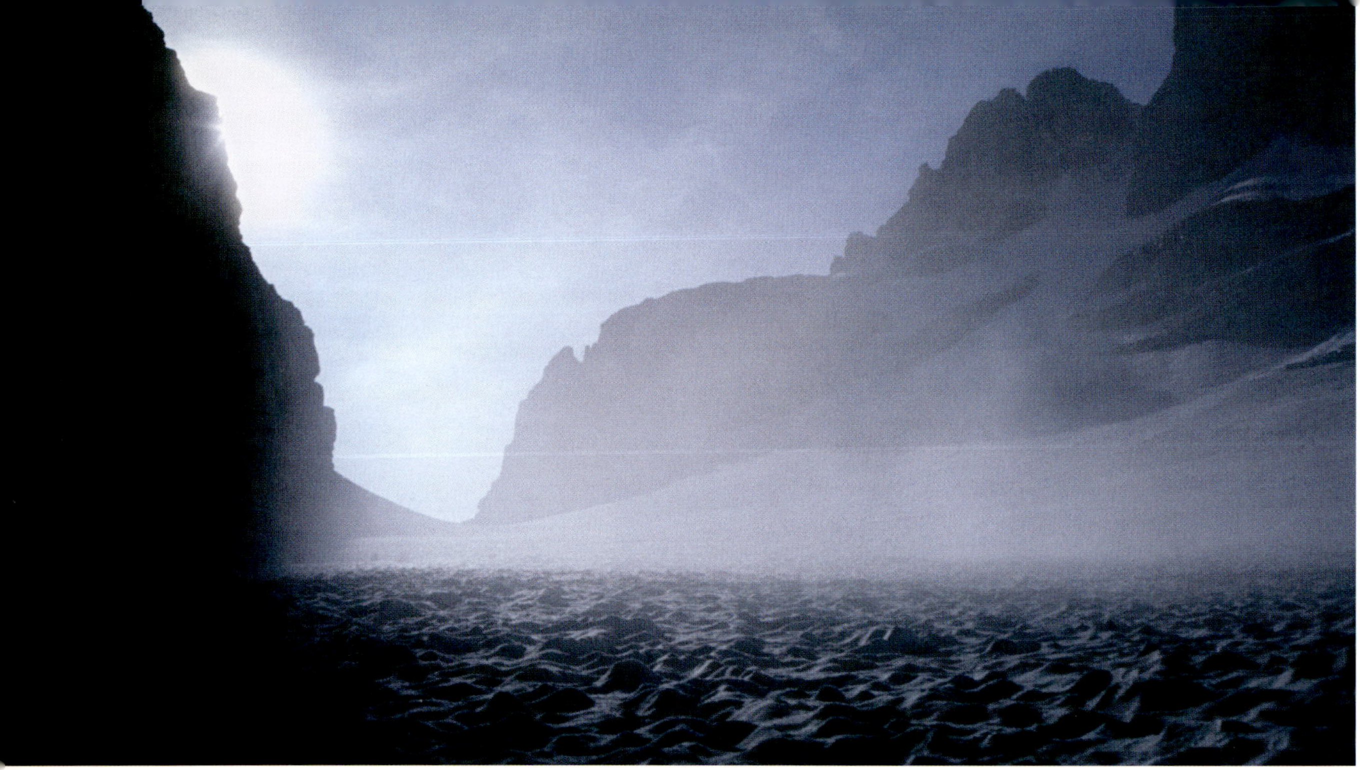

Man kann nicht bergauf kommen, ohne bergan zu gehen. Und obwohl Steigen beschwerlich ist; so kommt man doch dem Gipfel immer näher, und mit jedem Schritt wird die Aussicht umher freier und schöner! Und oben ist Oben!

Matthias Claudius

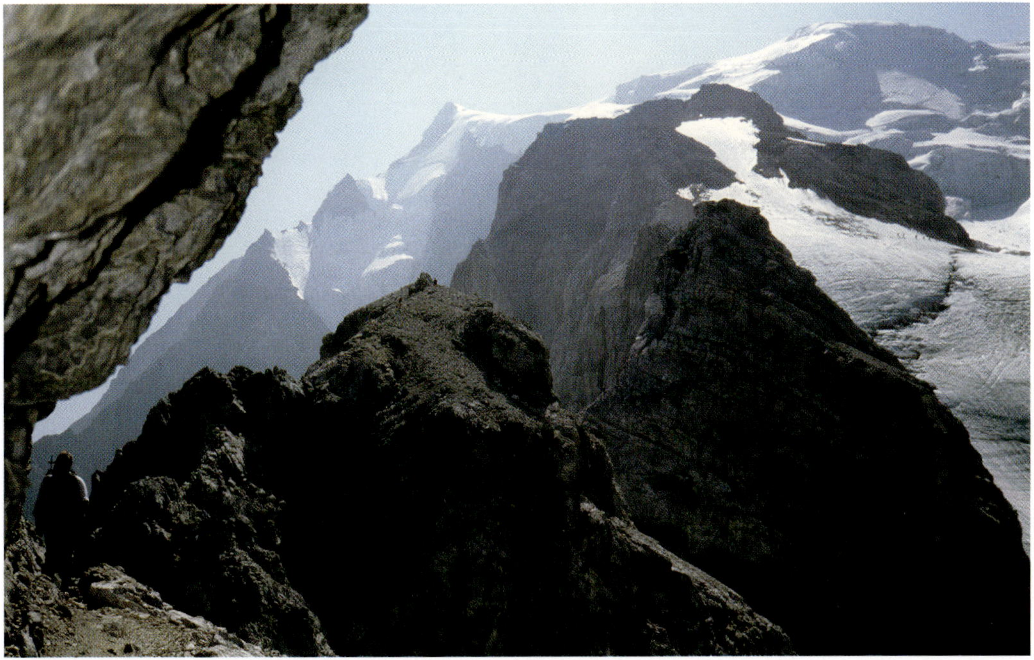

Der beste Bergsteiger
auf der Welt ist
derjenige, der den
meisten Spaß hat.

Alex Lowe

▲ *Der Tabarettakamm am Ortler*

◄ *In der Brenta, Aufstieg zum Tuckett-Paß*

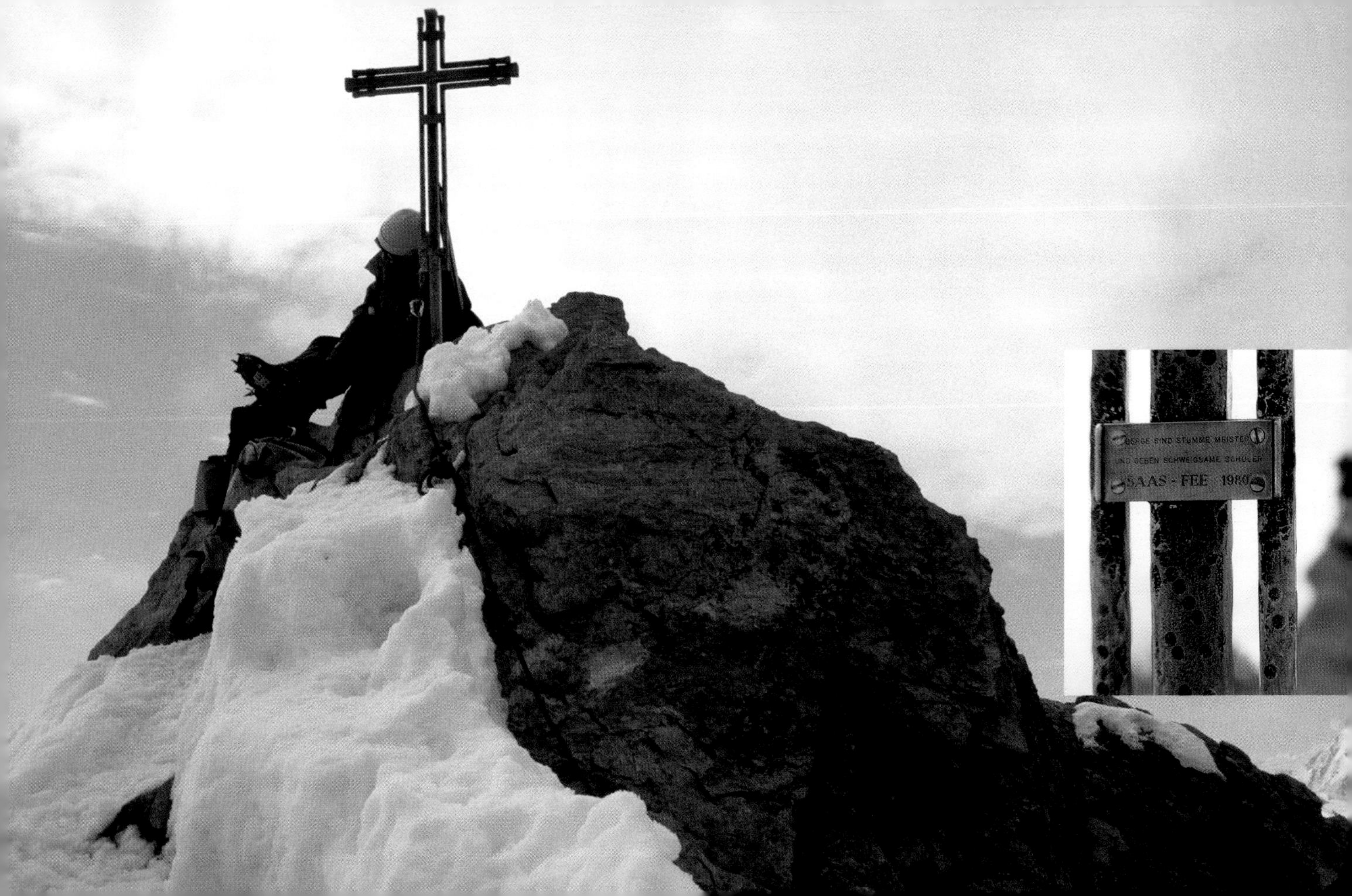
ERGE SIND STUMME MEISTE
ND GEBEN SCHWEIGSAME SCHULER
SAAS - FEE 1980

Geduld und Mühen

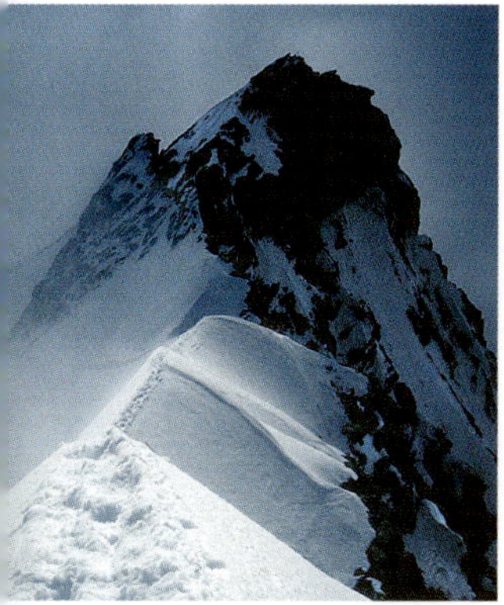

Wie oft schon stand ich ganz ungeduldig vor großen Gipfeln und musste schließlich drei - viermal Anlauf nehmen, um ans Ziel zu gelangen. Meistens machten mir das Wetter, oder jahreszeitliche Bedingungen wie Neuschnee, Blankeis usw. einen Strich durch die Rechnung. Manchmal lag es aber auch an der Tourenplanung, der Wegführung oder ganz einfach daran, dass ein Kamerad nicht mehr weiter konnte. Für mich war das immer eine Enttäuschung, vor allem wenn ich nur 100 m vor dem Gipfel umdrehen musste. Irgendwann habe ich dann gelernt, wie von Rainer Maria Rilke so treffend gedichtet, mit mehr Geduld und Gelassenheit an die Sache heranzugehen und siehe da: viele der schönsten Bergtouren gelangen auf Anhieb. Ja, es ist eigentlich sogar so, dass die Dinge auf einen regelrecht zukommen, oder sich fast von alleine ergeben. Man muss nur warten können und im richtigen Augenblick bereit sein.

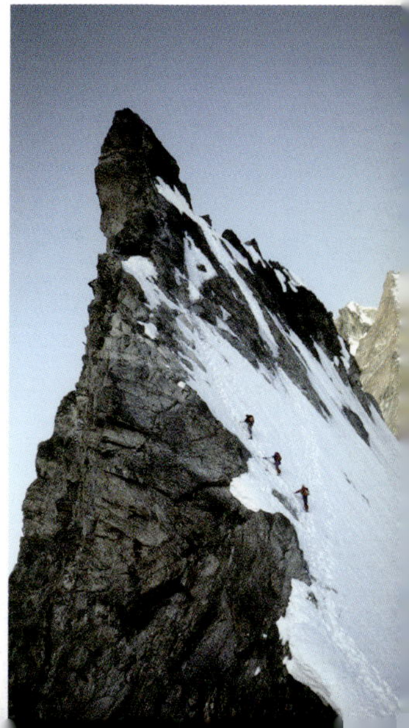

▲ *Nadelgrat*

◄ *Nadelhorn, 4327 m, mit Goethe-Zitat am Gipfelkreuz:*

„Berge sind stumme Meister und geben schweigsame Schüler."

Gendarm am Obergabelhorn, 4063 m ►

Geduld ist alles

Nicht rechnen und
nicht zählen,
sondern reifen wie der Baum,
der seine Säfte nicht drängt
und getrost in den Stürmen
des Frühlings steht.
So, als würde dahinter kein Sommer kommen.
Er kommt doch!
Aber nur zu den Geduldigen,
die da sind, als würde die Ewigkeit
vor ihnen liegen.
Ich lerne es täglich
unter tausend Schmerzen,
denen ich dankbar bin:
Geduld ist alles!

Rainer Maria Rilke

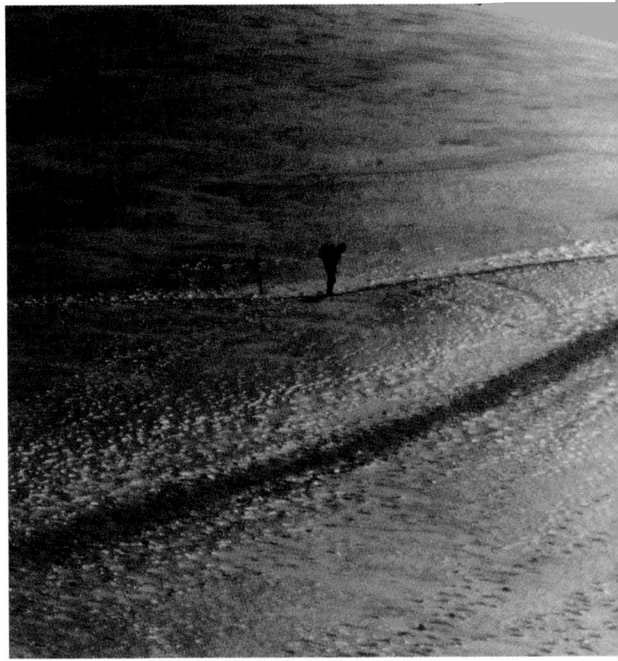

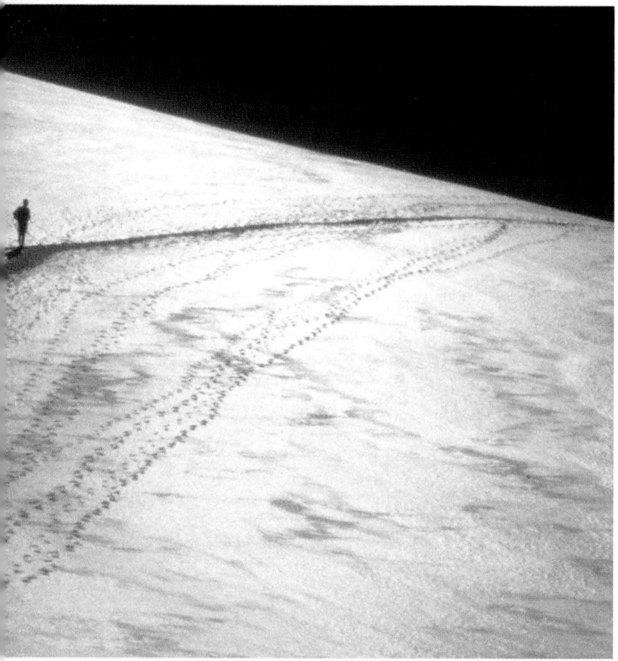

▲ *auf dem Brandner-Gletscher*

Das Wort Geduld (auch, altertümlich, Langmut) bezeichnet die Fähigkeit, warten zu können. Oft gilt Geduld als eine Tugend; ihr Gegenteil ist die Ungeduld. Als geduldig erweist sich, wer bereit ist, mit ungestillten Sehnsüchten und unerfüllten Wünschen zu leben oder diese zeitweilig bewusst zurückzustellen. Diese Fähigkeit ist eng mit der Fähigkeit zur Hoffnung verbunden. Geduldig ist auch, wer Schwierigkeiten und Leiden mit Gelassenheit und Standhaftigkeit erträgt.

Geduld geht auf das urgermanische Verbalabstraktum ga-thuldis zurück. Das Verb, das diesem Begriff zugrunde liegt, existiert heute nicht mehr, besaß aber - so wird vermutet - die indogermanische Verbwurzel tol bzw. tla (tragen, ertragen). Wir finden diese Wurzel im lateinischen Zeitwort ferre, tollo, tuli, latum (aus tlatum), welches „aufheben" und „tragen" bedeutet. Auch die griechischen Wörter tlänai (ertragen), tolman (wagen) und polytlas (standhaft) gehören hierher. Unser deutsches Verb dulden darf jedoch nicht in die Reihe dieser alten Formen gestellt werden; es wurde erst später von Geduld abgeleitet.

aus Wikipedia, der freien Enzyklopädie

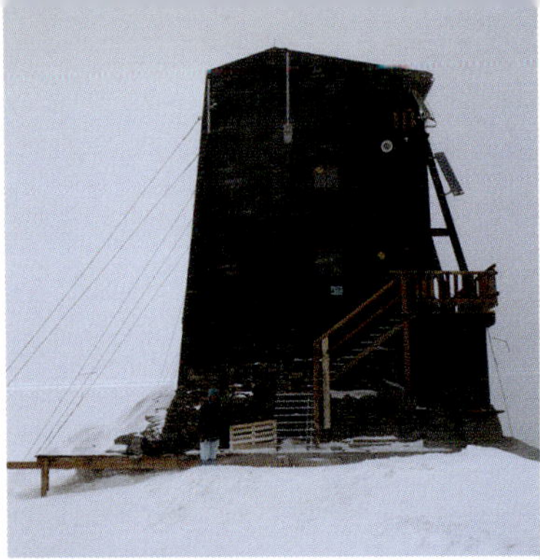

Mühen

Wenn die Höhe krank macht.

Abgeschlagen und fertig mit der Welt.
Das Ziel, die Capanna Regina Margherita, 4559 m auf der Punta Gnifetti in der Monte Rosa, ist zwar erreicht, aber zu welchem Preis.

▲ *Capanna Margherita, 4550 m*

► *AMS (acute mountain sickness)*

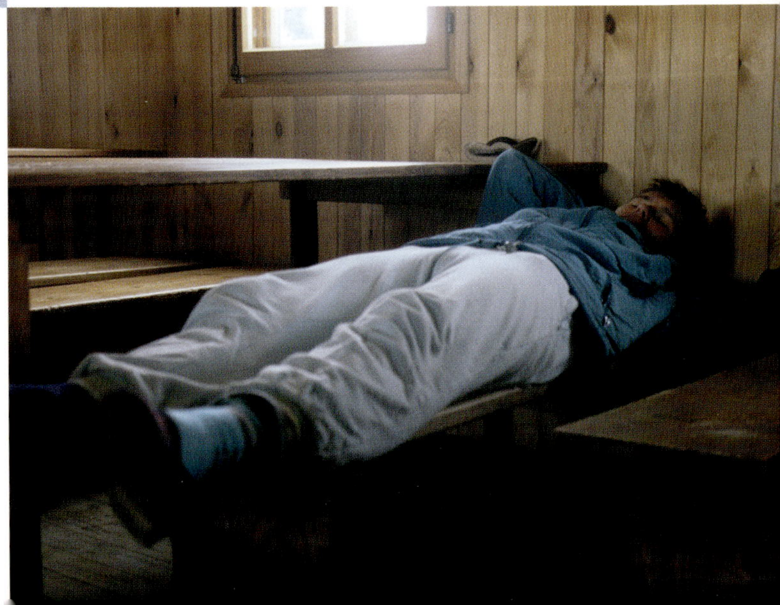

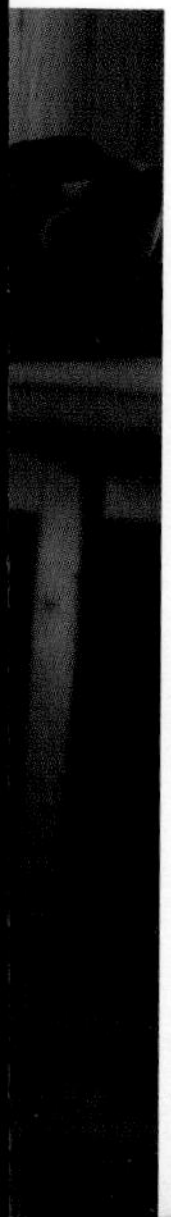

Auf einem hohen Berge wird man bisweilen so müde, dass selbst um die augenscheinlichste Gefahr zu vermeiden, man nicht vier Schritte oder vielleicht selbst nicht einen mehr machen könnte.
Denn wenn man fortfährt sich weiter anzustrengen, so wird man von Herzklopfen und schnellen und starken Schlägen in allen Pulsadern überfallen, dass man in Ohnmacht sinken würde, wenn man zu steigen fortführe.
Was das Einschlafen anbelangt, so glaube ich, dass es die Wirkung der Erschlaffung der Gefäße und hauptsächlich derer des Gehirn sei.
Die Natur hat den Menschen nicht für die hohen Regionen geschaffen;
die Kälte und die dünne Luft halten ihn von dort fern.

SAUSSURE, HORACE BÉNÉDICT DE
AUS: „REISEN DURCH DIE ALPEN“ 1780

Nun stell' den Ski ins Ofeneck und greif' nach Seil und Eisen! Der letzte Schnee geht langsam weg - es heißt, zu Fuß zu reisen.

Zu Fuß, hei, das ist Wanderschaft nach alter Art und Sitte! Ich weiß nicht, ob ich, sonder Kraft und Müh zu Wandern litte.

Zu Fuß - was brauch ich jetzt noch sehn nach Schnee, nach Weg und Pfaden! Wo Wald und Fels, wo Berge steh`n,

hat Pan reich eingeladen. Bald wand're ich durch grünes Tal, den Frühling zu genießen, bald seh' ich hoch vom Gipfelmal

die schöne Welt zu Füßen. Der Pickel ist mein Wanderstab, der Rucksack meine Habe. Und was Frau Sonne blühend gab,

die reichste Morgengabe

A. v. Stockern

Wo die blauen Gipfel ragen, lockt so mancher steile Pfad, immer vorwärts, ohne Zagen, bald sind wir dem Ziel ganz nah!

Schneefelder blinken, schimmern von ferne her, Lande versinken im Wolkenmehr.

Alfred Zschiesche

An den Orten, zu denen ich gefahren wurde, bin ich nie gewesen. Nur im Gehen öffnen sich die Räume und tanzen die Zwischenräume! Nur im Gehen drehe ich mich mit den Äpfeln im Baum. Nur dem Gehenden wächst ein Haupt auf den Schultern. Nur der Gehende erfährt die Ballen an seinen Füßen. Nur der Geher spürt einen Zug durch den Körper. Nur der Geher erfaßt den hohen Baum im Ohr - die Stille! Nur der Geher holt sich ein und kommt zu sich. Nur was der Geher denkt, gilt.

Peter Handke

So wenig als möglich sitzen; keinem Gedanken Glauben schenken, der nicht im Freien geboren ist und bei freier Bewegung - in dem nicht auch die Muskeln ein Fest feiern. Alle Vorurteile kommen aus den Eingeweiden. Das Sitzfleisch - ich sage es noch einmal - ist die Sünde wider den heiligen Geist. Nur die ergangenen Gedanken haben Wert!

Friedrich Nietzsche

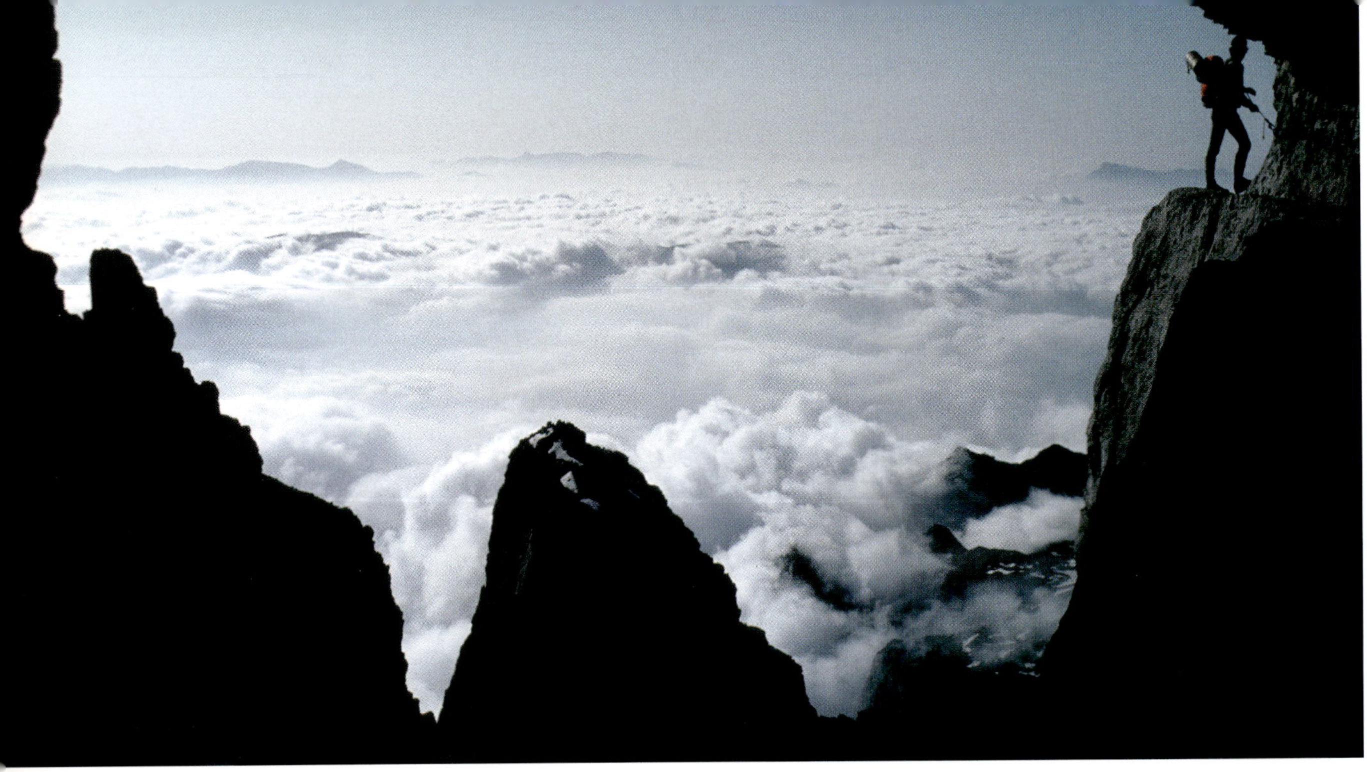

Über den Wolken muß die Freiheit wohl grenzenlos sein. Alle Ängste, alle Sorgen, sagt man,
blieben darunter verborgen und dann würde, was hier groß und wichtig erscheint,
plötzlich nichtig und klein.
Reinhard Mey

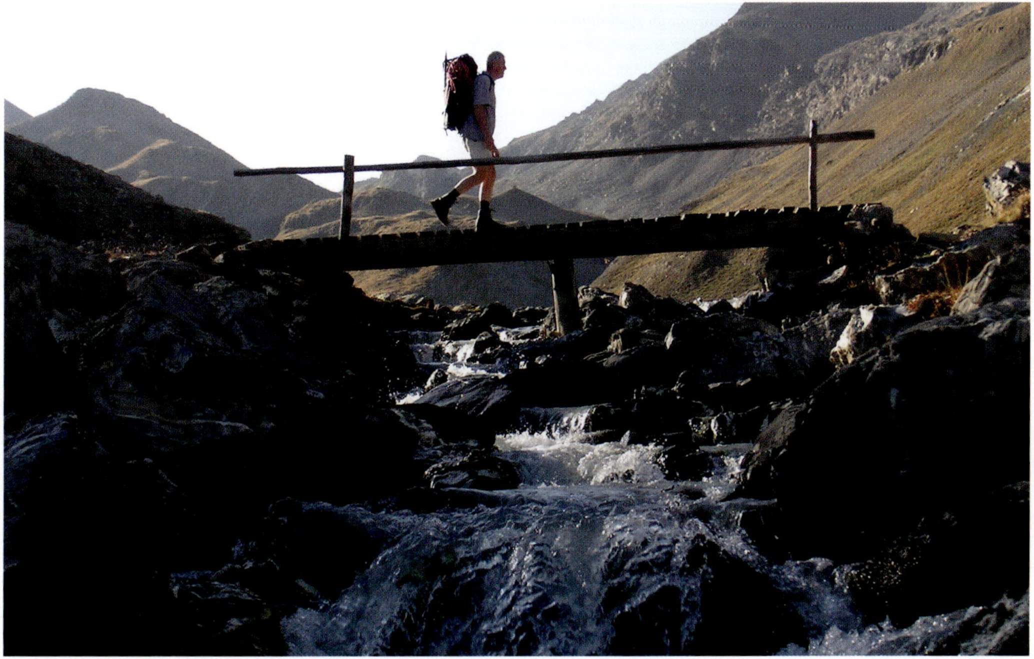

The loose foot of the wanderer
Is curst as well as blest!
It urges ever, ever on
And never gives him rest.
No maid will ever hold him long
Tho' she be trim and fair.
He urges ever, ever on
With star-dust in his hair.

Der leichte Fuß des Wanderers
ist verflucht und auch gesegnet!
Er drängt immer weiter
und gibt ihm keine Ruhe.
Keine Frau wird ihn jemals lange
aufhalten,
obwohl sie rank und schlank ist.
Ihn drängt es immer weiter,
mit Sternen-Staub im Haar.

Hesper de Galliene

▲ *Auf dem Weg zum Piz Kesch*
◄ *In der Brenta im Einstieg zum „Bocchette Alte"*

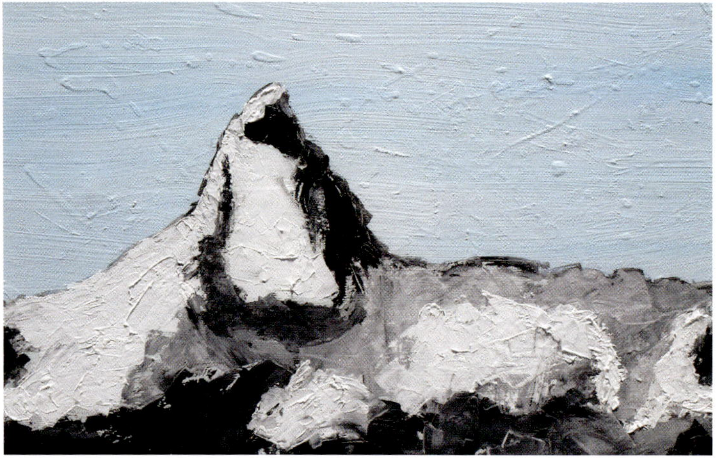

◄ *Matterhorn*
Acryl auf Leinwand, 100 x 60 cm
Christine Thoma

Wenn wir erklimmen schwindelnde Höhen,,,
Gipfel und Weggefährten

Kilimanjaro
Matterhorn
Vajolettürme

Kilimanjaro,[2] 5895 m, Uhuru Peak

30./31. Juli. 2003 Mi.-Do.
Anstrengende Einzelflüge führen uns in 1 1/2 Tagen von Frankfurt über Dubai, Nairobi (Kenia) nach Moshi, (Tansania) unserem Ausgangspunkt für die Mt. Meru und Kilimanjaro Besteigung.

Eine kleine 2-Propeller-Maschine der Precision Air Kenia ruckelt in ca. 4000 m Höhe von Nairobi nach Tansania. Kurz vor der Landung taucht plötzlich unser Ziel, der Kilimanjaro, und links davon etwas kleiner der Mawenzi aus der Wolkendecke auf. An den uns zugewandten Flanken sind einzelne Schnee- und Gletscherfelder gut auszumachen, und ich schieße zahlreiche Fotos, bevor sich die kleine Turboprop durch die Wolkendecke Richtung Kilimanjaro Airport schiebt. Beim Überqueren des Rollfeldes sehen wir in nordwestlicher Richtung einen gewaltigen Bergstock. Die untergehende Sonne sinkt als glutroter Feuerball hinter den Mt. Meru, unserem ersten Gipfelziel in Afrika. Ein kleiner ausrangierter Toyota-Bus erledigt den Transfer vom Flughafen nach Moshi in unser Hotel Springlands.(813 m) Während der Fahrt dorthin, fällt mir ein exotischer, fremdartiger, aber nicht unangenehmer Geruch auf. Diese Mixtur aus Erde, Früchten und Gewürzen werden wir auf den Fahrten zu unseren Ausgangspunkten immer wieder wahrnehmen. In der Abenddämmerung schlängelt sich unser klappriger Kleinbus durch ein chaotisches Verkehrsgeschehen[3]: Fahrradfahrer auf jeder Straßenseite in jeder Fahrtrichtung und natürlich ohne Beleuchtung, ebenso Fußgänger, die aus dem Nichts zu kommen scheinen und auch wieder dorthin gehen.

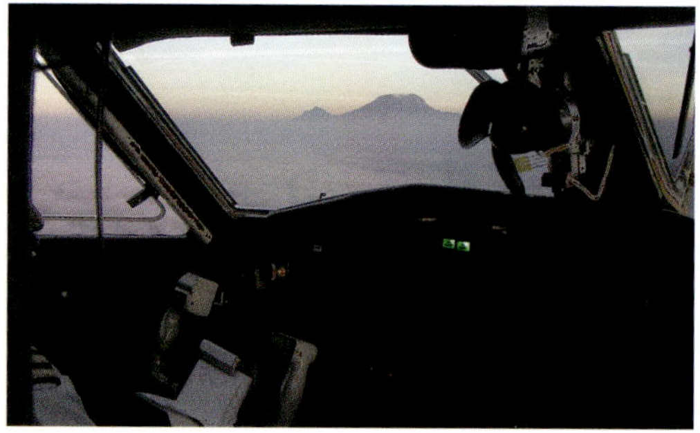

▲ *Unser erster Blick auf den Kilimanjaro und den Mawenzi*

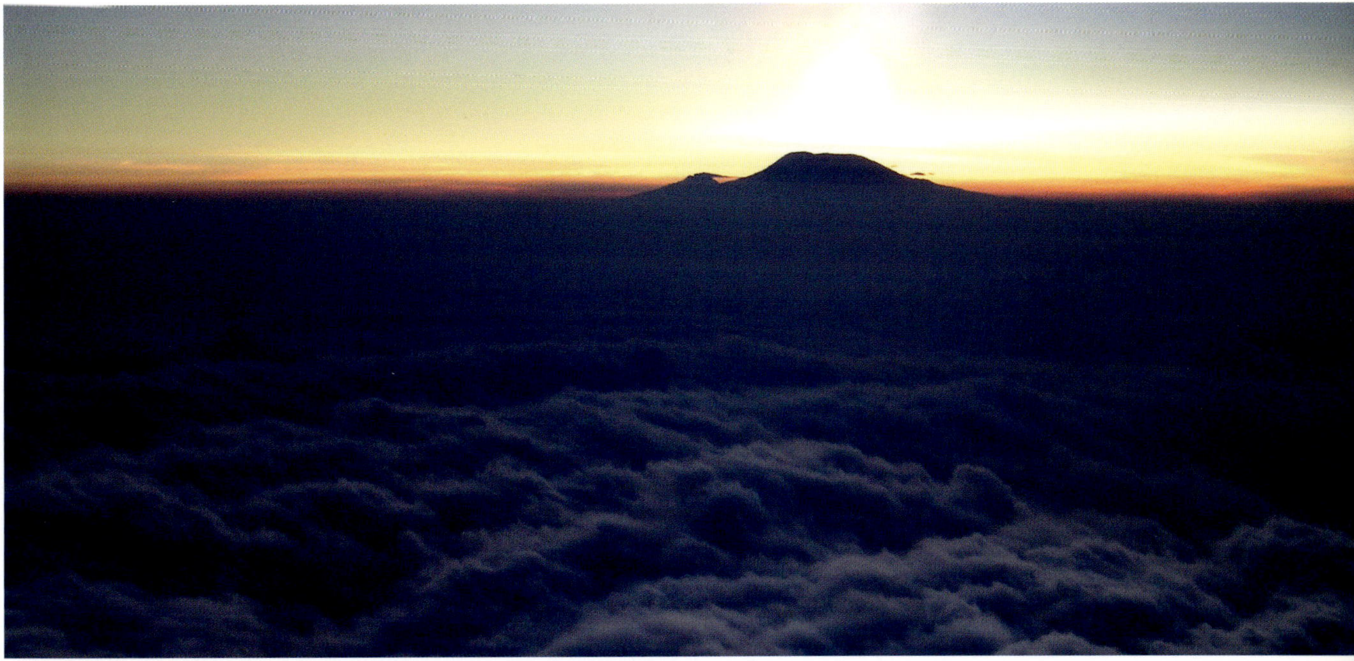

▲ *Kilimanjaro und Mawenzi bei Sonnenaufgang, fotografiert vom Gipfel des Mt. Meru*

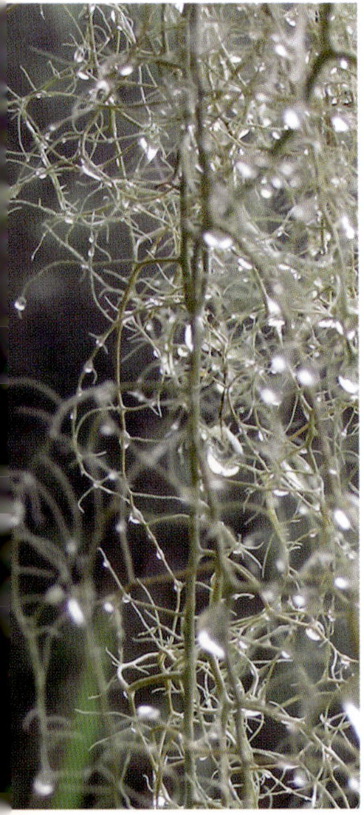

Ein liegengebliebener LKW wird mitten auf der Straße repariert. Unser Fahrer kann nur durch ein riskantes Ausweichmanöver einen Zusammenstoß verhindern.

Eingeh- und Akklimatisationstour auf den Mt. Meru, 4566 m

Nach einem ausgiebigen Frühstück fahren wir, auf der nur teilweise asphaltierten und von unzähligen Schlaglöchern übersäten Straße, zum Momella Gate. Am Straßenrand wird von Frauen immer wieder Obst und Gemüse angeboten. Liebevoll haben sie die zum Verkauf bestimmten Früchte auf ausgedienten Ölfässern pyramidenförmig aufgebaut und warten wohl den ganzen Tag auf einen Kunden. Vereinzelt tauchen auch Rinder- oder Ziegenherden auf den Feldern auf, ab und an ein Haus in dürftigem Rohbauzustand.

Am Momella Gate erfolgt die Registrierung, das Einchecken in den Arusha Nationalpark und das Lastenverteilen auf die Träger. Mit einer Zugwaage

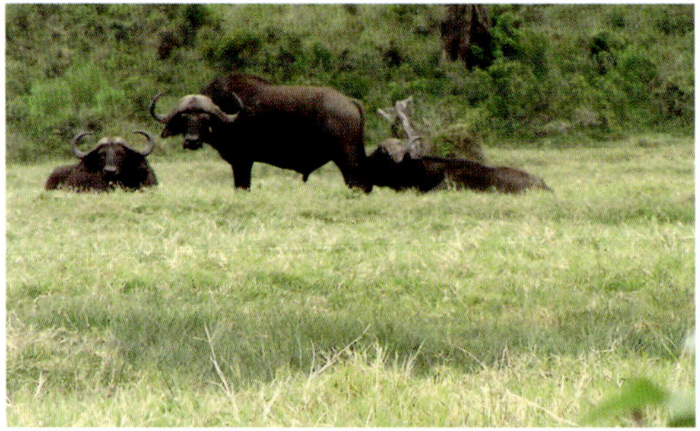

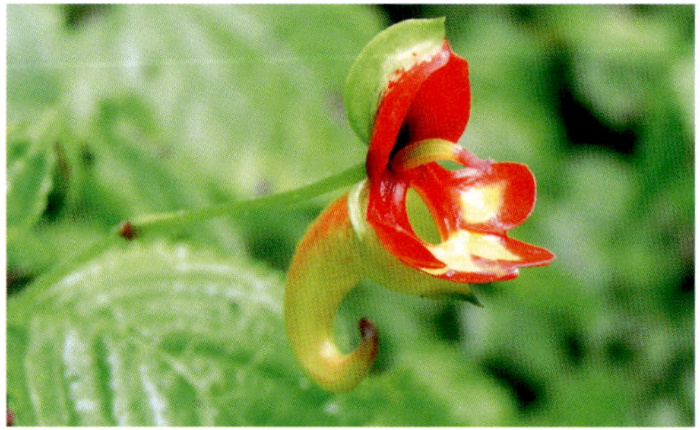

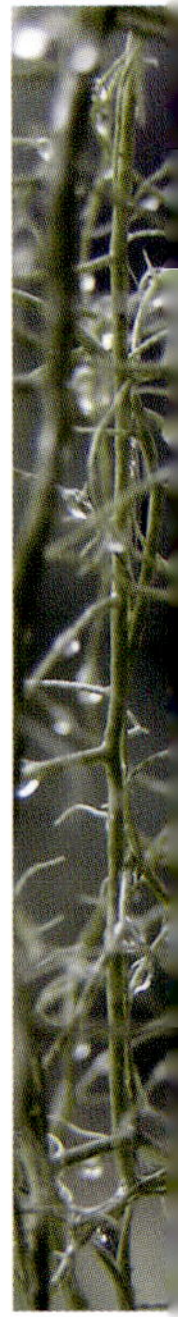

▲ *Manchmal auch angriffslustig: Kaffernbüffel*

▲ *Gibt es nur an den Hängen des Kilimanjaros: „Impatiens Kilimanjari“*

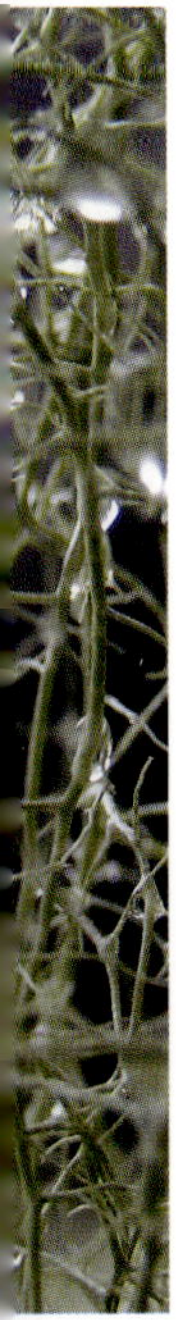

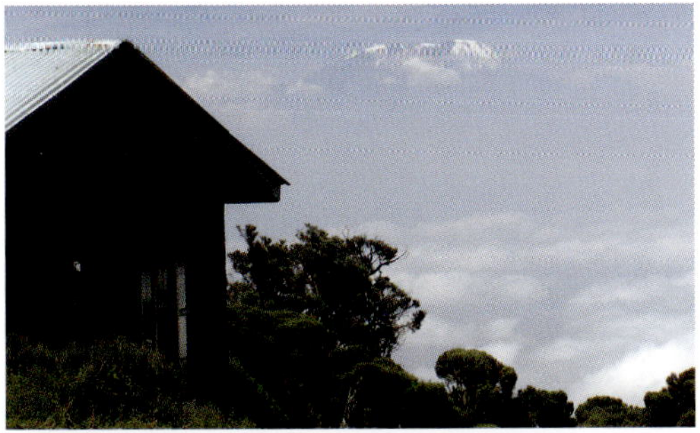

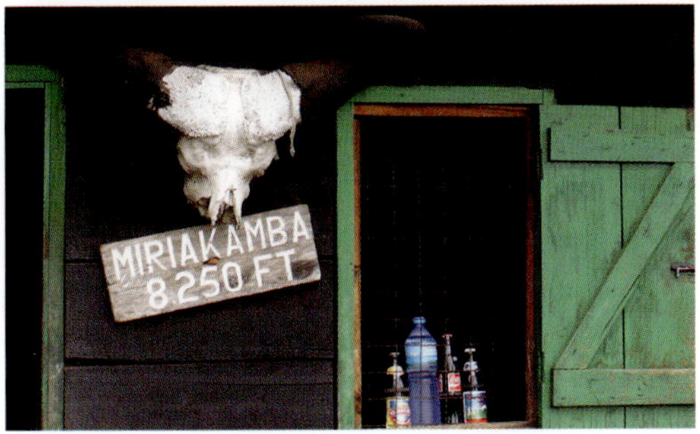

▲ *Von der Saddle Hut aus ist die mächtige Felsmasse des Kilimanjaros zu erahnen*

▲ *„Erfrischungs-Shop" an der Miriakamba Hut*

werden die einzelnen Seesäcke, Plastiktüten und großen kreisrunden Bastkörbe auf erträgliche 15 kg austariert und den verschiedenen „Portern" (Trägern) zugewiesen. Diese tragen die Lasten prinzipiell nur auf dem Kopf. Auf meine Frage, wieso sie keine Rucksäcke verwenden, ernte ich nur ein müdes Lächeln und Kopfschütteln.

Die erste Etappe führt uns über Wald- und Wiesenhänge in den lichten, subtropischen Regenwald. Immer wieder sehen wir Kaffernbüffelherden, Giraffen, Affen und Warzenschweine. Diese ersten Eindrücke von Afrika „bei Tageslicht" sind überwältigend. Romanus, unser bewaffneter „Ranger", zeigt uns an einem recht steilen Wegstück „Brems"-Spuren von Elefanten. Anscheinend wandern regelmäßig hunderte der Dickhäuter im Trocken Regenzeit- Rhythmus zwischen Mt. Kilimanjaro- und Amboseli Nationalpark hin und her. Erstaunlich dabei ist aber, welche Steigungen sie dabei meistern. Zwischen kniehohen Grasbüscheln entdecken wir schöne „Kniphofia

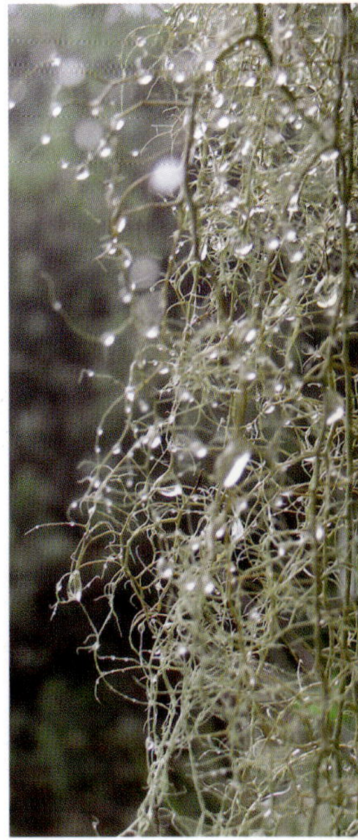

▲ *Feuchtigkeitsgesättigte Moose in der Regenwaldzone*

01. August 2003 Fr,
Aufstieg 3 h:1 min, 1000 Hm,
Momella Gate > Miriakamba Hut,
Übernachtung

Momella Gate (1590 m)
Koordinaten:
S 03° 14' 01,5"
E 36° 50' 59,5"
Temp.: + 26° C

Miriakamba Hut (2521 m)
Koordinaten:
S 03° 13' 46,4"
E 36° 47' 59,7"
Temp.: + 17° C

Geographische GPS-Koordinaten im Kartendatum „WGS 84". ohne Gewähr

Thomsonii" und Fackellilien, deren Blütenfarben von tiefem Rot in ein leuchtendes Gelb verlaufen. Miriakamba Hut liegt in einer Waldlichtung auf 2521 m, umsäumt von ein paar knorrigen Solitärbäumen. An den Ästen hängen Moose[4] und Flechten, die in dem feuchtwarmen Nebel prächtig gedeihen. Ich schätze die Luftfeuchtigkeit auf 99%. Andreas und Eberhard aus meiner Gruppe frequentieren diese Nacht häufig das Toilettenhäuschen und finden keinen Schlaf. Auch ich wache nach Mitternacht an seltsamen Kratz- und Schabgeräuschen an der primitiven Holzhütte auf, kann mir aber keinen Reim draus machen und schlafe bald wieder ein. Romanus erzählt uns dann beim Frühstück von den nachts umherstreunenden Büffeln, die recht angriffslustig sein sollen wenn man ihnen zu nahe kommt.

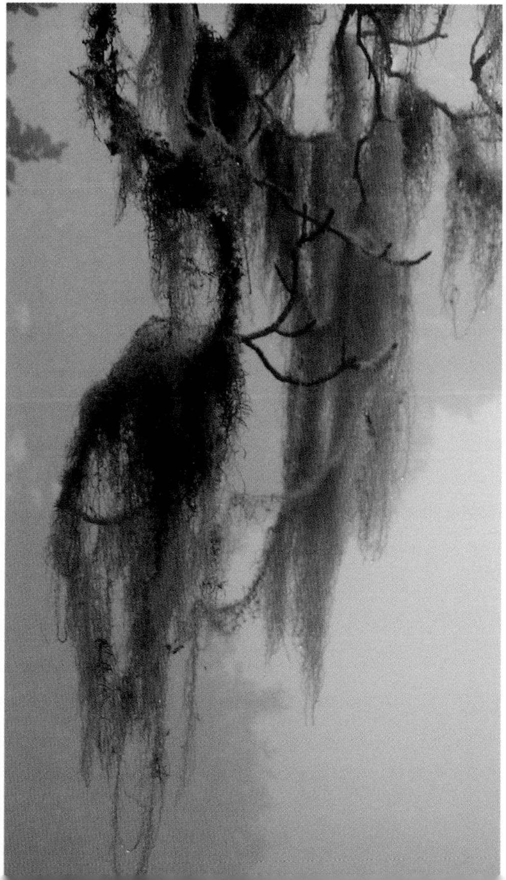

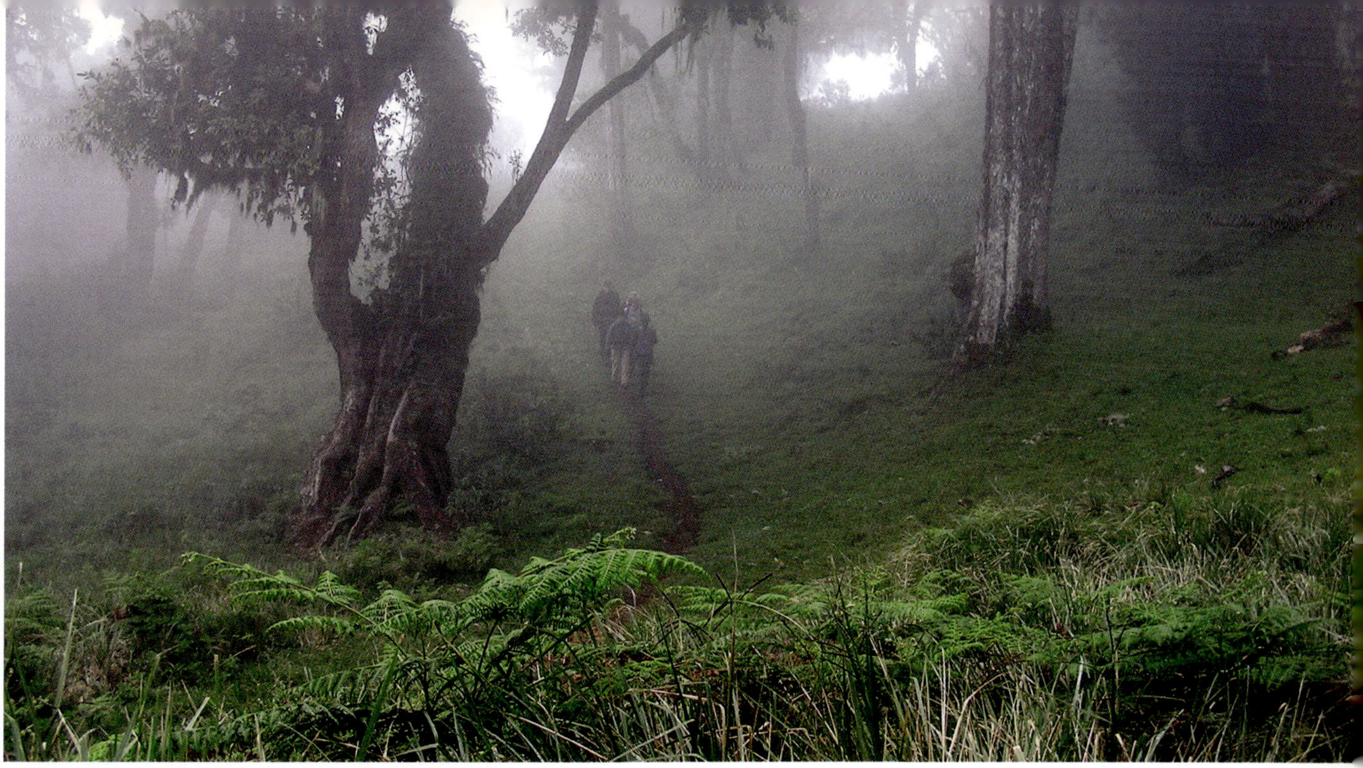

▲ *Klagt hier jemand über trockene Luft? Die Regenwaldzone ist ein wichtiger Wasserspeicher.*

◄ *Irishmoos und meterlange Bartflechten hängen von den Bäumen herunter.*

Eine Spülschüssel mit warmem Wasser reicht uns fünf für die Morgentoilette völlig. Abgesehen davon, dass es eh keine Alternative gibt! Im dichten, wassergesättigten Morgennebel geht es nun hinter der Hütte erst leicht, dann steil ansteigend durch den tropischen Urwald (Wurzelwald). Irishmoos behangene „Riesenbäume“, Baumfarne und eine Unzahl von verschiedenen Moosarten, Sträucher und Blumen (viele davon endemisch) säumen den Weg. Auf ca. 3000 m wird im Südwesten der Blick auf den Mt. Meru und den kleinen Mt. Meru frei. Etwas höher erblicken wir im Osten zum ersten Mal im Dunstschleier das gewaltige Massiv des Kilimanjaro u. Mawenzi. Am Wegrand finde ich ein ausgetrocknetes Chamäleon und weiter oben einen ca. 10 cm langen schwarz-weiß gestreiften Stachel eines Stachelschweines. Mit zunehmender Höhe geht der Bergregenwald allmählich in den sogenannten Nebelwald über. Immer wieder bewundern wir im niedrigen Buschwerk „Impatiens Kilimanjari“, eine zierliche, endemische Kilimanjaro-Blume.

02. August 2003 Sa,
Aufstieg 4 h, 1000 Hm,
Miriakamba Hut ---> Saddle Hut
Mittags Auf-/Abstieg, 1 h, 250 Hm,
Saddle Hut ---> Kleiner Mt. Meru

Saddle Hut (3566 m),
Koordinaten:
S 03° 13‘05,7“ - E 36° 46‘24,2“,
Temp.: + 12° C

Kl. Mt. Meru (3810 m),
Koordinaten:
S 03° 13‘05,7“ - E 36° 46‘24,2“,
Temp.: + 12° C

Mir gelingt es, einen Nektarvogel („Nectarinia Johnstoni“) zu fotografieren. Mit seinem schnellen Flügelschlag und dem in verschiedensten grünblaumetallic Tönen schillernden Federkleid gleicht er einem Kolibri.

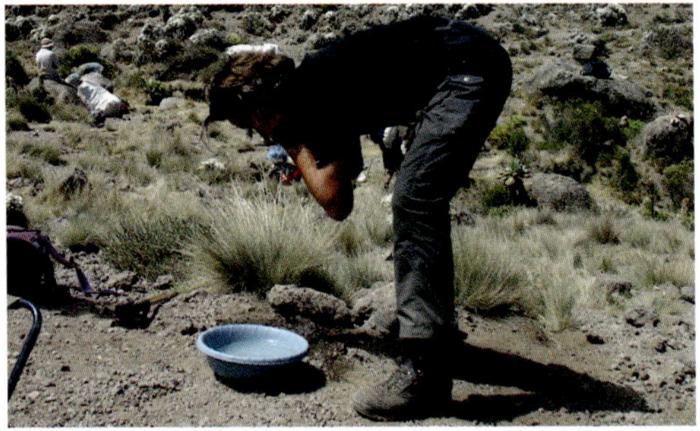

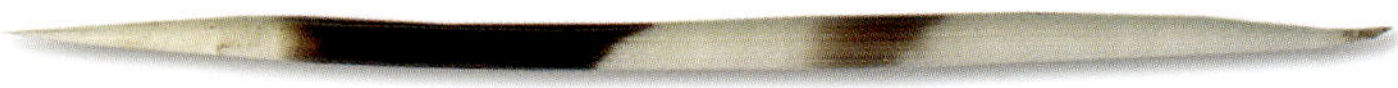

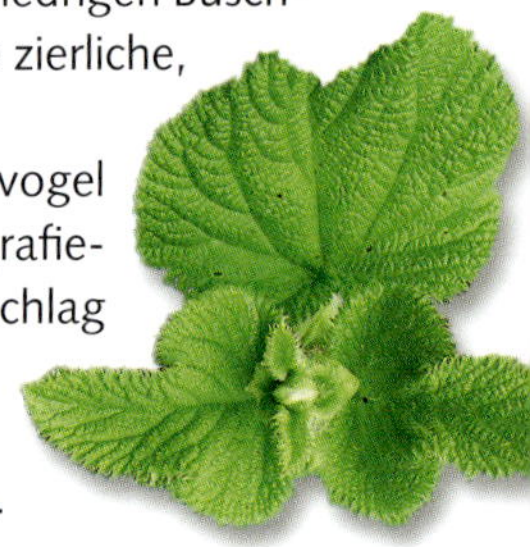

▲ *Heute bin ich der erste an der Waschschüssel!*

◄ *Damit pikst das Stachelschwein*

▲ *Auch nicht von schlechten Eltern: Kilimanjaro-Brennnessel mit „Brennkraftverstärker“*

Um die Bergsteiger-Gruppe in einem noch besseren Blickwinkel fotografieren zu können, streife ich immer wieder neben dem Weg durch das dichte, dschungelartige Buschwerk. Doch nach der ersten Bekanntschaft mit einer teuflisch, ätzenden Kilimanjaro-Brennessel vermeide ich sehr aufmerksam jede weitere Berührung mit dieser Pflanze. Nach einem langgestreckten, steilen Wiesenhang erreichen wir Saddle Hut. Die fünf Holzhütten liegen zwischen Erikabüschen auf einem terassenartigen Ausläufer des Mt. Meru. Nach 4 stündigem, schweißtreibenden Aufstieg in der Mittagshitze, genießen wir nun den malerischen Postkartenblick auf das Kilimanjaromassiv und die beiden Meru. Hier läßt sich`s gut sein. Auf weichen Graspolstern strecken wir alle viere von uns und machen ein Nickerchen. Doch nicht alle in der Gruppe dösen so zufrieden in der mittäglichen Afrikasonne. Andreas klagt noch immer über Übelkeit und lästige Kopfschmerzen.

Nach einer Tasse Kilimanjaro-Brühkaffee machen wir am Spätnachmittag noch einen Abstecher auf den kleinen Mt. Meru, den Hausberg der Saddle Hut. Zwischen Erika und zahlreichen anderen wohlriechenden Sträuchern geht es zuerst in Serpentinen, dann über Felsblöcke und schließlich am Grat entlang zum Gipfel. Gut eine Stunde genießen wir die sehr schöne Aussicht auf die unter uns liegende afrikanische Savanne des Arusha Nationalparkes und den im fernen Dunst erahnbaren Kilimanjaro-Gebirgsstock. Der Gipfel des Mt. Meru, unser morgiges Ziel, ist leider in Wolken eingehüllt.

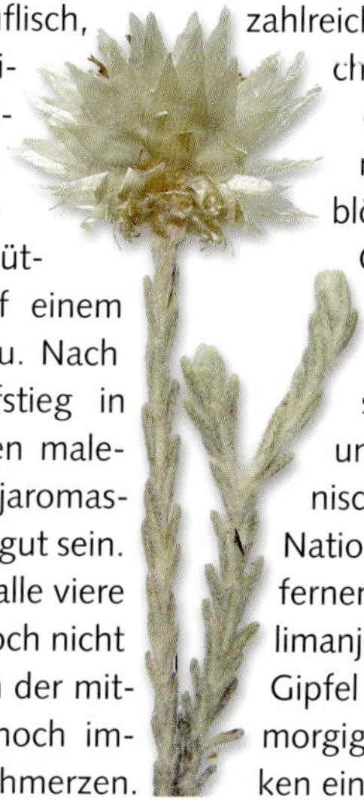

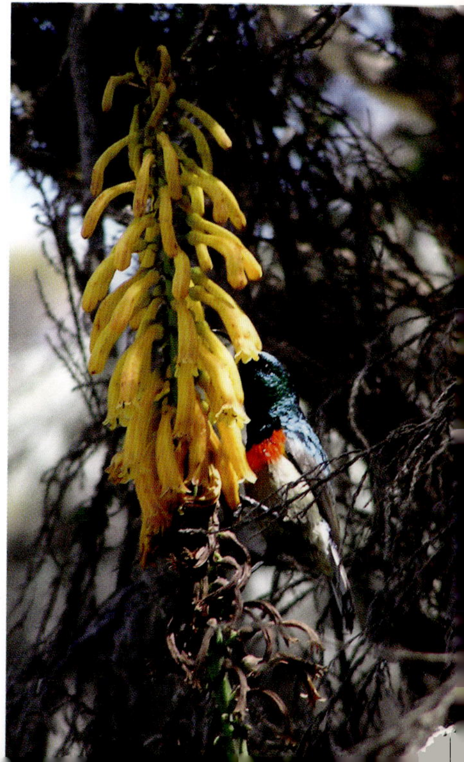

► *Ein Nektarvogel labt sich an einer Fackellilie*

▲ *„Arabis Alpina“ das Kilimanjaro-Edelweiß mit seinem isolierenden Haarpelz*

03. August 2003 So,

Aufstieg 4 h:30 min, 1000 Hm,
Saddle Hut ---> Mt. Meru

Abstieg 1 h:30 min, 2000 Hm,
Mt. Meru ---> Saddle Hut, 2 h:30 min,
---> Miriakamba Hut, Übernachtung

Mt. Meru (4566 m),
Koordinaten:
S 03° 14‘ 36,4“ - E 36° 44‘ 59,2“,
Temp.: am Gipfel - 10° C

In der linksseitigen Ostwand ist aber sehr gut der Wegverlauf am Kraterrand entlang auszumachen.

1:30 Uhr, Wecken, 2:00 Uhr, Abmarsch. Noch schlaftrunken stolpern wir im fahlen Stirnlampenlicht über die rauhreifbedeckten, leicht ansteigenden Wiesen. (Heideregion) Immer steiler führt uns der ausgetretene Trampelpfad dann durchs Erikabuschwerk, zahlreiche „Hohlwege“ und schließlich über Sand und Schutt zum Rhinopoint (3800 m) hinauf. Von diesem Panoramapunkt aus hat man einen phantastischen Blick in den tiefer gelegenen, kleineren Sekundärkrater und in die mächtige, senkrechte Ostwand des Mt. Meru. Von hier aus steigen wir ca. 50 m im Lavasand ab und klettern über die technisch anspruchvollste Passage, die Lavaschiefer-Platten und kleine senkrechte Stufen (I u. II) auf ca. 3680 m in eine Senke hinunter.

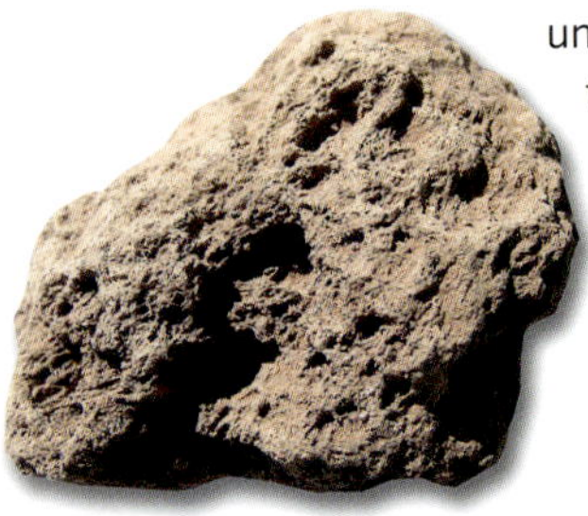

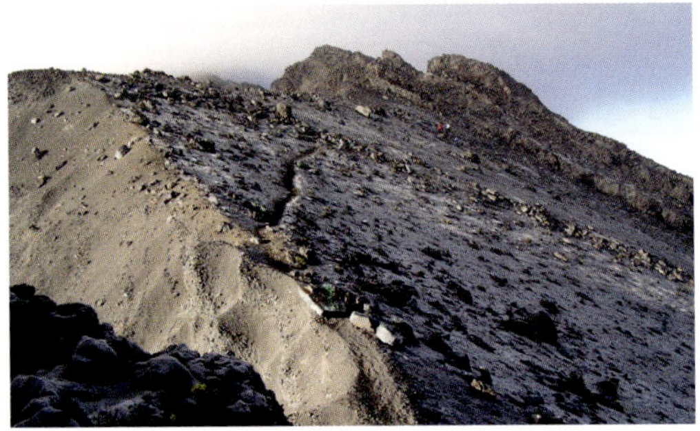

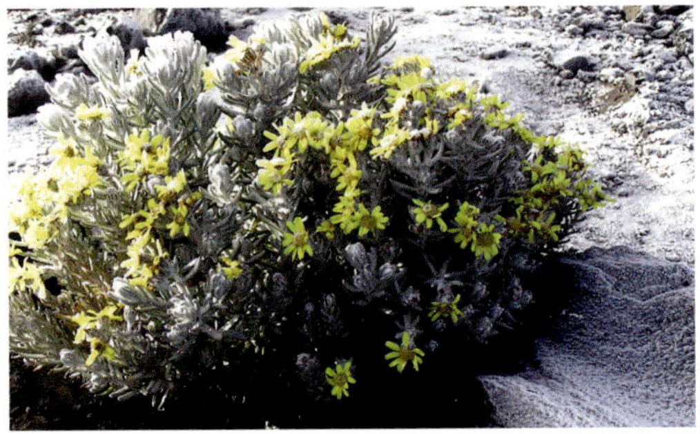

◄ *„Braunrot“ ist die Farbe des Mt. Merus*
▲ *„Stoebe Kilimansharica“ Büschel im Kampf mit Kälte, Wind und Austrocknung*
▲ *Am Grataufschwung zum Mt. Meru, gut zu erkennen die Aufstiegsspur*

Auch wo Zeit schwarz in Grau zerrinnt,
mitten in den Wüsten der Einsamkeit,
grünt Hoffnung und lädt zum Fest.

VOLKER GÖHRUM

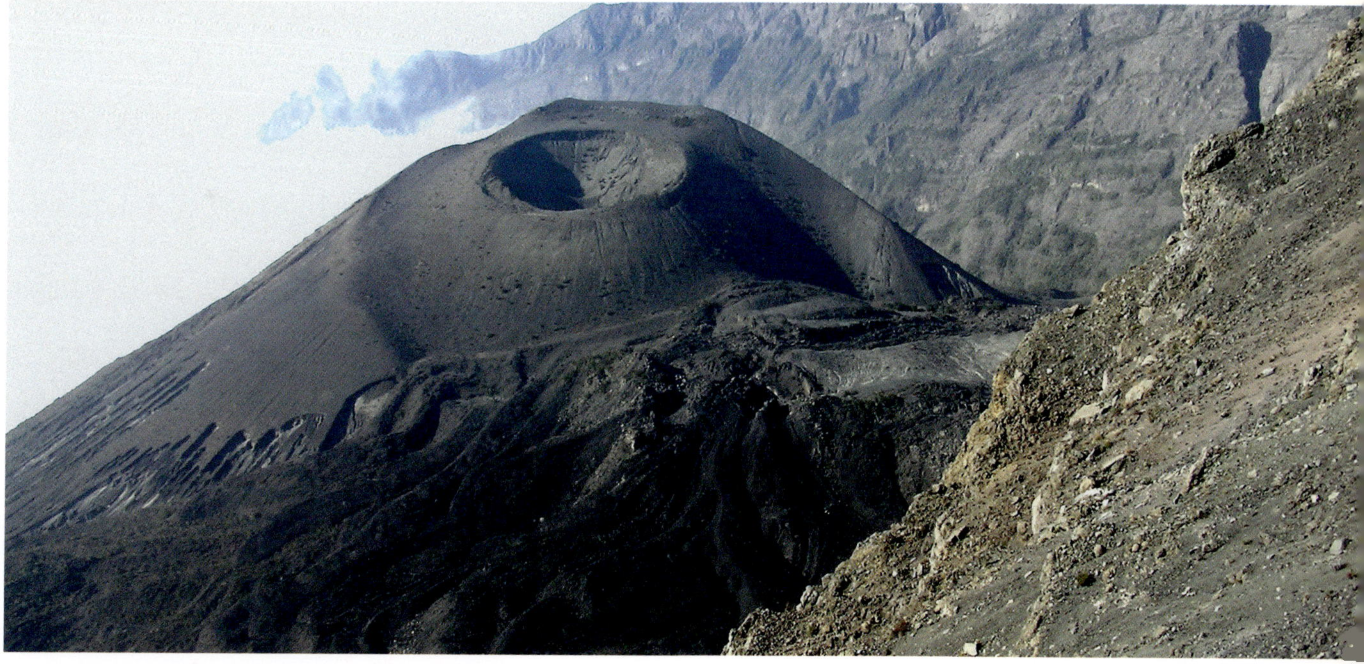

▲ *Blick in den Sekundärkrater des Mt. Meru unterhalb der Ostwand*

Über verschiedene Auf- und Abstiege gelangen wir dann immer höher zum horizontalen Gipfelgrat. Hier auf 4000 m Höhe befinden wir uns in der Kälte- und Hochwüste, die schließlich in die Frostschuttregion übergeht. Selbst in dieser unwirtlichen, frostigen Klimazone gedeihen noch vereinzelt Grasbüschel oder sogar kleine Blumenpolster. Am äußeren Grat entlang gelangen wir schließlich über Lavasand und grobes Blockwerk zum Gipfel, den wir noch vor Sonnenaufgang (05:26 Uhr) erreichen. Es bleibt mir etwas Zeit, die Fotoausrüstung für den bevorstehenden Sonnenaufgang aufzuwärmen. Wenn es nur nicht so kalt wäre. Dann, um 05:45 Uhr, ein grandioses Schauspiel. Wie ein Scherenschnitt stehen die zwei Berg-Silhouetten von Kilimanjaro und Mawenzi im wallenden Wolken- und Nebelmeer vor der aufgehenden Morgensonne. Rings um uns herum sehen wir auf die in ca. 4000 m liegende Wolkendecke hinunter. Diese wird nur im Osten vom Kilimanjaro-Gebirgsstock unterbrochen. So langsam

begreife ich die wahre Dimension dieses an Masse größten Berges der Welt. Unter dem Wolkenmeer liegen jetzt noch ca. 4000 Hm Fels, und die Gesamtmasse des Kilimanjaro ergibt dann 10000 km³. Im Westen zeichnet sich ein riesiger Kegel auf den Wolken ab - der gigantische Schatten des Mt. Meru. Außerordentlich scharf die Grenze zwischen der dunklen Pyramide und der hellen Wolkendecke daneben. Durch die wenigen wolkenlosen Stellen kann man die im zarten, immer wärmer werdenden Morgenlicht erwachende Savanne wahrnehmen. Am Gipfel klappert stolz die emaillierte, von unzähligen Höhenstürmen malträtierte „Blechfahne" Tansanias. Unser Guide „Lameck" drängt zum baldigen Abstieg, was angesichts des mangelhaften Kälteschutzes unserer afrikanischen Begleiter auch verständlich ist. Im Windschatten eines Felsvorsprunges holen wir dann die versäumte Gipfelrast nach und bewundern die vereinzelt aus dem Lavasand sprießenden „Stoebe Kilimandsharica"-Büschel, die hier

◄ *Der mächtige Schatten des Mt. Meru liegt über der afrikanischen Savanne*

in 4200 m Höhe einen verzweifelten Überlebenskampf führen. Rauhreif liegt wie Puderzucker auf den im kräftigen Gelb leuchtenden Blütenständen. In den Hohlwegen weiter unten hat die Sonne die Luft aber inzwischen schon so erwärmt, dass man das Einatmen des knöcheltiefen Staubes nur dadurch verhindern kann, wenn man fast an den Fersen des Vordermannes klebt oder mindestens 20 Meter Abstand hält.

Der weitere Abstieg zur Saddle- und danach zur Miriakamba Hut, ist ein gemütlicher Sonntagsspaziergang. Einzig der extreme Temperatur- und Luftfeuchtigkeitswechsel ist körperlich deutlich spürbar. In wenigen Stunden von der sehr trockenen, eisigkalten Luft am Gipfel (-10° C; ca. 10% rel. LF) jetzt in die heiße, feuchtigkeitsgesättigte Treibhausluft (+ 30° C; 99% rel. LF) des tropischen Dschungels, das strengt an.

Vielleicht klagt auch deswegen heute mal Norbert zur Abwechslung über Übelkeit und Kopfweh. Etwas oberhalb der Miriakamba Hut ist der Feuch-

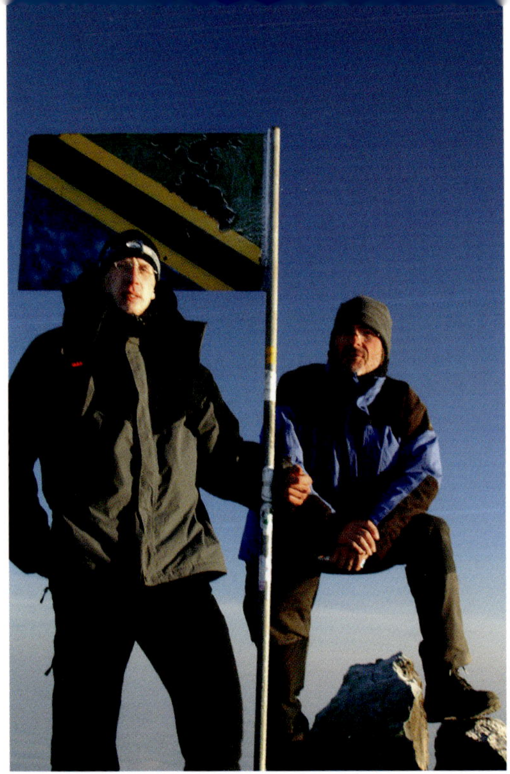

▲ *Die Tansanische Flagge auf dem Mt. Meru*
▶ *Romolus unser bewaffneter „Ranger" verfolgt den unabdingbaren, klimatisch bedingten Kleiderwechsel*

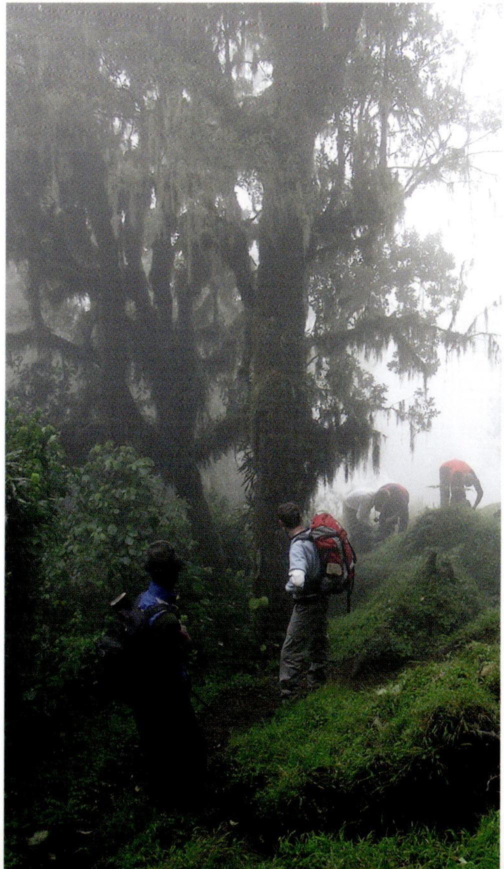

tigkeits- und Temperatursprung am deutlichsten wahrzunehmen. Auf einer sehr kurzen Distanz, ich schätze nur 20 m, spüren wir einen Temperaturunterschied von sicherlich 10° C. Spaßeshalber bin ich ein paarmal zwischen dem feuchtwarmen Nebelschleier und der relativ kühlen Bergluft hin- und hergelaufen.

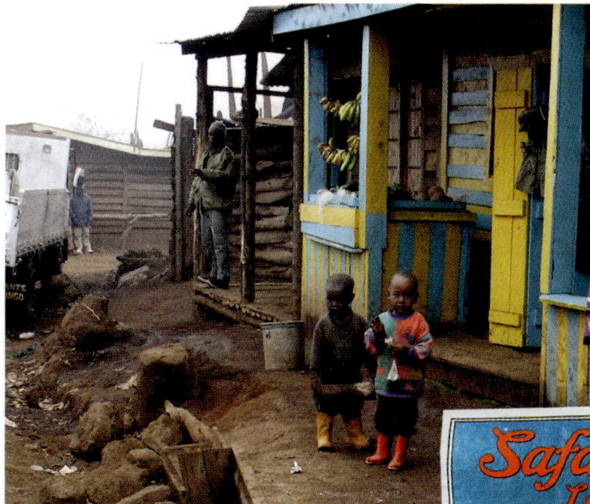

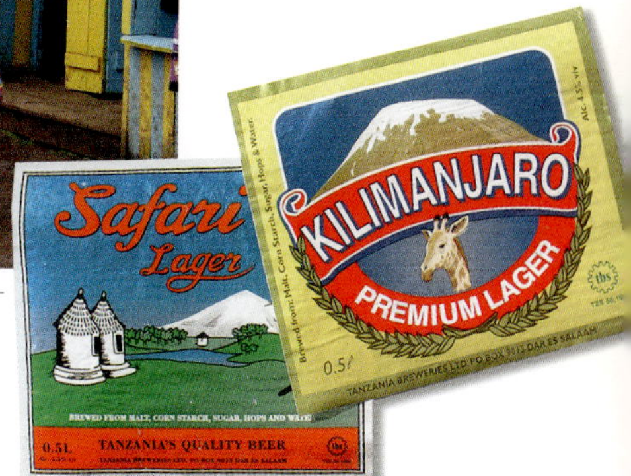

▲ *Am kleinen „Shop“ um die Ecke*
▶ *Gebraut nach afrikanischem Reinheitsgebot, frei von natürlichen Inhaltsstoffen*

04. August 2003 Mo,
Abstieg 2 h, 1000 Hm
Miriakamba Hut ---> Momella Gate,
Fahrt zurück ins Hotel

Diese Nacht haben wir alle gut geschlafen und steigen gleich nach dem Frühstück zum Momella Gate ab. Die Wildtiere hier im Nationalpark haben sich an die Menschen gewöhnt, sonst könnten wir uns nicht bis auf ca. 15 m zum Fotografieren heranschleichen. Mit einem leichten Teleobjektiv werden Giraffen, Zwergantilopen und Kaffernbüffel formatfüllend abgelichtet. Nach dem „Checkout“ am Momella Gate erwartet uns eine abenteuerliche Fahrt zurück ins Hotel. Mit dem Toyota Allrad-Bus geht es in einem bachbettartigen Schotterweg über eine Stunde abwärts. Steine in Tennis- bis Fußballgröße werden irgendwie im ersten Gang umfahren oder überrollt. Wir werden durchgeschüttelt und hin- und hergeworfen und müssen aufpassen, nicht den Kopf anzustoßen. Nach dem reichhaltigen Abendbrot mache ich noch, trotz heftigen Abratens seitens der Hotelbediensteten und unseres „Führers“, einen Abstecher an den naheliegenden Kiosk neben der

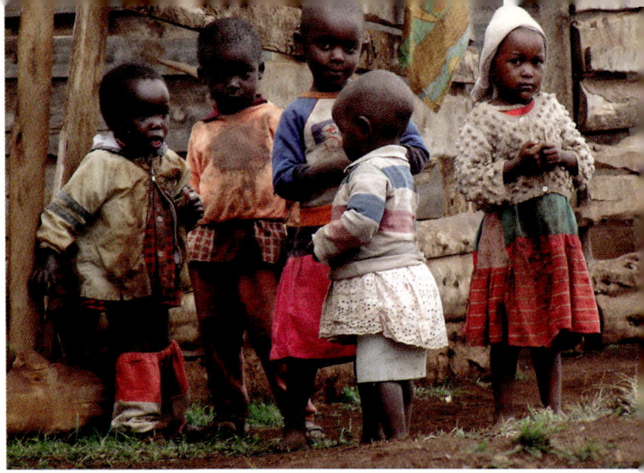

Hotelanlage. (Die Rede ist von betrügen, ausrauben bis zu Mord und Totschlag.) Zu meiner Verwunderung gibt es hier köstliches einheimisches Flaschen-Bier. Da ich bei der Mt. Meru-Tour meine konditionelle Verfassung sehr gut testen konnte, und auch die recht zügige Höhenanpassung (in 2 Tagen von 813 m auf 4566 m) ohne die geringsten Probleme geklappt hat, gönne ich mir hier ein „Kilimanjaro Premium Lager“ aus einer Brauerei in

Dar es Salaam. Vor allem aber hat es mir das Etikett mit dem schneebedeckten Kilimanjaro-Gipfel und dem lustig dreinschauenden Giraffenkopf angetan. Ich unterhalte mich sehr angenehm mit den beiden Söhnen des Kioskbesitzers und kann auch noch dem Älteren bis zu meiner Wiederkehr vom Kilimanjaro einen kleinen Auftrag erteilen: Er solle mir doch landestypische, tansanische und kenianische, am besten natürlich „Kilimanjaro-typische" Musik besorgen. Ich gebe ihm die notwendigen tansanianischen Shillinge und verspreche ihm auch noch ein gutes Trinkgeld für seine Bemühungen. Ich sollte nicht enttäuscht werden, denn als ich mit „glühenden" Augen eine Woche später vom (von hier aus bei gutem Wetter gut sichtbaren) Kibo zurückgekehrt bin, wartet er schon mit 2 Musikkassetten auf mich. Diese Lieder haben mich nun schon bis ins norwegische Hochgebirge begleitet und ich kann mich nicht satthören an dem traditionellen, rhythmischen Afrika-Blues. Vor allem aber erinnern mich diese Lieder immer wieder an zwei tief bewegende Wochen in einer anderen, vielleicht auch schöneren Welt. Leider, oder vielleicht auch zum Glück, konnte ich hier am Kiosk auch eine andere Facette dieses armen Kontinents kennenlernen. Während unseres Gesprächs bat ein ca. 6 jähriges Kind, das ein anderes Kind auf dem Rücken trug, um das Befüllen einer kleinen Plastiktrinkflasche. Für wenige Shillinge erhielt es die Flasche halbvoll zurück und verschwand wieder auf dem staubigen, mit Müll übersäten Trampelpfad am Bahngleis entlang. Plötzlich irritierte mich der sich immer mehr verbreitende Benzingeruch. Und als ich nachfragte erklärte mir der Junge hinter dem schwer vergitterten Kiosk: „they need it for cooking in the evening".

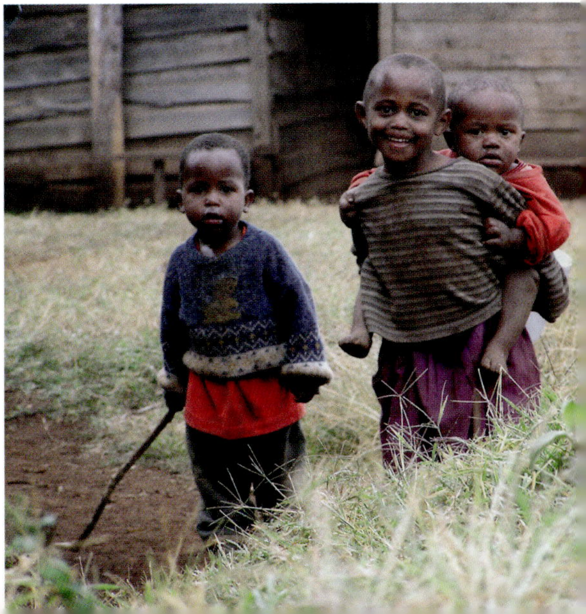

◄ ► *Im kleinen Dorf vor dem Londorossi-Park Tor*

05. August Di,

Fahrt vom Hotel ---> Londorossi Park Tor, 2h (2250 m),

(Moshi-Arusha ---> Dorf Boma la Ngombe ca. 50 km)

Aufstieg 3 h, 650 Hm, 11 km, Londorossi Park Tor ---> Mkubwa Camp 1

Mkubwa Camp 1, (2750 m),

Koordinaten: S 02° 59‘ 49,4“ - E 37 C 10‘ 28,7“, Temp.: + 10° C im Zelt, Übernachtung

Das kleine, ärmliche Dorf vor dem Londorossi-Park Tor besteht aus primitiven Holzhütten (Slum), die entlang der mit Müll übersäten, rotbraunen Naturboden-Piste (unvorstellbar in der Regenperiode) vor sich hin zerfallen. Auf dem staubigen Weg kommen uns zwei schwer beladene Chagga-Frauen in ihren typischen, farbenfrohen Gewändern entgegen. Jede trägt einen 10 Ltr. Wassereimer auf dem Kopf und einen 10 Ltr. Kanister in der Hand. Sie unterhalten sich recht angeregt. An den baufälligen Hütten lehnen tratschende Männer-Grüppchen jeden Alters, mal mit Daunenjacke, festem Schuhwerk und Mütze, anderseits aber auch mit kurzem Hemd und Espandril. Wahrscheinlich kann sich nicht jeder den Temperaturen angepasste Kleidung leisten. Für die aus europäischen Altkleider-Containern bunt angezogenen Kinder ist unser Erscheinen die Sen-

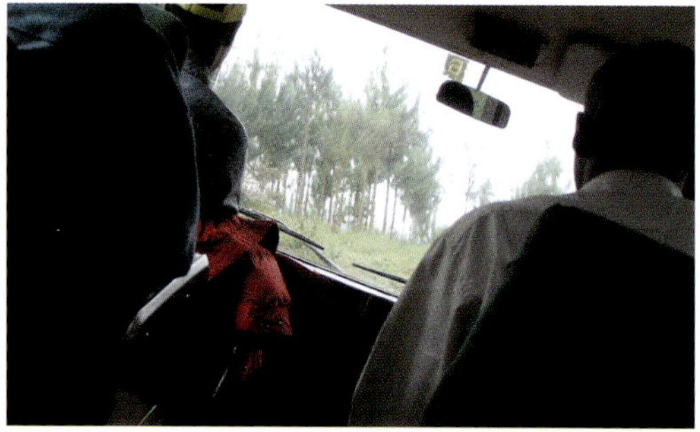

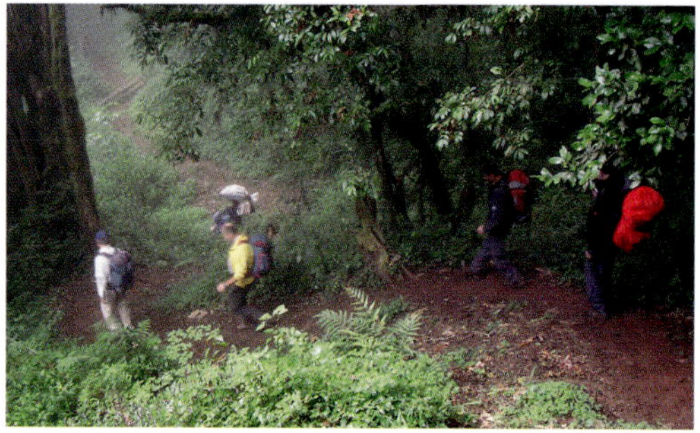

▲ *„Habnse was getrunken?“ Ich wusste nicht dass ein vollbeladener Kleinbus solche Schräglagen meistert.*

▲ *Über Stock und Stein, aber immer schön rauf und runter*

sation schlechthin. Freudig winkend begrüßen sie uns. Leider haben auch viele der Kleinen keine für die derzeitig herrschende Temperatur (ca. 10°C - 15°C), angebrachte Kleidung. Durch die tief hängenden Wolken ruft das fahle Sonnenlicht in uns eine eigentümliche (fast melancholische) Stimmung hervor, uns alle beschleicht ein „mulmiges" Gefühl, stellenweise bin ich den Tränen nahe. Ich habe in meinem Leben noch nie eine solche Armut gesehen. Irritierend kommt noch dazu, dass uns hier im hintersten Tansania von mehreren Hütten große, rote „Coca-Cola" Schilder entgegenleuchten.

Nach der aufwändigen Registrierung, dem Checkin und Erhalt der Permits an der „besterhaltenen" amtlichen Hütte, geht es abenteuerlich weiter auf einer Survival-Schlammpiste, zum Glück trocken, zu den Lemosho Glades 45 min (2100 m). Der betagte Toyota-Kleinbus schaukelt teilweise fast atemberaubende 45° in den Spurrillen zur Seite. Nach dem Ab- u. Ausladen unserer See- u. Rucksäcke, der Jutekörben mit Lebensmitteln, Plastiksäcken, Kerosin- u. Trinkwasserkanistern und Kerosinkochern, erfolgt die obligatorische Lastenverteilung auf die Träger. Da wird ein-, aus- und umgepackt. Porter (Träger) und chiefporter (Chef-Träger), guide (Führer) und assistant guide (Führer-Lehrling) sowie cook (Koch) und second-cook (Hilfskoch oder „Sous-Chef") reden lautstark durcheinander und einigen sich erst, wenn das später auf dem Kopf getragene Gepäck mit der mitgebrachten Zugwaage taxiert wird. Aus unerklärlichen Gründen bleiben dann aber nach dem Aufteilen doch noch irgendwelche Gepäckstücke übrig. An den mürrischen Gesichtern erkennt man dann, wer dieses Mal der Gelackmeierte war.

Von Lemosho Glades wandern wir zunächst auf einem breiten Fahrweg Richtung Regenwald. Durch Strauchheide führt der Weg an einzelnen, erbärmlichen Hütten vorbei. Anfangs leicht auf und ab, dann ansteigend durch Schluchten- u. Regen-

Die verschiedenen, im Text genannten Höhen- bzw. Klimazonen des Kilimanjaros werden im Anhang auf Seite 259 beschrieben.

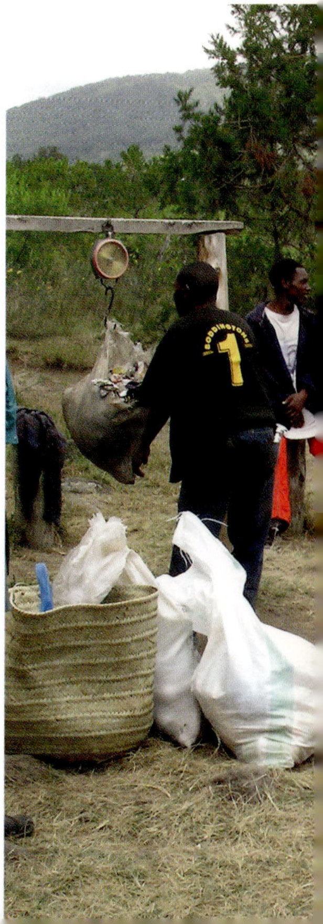

Gewogen und für gut befunden. Die seit 2001 verbindlich vorgeschriebenen Träger (im Schnitt 2 Träger pro Person) schultern oft bis zu 15 kg oder mehr! ▶

wald. Es wird immer dunstiger und nebliger. Bald sind 99% Luftfeuchtigkeit erreicht. Der inzwischen immer schmäler gewordene Trampelpfad schlängelt sich nun „wildromantisch“ um Farn- und Flechten behangene Riesenbäume, mit kurzen, aber zum Teil sehr steilen An- u. Abstiegen. Die Feuchtigkeit in Bodennähe hält sich in Grenzen, zum Glück! Denn unzählige freiliegende Wurzeln und Wurzelstöcke müssen überwunden werden. Die in dieser Klimazone häufigen Regenschauer machen dann einen solchen „Trail“ zum Alptraum wie Reinhard Dippelreither in seinem „Kilimanjaro Lesebuch“ so bildhaft beschreibt: „Am schlimmsten waren die freiliegenden Wurzelstöcke der Baumriesen. Alle Bäume hier sind Flachwurzler, und der weit ausufernde Wurzelstock verläuft parallel zum felsigen Untergrund. Da dieser sehr steil ist, verläuft auch der Wurzelstock in derselben Steilheit (man sollte deswegen vielleicht eher von Steilwurzlern sprechen). Die Oberseite der teils oberschenkeldicken Hauptwurzeln liegen oft frei und hat meist keine Borke. In der Praxis heißt

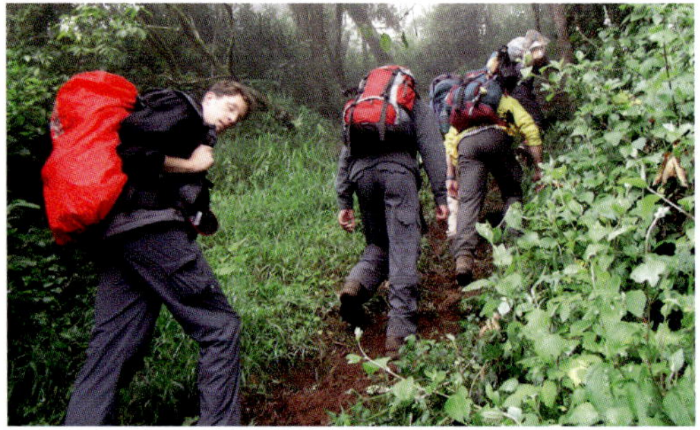

das eine wunderschön anzuschauende Abfolge von dunklem, rotbraunem, schlüpfrigem Lehm und wesentlich helleren, ebenso glitschigen Riesenwurzeln, alles in allem kann man mit einer Ausdehnung von 10 bis 20 m rechnen. Beim Drüberklettern rutscht man unweigerlich aus, krallt sich unbewusst fest, der erste Fingernagel reißt, man strampelt noch ein bisschen, dann ist man schon wieder drei oder vier Meter weiter unten. Dieser Vorgang wiederholt sich ohne Unterlass. Zwischendurch, wenn es einmal kei-

▲ *Kampf im Unterholz*

ne frei liegenden Wurzelstöcke zu überwinden gibt, liegen Baumstämme - Durchmesser um einen Meter, manchmal dicker - über dem Weg, die auch ziemlich rutschig sind. Dann gibt es riesige Felsbrocken, die in schwarzem Schlamm eingebettet sind. Sackt man zwischen zwei Brocken sehr tief ein, wird der Schuh durch das eigene Körpergewicht zwischen den Brocken eingeklemmt, worauf der Luftraum zwischen Hose und Schuhschaft massiv mit Schlamm angereichert wird. Ich hatte zwar Gamaschen mit, doch die waren für die nächsten Tage bestimmt und wurden, während ich nasser und nasser wurde, wohlversorgt im wasserdicht verpackten Gepäck auf Trägerrücken zum Umbwe-Camp geschleppt. Dann gab es die extrem heimtückischen Passagen, wo sich die Ausläufer eines Wurzelstockes unter einer dünnen Schlammschicht verbargen (der Baum selbst stand irgendwo abseits des Weges). Da es sich ja offenbar um eine hindernisfreie Stelle handelte, war man zack auf eine Wurzel getreten, ausgerutscht und schon wieder hingefallen."

Während des Aufstiegs kann ich mich gerade noch einmal rechtzeitig in die Büsche schlagen. Ich nehme sofort ein Medikament gegen Durchfall. Eine Schwächung wäre bei den jetzt bevorstehenden Strapazen fatal. Die Ursache war wahrscheinlich ein Getränk aus dem Saftbereiter im Hotel.

Nach 3 Stunden anstrengendem Aufstieg durch den Regenwald erreichen wir Mkubwa Camp. Wir zelten auf einer schönen, ebenen Fläche unter ein paar Baumriesen. Die Träger, Köche und unser Guide Lameck übernachten ziemlich beengt in einer kleinen, kreisrunden Wellblechhütte. Nach dem Aufstellen der Zelte wird unser großes blaues „Tischtuch" auf dem Boden ausgebreitet und Kaffee, Tee und gesalzenes Popcorn serviert.

Nachts haben wir klaren Sternenhimmel und hellen Mond. Die Sichel liegt horizontal wie ein Schiff! Die inzwischen eingekehrte Ruhe wird noch einpaar mal von Eberhard`s „reihern" unterbrochen.

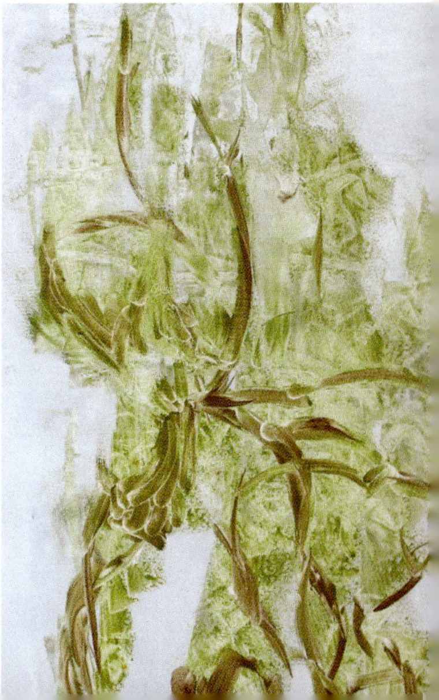

► *Flechten*
Acryl auf Leinwand, 30 x 40 cm, Christine Thoma

Er muss sich mehrmals heftigst übergeben, vermutlich hat er sich auch etwas eingefangen.

06. August 2003 Mi,
Aufstieg 10 h, 1100 Hm, 15 km,
Mkubwa Camp 1 ---> Shira Camp 2

Shira Camp 2 (3850 m),
Koordinaten:
S 03° 03' 17,2" - E 37° 16' 34,5",
Temp.: + 5° C im Zelt,
Temp.: abends 0° C

Bald nach dem Mkubwa Camp werden die Kronen des Regenwaldes immer lichter und wir erreichen die grandiose Moor-Heide-Zone. Die Landschaft erinnert sehr stark an die typische Strauch- oder Buschmaccia auf Korsika. Auch die Temperatur steigt nun sukzessive.

Die Flora bietet hier eine Vielzahl von distel- oder artischockenartigen Silberblattgewächsen („Wild Protea", „Protea Kilimandscharica"), Blumen und blühenden Büschen. Vereinzelt finden wir auch handtellergroße Feuerball-Lilien. Zum Glück habe ich nicht an Speicherkarten für den Foto gespart. Mit meiner kompakten Fotoausrüstung bin ich bisher mehr als zufrieden, weder die rauhe Handhabung, noch die extremen Temperatur- und Luftfeuchtigkeitsunterschiede haben sich bislang negativ bemerkbar gemacht. Das starke Zoomobjektiv (35-380 mm) mit Makrofunktion deckt die meisten Aufnahmesituationen ab, UV- und Polfilter ergeben auch in dieser Höhe satte, natürliche Farben. Nach der Moor-Heide-Zone folgt der Erikazeengürtel, den wir in ca. einer halben Stunde durchschreiten. Immer wieder überqueren wir kleine Rinnsale, aber auch breitere, ausgetrocknete oder vereiste Bachläufe. An deren Rändern ge-

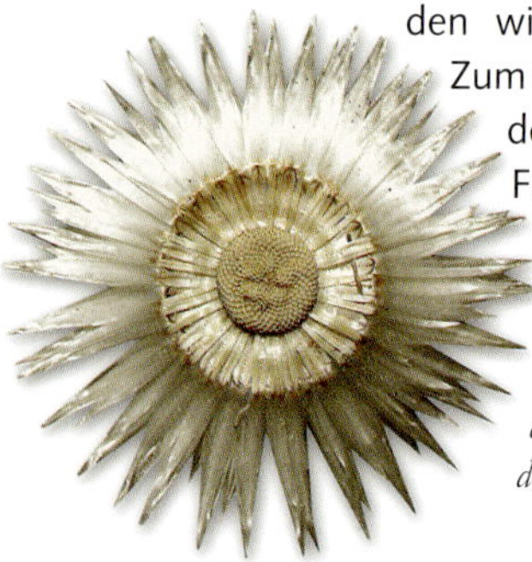

Im Alter gibt es keinen schöneren Trost, als dass man die ganze Kraft seiner Jugend Werken einverleibt hat, die nicht mitaltern. ARTHUR SCHOPENHAUER

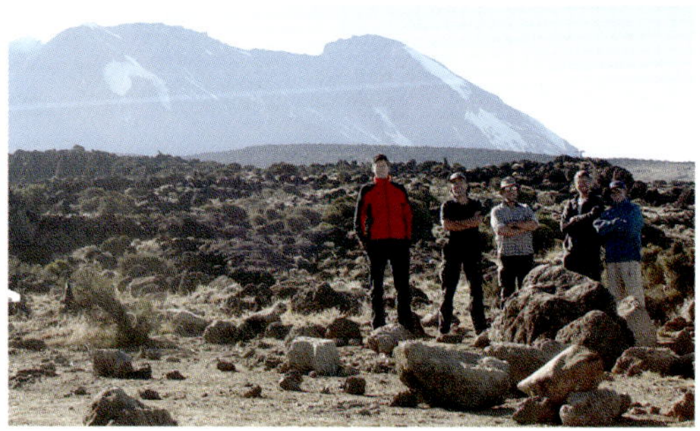

▲ *Aufstellung zum Gruppenfoto in der Steinwüste des Shira-Plateaus. Der Kilimanjaro ist nun zum ersten Mal freistehend in ca. 5 km Entfernung zu sehen.*

deihen zum Teil sehr große „Senecio Kilimanjari" und „Lobelia Deckenii". Die Aussicht ist grandios, vom Rift Valley über den Mt. Meru, Mt. Longido bis zum vor uns liegenden Shira Hauptkamm (3600 m) mit unserem heutigen Etappen-Ziel, Shira Camp 2 (3850 m). Das Camp liegt in einer bizarren Mondlandschaft mit unzähligen Lavabrokken in allen Größen, wenig Grasbüscheln und ein paar vereinzelt blühenden Strohblumen. Die Sicht vom Shira-Plateau auf den jetzt immer mächtiger werdenden Kilimanjaro ist überwältigend. Mit bloßem Auge kann man jetzt die Gletscher, Schneefelder, Seracs, Rinnen und Grate sehr gut erkennen. Wir sind von der Schneemenge (2003) überrascht. Nach dem schmackhaften und reichhaltigen Abendbrot treibt uns die Kälte bald in die Zelte, und es dauert nicht mehr lange, bis im stillen Camp die

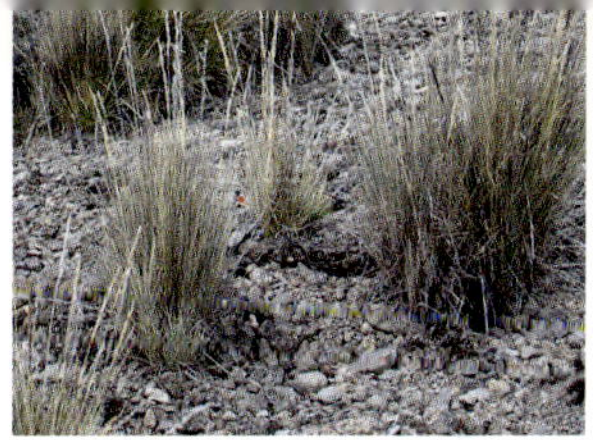

◄▲ *Wie auch am Mt. Meru gibt es in der Steinwüstenzone am Kilimanjaro bis fast 5000 m noch einzelne Überlebenskünstler wie diese anspruchslose Gräser und Strohblumen.*

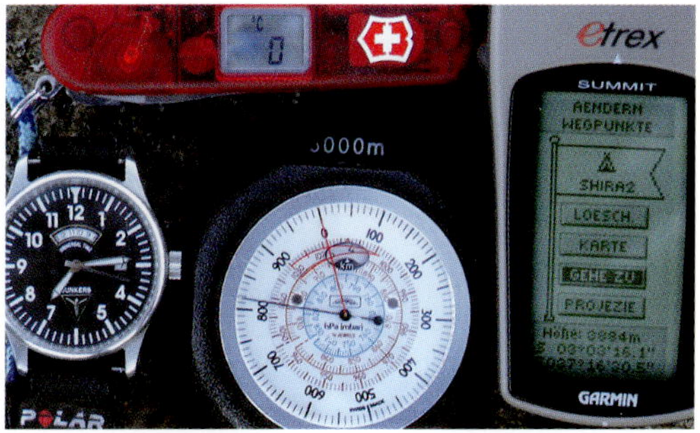

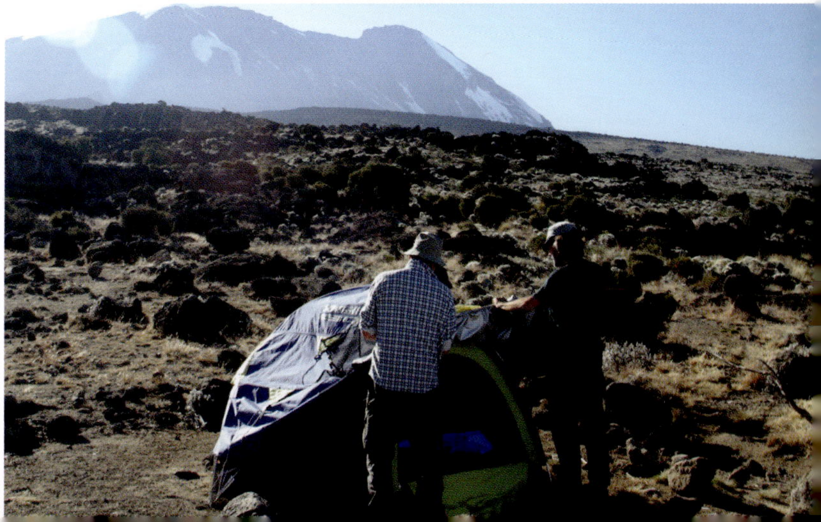

▲ *kleine Bestandsaufnahme der permanent anfallenden Daten am Berg: Zeit, Höhe, Koordinaten, Temperatur, Luftdruck, Sauerstoffsättigung im Blut, Puls ... braucht man das alles?*
► *Zeltaufbau am Shira 2-Camp*

letzten Lichter erlöschen. Nachts ist wieder klarer Sternenhimmel und morgens überrascht uns ein Bilderbuch-Sonnenaufgang tief unten, über der Savanne.

07. August 2003 Do,

Aufstieg 6 h, 100 Hm, 15 km, Shira Camp 2 ---> Barranco Camp (840 m hoch u. 735 m runter!)

Besteigung des Lavatower (4655 m)

Barranco Camp (3950 m), Koordinaten: S 03° 05' 44,5" - E 37° 19' 46,6", Temp.: abends + 8° C morgens + 2,5° C im Zelt

Die Mondlandschaft geht jetzt in eine weite, schwarze Sandwüste über, die von Millionen schwarzer Steinbrocken übersät ist. Es dominieren Strohblumen („Arabis Alpina" das Kilimanjaro-Edelweiß), blaugraue Grasbüschel, kleine Blüten und sehr große Senecien in dieser steinreichen Landschaft. »All diese Gnaphalien, Artemisien, Heliochrysen, Rispengräschen usw. haben sich mit einem hellgrauen Haarpelz bewehrt, dessen luftgefüllte Oberhärchen das Blatt gegen zu starke Erwärmung und Verdunstung einerseits, sowie gegen zu große Benässung und Erkaltung andererseits abschirmen und die verschiedenen Arten in der äußeren Erscheinung einander sehr ähnlich machen. Zum Teil stehen die Blüten und Blätter einer Pflanze in dichte, kugelige Polster gedrängt, um sich gegenseitig sowohl gegen Frost als auch gegen übergroße Transpiration zu bewahren. Zum Teil kriechen sie flach auf dem Boden dahin, um von der, durch die kräftige Insolation erwärmten Erde, den Vorteil zu ziehen, den ihnen die mangelnde Luftwärme versagt. Neben Gelb ist Violett die Lieblingsfarbe der Blüten. Aber auch die Blättchen

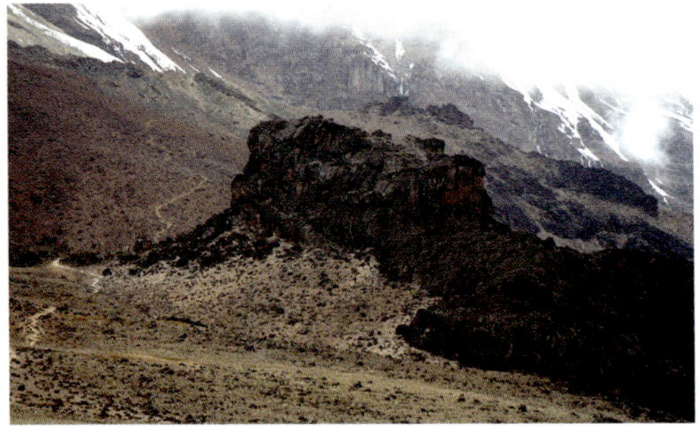

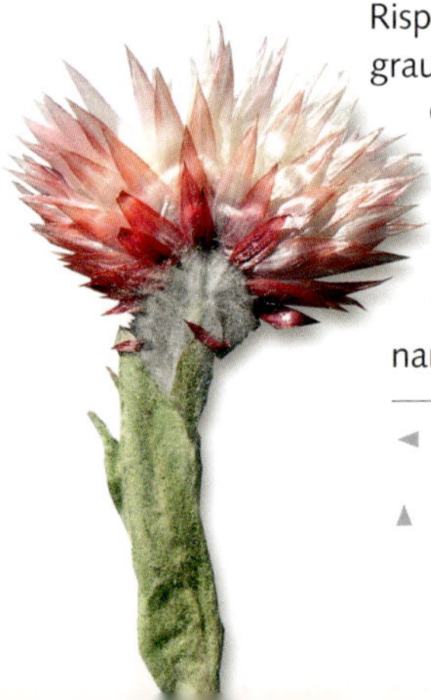

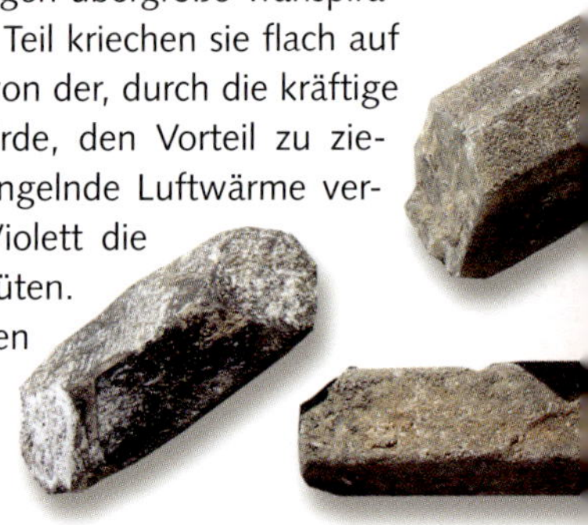

◄ *Kilimanjaro-Strohblume, findet man an windgeschützten Stellen noch in fast 5000 m Höhe.*

▲ *Vor dem Lava-Tower*

und Stengel einiger größeren Wärme bedürftigen Arten, haben die violette Anthokyanfarbe, die ja die merkwürdige Eigenschaft besitzt, das intensive Licht der Höhe zu absorbieren und in Wärme umzuwandeln. Dunkelgrau ist dagegen die Farbe der wenigen animalischen Bewohner des oberen Kilimandscharo, und durch diesen `Melanismus' wird den einsamen Bergschwalben, Steinschmätzern, Eidechsen, Käfern, Spinnen und Immen nicht nur eine größere Sonnenerwärmung zuteil als durch helle Färbung, sondern auch der unentbehrliche Schutz in dem gleich dunkelfarbigen Gestein, auf dem sie leben.« aus „Uhuru Peak", Schödlbauer, U.

Der sandige Weg (Lavasand) schlängelt sich dann fast 1 Std. um große Lavasteine herum bergab. Hier nimmt die Vegetation zusehend ab. Außer ein paar weißen, einzeln verstreuten „Arabis Alpina" findet man keine Pflanze mehr. Vielleicht hat Hollywood hier die Mondlandung gedreht? Nun zieht sich der Weg zum Lavatower hoch. Die schwarze, poröse Lava an dieser Felsnadel eignet sich hervorragend zum Klettern. Im Nu stehen wir auf dem 4655m hohen Monolith. Der ganze Lavatower ist mit unzähligen 1 bis 2 cm langen, linsenförmigen Porphyr-Kristallen

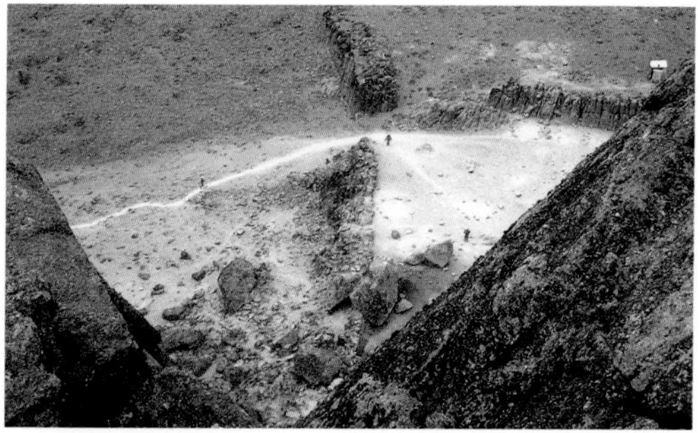

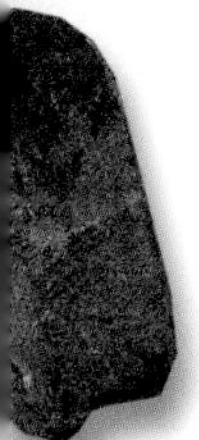

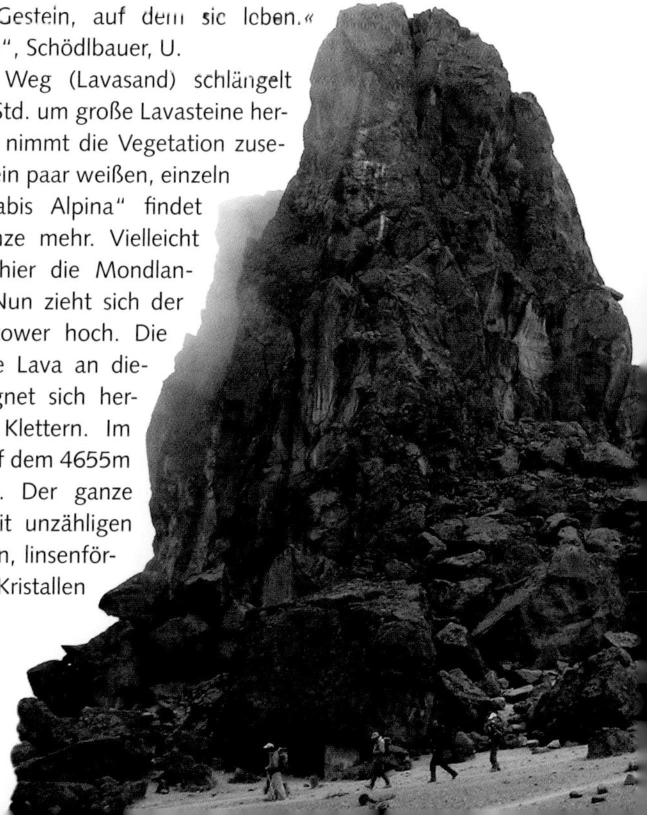

▲ *Auf dem Lavatower*
► *Der Monolith, auch Haifischzahn genannt*
◄ *Porphyr-Kristalle*

durchzogen, ein Eldorado für Geologen. Von hier oben aus erkennt man auch sehr gut den weiteren Wegverlauf, Richtung Süden zum Barranco Camp. (barranco=suaheli=kalt) Je tiefer wir nun steigen, umso grüner wird die Landschaft wieder. Hier finden wir wieder sehr viele, große und wunderschöne Senecien, „Senecia Kilimanjari" - endemisch - wird bis 5 m hoch, „Senecio cottonii" erreicht hier eindrucksvolle 10 m. Begleitet werden diese von den „edlen" Lobelien. Lameck, unser Guide zeigt mir, wie man an eine der dunkelblauen Blüten im Innern der Pflanze herankommt. Eine einzige dieser „vornehmen" Blüten hat bei den Chaggas den Wert eines prächtigen Rosenstraußes. Die Anzahl der beachtlich großen Senecien nimmt zu und in der Nähe des Barranco Camps kommt es schließlich zur weltweit größten Ansammlung dieser Riesen-Kreuzkräuter. Das Barranco Camp, am Grunde des Barranco Valleys, liegt märchenhaft auf einem vorgeschobenen Pla-

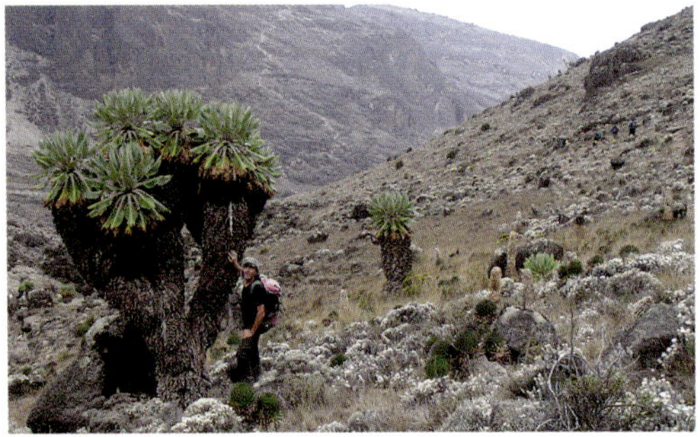

▲ *„Senecio Johnstoni", Riesensenecien oder „Gespensterbäume" säumen den Weg zum Barranco Camp. Oberhalb der Senecie ist das „Steilstück", Breakfast genannt, zu erahnen*

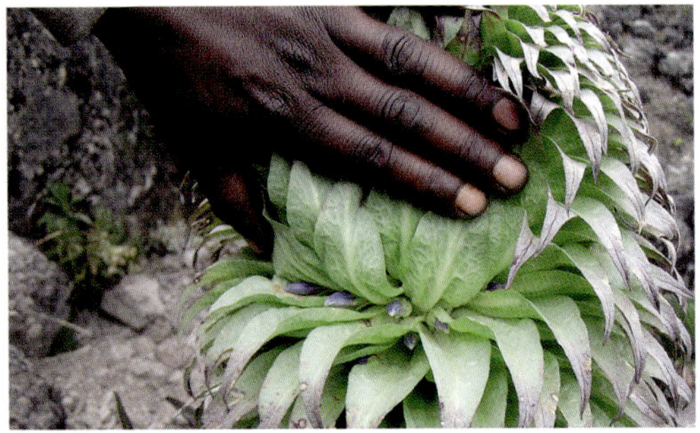

▲ *„Lobelia deckenii". In der Übergangszone zur Steinwüste läßt die Kälte, die hier auch tagsüber herrscht, außer den Senecien keine höheren Pflanzenformen mehr zu*

teau mit üppiger Vegetation. Über dem Barranco Camp erhebt sich der Barranco 300 m gegen den Himmel und endet am Kibo-Gipfel. Im Süden blinken die Abendlichter von Moshi, (60 km entfernt) herauf. Unsere sechs Zelte stehen, von den vorausgeeilten Trägern schon fertig aufgebaut, unter 10 m hohen Senecien. Ein Rabe, mit weißer Halskrause, interessiert sich für mein Abendbrot und bekommt auch etwas davon ab. Als Gegenleistung darf ich ihn wohl aus nächster Nähe fotografieren. Bartholomäus Grill beschreibt in seinem lesenswerten „Zeit"- Artikel[5] „Zwischen Himmel und Hölle" eine ähnliche Begegnung: „Ein weißkragiger Rabe beäugt mich beim Pinkeln. Lacht er mich aus? Sein Gekrächz tönt wie: Kehr um! Kehr um! Hat mir die Höhe die Sinne verdreht? Eisige Nacht, in drei Stunden soll der Aufstieg zum Gipfel beginnen. Der Frost sickert ins Zelt. Im Schädel wummert und pocht und braust es wie in einem Wasserwerk. Schlaflosigkeit, Brechreiz, Atemnot, flatternder Puls. Dann kommt dieser verfluchte Schüttelfrost, und es ist, als krieche einem die Polarkälte des Berges, in die Knochen." aus „Zwischen Himmel und Hölle" von Bartholomäus Grill, ZEIT-Ausgabe Nr. 38/9. September 2004

Diese Krähen spielen in der Sagen- und Märchenwelt der Chaggas, also der Bewohner an den Hängen des Kilimanjaros, eine nicht unwichtige Rolle. Sie sind nämlich die verwandelten Fleischstückchen, die die „Wakonyingo-Zwerge", die Bewohner des Kibo-Gipfels, ihren Ahnen im Himmel opfern. Wehe dem, der diese Krähen ärgert, er wird selbst zum Opferfleisch und damit eine dieser Kilimanjaro-Krähen!

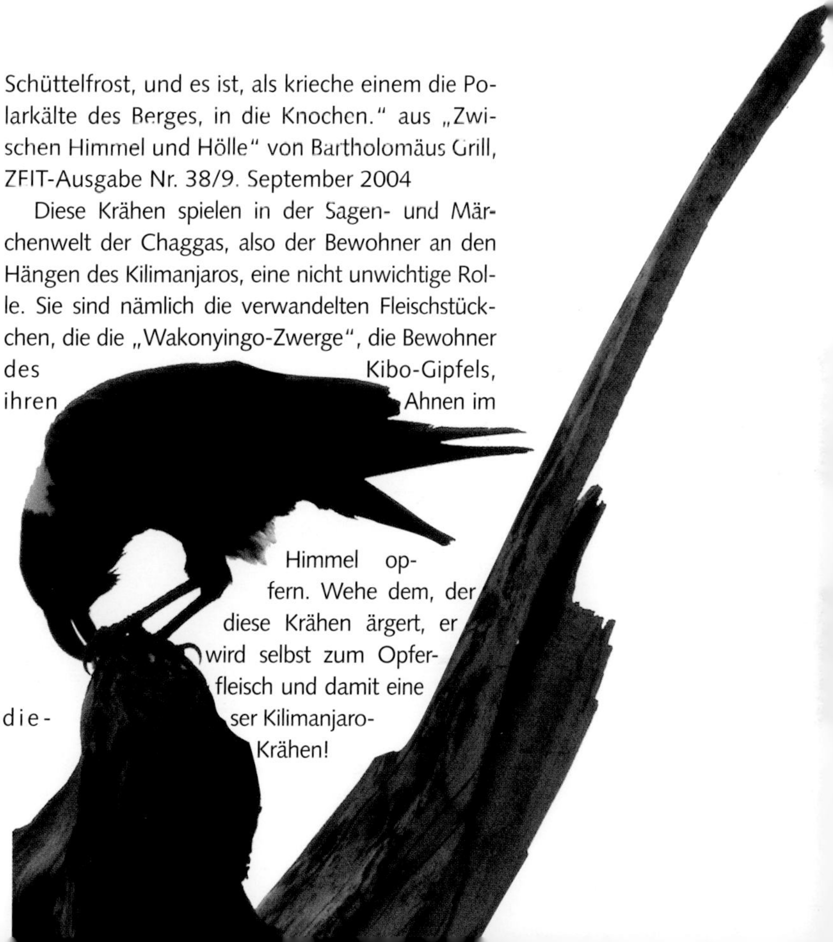

Sein Gekrächz tönt wie: Kehr um! Kehr um!
Mehrere Raben leisten uns beim Barranco Camp Gesellschaft und sind ein willkommenes Fotomotiv ►

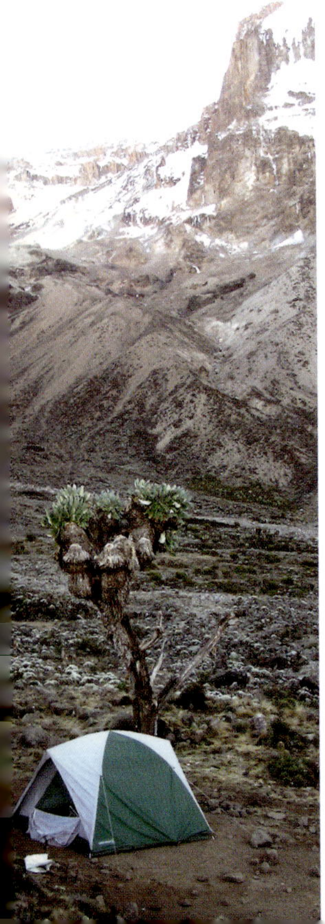

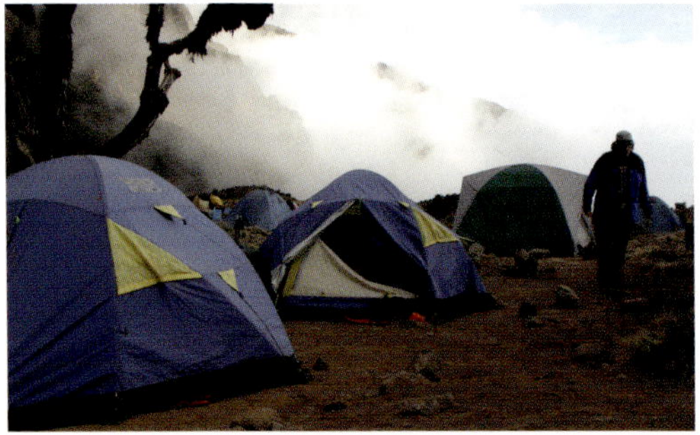

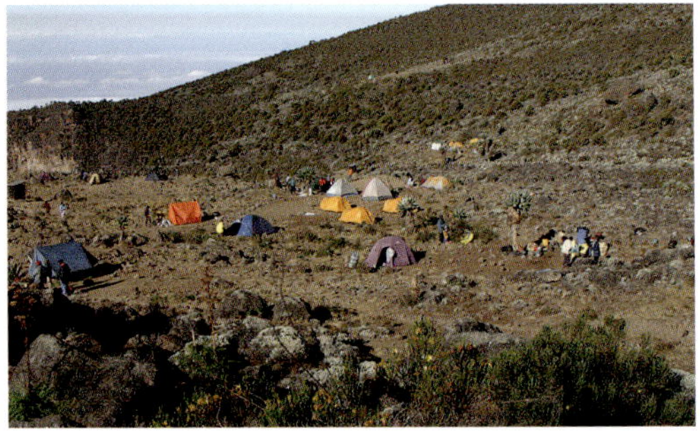

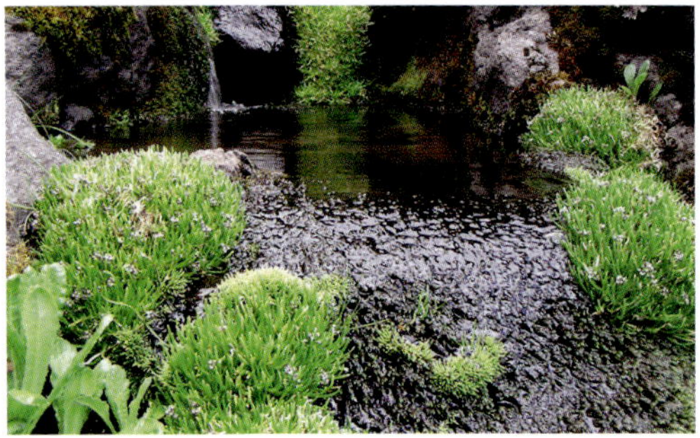

Einer der schönsten „Campingplätze" Afrikas, am Fuße des Kilimanjaro: das Barranco Camp in fast 4000 m Höhe

An einer Quelle (sie führt das ganze Jahr köstliches Trinkwasser!) gedeihen sattgrüne Moose und Gräser

Ich mache noch einen Abendspaziergang zu einer naheliegenden Quelle und besorge Trinkwasser für morgen. Eine solch üppige Vegetation (auf fast 4000 m!) habe ich selten an einem Bachlauf in den Bergen gesehen. Dieses Camp gefällt mir am besten. Es ist sehr ruhig, die ca. 75 Zelte rings um uns herum scheinen nicht bewohnt zu sein. Die Anstrengung des Tagesmarsches bis hier herauf und die Höhe machen wohl den meisten zu schaffen. Am Morgen sind alle Zelte mit Rauhreif bedeckt.

08. August 2003 Fr,

Aufstieg 6 h:20 min, 700 Hm, 13 km, Barranco Camp ---> Karanga Valley --> Barafu Camp

Aufstieg „Breakfast", Querung in 4500 m, Abstieg ins Karanga Valley, Aufstieg über Grat zu Barafu Camp,

Karanga Valley (4000 m), Koordinaten: S 03° 06' 38" - E 37° 21' 49,9"

Barafu Camp (4600 m), Koordinaten: S 03° 05' 57,4" - E 37° 22' 41,4"

Gleich am Barranco Camp muss ein Lavaausläufer, die fast senkrechte Wandstufe „Breakfast", (Trägerjargon) überwunden werden. Mit etwas „Hand anlegen" haben wir diese Rippe aber in einer guten Stunde geschafft.[6] Oben machen wir auf einer prächtigen Aussichtsplattform zuerst mal Rast. Ich kann ein paar sehr schöne Panoramafotos aufnehmen. Im Rücken baut sich jetzt der Kilimanjaro übermächtig auf und auf der gegenüberliegenden Seite im Westen erheben sich der Mt. Meru und der Shirakamm aus dem Wolkenmeer. Die gewaltigen Hängegletscher bzw. Eishänge des Kersten-, Decken- und Rebmann Gletschers sind zum Greifen nah. Der weitere Weg quert nun den gesamten südlichen Gebirgsstock fast konstant in 4500 m und ist sehr abwechslungsreich: bergauf, bergab, über Bächlein, Schotter und Lavabrocken in jeder Größe. Auch in dieser Höhe gibt es noch vereinzelt kleine gelbe Grasbüschel und das Kilimanjaro-Edelweiß.

Nach ca. 3 Stunden stehen wir an einem tiefen V-Taleinschnitt, dem Karanga Valley. Auf der gegenüberliegenden Talseite sehen wir den sich hell vom schwarzen Lavasand abzeichnenden Weiterweg Richtung Barafu Camp. Das heißt ca. 500 m absteigen und genausoviel auf der anderen Seite wieder hoch. Prost, Mahlzeit! Es wird dann aber doch nicht so strapaziös, wie wir zunächst vermutet haben, denn erstens gibt `s unten eine stärkende Mahlzeit und zweitens kann man sich am naheliegenden Bächlein (Karanga River) erfrischen. Zwischen saftig grünen Farnen und gelben und weißen Papierblumen stehen sogar einige Zelte. Manche Gruppen übernachten hier zwischen Barranco und Barafu Camp. Wir haben aber noch 600 Hm vor uns.

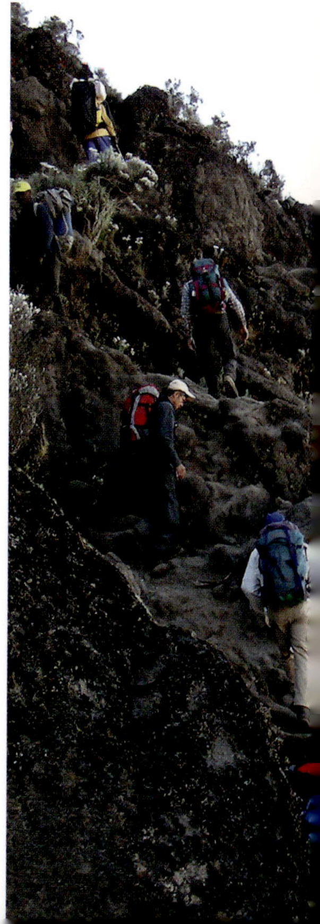

► *Schweißtreibend und für die Träger, die ihre Lasten ausnahmslos auf dem Kopf tragen, nicht ungefährlich, die Steilstufe „Breakfast"*

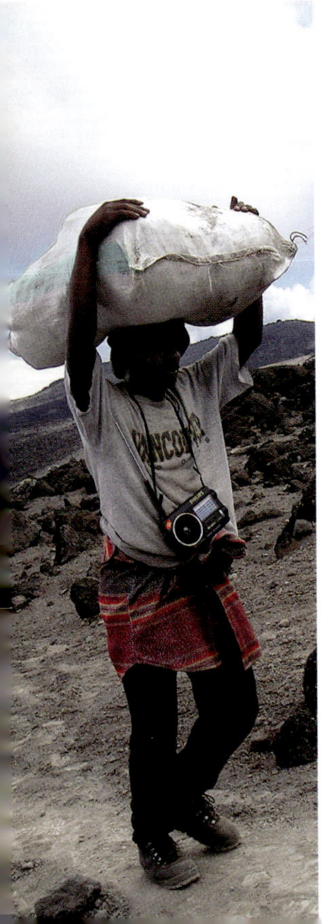

Nach weiteren zwei Stunden Gehzeit kommt uns der querlaufende Lavarücken, auf dem sich das Barafu Camp befindet, ins Blickfeld. Das sogenannte „Kili Base Camp“ liegt auf 4600 Meter, also annähernd auf Höhe des Montblanc. (Barafu ist das Suaheli-Wort für Eis) Der Berg zeigt jetzt bei fast allen, außer den Trägern, Wirkung. Die schweren Lasten auf dem Kopf tragend, laut plärrende Transistorradios umgehängt, steigen sie den steilen staubigen Pfad bergauf und summen dazu das Kilimanjaro-Lied:

Kilimanjaro, Kilimanjaro, Kilimanjaro,
Mlima Mrefuu Sanaa
Na Mawenzi, Na Mawenzi, Na Mawenzi
Na Mawenzi, Mlima Mrefuu Sanaa
Ewe Nyoka, Ewe Nyoka, Ewe Nyoka
Ewe Nyoka Mbona Wanizungukaa
Wanizungukaa, Wanizungukaa, Wanizungukaa
Wanizungukaa Wataka Kunila Nyamaa
Kunila Nyamaa, Kunila Nyamaa, Kunila Nyamaa
Kunila Nyamaa Mbona Wanizungukaa

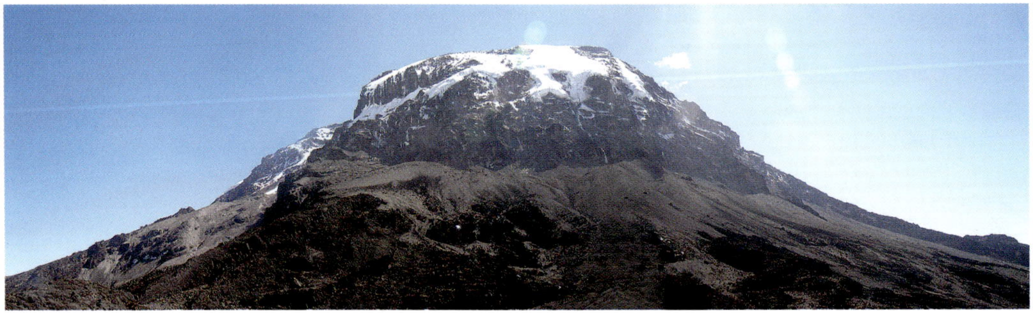

◄ *Trotz beachtlicher Lasten immer „gut drauf“ und mit einem Lied auf den Lippen*

▲ *Kleine Fotopause am Panoramaplatz oberhalb vom „Breakfast“. Wir sehen den „Kibo“ zum ersten Mal freistehend mit seinen mächtigen Hängegletschern*

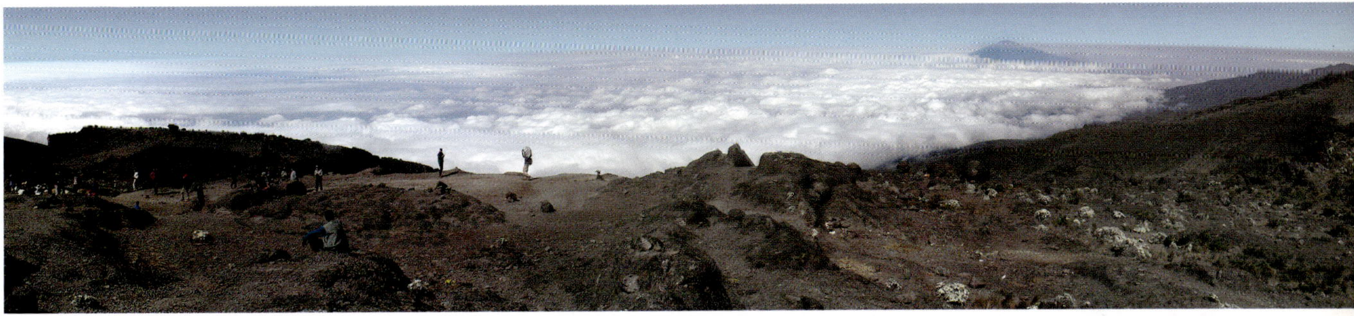

▲ *Panoramablick zum aus den Wolken ragenden Mt. Meru*

Was von Suaheli auf Deutsch übersetzt in etwa heißt:

„Der Kilimanjaro ist ein hoher Berg.
Der Mawenzi ist ein hoher Berg.
Um mich herum schleicht eine Schlange.
Schlange, willst Du mich beißen?"

Bei unserer Ankunft sind schon einige Zelte aufgestellt, oder besser gesagt zwischen die Felsen gedrängt. Für die anderen suchen wir noch ein Plätzchen. Hier gibts wirklich nur wenige Quadratmeter ebener Fläche zwischen den riesigen Steinblöcken und so müssen wir zunächst für jedes Zelt eine halbwegs flache Unterlage schaffen. Andreas bewundert auf seiner Armbanduhr die heute geleisteten Höhenmeter: 1055 Hm up, 420 Hm down in durchschnittlich 4200 m Höhe, da dürfte es keine Schlafprobleme geben. Im letzten, warmen Abendlicht gelingen mir noch eindrucksvolle Bilder von den Felszinnen des Mawenzi und dem unter uns liegenden, unendlich weiten Wolkenmeer.

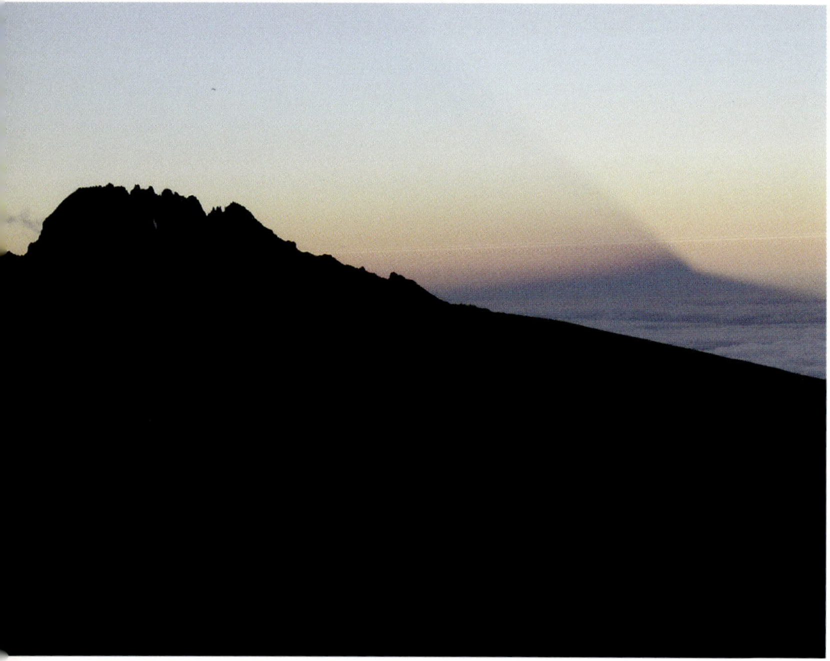

▲ *Kurz vor dem Schlafengehen wieder ein imposantes Schauspiel: der Schatten des Kilimanjaros wird in allen Regenbogenfarben von der Luftschicht über den wabernden Wolkenmassen reflektiert*

Überdimensionalen Wattebäuschchen gleich, schieben sich einzelne Haufenwolken aus der wabernden Masse steil in den Abendhimmel. Wie schon am Mt. Meru, entdecken wir auch hier den mächtigen Kiboschatten, der sich rechts neben dem Mawenzi über die Wolkenberge legt. Die untergehende Sonne läßt den Schatten in zarten blaurot Tönen glühen. Schweigsam nehmen wir die phantastische Stimmung wahr. Während unserer „Abendvorstellung" über den Wolken ist es recht kalt geworden. Wir verkriechen uns ins Zelt und um 19:00 Uhr liegen wir schon im Schlafsack. Ich lese noch ein Kapitel über unseren morgigen Aufstieg zum Gipfel aus Ulrich Schödlbauers „Uhuru Peak": „Von den Strecken, die auf den Kibo führen, steigt die südöstliche am gleichmäßigsten an. Ihr genauer Widerpart ist die Südweststrecke, die von Umbwe aus über den Great West Breach den insularen Furtwängler-Gletscher angeht. Hier sind es, wie die Höhenlinien ausweisen, die Steilaufstiege, die den Erfolg bringen oder das Scheitern.

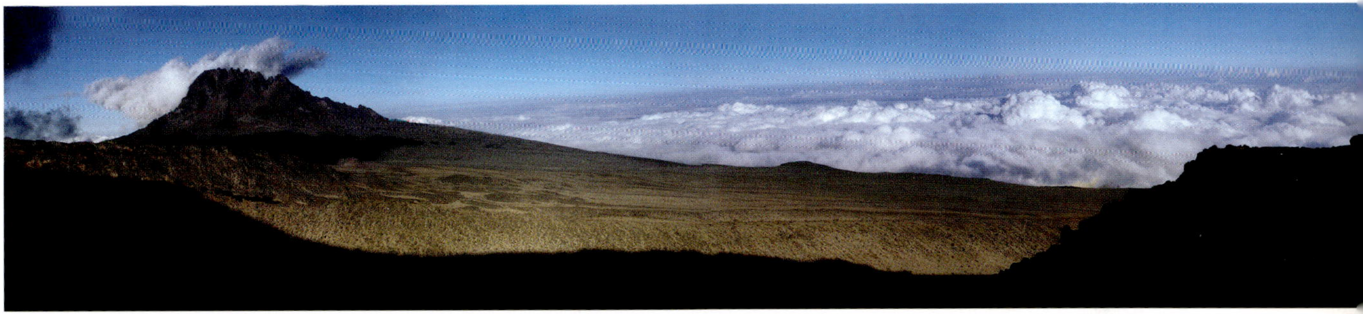

Merkwürdig geradlinig verläuft die nördliche Rongai Route, die sich zum letzten Anstieg mit der Südoststrecke vereinigt. Ganz anders die von Westen kommende Shira Route, die sich in eleganten Schwüngen an den Gipfel heranschmeichelt. Das Gipfel - Ensemble, das zwischen dem nördlichen und dem südlichen Eisfeld mit Eiskuppel und Rebmann-Gletscher so lauschige Fleckchen ausweist wie Bismarck Towers, Stella Point und Hans Meyer Point - alle drei hintereinander längs des Weges aufgereiht, der die Gruppe im Fall der Fälle von Gillman's Point zum Uhuru Peak führen würde, von dem aus man dann und wann zum eigentlichen Schlund, dem Reusch-Krater, hinüberblickt, während langsam die östliche Sphinx ins Bild wandert - bleibt auch in der Hinsicht eine Welt für sich, als die verschiedenen »Routes« überall am Ende vor dasselbe Problem führen: den unerlässlichen Aufstieg zum Krater. Hier gleichen sich die Bedingungen, hier scheiden sich die - »Geister«

▲ *Mit beachtlicher Geschwindigkeit schieben sich einzelne Haufenwolken aus dem über der Savanne liegenden Wolkenmeer* wäre vielleicht das falsche Wort, andererseits trifft es die Sache, wenn schon nicht genau, so doch überaus einprägsam."

09. August Sa,
Aufstieg 7,5 h, 1350 Hm, 6 km, Barafu Camp ---> Uhuru Peak,
Abstieg, 9 h, Mweka Route mit Pausen, 3000 Hm, 16 km, Uhuru Peak ---> Barafu Camp ---> Mweka Camp (3000 m)
Uhuru Peak, (5895 m), Koordinaten: S 02° 50' 30" - E 37° 00' 35", (offizielle Koordinaten)
Temp.: ca - 15°, (gefühlt: ca. - 25°), zunächst sehr starker eisiger Wind, orkanartige Böen, später sonnig

0:20 Uhr, aufstehen, ein paar Kekse essen, ein paar Schlucke Elektrolytgetränk und Abmarsch. Im Schein unserer Stirnlampen steigen wir über die unteren Geröll- und Blockhalden empor. Das zieht sich hin und unsere Atemgeräusche sind der einzige Laut in der eisigen Nachtluft. Alles ist knallhart gefroren. Durch die stetige Anstrengung habe ich aber kein Kältegefühl, im Gegenteil, irgendwann entledige ich mich sogar während des Gehens meines Pullis ~~und~~ stopfe ihn in den Rucksack.

Reinhard Dippelreither beschreibt den Anstieg nach dem Barafu Camp anschaulich: „Wie das Camp ist auch der Trail eine unüberschaubare Ansammlung von Geröll und Sand in allen Größenordnungen, es beginnt mit fast staubähnlichen Durchmessern von einigen Zehntelmillimetern und endet bei einfamilienhaus- großen Felsen. Der einzige Vorteil der grimmigen Kälte ist, dass dies alles zu einem betonharten Gesamtkörper friert. Man muss nur genau schauen, wo man seinen Fuß hinsetzen will. Anfangs stößt man oft an übersehenen Brocken an, und das nehmen die eiskalten Füße sehr übel." Es folgen Abschnitte mit steilen Serpentinen, alle trotten im Zeitlupentempo Lameck, unserem Chief-Guide, nach. Dessen Stirnlampe gibt aber irgendwann den Geist auf, und ich leuchte ihm als zweiter so gut es geht den Weg aus. Später sehen wir eine weitere Perlenschnur von ca. zehn leuchtenden Stirnlampen unter uns näher kommen. In rhythmischem Stimmgesang (wohl zur Motivation der Truppe) feuern sie sich gegenseitig an, und das zeigt auch Wirkung. Bald haben sie uns überholt. Einige Teilnehmer unserer Gruppe hegen nun erste Zweifel, ob sie das Ziel überhaupt erreichen würden.

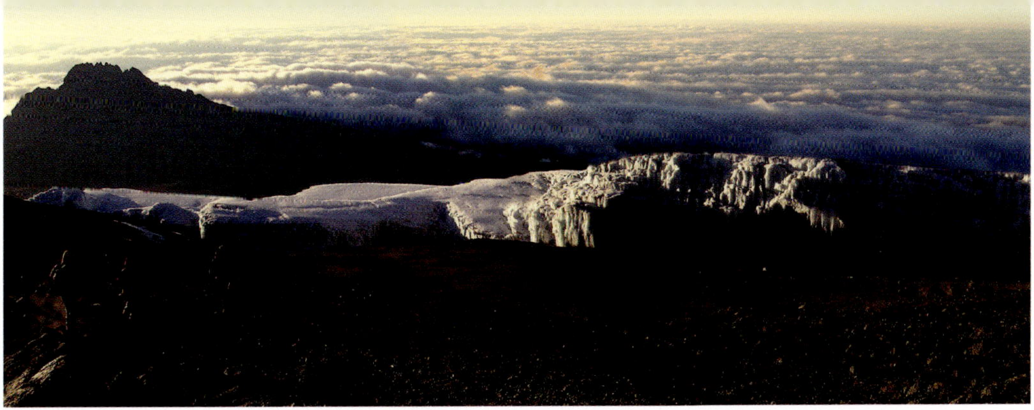

◄ *Im ersten Morgenlicht erreichen wir Stella-Point in 5745 m Höhe. Die orkanartigen, eisigen Windböen, die uns jetzt nach dem anstrengenden Aufstieg fast in den Vulkanschlot blasen, sieht man dem Bild nicht an.*

Die physische und psychische Anstrengung ist für sie jetzt trotz unseres „Gänsemarsches" so heftig, dass sich der Jüngste mehrmals übergeben muss, und ein anderer pausenlos vom „Nichtschaffen" redet. Das Einbrechen in die überfrorene Sand- und Geröllkruste und das anschließende Zurückrutschen ist besonders lästig und mühsam. Zum Glück beruhigt sich aber die Situation wieder und wir erreichen um 6:30 Uhr bei fahlem Morgenlicht Stella Point 5745 m, den Kraterrand, fast gleichzeitig mit der Gruppe, die uns zuvor überholt hat. Hier weht ein sehr starker, eiskalter Wind mit orkanartigen Böen.[7] Mir gelingt es nur unter größter Anstrengung mein nassgeschwitztes Unterhemd zu wechseln und einen weiteren Pulli anzuziehen. Die Gefahr, jetzt durch einen Windstoß Ausrüstungsgegenstände, oder ein Bekleidungsstück zu verlieren, ist groß. Kurz nach Stella Point erahnen wir im Grau des beginnenden Morgens auf der linken Seite größere, helle Eismassen.

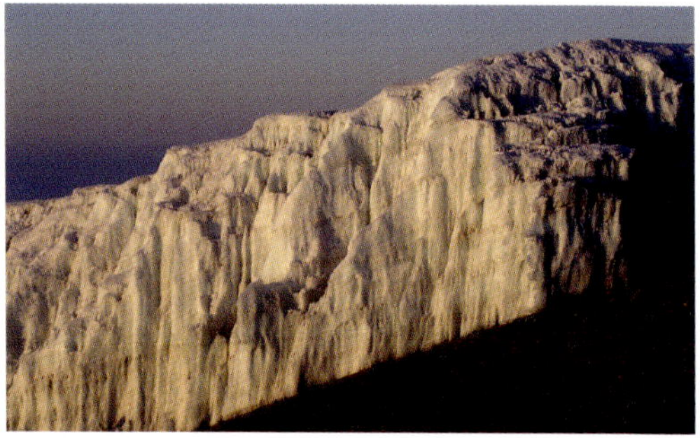

Der Rebmanngletscher von der Morgensonne vergoldet

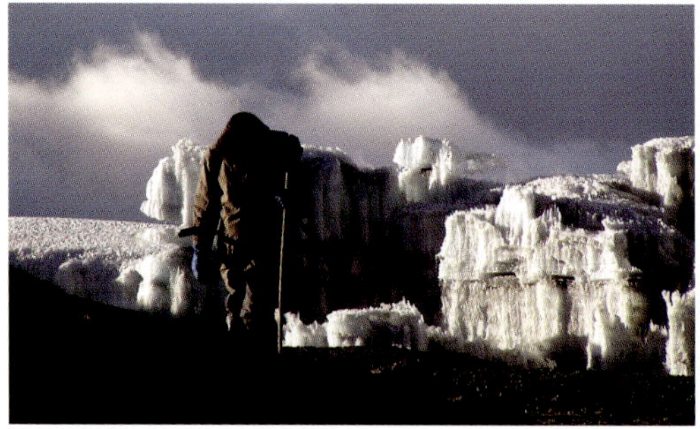

Ein einsamer Kämpfer auf dem Weg zum „Uhuru Peak“

Endlich geht die Sonne auf und färbt die senkrechten Eiswände des Ratzelgletschers in leichtes Gelbrot. Mit dem kaltblauen Wolkenmeer und dem ins rotbeige verlaufenden Himmel im Hintergrund ein prächtiges Motiv. Die Sauerstoffsättigung der frostigen Luft ist inzwischen auf die Hälfte gesunken. Mühsam folgen wir Schritt für Schritt den ausgetretenen Fußspuren in der schwarzgrauen Vulkanasche. (Ich wusste bis dato gar nicht, dass ich so langsam gehen kann!) Der Atemrhythmus bestimmt jetzt jede Bewegung, und der Versuch, schneller zu gehen (um die durch das pausenlose Fotografieren verlorene Zeit wieder „hereinzuholen“), wird unweigerlich mit rasendem Puls, Übelkeit oder leichten Ohnmachtsanfällen quittiert. Diese Erfahrung macht mein Körper nun zum ersten Mal und schüttet unaufhörlich irgendwelche Hormone ins Blut, anders ist mein immer euphorischer werdender Zustand wohl nicht zu erklären. Leicht ansteigend und immer dem Kraterrand folgend, zieht sich die Aschespur noch ca. 1,5 Stunden in Richtung Uhuru Peak. Die nächste große Eismasse, der Rebmanngletscher, leuchtet uns nun, dem höheren Sonnenstand zufolge, schon in warmem Goldgelb entgegen. Durch den starken Wind ist es aber immer noch eiskalt und ich nehme meine Kamera fürsorglich unter Jacke und Pulli, um die kälteempfindlichen Akkus bei Laune zu halten. Kurz vor dem Uhuru Peak gibt´s dann den ultimativen Kick für den ambitionierten Bergfotografen: Wie ein Riff schiebt sich im Süden die weißblau gebänderte Eiswand des Kerstengletschers ca. 25-30 m senkrecht aus dem schwarzen Lavasand. Die Sonne hat inzwischen an Kraft gewonnen, das zeigen die vielen am Eis aufblitzenden Wassertropfen. Als wäre es nicht schon genug für eine gelungene Bildkomposition, taucht rechts davon auch noch der Mt. Meru aus den Wolken. Vom gleichen Standort aus fotografiere ich auch die 30 Meter hohen, pultartigen Kaskaden und Eisterras-

▼ *Der von seinen Dimensionen her immer noch mächtige Rebmanngletscher. Der deutsche Missionar Johann Rebmann sah am 11.5.1848 als erster Europäer den Schnee am Kilimanjaro.*

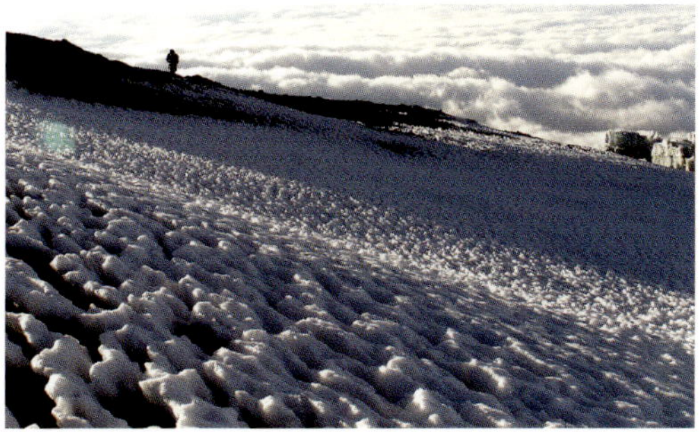

▲ *S.g. „Zackenschnee“ oder Büßerschnee nahe des Gipfels*

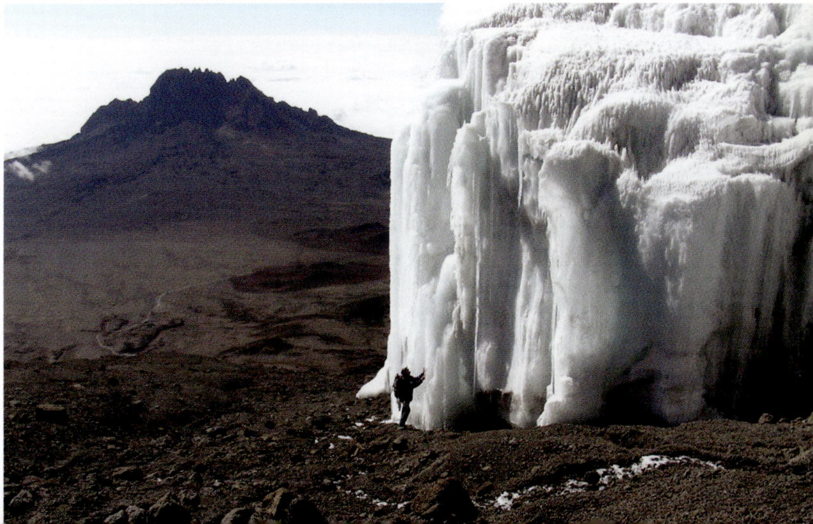

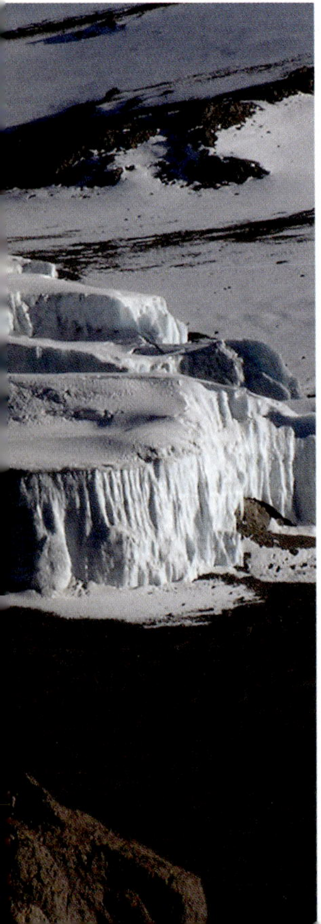

sen des Furtwänglergletschers im Innern des 2,5 km breiten Kibo Kraters. Die extremen Wetterbedingungen (Wechsel von gleißender Mittagssonne und nächtlicher Arktiskälte, Höhenstürme, Regen und Schneefall, sehr hohe oder aber auch sehr niedrige Luftfeuchtigkeit) haben hier oben eine eigenartige Eiswelt geschaffen. Unseren Pfad säumen auf der linken Seite große Firnfelder (verdichteter, gefrorener Altschnee und Gletschereis) die aus einzelnen, bizarr geformten, ca. 20 cm ho-

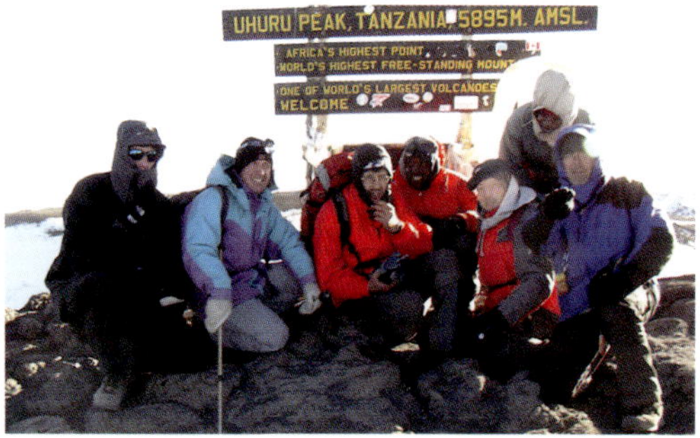

▲ *Nach 10 anstrengenden Tagen bei strahlendem Sonnenschein am Ziel angelangt. Auf dem Gipfel des Kibos*

◄ *Die letzten Reste des Furtwängler Gletschers*

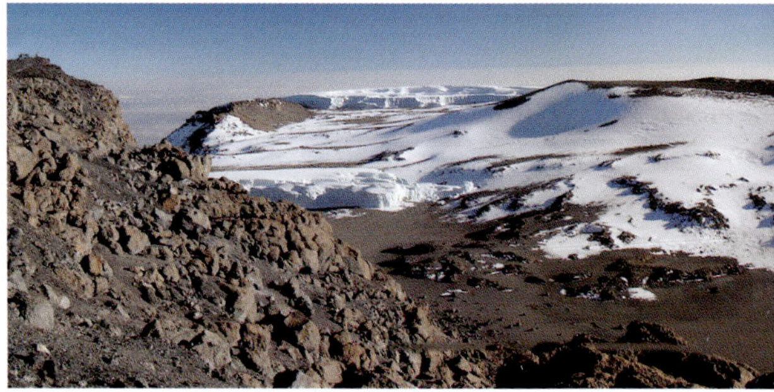

hen freistehenden Spitzen und Zacken bestehen. (Als der Leipziger Professor Hans Meyer und der Alpinist Ludwig Purtscheller am 3. Oktober 1889 als Erste den Kilimanjaro-Gipfel erreichten, waren diese sg. Büßerschneefelder -span. „Zackenschnee" Nieve de los Penitentos- bis zu 2 m hoch.[8])

Schließlich haben wir den verwitterten Holzlattenrost, den Kilimanjaro-Gipfel Uhuru Peak (5895 m) um 7:58 Uhr erreicht. Der eisige Wind raschelt

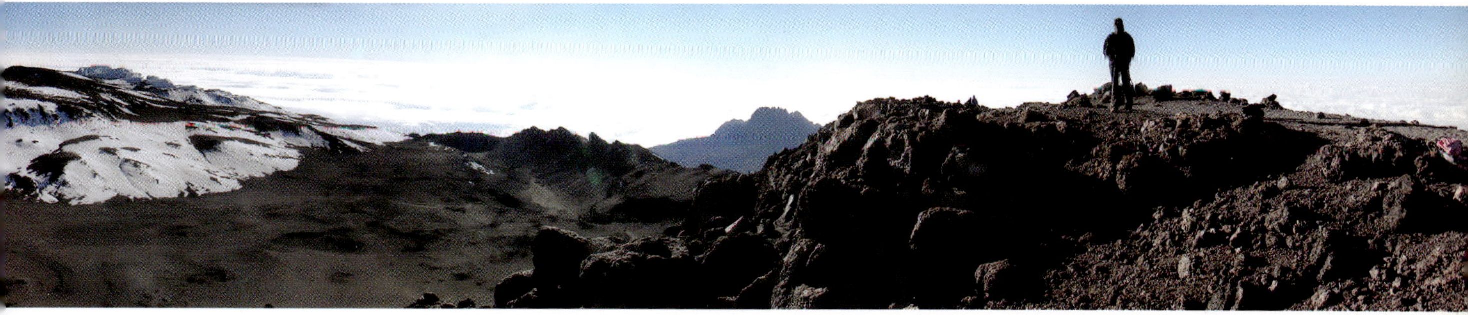

mit den daran befestigten, gefrorenen Wimpeln und Stofffetzen. Den Holztafeln ist zu entnehmen, dass wir uns nun auf dem welthöchsten freistehenden Berg, einem der welthöchsten Vulkane und höchsten Punkt der afrikanischen Erde befinden. (Der Kilimanjaro ist der höchste freistehende Berg auf dem Festland. Viele freistehende Meeresvulkane sind von ihrer Basis auf dem Meeresboden bis zum Gipfel deutlich höher als der Kilimanjaro, so z.B. die Vulkane Mauna Loa und Mauna Kea auf Hawaii mit gut 9 km Gesamthöhe.) Welcome! Bei Hans Meyer hört sich das so an: „Langsam kamen die oberen Eismauern näher und um 1/2 8 Uhr ließen wir uns an ihrem Rand in 5756 Meter Höhe unterhalb der großen Ostscharte zum Ablegen des Gletscherwerkzeuges nieder. Links etwa 200 Meter unter uns, lag die Eiswand, die meinem Vordringen 1887 Halt geboten hatte; rechts, also nördlich von uns, verlief die Eismauer, anfänglich in imposanten, teilweise überhän-

▲ *Blick in das Kraterinnere mit den pultartigen Eis kaskaden des Furtwängler Gletschers. Dahinter am Horizont die flächenmäßig größten Eismassen, das „Northern Icefield“. Gerade noch am äußersten linken Bildrand zu erkennen: Eine Menschengruppe auf dem Uhuru Peak*

Neue Untersuchungen durch Isotopenanalyse (Lonnie Thompson von der Ohio State University, die Universitäten Bayreuth, und Innsbruck) haben ergeben, dass der Gipfel seit fast 12.000 Jahren mit Eis bedeckt ist. 1912 wurden die Gletscher erstmals vermessen und erfasst. Durch den Klimawandel sind inzwischen 82 Prozent der Eisfelder verschwunden. Die Veränderungen (beschleunigtes Abschmelzen) sind inzwischen mit einem halben Meter pro Jahr viel dramatischer als noch vor wenigen Jahren angenommen. Schon 2015 könnte der Kilimanjaro eisfrei sein.

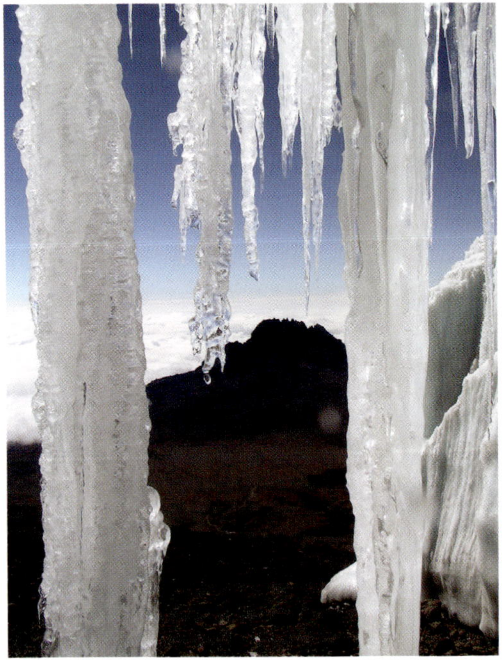

▲ *Feuer und Eis. Der in der sengenden Mittagssonne stehende Mawenzi wird von unzähligen, tropfenden Eiszapfen des Kerstengletschers eingerahmt*

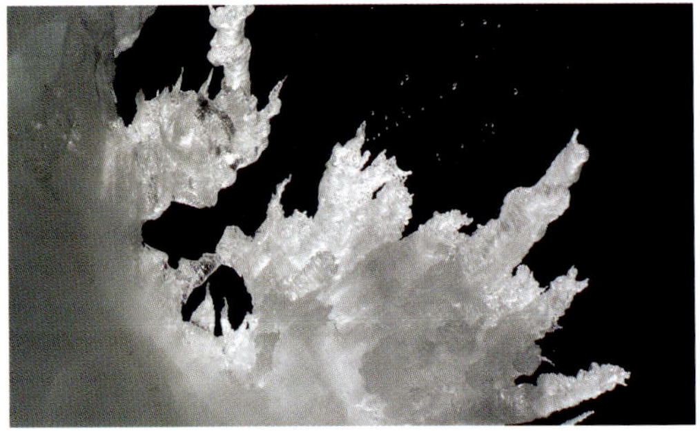

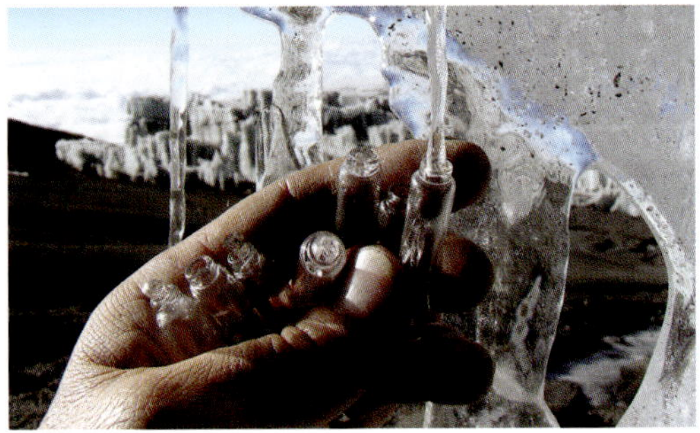

▲ *In kleinen „Backaromafläschchen“ sichere ich mir am Deckengletscher noch etwas 12.000 Jahre altes Gletschereis, also „Schnee vom Kilimanjaro“*

genden Wänden von 60-70 Meter Höhe, nach Norden fast immer gleicher Höhe. „Vorwärts!" rief ich zur Selbstaneiterung aus, „der Berg muss doch einmal ein Ende haben!" Endlich, gegen 2 Uhr, näherten wir uns dem höchsten Rand. Noch ein halbes Hundert mühevoller Schritte in äußerst gespannter Erwartung, da tat sich vor uns die Erde auf, das Geheimnis des Kibo lag entschleiert vor uns: den ganzen oberen Kibo einnehmend öffnete sich in jähen Abstürzen ein riesiger Krater." Für einige unserer Gruppe waren die letzten Höhenmeter hier herauf eine Qual. Kopfweh, Übelkeit, (AMS, acute mountain sickness-Höhenkrankheit?) und eisiger Wind haben den Kameraden schwer zugesetzt. Wir versammeln uns noch fürs Gipfelfoto, dann steigen sie wieder ab. Ich kann Lameck unseren Chief-Guide überreden, mit mir noch länger hier oben zu bleiben, da ich fotografieren, Steine sammeln und die eigenartige Atmosphäre länger genießen will. Die exponierte Lage dieses riesigen Berges zeigt rund um uns herum ein gigantisches Panorama weit in die 5000 m tiefer liegende Savanne. Dazu der harte Kontrast von schwarzer Asche und blendend weißem Schnee und Eis. Jetzt bin ich am Ziel und genieße es in freudiger Erregung, die substanzzehrenden Anstrengungen der letzten Tage und Wochen haben sich gelohnt. Mir wird auch bewusst, dass wir seit unserer Ankunft in Afrika ein unglaubliches Wetterglück haben. Viele Gipfelaspiranten erreichen wegen Schlechtwetter nur unter größten Mühen den Gipfel!

Kein Dunst, kein Staub trübt die dünne Luft hier oben, die Sonne steht vor stahlblauem Himmel im Zenit. Am Kerstengletscher fotografiere ich im Gegenlicht der gleißenden und inzwischen wärmenden Äquatorsonne unzählige, tropfende Eiszapfen und -kaskaden. In kleinen „Backaromafläschchen" sichere ich mir am tieferliegenden Deckengletscher noch etwas „Schnee vom Kilimanjaro" und finde zwischen den unzähligen Firnzacken, die wie Haifischflossen aus dem

► *„The answer, my friend, is blowin´ in the wind*
The answer is blowin´ in the wind.

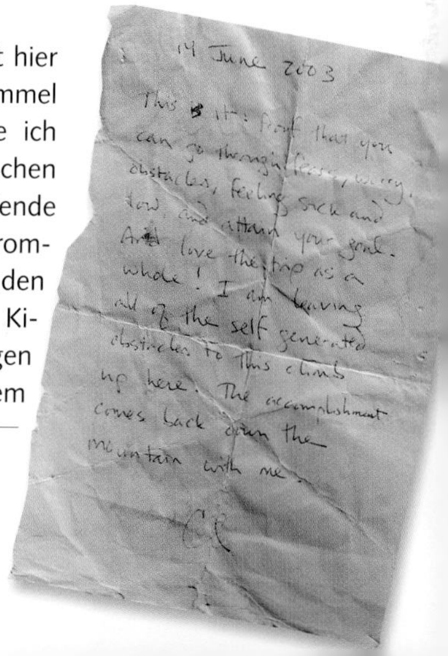

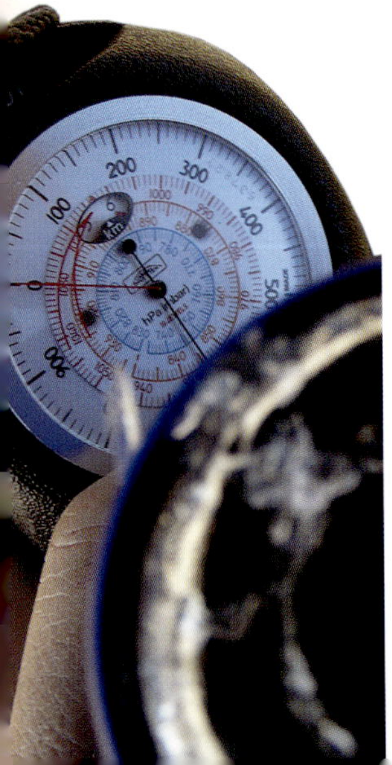

schwarzen Lavasand ragen, den handgeschriebenen Zettel eines Kilimanjarobesteigers:
„This is it: proof that you can go through fears, worry, obstacles, feeling sick and low, and attain your goal. And love the trip as a whole! I am leaving all of the self generated abstracts to this climb up here. The accomplishment comes back down the mountain with me.
14 June 2003"
„Das ist es: zu beweisen, dass man Ängste durchleben kann. Und trotz der Sorgen und Hindernisse, sich krank und am Boden fühlend, das Ziel doch noch erreichen kann. Und den Trip dazu noch mag! Ich lasse alle selbstgemachten Gedanken zurück um diesen Aufstieg zu machen. Die Vollendung kommt mit mir vom Berg zurück.
14 Juni 2003"
Irgendwie passen diese Zeilen wahrscheinlich auf den Großteil der Kilimanjaro-Besteiger die den größten freistehenden Berg der Erde bestiegen haben. 80% der Bergsteiger geben laut staatlicher Statistik entkräftet am Gillman`s Point auf und nur 20% erreichen den Uhuru Peak. 40 Menschen sterben jährlich am Kilimanjaro. Ich merke inzwischen auch die Anstrengung der letzten 10 Stunden, dehydriert durch die trockene Höhenluft packe ich nun zum erstenmal meine volle, bisher unangetastete Trinkflasche aus. Zu meiner Verwunderung kann ich dieser aber nur ein kleines Rinnsal entlocken. Ein Blick ins Innere zeigt den verblüffenden Grund: Obwohl ich die Fla-

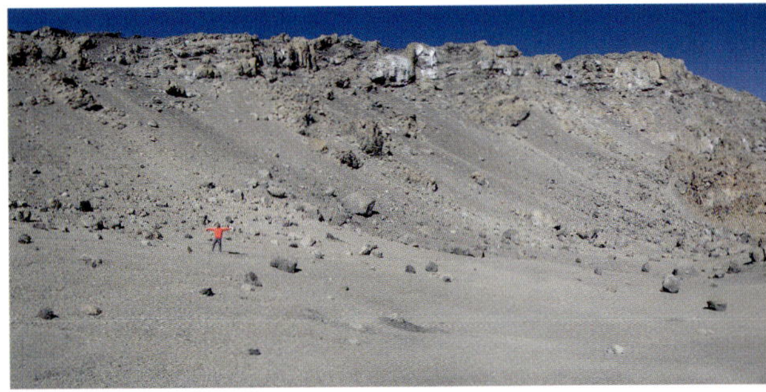

◄ *„Eistee" im wahrsten Sinne des Wortes. In der Trinkflasche hat sich ein Eispfropfen gebildet*

▲ *Lameck`s rote Jacke ist der einzige Farbfleck im monotonen Asche- u. Lavagrau. Blick aus der Kilimanjaro-Kaldera*

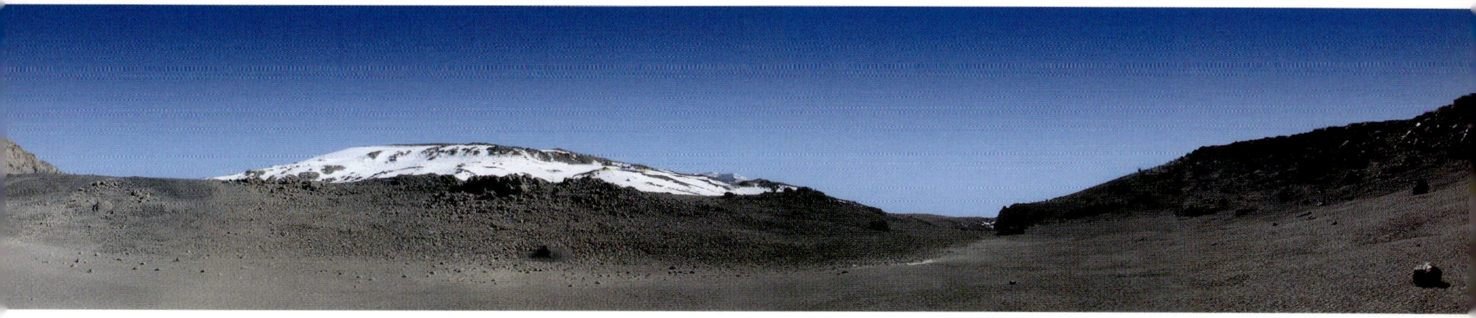

sche im Rucksack am Körper und bei stetiger Bewegung trug, konnte sich eine Eisschicht bilden. Soviel zum sog. „Windchill", der gefühlten Kälte am Kibo. Nachdem ich gut eine Stunde fotografiert und die Stimmung hier oben eingefangen habe, bin ich mit Lameck in der Nähe des Gilmann Point`s in die Kaldera, den Hauptkrater abgestiegen. Zunächst haben die vielen „Bomben" (Gesteinsbrocken oder sog. Geschosse, die während der Eruptionen vor hundertausenden von Jahren aus dem Krater geschleudert wurden) in allen nur erdenkbaren Größen mein Interesse geweckt. Man kann sehr genau sehen, wie die mächtigen tonnenschweren Felsbrocken von Wind und Wetter zerbröselt werden. Kleine, dunkle, verwitterte Steinsplitter liegen fein säuberlich kreisförmig um den sich auflösenden Koloss herum. Dazwischen verstreut finde ich, wie schon am Lava-Tower, 1 bis 5 cm lange, grün schimmernde, rhombenförmige Porphyr-Kristalle.

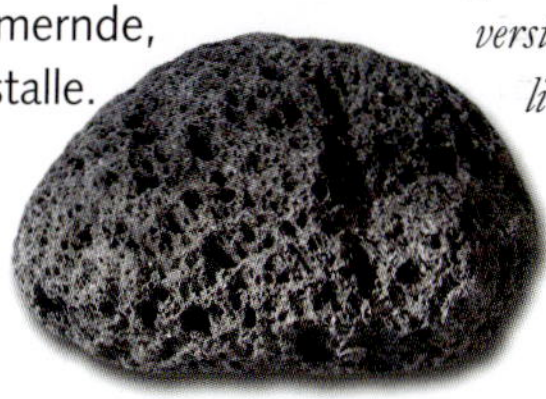

Steine im Aschenregen
aus dem Vulkanschlund
geworfen,
verstreut, zerbrochen,
liegengeblieben,
einander fremd.

VOLKER GÖHRUM

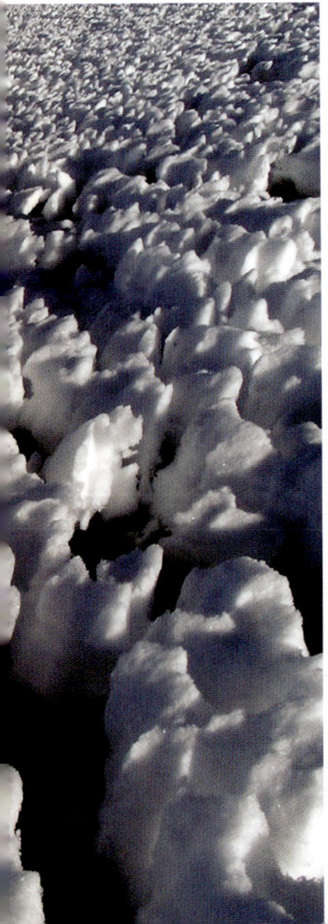

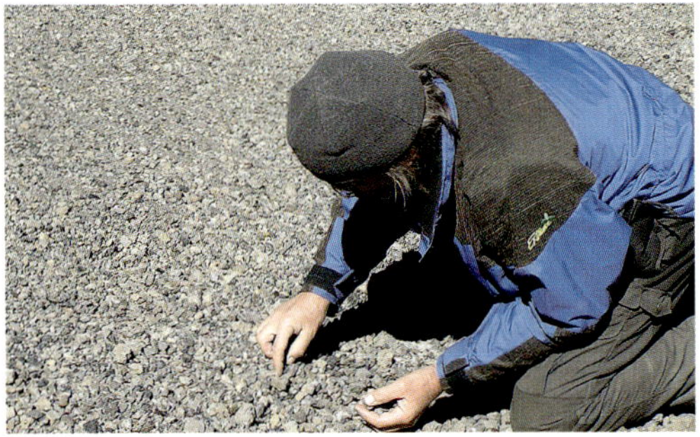

Ich bilde mir ein, ich könnte die aufgespaltene, jetzt in der Mittagshitze ausdampfende Porphyr-Lava des Kibo riechen. Ulrich Schödlbauer hat diesen sog. „Gipfelgeruch" des Kilimanjaro in seinem Buch „Uhuru Peak" sehr anschaulich beschrieben:

„Gibt es einen Gipfelgeruch? Wenn es ihn gäbe - wenn, wie gesagt -, dann müßte er kalt und leer sein, ein Geruch unterhalb jener Schwelle, von der an wir einen Geruch überhaupt wahrzunehmen bereit sind. Diese Unterschreitung aber würde sofort eine andere Wahrnehmung auf den Plan rufen, eine, die durch die Abwesenheit der üblichen Reize angeregt und gewissermaßen hervorgekitzelt wird. Eine gesteigerte Wahrnehmung also? O nein. Eher eine, die zur Selbstherrlichkeit neigt und das, was fehlt, aus eigenen Beständen - denn jede Wahrnehmung zehrt von einer angeeigneten Fülle -, aus eigenen Beständen also ergänzt. Wenn es einen Gipfelgeruch gibt - und niemand zweifelt daran, dass es ihn gibt -, so verdankt er der kargen Landschaft nur wenig. Einen Bestandteil allerdings stellt der Berg: den eigentümlichen Duft, der von besonnten, durch den extremen Wechsel der Tag- und Nachttemperaturen aufgebrochenen Steinen ausgeht und inmitten der Hochwüste Wirkungen entfaltet, die in der Ebene ihresgleichen suchen.

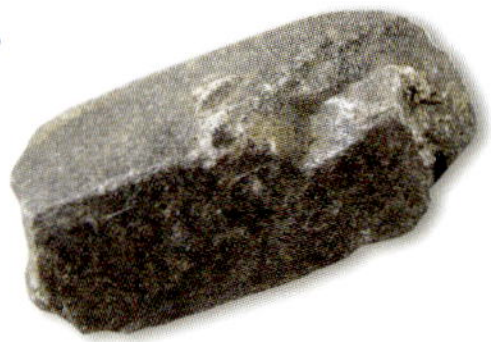

▲ *Wer sucht der findet. Der Boden ist übersäht mit linsen- und rhombenförmigen Porphyr-Kristallen, Reste der letzten Eruption vor ca. 360.000 Jahren.*

Es ist gefährlich, diesem sachte schwankenden, Gesicht und Gehör unbeeindruckt lassenden Teppich Beachtung zu schenken, vor allem, wenn es auf eine ganz bestimmte Weise geschieht: der Wanderer »hält inne«, der reiche Duft schmeichelt ihm, es verlangt ihn nach mehr, er atmet tief, die Brust weitet sich, und in die Beglückung hinein meldet sich eine kleine, verwischte dumpfe Empfindung nahe dem Zwerchfell oder auch dem Brustbein - hohe Zeit, abzubrechen und den Weg mit verringerter Aufmerksamkeit fortzusetzen. Zu spät. Ein perfide veranlagter Fälscher hat einen genauen Abguß der Lungenfront angefertigt und ihn so sinnreich unter den Rippen befestigt, dass er dem Atemholen jedesmal aufs neue Einhalt gebietet, bevor das Organ seinen vorgeschriebenen Umfang erreicht. So hallt der dumpfe Schlag an eine stets unerwartete Barriere in der Brust und, verzögert, in den sich rasch eintrübenden Gehirnwindungen des überrumpelten Genießers wider."[9]

Wahrnehmbar: der von den sich auflösenden Felsbrocken ausgehende Geruch. Die dunkle Färbung zeigt die frischen Verwitterungsspuren. ►

Diese Erfahrung konnte ich schon bald am eigenen Körper spüren. Nach unserem Abstecher in den Krater, haben wir uns an den Abstieg gemacht. Lameck sollte mich vor den mächtigen „Eiswasserfällen" am unteren Ende des ca. 20 m hohen Rebmann-Gletschers fotografieren. Nachdem ich ihm die Funktion des Fotoapparates kurz erklärt habe steige ich ca. 20 m hoch und bringe mich in fotogene Position neben die mächtigen, senkrechten Eiskaskaden. Leider muss diese „Prozedur" mehrere Male wiederholt

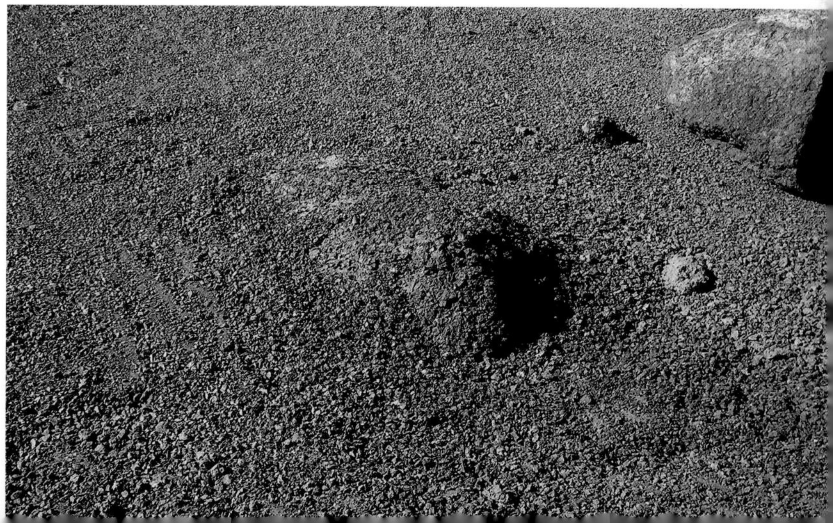

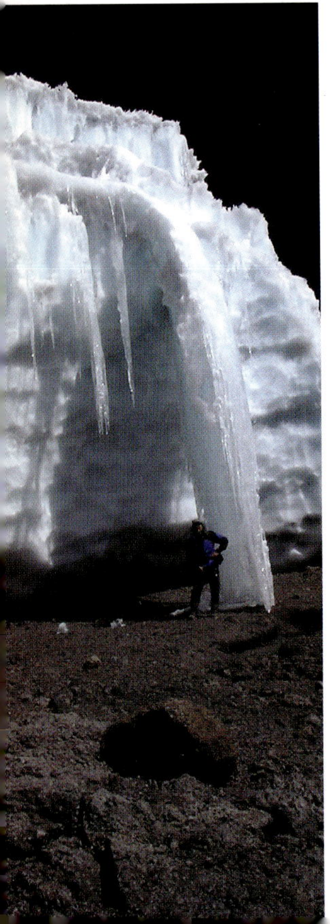

werden, da wie sich schnell herausstellt, Lameck zum ersten Mal einen Fotoapparat in den Händen hält. Ich kann ihm aber, dank digitaler Technik jedesmal im Display zeigen, dass abgeschnittene Beine, Kopf usw. „not good" also „shit" sind. Es dauert nun aber doch noch geraume Zeit, bis wir ein halbwegs akzeptables Resultat geschafft haben und die anfangs problemlosen 50 m Sprints schaffe ich bald nur noch mit heftigem „Schwurbel" im Kopf. Langsam drängt nun auch die Zeit für Lameck und mich, da wir heute ja noch bis in das ca. 2000 Hm tiefer liegende Melinia Camp hinunter müssen. Wir steigen neben der steilen Aufstiegsrampe ab und queren dann in das große Aschefeld. Hier fahren wir, wie auf einem Schneefeld, mit Riesensprüngen ab. Aus purem Übermut verliere ich aber das Gleichgewicht und überschlage mich mit samt Rucksack und Fototasche. Lameck lacht aus voller Brust, als ich mich schließlich mit ein paar kleinen Schürfwunden wieder aufrapple. Im Barafu Camp stoßen wir wieder zu den anderen, von denen wir zunächst nur die Füße aus dem Zelt hängen sehen. Während der Pause beobachte ich Koitu, einen Träger, wie er die von seinem Turnschuh hängende Sohle (oder was davon übrig ist) wieder annäht. Es fehlt wirklich an allem. Nach dem Zeltabbau folgt ein quälend langer Abstieg auf der Mweka Route. Auch das Mweka Camp ist mir in schlechter Erinnerung. Durch einen kurzen Regenguß waren sämtliche Wege in desaströsem Zustand, d.h. nur noch in knöcheltiefem Matsch passierbar. Und zelten bei solchen Verhältnissen ist auch nicht gerade das Gelbe vom Ei. Der einzige Trost: das Ende ist nah.

◄ ► *Ein „Eiswasserfall" am Rebmanngletscher. Gehören diese Bilder bald der Vergangenheit an? Wenn man den Prognosen der Wissenschaftler glauben kann, sind diese Eismassen durch den Klimawandel bald verschwunden.*

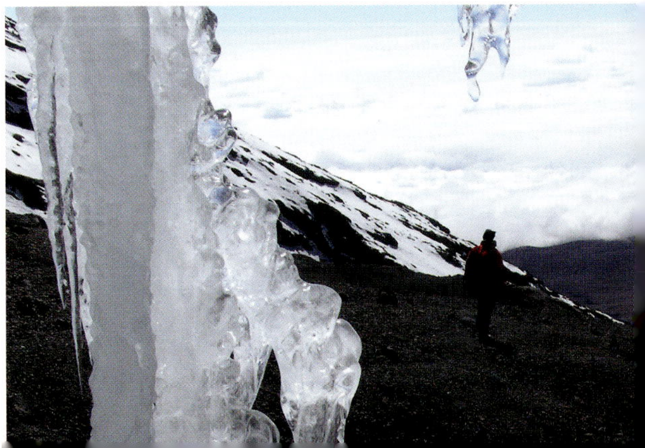

Am nächsten Morgen scheint nach einer grimmig kalten Nacht wieder die Sonne, es ist windstill und der ganze Matsch zum Glück beinhart gefroren. Der Kibo überrascht uns mit einer weißen Schneehaube. Oben hatte es tatsächlich über Nacht kräftig geschneit. Nach einem kurzen Frühstück im Mannschaftszelt wird der Lohn und das Trinkgeld an Träger, Koch und Guide übergeben. Den zufrieden lachenden Gesichtern nach zu schließen ist die Entlohnung für 2 Wochen „Knochenjob" angemessen ausgefallen. Danach steigen wir auf einem neu angelegten Weg durch den Regenwald nach Mweka ab. Wie schon beim Aufstieg tauchen wir nun wieder in die geheimnisvolle Welt des Regenwald-Dschungels ein. Wieder bewundern wir die von Bartflechten, Moosen und Lianen behangenen Urwald-Baumriesen. Oben dicht-

10. August 2003 So,
Abstieg, 4 h, 1200 Hm, 6 km,
Mweka Camp --> Mweka Gate --> Mweka Village --> Moshi,

Mweka Camp (3000 m)
Mweka Village (1800 m)

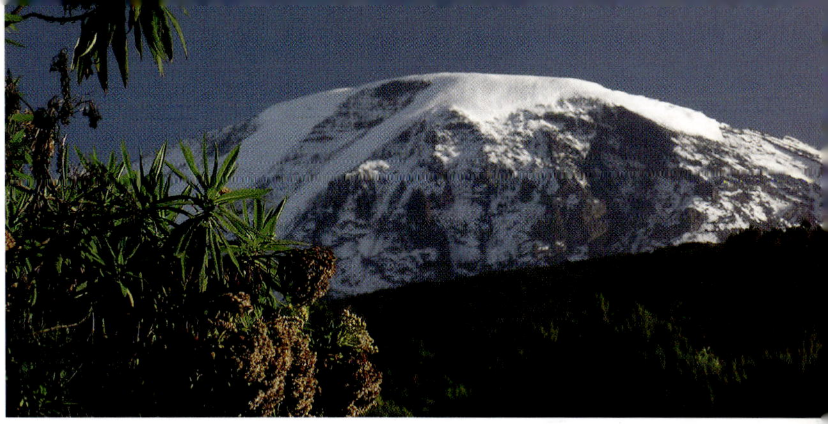

▲ *Wir hatten Glück an unserem Gipfeltag! Vom Mweka Camp aus blicken wir auf den mit Neuschnee überzogenen Kibo-Gipfel*

verschlungen wie Spinnennetze, unten von total verfilztem Busch- und Strauchwerk umrankt. Haushohe, weit ausladende Riesenfarne säumen unseren Weg. (lt. Fachliteratur werden die Baumfarne hier bis zu 12 m hoch.) Umgestürzte Bäume sind von Moos umwachsen, teilweise schon wieder zu Humus vermodert. Ab und an vernehmen wir Geräusche aus den Baumkronen. Colobus-Affen turnen mit ihren buschigen, langgeschweiften Schwänzen von Ast zu Ast. Weiter unten mün-

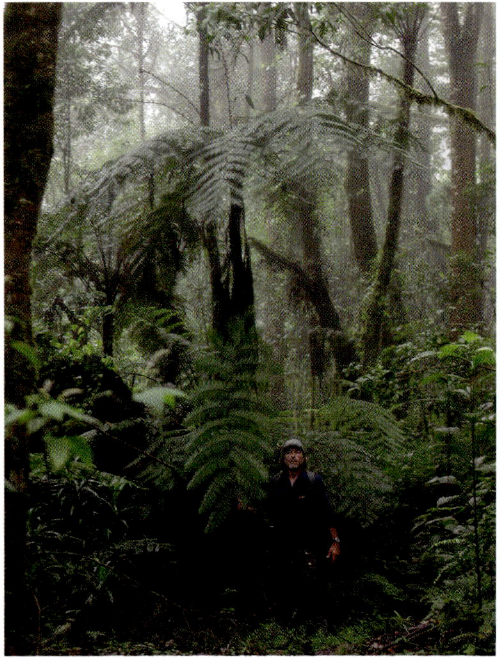

Gigantomanie im Regenwald, Haushohe Riesenfarne ►

det der neu angelegte Trail plötzlich in matschige, steile Hohlwege. Der Abstieg wird nun zur Zitterpartie, denn ein Ausrutschen in dem 10 cm tiefen Morast wäre fatal. Nach zwei mühsamen, nervigen Stunden erreichen wir den „road head", eine stillgelegte Forststraße, auf der es jetzt noch eine Stunde durch hohes Buschwerk moderater bergab geht. Der Regenwald wird lichter und niedriger und Eukalyptusbäume und Pinien bestimmen jetzt das Bild. Mweka Gate ist erreicht und nach der Kontrolle der permits und dem „Auschecken" geht es nochmal 5 km auf einer Staubpiste bergab nach Mweka Village. Zahlreiche, aufdringliche Souvenierverkäufer versuchen ihr Glück und preisen lautstark irgendwelchen Nippes an. Gleich nach dem Gate bewegen wir uns in einem extensiv landwirtschaftlich genutztem Gebiet. Wir durchqueren ausgedehnte Bananen-, Mais- und Kaffeeplantagen und stehen plötzlich vor mehreren Jeeps, die uns in abwechslungsreicher Fahrt runter nach Moshi ins Hotel bringen.

11. August 2003 Mo, 18:00 Uhr, Abflug vom Kilimanjaro Airport

Während des Rückfluges sehen wir nochmals kurz den vom Neuschnee bedeckten, silbernen Gipfel des Kilimanjaros aus den Wolken ragen. Wie ich meine Kameraden so voller Zufriedenheit und „Sehnsucht" an den Fenstern hängen sehe, kommen mir ein paar Zeilen aus einer älteren Alpenvereinszeitschrift in den Sinn: (bestimmt ganz im Sinne der Erstbesteiger und in der -für die damalige Zeit üblichen- pathetisch schwülstigen Ausdrucksweise!)

„Da trifft man wagemutige Hochtouristen, die auf den windumbrausten Gipfeln in Sonnenschein, Firnglanz und Weltferne Befreiung suchten von ihrer inneren Zerrissenheit, von der Hast und dem Markte unserer Zeit, von allem, was uns im täglichen Leben hemmt, beengt und bedrückt. Mit sonnengebräunten Gesichtern und einem Nachglanz in den Augen von Weihestunden nach vollbrachter Tour, welche die Anspannung aller Kräfte erforderte, tritt mancher den Heimweg an."

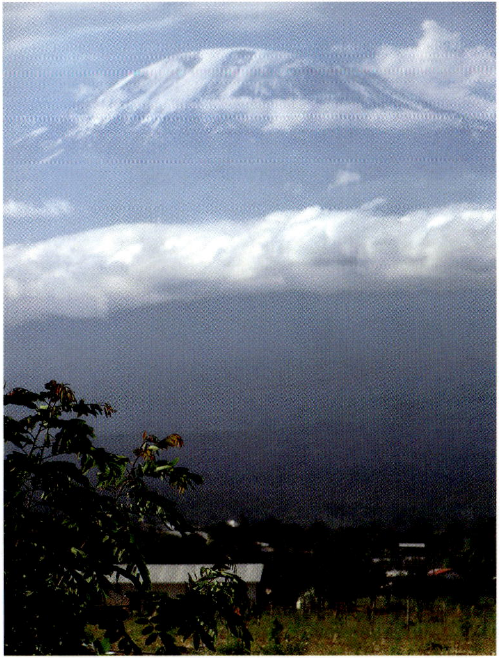

◄ *An unserem Abreisetag hat sich der Dunst verzogen und vom 30 km entfernten Moshi aus zeigt sich der Kibo noch einmal von seiner schönsten Seite.*

Zuhause werfe ich ab und zu einen wehmütigen Blick auf: www.kilicam.com. Alle fünf Minuten ist dort ein aktualisiertes Bild vom Kibogipfel zu bewundern.

Das Matterhorn, 4477 m

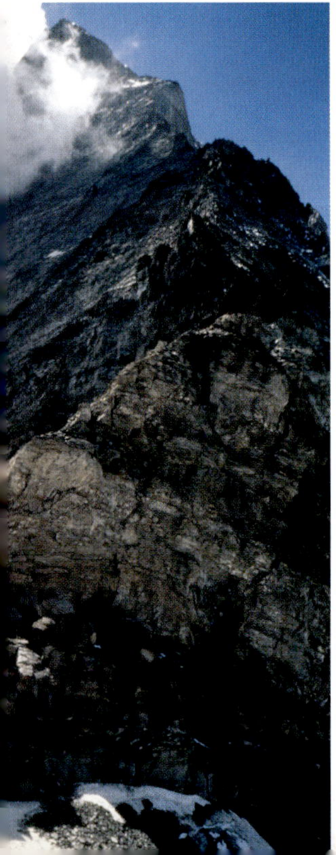

Im August 1991 sind die Verhältnisse für eine Matterhornbesteigung ideal. „s` Hora", wie die Einheimischen sagen, ist größtenteils „schwarz", d.h. in aperem Zustand und ein stabiles Hoch liegt schon seit Wochen über dem gesamten Alpenhauptkamm.

Mit meiner Frau Elke bin ich schon über eine Woche im Wallis unterwegs und bestens akklimatisiert. Von dem einen und anderen 4000 er habe ich in den letzten Tagen den „Löwen von Zermatt" fotografiert und mir in stiller Sehnsucht jede Route auf den Gipfel ausgemalt. Zu oft schon bin ich die letzten Jahre um diesen Berg „herumgeschlichen", habe die vier ausgeprägten, steilen Grate zum Gipfel studiert und musste jedes Mal unverrichteter Dinge wieder von dannen ziehen.

Wer als leidenschaftlicher Bergsteiger zum ersten Mal vor diesem Berg steht, bleibt wahrscheinlich ein Leben lang in seinem Bann. Das berühmte Bergprofil wird immer wieder zum „schönsten Berg der Alpen" glorifiziert.

◄ *Die Zermatter Bergführer sagen: „s`Hora raucht"*

Gaston Rebuffat schreibt in „Sterne und Stürme":

„Das Matterhorn ist der Berg in seiner reinsten Form, seine Architektur und sein Schwung sind von geometrischer Strenge. Mehr als irgendein anderer ist er das Ideal eines Berges - das, was sich Kinder darunter vorstellen, ohne je auch nur den kleinsten Gipfel gesehen zu haben. Ich, der ich am Meer geboren bin, schuf ihn mir, als ich zum ersten Mal das Wort „Berg" hörte: inmitten von Gletschern, eine Pyramide bis in den Himmel. Hier ist die Pyramide um so schöner, als sie völlig allein steht. Ringsum ist nur eine Wüste von Stein, Schutt der Berge, verschlafene, zusammengekauerte Höh..."

Jetzt fehlt mir nur noch der richtige Seilpartner. Durch Zufall lerne ich im hinteren Zinaltal, auf der Cabane Tracuit, Klaus kennen. Der zünftige Bayer ist mit Familie unterwegs und wir unterhal-

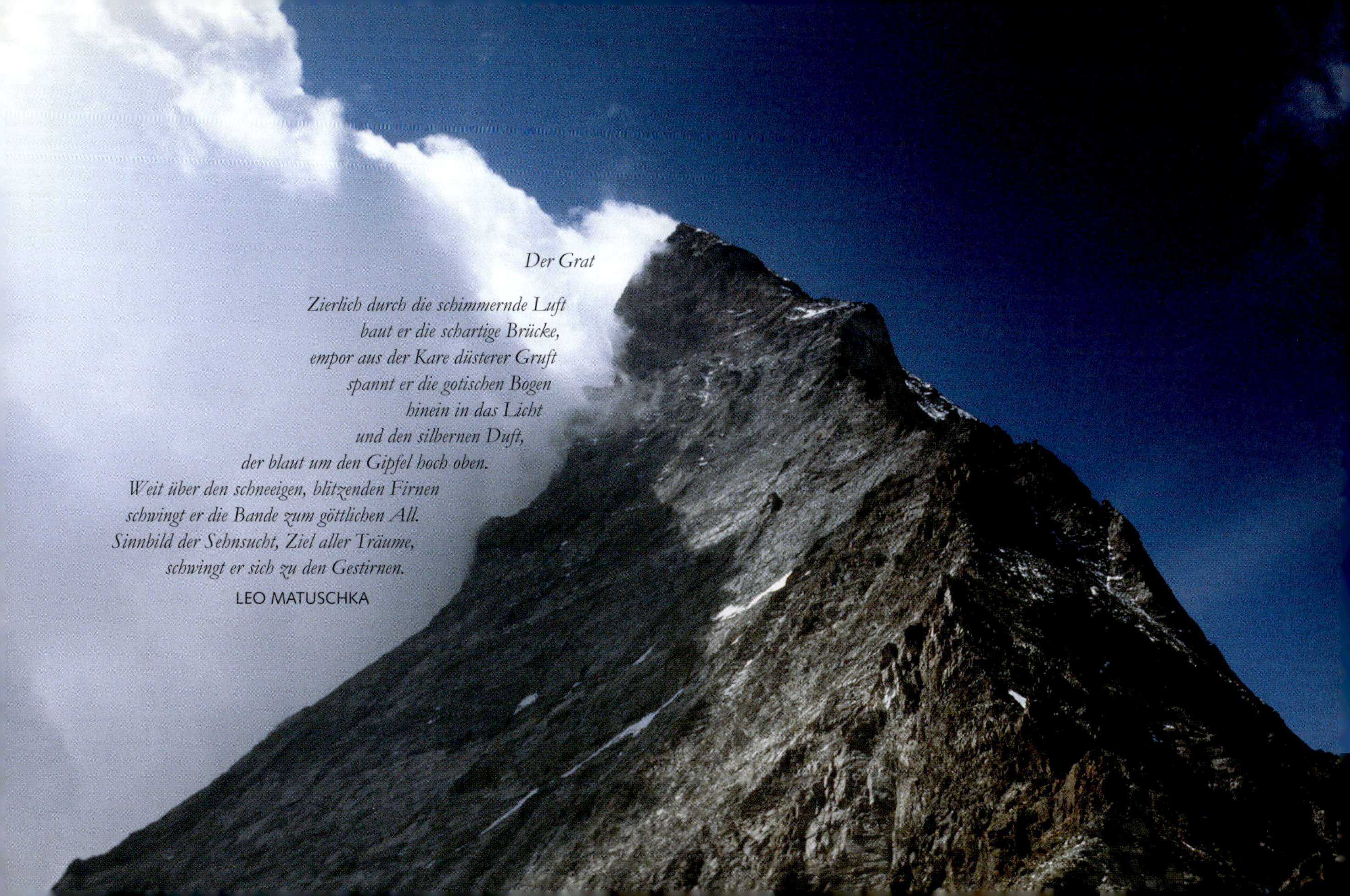

Der Grat

Zierlich durch die schimmernde Luft
baut er die schartige Brücke,
empor aus der Kare düsterer Gruft
spannt er die gotischen Bogen
hinein in das Licht
und den silbernen Duft,
der blaut um den Gipfel hoch oben.
Weit über den schneeigen, blitzenden Firnen
schwingt er die Bande zum göttlichen All.
Sinnbild der Sehnsucht, Ziel aller Träume,
schwingt er sich zu den Gestirnen.

LEO MATUSCHKA

ten uns angeregt über vergangene und zukünftige Bergtouren. Das Matterhorn, von hier aus keine 10 km entfernt, bleibt natürlich nicht unerwähnt. Schnell stellt sich heraus, dass auch ihm die guten Bedingungen für eine Matterhornbesteigung nicht verborgen geblieben sind und zudem zwei Tage Urlaub von der Familie auch mal gut tun. Kurz entschlossen entscheiden wir uns für den Nordostgrat (Hörnligrat) und am übernächsten Tag fahren Elke, und ich mit der ersten Bahn nach Zermatt und steigen über den Weiler Hermettje am Schwarzsee vorbei zur Hörnli-Hütte auf.

„Dem Matterhorn gebührt unzweifelhaft die erste Stelle in der stolzen Reihe der Zermatter Gebirgsfürsten. In kühn geschwungenen Linien steigt der scharf geschnittene Obelisk aus der Tiefe der Firnenmeere in die Lüfte empor, ringsum von Abgründen und Thalungen umtieft, die Wolken des Himmels überragend: ein Bild unübertroffener Größe und Majestät."

Ludwig Purtscheller, Bergsteiger-Pionier und Alpinist, (1849-1900) mit Hans Meyer Erstbesteiger des Kilimanjaros

Spätnachmittags stößt Klaus zu uns und es bleibt noch genügend Zeit, das „Material" zu sortieren und die Route durchzusprechen. An der Leeseite des Gipfels bildet sich allmählich eine langgezogene Wolkenfahne, die Zermatter Bergführer sagen: „s`Hora raucht". Das ist eigentlich ein

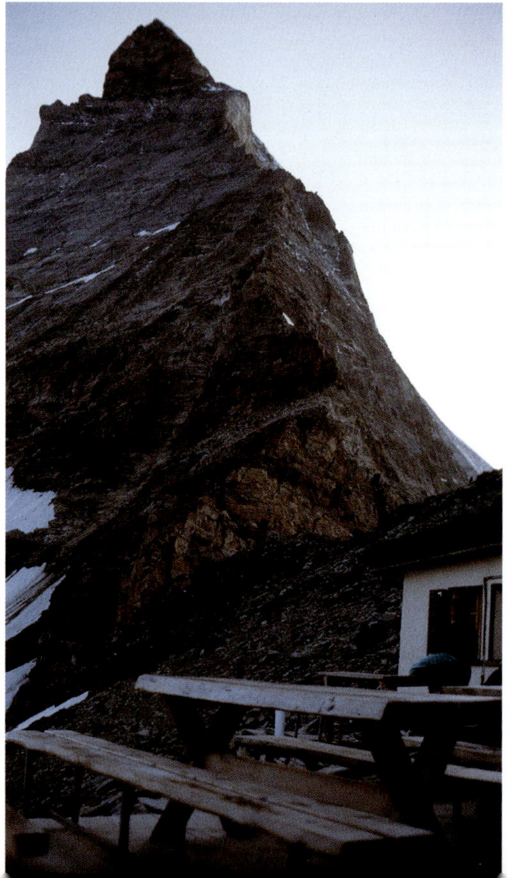

Vor dem Schlafengehen noch einen letzten Blick zum Berg. Was erwartet uns morgen? ▶

Schlechtwetterzeichen, aber laut Wetterbericht ist für den nächsten Tag keine Wetteränderung zu befürchten. Bald treibt uns die Kälte ins Haus, man spürt die nahen Gletscher. Die Nacht ist sehr unruhig in der überfüllten Hütte und ich kann nicht einschlafen. Immer wieder muss ich an die legendäre Erstbesteigung mit dem dramatischen Abstieg denken. Der dreiundzwanzigjährige Edward Wymper und seine Gefährten eroberten 1865 über den Hörnligrat das Matterhorn. Von den 7 Erstbesteigern kehrten damals nur Wymper und die beiden Taugwalder nach Zermatt zurück.

Schon vor 3 Uhr wache ich am ersten Rascheln und Stirnlampen-Gefunzel auf. Bald danach stehen auch Klaus und ich unter wolkenlosem, sternenflimmerndem Himmel am Einstieg und suchen im Stirnlampenlicht den weiteren Weg über den Gratrücken. Bei angenehmer Temperatur gelangen wir über mehrere Aufschwünge, diverse Couloirs und schräge Geröllflächen recht zügig (unser Gepäck ist auf das Notwendigste beschränkt) aus

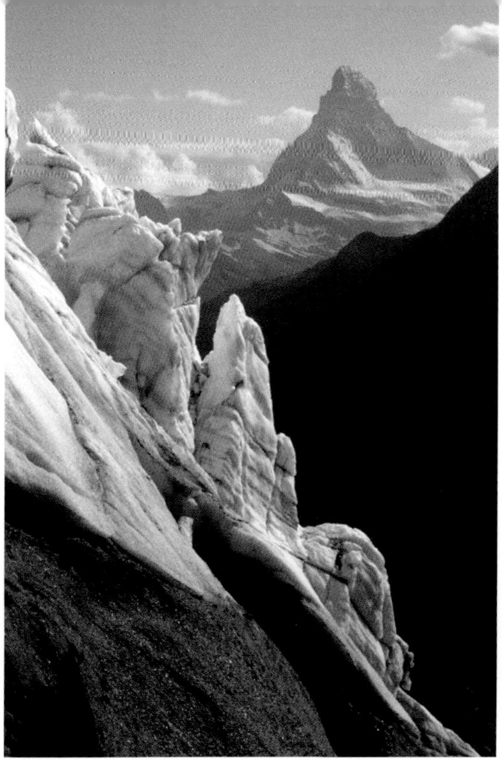

◄ *Von der Dom-Hütte aus zeigt sich das Matterhorn mit dem mächtigen Eisbruch des Festigletschers im Vordergrund recht fotogen.*

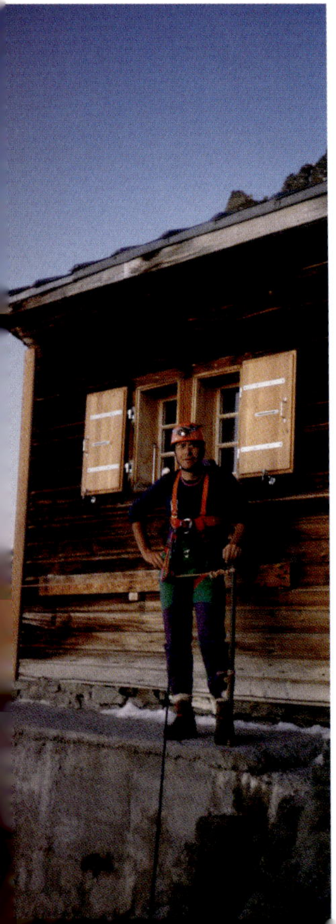

der SO-Bergflanke auf den großblockigen Nordostgrat.

Max Frisch schreibt:

„ ...beim Einstieg in den Grat, zwei Uhr morgens, braucht man keine Laterne, so hell ist die Nacht bei den Gletschern, auch wenn kein Mond scheint; der Fels ist knochenbleich, nicht grau oder schwarz, sondern knochenbleich, und da es keine Schatten gibt, sogar aus der Nähe sozusagen unwirklich, aber vorhanden, beim Anfassen kalt wie Eis und klingelhart; kein guter Fels, da und dort bröckelt es, wenn die Hand nach Griffen sucht, dann schlittern Scherben in die Tiefe. Sonst kein Ton, den man nicht selber verursacht hat; ab und zu das spitze Klingeln, wenn der Eispickel gegen Fels baumelt; sonst Stille wie auf dem Mond. Die Zacken und Türme, wenn man hinaufschaut, sind irr in der Nacht; später dann, in der ersten Sonne und vor dem blauen Morgenhimmel, erscheinen sie gelb wie Bernstein, während das Tal von Zermatt noch im Schatten liegt -...man rechnet acht Stunden zum Gipfel, und obschon sie nie gleichzeitig kletterten, nie ohne schulmäßige Sicherung mit gestrafftem Seil, kamen sie zügig voran, Seillänge um Seillänge. Bis zur Solvay-Hütte (4003 Meter über Meer) hatten sie zwei andere Seilschaften überholt, davon eine mit Bergführer. Erst danach lag etwas Neuschnee im Fels, pulvrig, leicht wegzuwischen mit der Hand, und wo es stellenweise über Firn ging, hatte Klaus, der Bruder, gute Tritte gestapft oder mit dem Pickel ausgehauen. Man kennt die Gestalt des Matterhorns von zahllosen Bildern; aus der Nähe, wenn man am Fels steht und sich eine Rast gönnt, das Seil um einen zuverlässigen Block geschlauft, und wenn man Ausschau hält, so ist von dieser Gestalt nichts zu sehen; nur Zacken und steile Platten und Kolosse von Gestein, zum Teil nicht senkrecht, sondern überhängend, man wundert sich, daß sie nicht längst abgebrochen und in die Tiefe gestürzt sind. In Augenblicken der Bangnis, die sie einander nicht eingestanden, half Schweigen, eine

◄ *Kurze Verschnaufpause an der Solvay-Hütte*

nüchterne Gelassenheit, während der andere nach Griffen suchte oder nach einer Ritze im Gestein, wo der Schuh einen sozusagen sicheren Stand findet. Das Wetter blieb tadellos, nur um den Gipfel hing leichtes Gewölk. Manchmal war es auch wieder kinderleicht; man braucht ja nicht in die Wand hinaus zu schauen und nicht hinunter."

Auch wir bemerken nun, an der Solvayhütte (4003 m) angekommen, zum ersten Mal, dass inzwischen ein „Prachttag" heraufgezogen ist. Die verschiedenen Violett- und Purpurtöne des Himmels weichen langsam der über dem Monte Rosastock aufgehenden, goldenen Morgensonne.

In einiger Entfernung über uns sieht man noch vereinzelt flackernde Stirnlampen. Wir rasten kurz und trinken etwas. Das Licht reicht für ein paar stimmungsvolle Aufnahmen und dann geht es über die mit Eisenstiften entschärfte obere Mosleyplatte etwas steiler und anstrengender wieder zum Grat und von dort aus zur Schulter. Nach einer kurzen Traverse in der Nordwand, noch unterhalb des „Daches" folgen die senkrechten Aufschwünge. Hier hängen die ca. dreißig bis fünfzig Meter langen Fixseile an den fast senkrechten Felsen herab und jetzt heißt es nochmals richtig anpacken. Für die Erstbesteiger waren diese Passagen mit ihrer nur unzureichenden Ausrüstung ein abenteuerliches Unterfangen:

„Der Anstieg kostete zwar kein Blut, aber sehr viel Schweiß. Die Felsen waren großblockig und kantig. Bei diesem Riesenberg hielt sich alles in

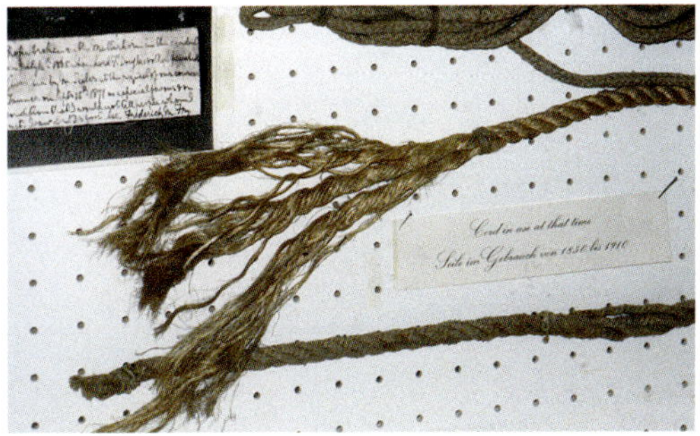

◄ *Das gerissene Original-Hanfseil der Erstbesteiger Douglass und Taugwalder im Matterhornmuseum in Zermatt*

außergewöhnlichen Maßen. Die Tritte lagen mitunter sehr weit auseinander. Die Knie mußten manchmal fast in Augenhöhe angezogen werden, um den Fuß in die nächste Felsspalte einzuführen, die standfest war. Selbst wenn sie das Seil nicht sichtbar aneinanderhielt, verband sie alle ein Gemeinschaftsgefühl. Der Hintermann übernahm die Griffe des anderen, meist noch mit einigen Ratschlägen über Festigkeit und Gewichtsverteilung... Die Gesamtneigung des Nordost-Grates beträgt ungefähr einen halben rechten Winkel. Genau berechnet 39 Grad. Aber dieser durchschnittliche Neigungswinkel hält 2000 Meter an. Wenn also an einer Stelle der Abfall geringer ist, so muss die darüber liegende um so steiler werden, damit der Ausgleich auf der halben Rechten erreicht wird... Dies ergibt ein paar Überhänge, die an anderem Ort und zu anderer Zeit Whymper zu vorsichtigen Seilmanöver veranlaßt hätten. Aber an diesem Tage war das Wetter klar und trocken, die Geländevoraussage stimmte auf das Haar, so dass der unwiderstehlich psychische Auftrieb der Partie selbst Douglas und Hadow zu sicheren Kletterern machte...Croz und er (Whymper) kletterten vor. Sie spannten die Arme so weit, als es eben ging. Sie hielten manchmal in Verrenkungen aus, die ohne ihre Besessenheit nicht zu ertragen gewesen wäre. Jeder Meter kostete ein Pfund Fleisch."

Immer wieder durchschneiden Steine, von den Vorausgehenden gelöst, pfeifend die Luft. In der Nähe des „oberen roten Turmes", kurz nach

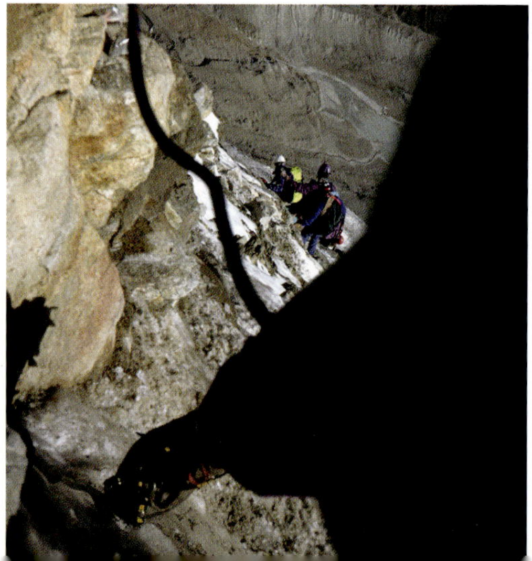

Zwischen den Füßen hindurch fotografiere ich eine absteigende Gruppe, oben die Seitenmoränen des Zmuttgletschers. ▶

der Schulter, streift eine solche „Granate" meine Wade und fügt mir eine beachtliche Fleischwunde zu. Ein Treffer an anderer Stelle hätte bestimmt verheerende Folgen gehabt. Nach und nach wird es immer „luftiger", überwältigend der Blick in die fast senkrechte Nordwand. Schnee- und Blankeisauflagen erfordern nun Steigeisenklettern im kombinierten Gelände auf dem durch Seilen und Eisenstiften entweihten Grat.

Unterhalb einer 20 m hohen, vereisten und schwierigen Felsstufe kommt es zu einem „Stau". Zwei Gruppen japanischer Bergsteiger sind um einen heillos zerknäulten Seilhaufen versammelt und versuchen diesen, wild gestikulierend, zu entwirren. Hier vermute ich auch die Ursache für den Steinbeschuss vor wenigen Minuten. Wir umgehen den in der Aufstiegsroute lagernden Pulk recht zügig und gelangen über den steilgeschichteten Gipfelaufbau schließlich auf einem schmalen Schnee(Eis)pfad zur bronzenen Heiligenstatue des Schweizer Gipfels. (4477 m) Hier enden Hörnli- und Furggengrat. Drüben auf dem 1 m niedrigeren italienischen Gipfel treffen der Zmutt- und der Liongrat aufeinander. Ein Zermatter Bergführer und sein Gast bereiten sich schon wieder auf den Abstieg vor und so haben wir zwei für eine halbe Stunde den Gipfel für uns. Der waagrechte, achtzig Meter lange messerscharfe Grat hinüber zum großen italienischen Metallkreuz erfordert peinliche Vorsicht und bleibt mir wegen seiner außergewöhnlichen Ausgesetztheit unvergesslich.

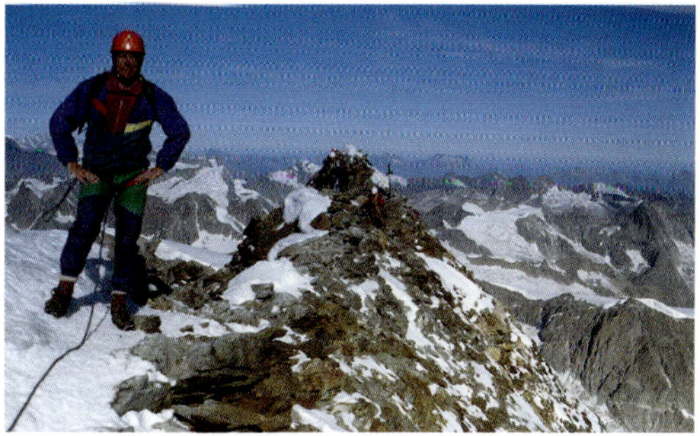

◄ *Auf dem Gipfel*

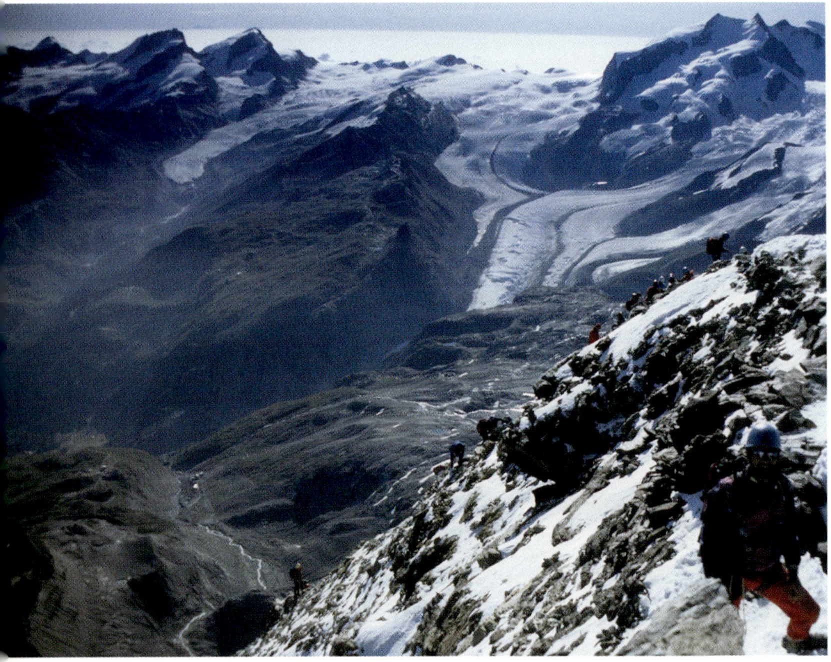

▲ *Ein letzter Blick zur Monte Rosa hinüber. Unsere „ruhige" halbe Stunde auf dem Gipfel neigt sich dem Ende zu und wir machen den nachfolgenden Seilschaften Platz auf dem schmalen Gipfelgrat.*

In völliger Ruhe und unter stahlblauem, wolkenlosem Himmel lassen wir unsere Blicke über das ungeheure, schimmernde Panorama von Gipfeln, Tälern und Gletschern schweifen.

Alle großen Gipfel sind mit bloßem Auge auszumachen: in nächster Nähe, im Norden, die Eisriesen des Wallis und des Berner Oberlandes, östlich die Mischabelkette und der Monte Rosa, im Südwesten sogar der fast 150 km entfernte Monte Viso und am westlichen Horizont der mächtige Mont Blanc Bergstock, der sich kristallklar vom dunkelblauen Mittagshimmel abhebt. Tausend Meter und mehr unter uns liegen Matterhorn- und Furgggletscher, und immer wieder geht mein Blick über die mächtigen Seitenmoränen des Zmuttgletschers hinauf zum langgezogenen Wächtengrat vom Obergabelhorn und zur Steilflanke des Zinalrothorns, meinen Zielen für das nächste Jahr.[10]

Ziele muss ich immer haben, sie sind mir wichtiger als die Erinnerungen. In unsere „stille

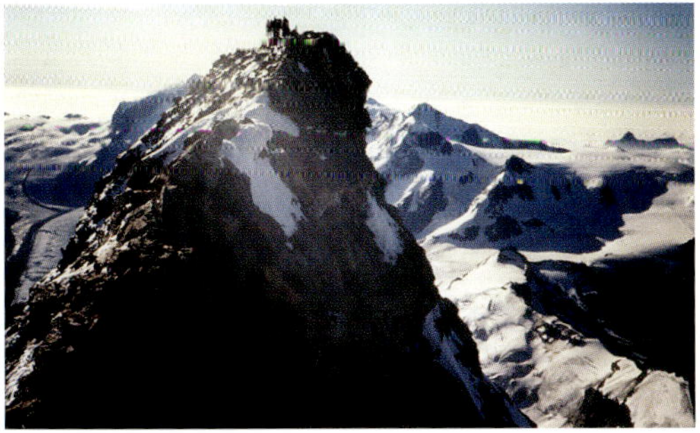

Andacht" mischen sich plötzlich japanische Wortfetzen und Seilkommandos und nachdem sich die Gruppen auf dem Gipfelgrat verteilt haben, machen wir uns auf den mit losen Steinen bedeckten, steilen Abstiegspfad.

Jetzt ist sorgfältiges Steigeisengehen angesagt, denn unter uns drängen immer mehr Seilschaften nach oben. Bald erreichen wir das „Dach" und kurz danach die ersten Fixseile. Das weitere Abklettern macht nun richtig Spass. Weniger erfreut

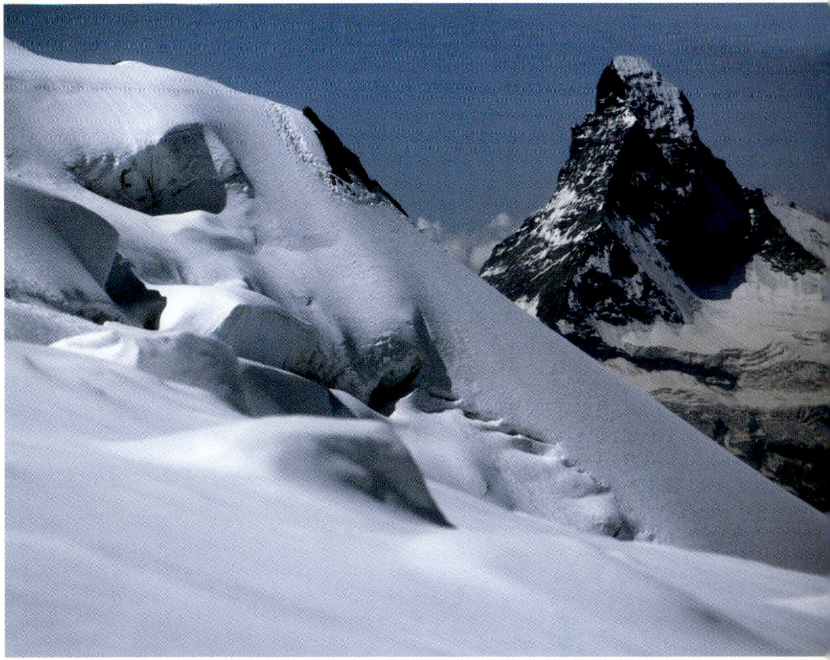

◄ *Blick vom italienischen Gipfel, mit Gipfelkreuz, hinüber zum schweizer Gipfel, mit Broncemadonna*

▲ *Während der Besteigung des Doms vom Festigrat aus aufgenommen: Frontalblick auf den Hörnligrat*

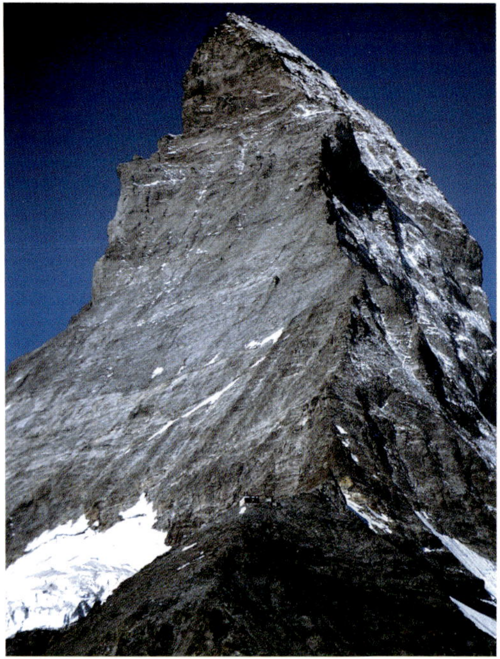

„Der schönste Gegenstand, dessen Anblick dieser Ort darbietet, ist die hohe und stolze Spitze des Mont Cervin,die sich in Form eines dreieckigen Obelisken aus lebendigem Fels, der wie gemeißelt erscheint, zu gewaltiger Höhe erhebt.“

Horace Bènèdict de Saussure, Naturforscher, (1740-1799)

sind wir allerdings über die laut krachenden Steinschlagsalven, die uns immer wieder zum blitzschnellen Deckung suchen zwingen. Wir möchten schließlich nicht zu den 500 Opfern gehören, die sich der „Löwe von Zermatt“ schon geholt hat.

Bis auf einen kleinen Verhauer, rechts hinüber in die Ostwand, gestaltet sich der Abstieg unproblematisch.

Klaus und ich folgen eindeutigen Wegspuren in einem der unteren Couloirs bis wir, in immer steiler werdendem Gelände, plötzlich nicht mehr weiterkommen. Das Abklettern über Stufen und Bänder endet abrupt einige hundert Meter vertikal über dem Furgggletscher. Also wieder das ganze zurück, hinüber zum Grat und zügig zur Hörnlihütte hinunter wo uns Elke schon mit der wohlersehnten „Erfrischung“ erwartet.

Im Innersten zufrieden und beglückt ziehen wir das Mattertal hinaus. Es war für mich eine harmonische und eindrucksvolle Bergfahrt an dieser oft hoffnungslos überlaufenen Granitpyramide.

Mit extremer Brennweite verkürzt. Zustieg zur Domhütte ▸

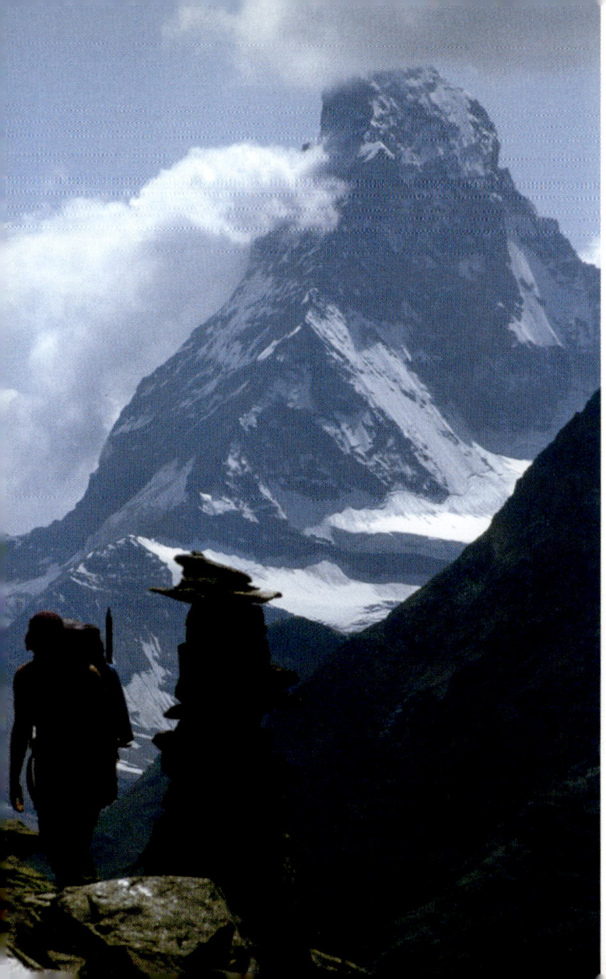

Am Steinmann

Mein Weg ist längst vom Wind verweht,
vom Nebel aufgesogen,
von grauen Flocken zugesät. Betrogen
bin ich um Gipfels Glück.
Doch wollt ich - fänd ich denn zurück?
Was such ich noch für Ziel?
Wo ist denn unten? oben?
Gestürzt, zerstoben!
Ist alles närrisch Spiel.
Doch meine Füße schreiten fort,
aus Dunkel hier, ins Dunkle dort.

Da naht ein Mensch!
Noch so ein Tropf?
Im Nebel schwankt ein wüster Schopf.
Wer so wie ich den Weg verlor,
den weist zurecht kein anderer Tor.
Genarrter Blick.
Ein Steinmann ist's,
ein steinern Mal, ein Richtpunkt nur
auf irrer gottverlassener Spur.
Nein, Ziel ist's nicht.
Doch - es ist Zieles Stufe.
Und leis im Herzen wird es licht.
Ich lausche fernem Rufe.
Und wenn's auch noch im Grau verschwimmt,
ein Ziel ist auch für mich bestimmt.
Ich dank Dir, blinden Weges Weiser.

Paul Kloss

Klettern an den Vajolettürmen

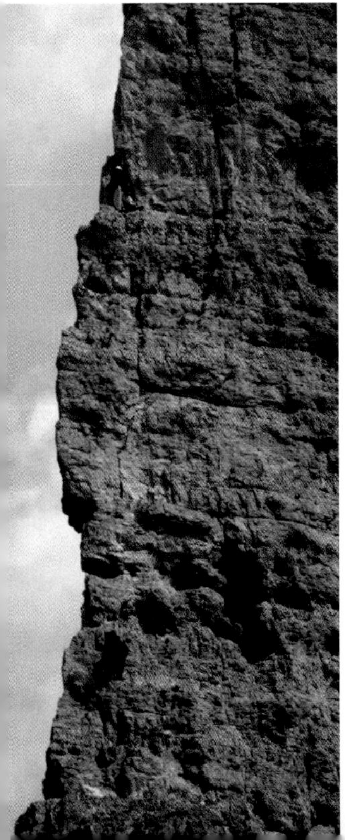

Nach einer anstrengenden Kletterwoche in der Sella gönnen wir uns, als Abschlusstour, noch die Delagokante an den Vajolettürmen, wird sie doch im DAV-Führer als sehr schöne, ausgesetzte Kantenkletterei, also „Genusstour" beschrieben.

Die letzten Tage waren kräftezehrend und wir sind durch die Kletterei am 2. und 3. Sellaturm (Routen „Kasnapoff" und „Vinatzer") ganz schön ausgelaugt.[11] Ich erweitere deshalb in Vigo di Fassa unser Proviantpaket um einen halben Liter Sahne, zwei Packungen Tortellini, ein großes Stück Gorgonzola und eine Flasche roten Südtiroler. Das gibt einen Festschmaus heute Abend! Meine Kletterspezis Uli und Bernd wissen nichts von dieser Zusatzverpflegung, wundern sich aber ob meiner langsamen Gangart beim Aufstieg. Von Gardeccia, 1950 m, steigen wir spätnachmittags durch das einsame und bizarre Vajolettal zur Vajolethütte auf.

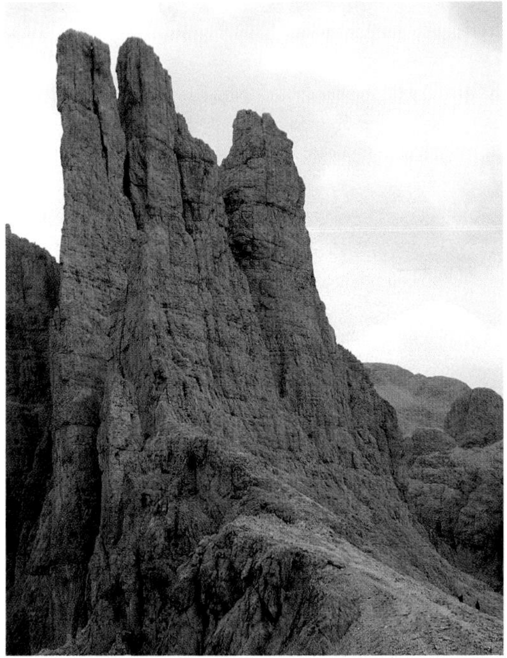

▲ *Die Vajolettürme vom Santnerpass*

◄ *Kletterer an der Delagokante*

► *Wie ein Scherenschnitt steht die Silhouette der Vajolettürme im Nebel*

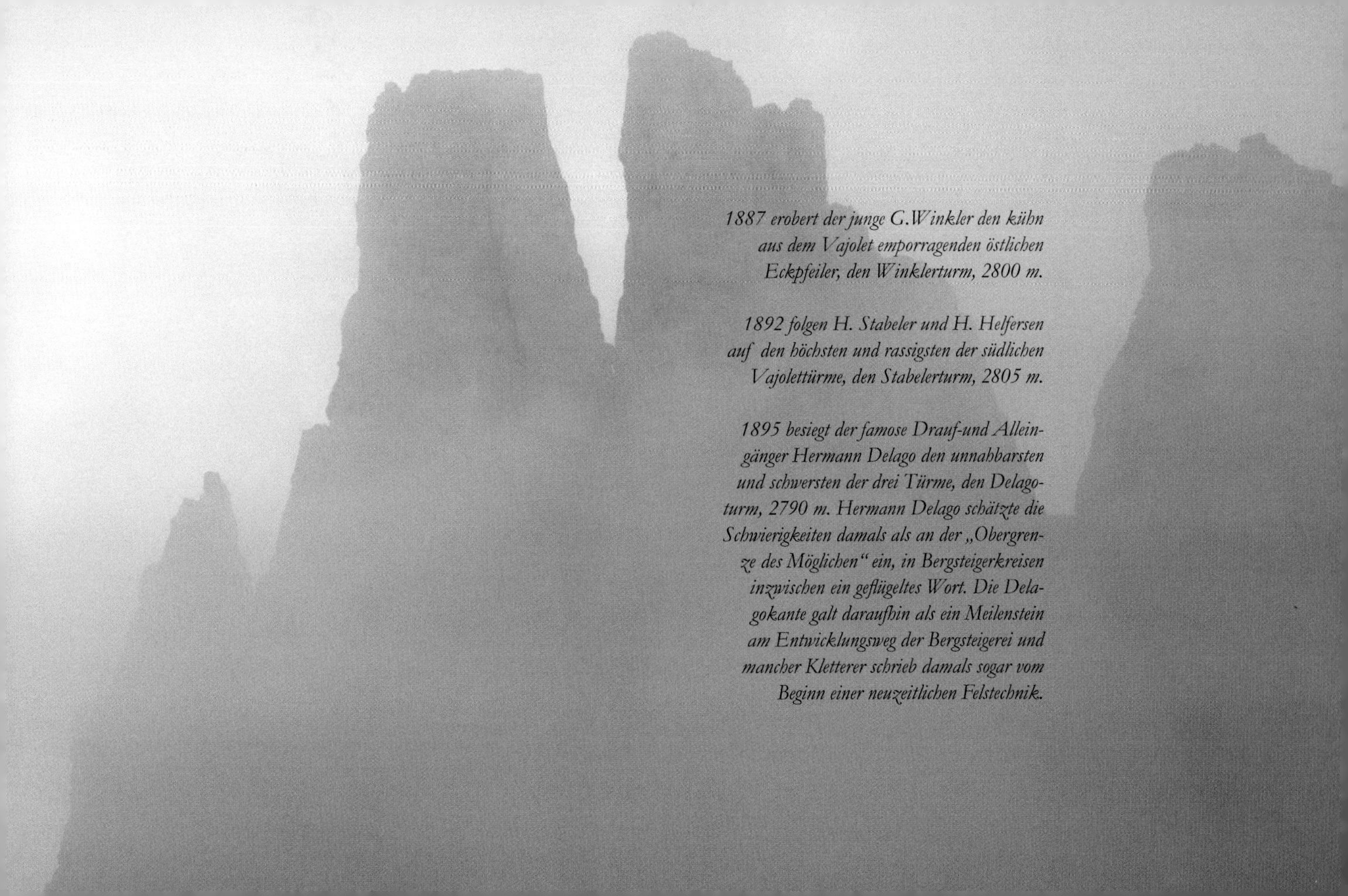

1887 erobert der junge G. Winkler den kühn aus dem Vajolet emporragenden östlichen Eckpfeiler, den Winklerturm, 2800 m.

1892 folgen H. Stabeler und H. Helfersen auf den höchsten und rassigsten der südlichen Vajolettürme, den Stabelerturm, 2805 m.

1895 besiegt der famose Drauf-und Alleingänger Hermann Delago den unnahbarsten und schwersten der drei Türme, den Delagoturm, 2790 m. Hermann Delago schätzte die Schwierigkeiten damals als an der „Obergrenze des Möglichen" ein, in Bergsteigerkreisen inzwischen ein geflügeltes Wort. Die Delagokante galt daraufhin als ein Meilenstein am Entwicklungsweg der Bergsteigerei und mancher Kletterer schrieb damals sogar vom Beginn einer neuzeitlichen Felstechnik.

Dem Märchen nach war das in Nord-Süd Richtung verlaufende Tal einst ein Garten voller Rosen, welche Feinde des Zwergenkönigs Laurin zertrampelten. Dieser sprach daraufhin in seiner Verbitterung den Fluch aus, der Garten möge versteinert sein und nie wieder blühen, weder bei Tag noch bei Nacht. Da der König aber die Dämmerung vergessen hatte, erstrahlen nun die Felswände der Rosengartengruppe zwischen dem Untergang der Sonne und dem Hereinbrechen der Nacht allabendlich in einem geheimnisvollen, purpurnen Rosenrot. Das Felsenreich Laurins ist eine der schönsten und gewaltigsten Landschaften, die ich kenne.

Hinter der mächtigen, schwarz gestreiften Ostwand der Rosengartenspitze tauchen schon bald zwei schlanke Felstürme auf, der Stabelerturm und rechts davon, der Winklerturm. Am Dritten im Bunde, dem Delagoturm, suchen unsere Augen immer wieder die sagenumwobene Delagokante.

Die letzten Meter zur Hütte werden noch einmal richtig schweißtreibend. Doch die Vorfreude auf den warmen, glühenden Dolomitenfels der uns die letzten Tage in der Sella das Klettern zur Freude machte, lässt mich den schweren Rucksack vergessen. Ein wenig abseits der Vajolethütte dient mir eine kleine Felsmulde als „Cucina improvisatore“. Bald kocht das Wasser im mitgebrachten Alutopf und wenig später sitzen drei zufriedene Bergsteiger in der untergehenden Abendsonne, bei Tortellini in Gorgonzolarahm und einem Schluck kräftigen Roten. Für ein knappes viertel Stündchen können wir tatsächlich auch noch das berühmte Dolomiten-Alpenglühen bestaunen, bevor sich schließlich nur noch die bleichen Nadeln von Vajolet vom sternenklaren Himmel abzeichnen.

Am nächsten Morgen ist es sehr kalt und die Bergspitzen stecken noch im Nebel, als wir die Rucksäcke wieder schultern.

Von der Vajolethütte aus führt uns ein Steiglein in die Schlucht zwischen Rosengartenspitze und Vajolettürme. In Kehren, über Schutt und felsigen Boden, geht's nun im Schlerndolomit eine knappe Stunde bergan. Rechts baut sich der förmlich überneigende Winklerturm auf, links stehen die wuchtigen Wände der Rosengartenspitze. Voller Tatendrang springen wir über Felsstufen aufwärts, in das von bizarren Felsgipfeln umrahmte Gartel. Nach und nach wird die gezackte Turmreihe, die zum Himmel schießenden Raketen gleicht, in voller Breite sichtbar. Die großartigen, senkrecht aufstrebenden Turmgestalten sind, wie das berühmte „Drei Zinnen Panorama", auf unzähligen Kalenderbildern verewigt und unter Alpinisten auch dementsprechend bekannt. Bald verlassen wir den Bergpfad, der sich nach links zum Santnerpass schwingt, und steigen weglos gegen die Wände. Über einen flachen Schrofenaufbau gelangen wir in leichter Wandkletterei, zu einem Absatz an der Südwestkante. Durch die Wolkenfetzen hindurch schaut diese Kante fast noch steiler und unheimlicher aus. Am ersten Standhaken seilen wir uns an.

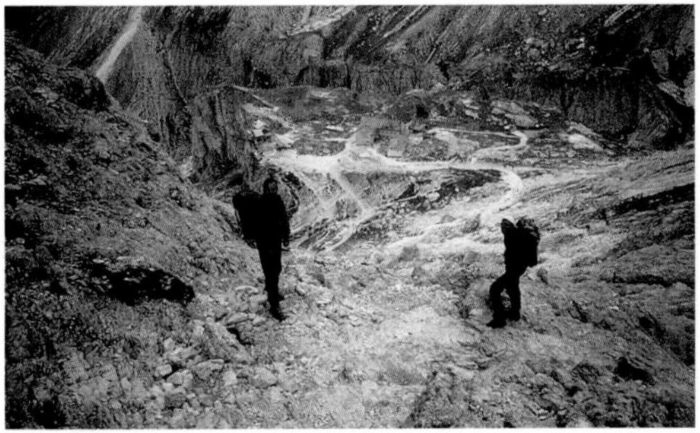

Wenn es nur nicht so saukalt wäre - von wegen „warm glühender Dolomitenfels". Die ersten drei Seillängen wird das Klettern mit den unterkühlten, fast gefühllosen Fingern zur Qual. Der Nebel hat sich an den Fels gelegt und im Augenblick herrschen Temperaturen wie im Kühlschrank.[11] Sehr schnell beginnt nun die ungeheure Steilheit

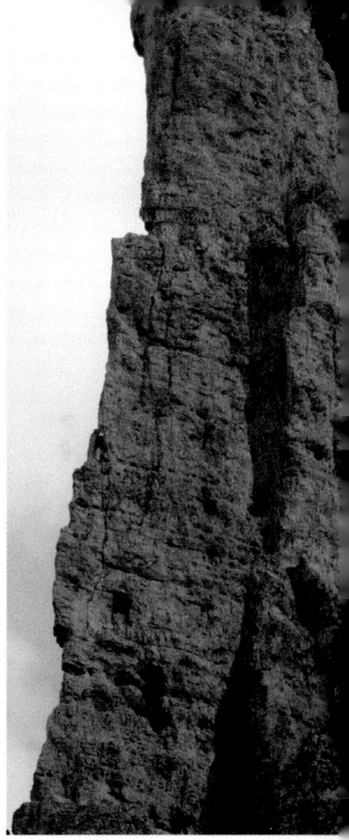

▲ *im Gartel, unten: die Vajolethütte*

▶ *Kletterer an der Südwestkante „Delagokante"*

der Kante, die uns die nächsten 5 Seillängen treu bleibt. Uli klettert über mir und zwischendurch kann ich immer wieder einen kurzen Blick hinüber zur Laurinswand, Rosengartenspitze und hinab ins Tal bis fast nach Bozen wagen. In „prachtvoller Ausgesetztheit" (Erstbesteigervokabular) und mit traumhaften Tiefblicken balancieren wir in genussvoller Kletterei, immer wieder von gespenstischen Nebelfetzen umweht, direkt an der Kante bis zu einem kleinen Pfeilerkopf. Leider ist der Fels vom vielen Hand- und Angstschweiß an manchen (schwierigen) Stellen so abgeschmiert und speckig, dass man oft Seifenstücke statt harter Felsgriffe in den Händen zu haben glaubt. Bei dem Andrang kein Wunder.

Die Delagokante gilt als eine der „rassigsten „ Routen in den Alpen

Ein Blick an der luftigen, senkrechten Kante nach unten und mir wird schnell klar, wieso dies eine der meistbegangenen Routen in den Alpen ist. Die Exponiertheit ist kaum zu übertreffen. Vom Pfeilerkopf aus fotografiere ich wieder in alle

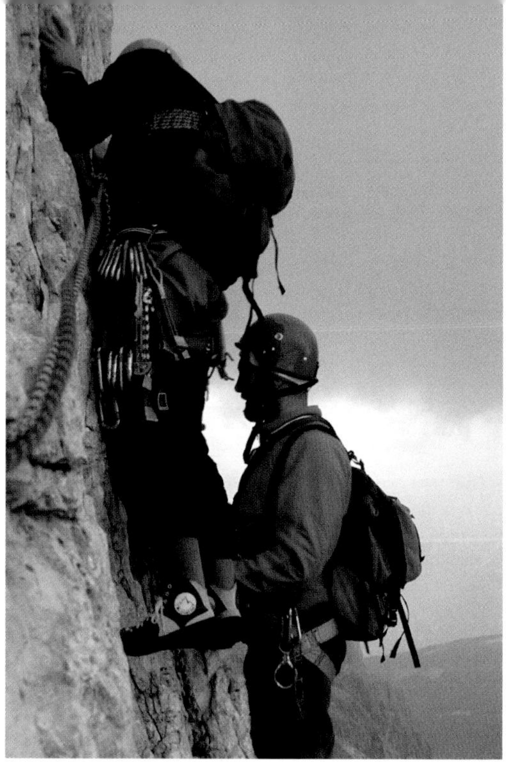

▲ *am Standplatz*

▶ *im unteren Drittel der Delagokante*

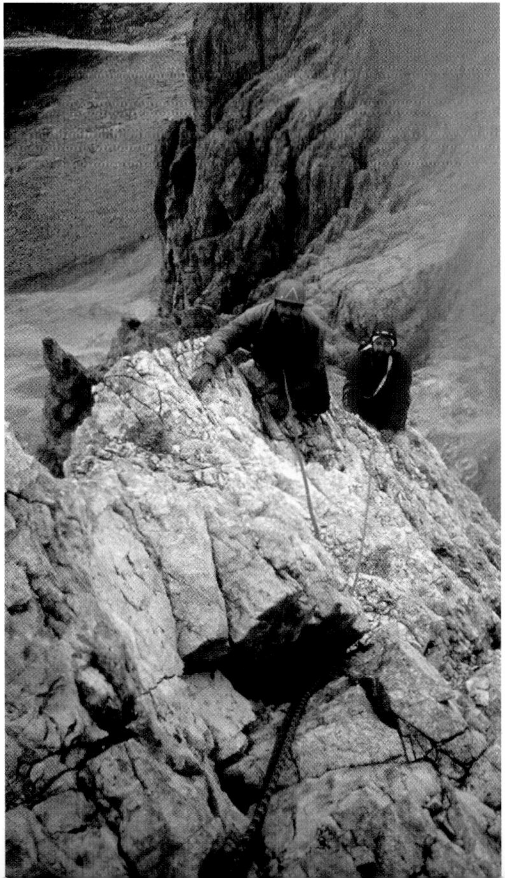

Richtungen. Die Sonne hat inzwischen den Nebel vertrieben und endlich sind wir warm, aber leider auch schon bald am Gipfel. Das flache Grätchen dorthin ist schnell überwunden, und mit deutlich mehr Adrenalin im Blut als sonst erreichen wir nach 1 1/2 Stunden den höchsten Punkt des Torre Delago, 2790 m.

Schade, dass die Kletterei schon vorbei ist, denn jetzt, wo sich der Fels etwas erwärmt hat, hätten wir noch gern ein Stündchen dranghängen mögen. Der zeitige Aufbruch von der Hütte (wir waren heute morgen die ersten, die die Hütte verließen) hat sich gelohnt, denn inzwischen steigt schon die nächste Seilschaft vom Gartel aus in Richtung Vajolettürme. Von der winzigen, schräg abgeflachten, kaum einmal zwei Meter großen Gipfelfläche blicken wir hinüber zum

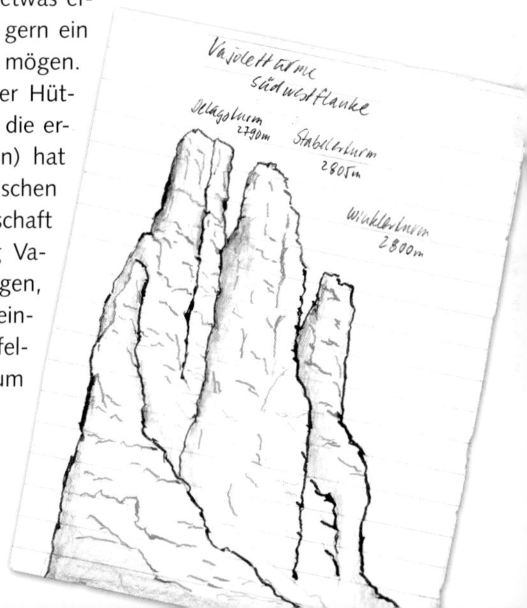

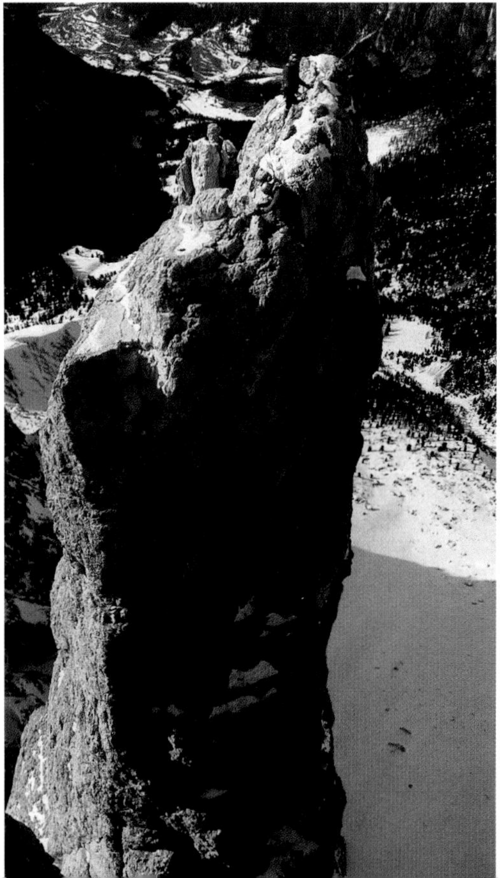

nahen Stabelerturm. In Steinwurfweite von uns entfernt taucht dort gerade eine Zweierseilschaft auf. Die waren entweder noch früher dran, oder aber schneller als wir.

Hier oben haben wirklich nur eine handvoll Bergsteiger Platz, und es ist größte Vorsicht geboten, dass wir uns gegenseitig nicht durch eine falsche Bewegung in die Tiefe befördern.

Beeindruckend und angsteinflößend ist der Blick zurück auf die sich in der Tiefe verlierenden Delagokante. Nicht weniger spektakulär fällt die senkrechte Westwand weit hinunter ins Purgametschkar ab und mein Lächeln auf dem Gipfelfoto täuscht dann auch etwas über den tatsächlichen Gemütszustand hier oben hinweg.

Reinhard Karl, der leider schon früh verstorbene Universalalpinist, sinniert über solche Fotos: „Nein, bei Bergbildern sind die Wirklichkeit und die Wahrheit nicht auf den Fotos. Die Tiefe, die hundert oder tausend Meter, die einem so furchtbare Angst einjagen, lässt sich nicht zweidimen-

◄ *Auf dem Gipfel des Delagoturmes, vom Stabelerturm aus gesehen - Bild: G. Bauer, bei einer Winterbegehung*

► *Ich seil mich dann mal ab*

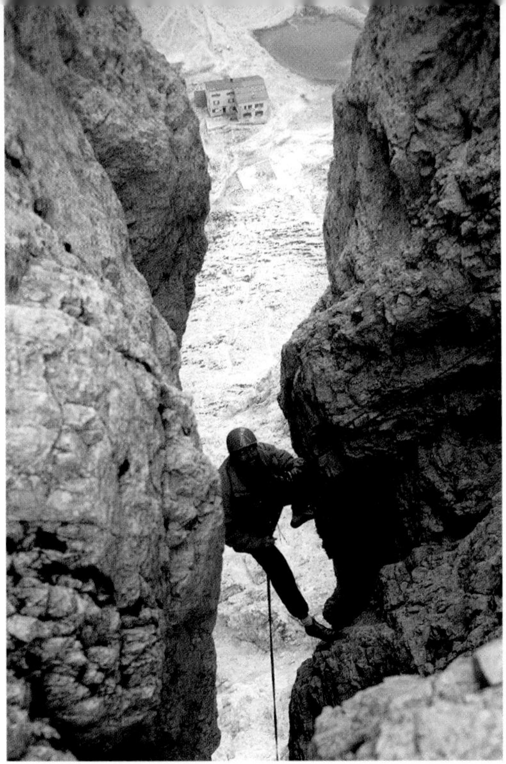

sional ausdrücken. Klettern ist eine Dimension mehr. Kein Foto zeigt, wie kalt es wirklich, oder wie gering der Sauerstoffanteil der Luft ist.

Selbst die Angst und die Erschöpfung der Bergsteiger lassen sich verschleiern. Für einen kurzen Moment lächeln. Es genügt eine Tausendstelsekunde. Der Wind, die Länge der Tour und der Weg, der noch wartet, alles fehlt. Es ist eben nur ein Sekundenbruchteil des Abenteuers, den das Bild zeigt, aber das Abenteuer zeigt es nicht."

Nach einer kurzen Verschnaufpause klettern wir vorsichtig zum ersten Abseilring an der Ostkante. Zwei Seilenden pfeifen durch die Luft, den Abseilachter eingehängt und - jehuii- schon geht`s 30 Stockwerke in der Delagoscharte in die Tiefe. Anspannung, Anstrengung aber auch das „mulmige Gefühl" verfliegen in Windeseile und bald schweben wir auch schon dem wuchtigen Klemmblock entgegen, auf dem die nächste Fotopause angesagt ist.

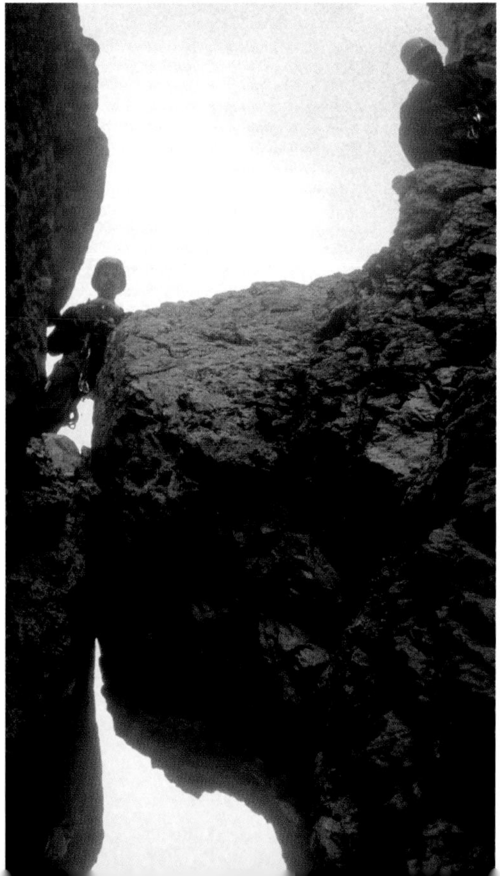

Danach geht`s recht lustig weiter, denn in den schmutzig feuchten Delagokaminen ecken wir, mit unseren am Vorabend wohlgefüllten Bäuchen stellenweise unangenehm an.

Nach ein paar weiteren Abseilstellen gelangen wir zum Wandfuß auf der Südseite und unsere Abseilachter und Karabiner klimpern lustig am Klettergurt, als wir schließlich gutgelaunt, das steinerne Gartel hinunterspringen.

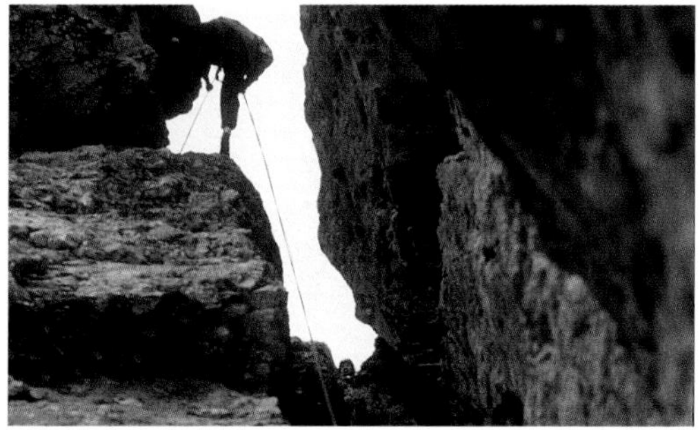

▲ *Abseilen in den Delagokaminen*

◄ *Was gibt`s denn da zu fotografieren?*

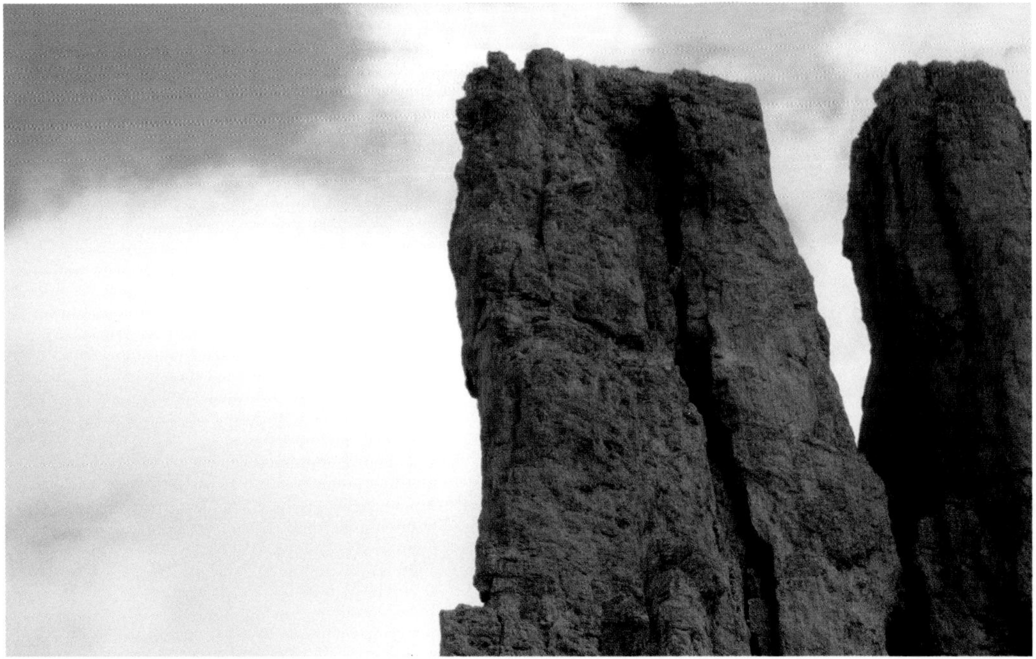

Im Gebirge der Wahrheit kletterst du nie umsonst: entweder du kommst schon heute weiter hinauf oder du übst deine Kräfte, um morgen höher steigen zu können.

FRIEDRICH NITZSCHE

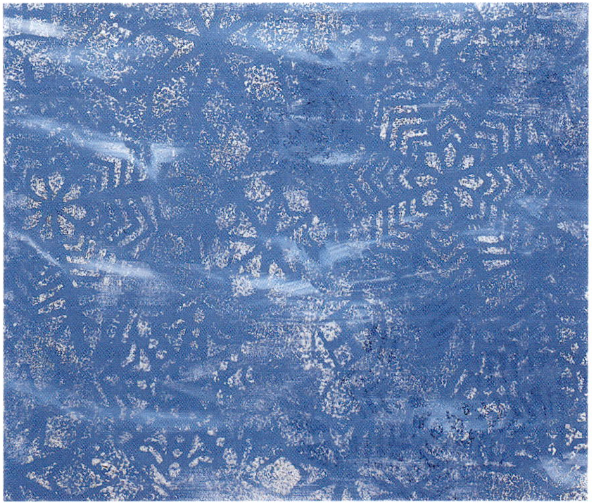

◄ *Rauhreif*
Acryl auf Leinwand, 50 x 60 cm
Christine Thoma

Zwei Spuren im Schnee…
Berge im Winter

Rauhreif und Firnenglanz

Vollmondskitour

Geheimtip Sulzfluh

rauhreif

rauhreif

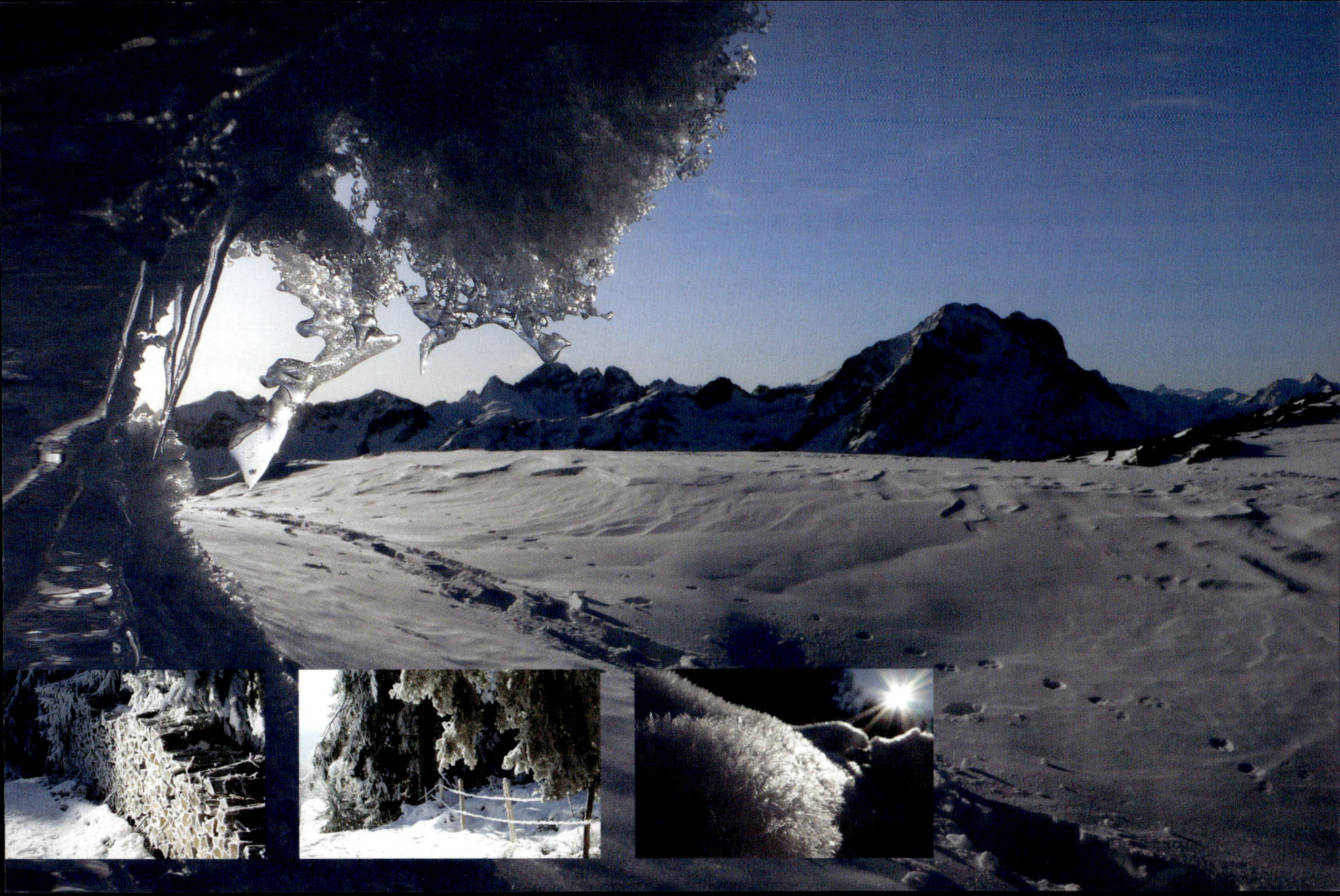

Rauhreif

Rauhreif ist ein fester Niederschlag, der sich direkt aus dem in der Luft enthaltenen Wasserdampf durch Resublimation bildet. Hierfür ist eine sehr hohe relative Luftfeuchtigkeit von über 90% und eine Lufttemperatur von unter -8 ° C nötig. Die entstehende Wärme wird dabei durch Konvektion an die umgebende Luft abgegeben, daher erhöht Wind die Bildung von Rauhreif, darf aber auch nicht zu stark sein, um die empfindlichen Strukturen nicht zu zerstören. Es entstehen vor allem entgegen der Windrichtung nadelförmige Eiskristalle in Form sechsstrahliger Dendriten, die eine erhebliche Größe und bizarre Formen erreichen können und dabei meist nur langsam wachsen. Rauhreif „wächst“ gegen den Wind, da die luvseitig ankommende Luft einen höheren Feuchtigkeitsgrad als im Lee besitzt. Das Phänomen der Entstehung von Rauhreif tritt vergleichsweise selten auf und wird oftmals mit Reif oder Raufrost verwechselt, für die es eine Art Zwischenstadium darstellt. Eine besondere Form des Rauhreifs sind Eisblumen.

Quelle: Wikipedia

Zur Schreibweise des Wortes „Rauhreif“ siehe Anhang S. 267

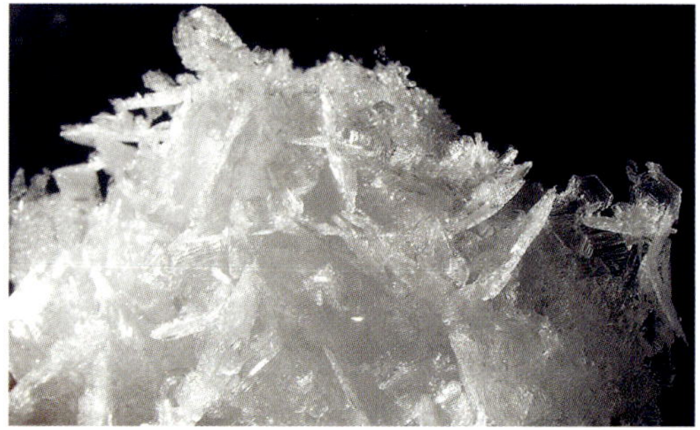

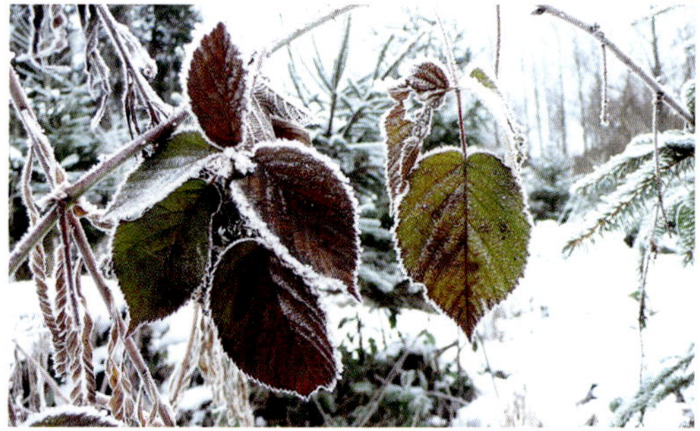

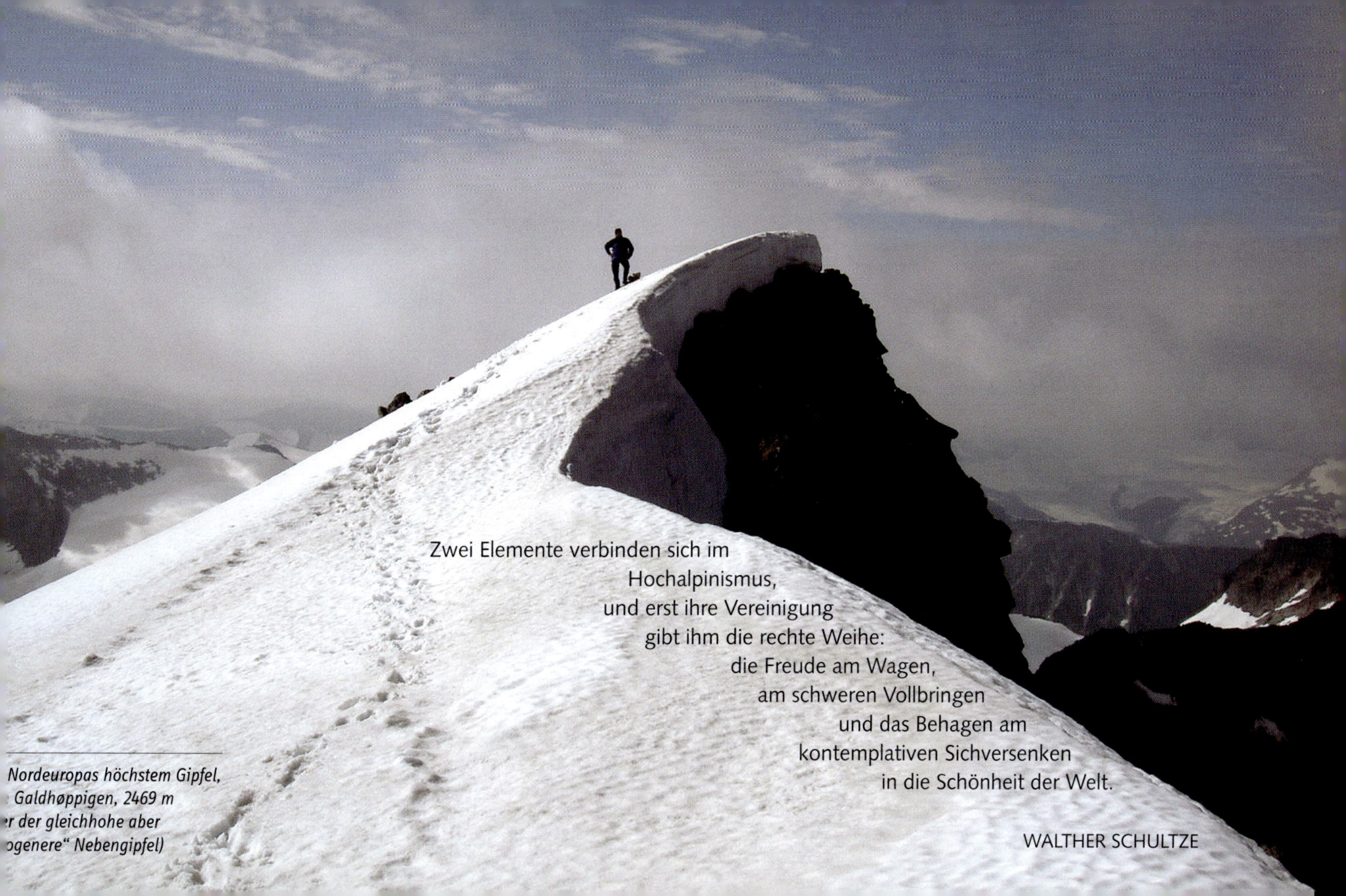

Zwei Elemente verbinden sich im
Hochalpinismus,
und erst ihre Vereinigung
gibt ihm die rechte Weihe:
die Freude am Wagen,
am schweren Vollbringen
und das Behagen am
kontemplativen Sichversenken
in die Schönheit der Welt.

WALTHER SCHULTZE

Nordeuropas höchstem Gipfel,
Galdhøppigen, 2469 m
r der gleichhohe aber
ogenere" Nebengipfel)

Gletscher

Als Eisungeheuer galten sie,
die zu besänftigen man Bittprozessionen
unternahm, damit sie nicht die Alm verschlangen
oder das Bergwerk oder das Dorf.

Geschrumpft zu Resten einstiger Größe,
sich nur noch langsam bewegend,
mit schmutzigen, ausgedünnten, eingezogenen Zungen
warten sie im Schlottergewand zu weit
gewordener Moränen
auf die nächste rauhere Klimaphase,
um wieder genährt zu werden
für einen neuen Vorstoß zu den Tälern.

Aber auch, wenn jetzt das Eis nicht so dick ist
und die Spalten nicht so tief klaffen,
so überweht der Schneesturm ihre Abgründe auch heute.
Und hineinzufallen bleibt die Gelegenheit,
sich das Genick zu brechen
oder im Eiswasser zu ersaufen,
und erst nach hundert Jahren
am Gletschertor abgeliefert zu werden.

Richard Goedecke

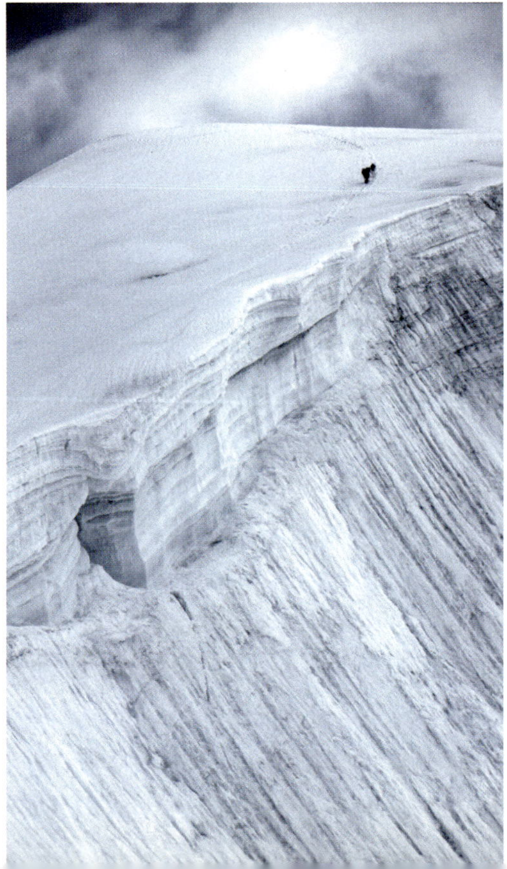

▲ *Auf der Wellenkuppe, 3903 m*

► *Skitour über den Ochsentaler Gletscher zum Piz Buin, 3312 m*

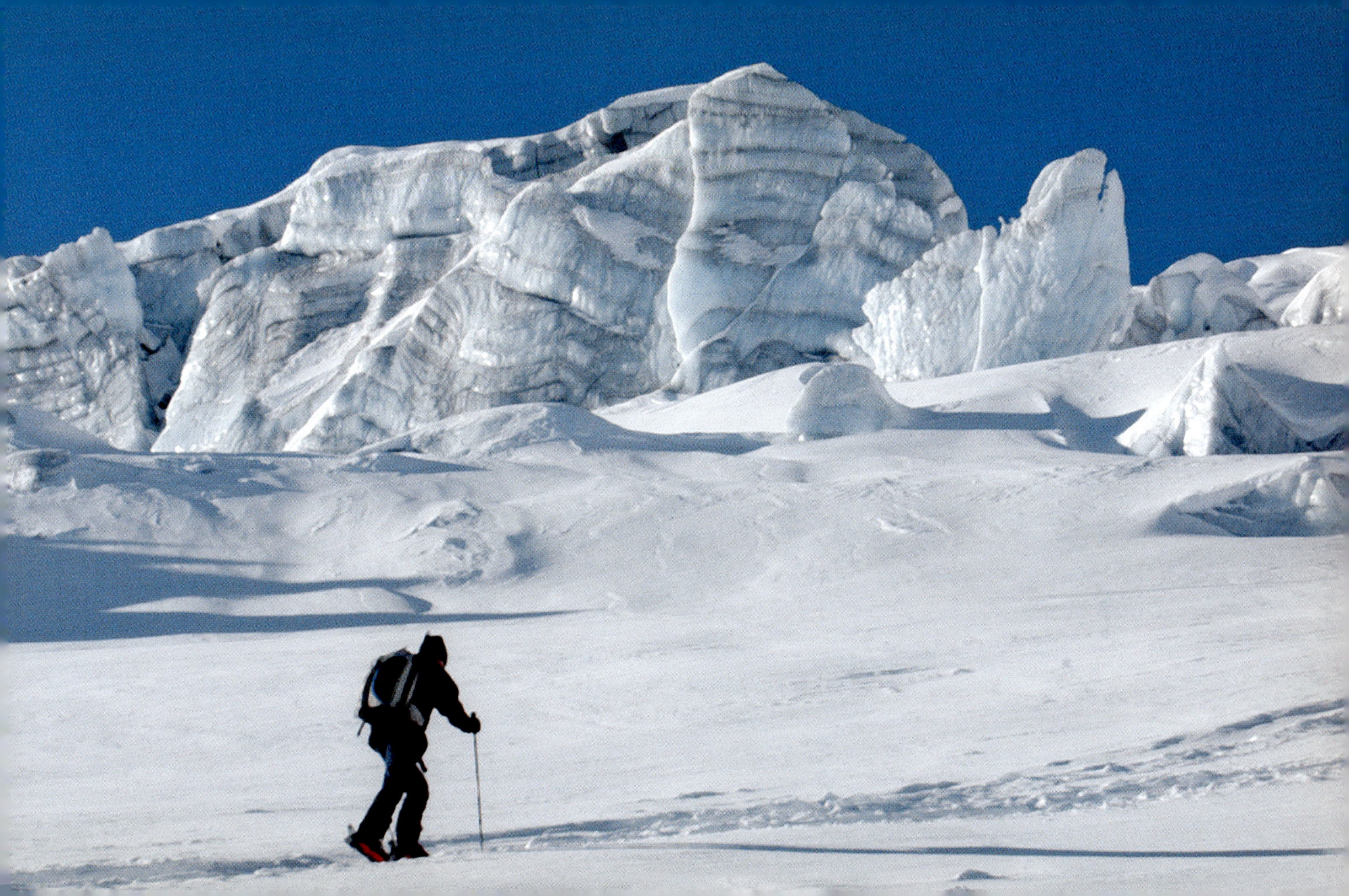

Skitour bei Vollmond

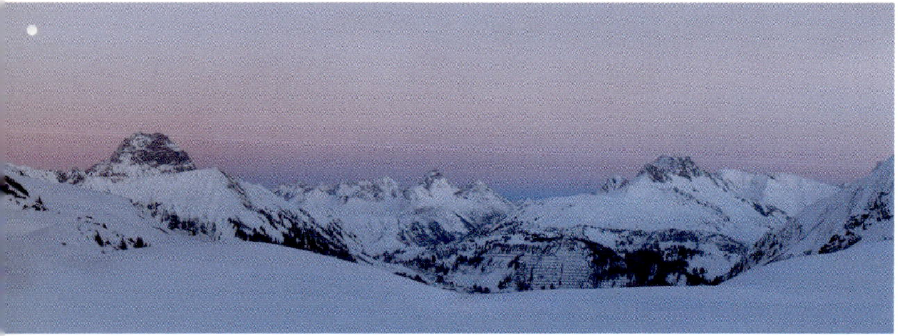

In der Abenddämmerung steigen wir durchs Schandelstobel zum Winterraum der Biberacher Hütte auf. Der schmale, steile und vereiste Sommerweg führt talaufwärts durch Wald zu den etwas flacheren Weiden der Gemsalpe. Das Eis weicht hier harschigem, festen Firn, der bei jedem Schritt wohltuend unter den Fellen knirscht. Oberhalb der Gemsalpe ist der Schnee wechselhaft wie das Landschaftsbild zwischen Zitterklapfen, Hochkünzel- und Braunarlspitze. Harsch wechselt mit Altschnee, der wiederum auf der windabgewandten Hangseite von Triebschnee abgelöst wird. Der vom Wind verblasene, luftig leichte Pulverschnee hat sich an windgeschützten Stellen abgelagert und bildet dort eine dicke Triebschneedecke, die sich aber in den vergangenen Wochen schon gut mit den darunterliegenden alten Schneeschichten verbunden hat.

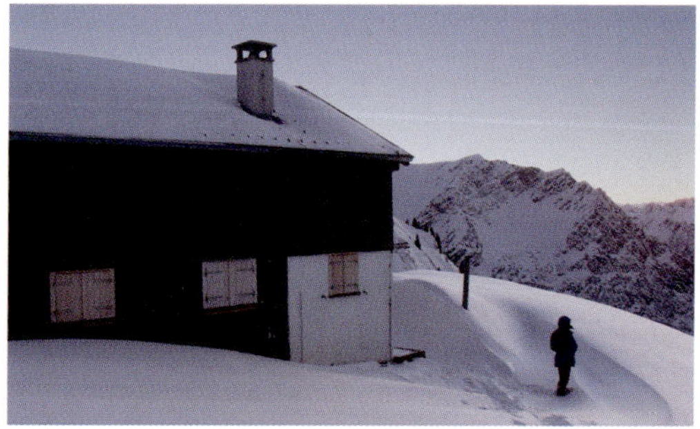

▲ *Biberacher Hütte, 1846 m*

◄ *Blick vom Schadonapass Richtung Widderstein*

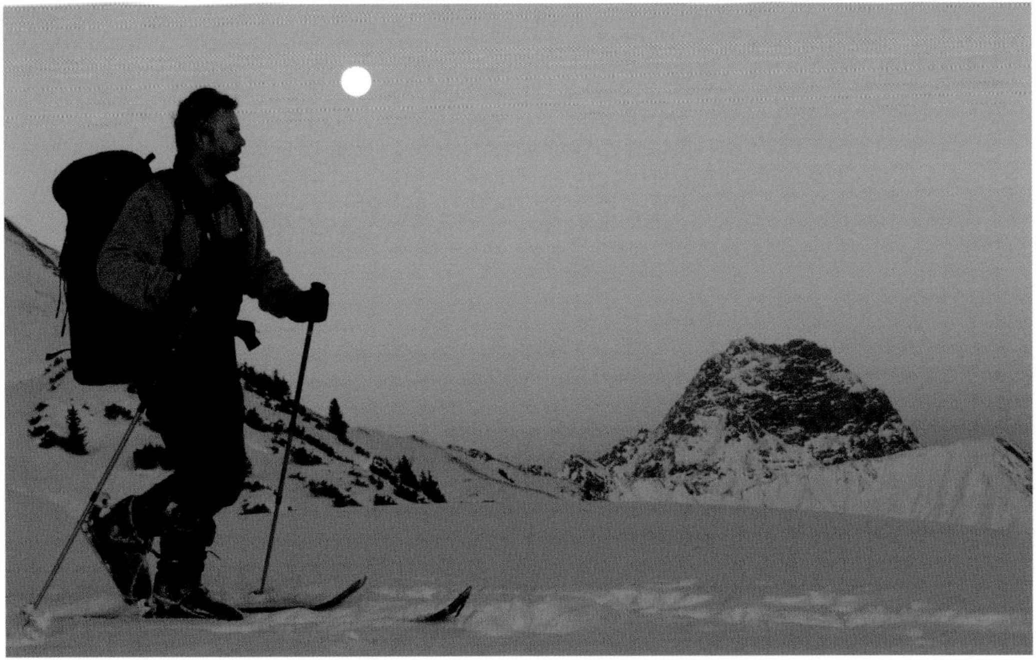

mâno

Die althochdeutsche Bezeichnung des Himmelskörpers (...) „mâno" geht mit Entsprechungen in anderen indogermanischen Sprachen auf „mênot" (Mond; Mondwechsel, Monat" zurück. Das indogermanische Wort für „Mond" gehört wahrscheinlich zu der Verbalwurzel „mêd"- "wandern, abstecken , messen" (...) und bedeutet „Wanderer" (am Himmelszelt).

DUDEN: ETYMOLOGIE DER DEUTSCHEN

Wie oft, du mildes Gestirn, hat dein Auge, das Auge der Nacht, mich bewegt und erhoben! Und wie viele tausend Herzen haben sich schon an dir erquickt und an deiner Mannigfaltigkeit. Du, der nie wie die Sonne beschwert, wenn er höher steigt und glänzt! Und der der Erde eine Erhabenheit gibt, die nur dem Himmel gehört.

JEAN PAUL

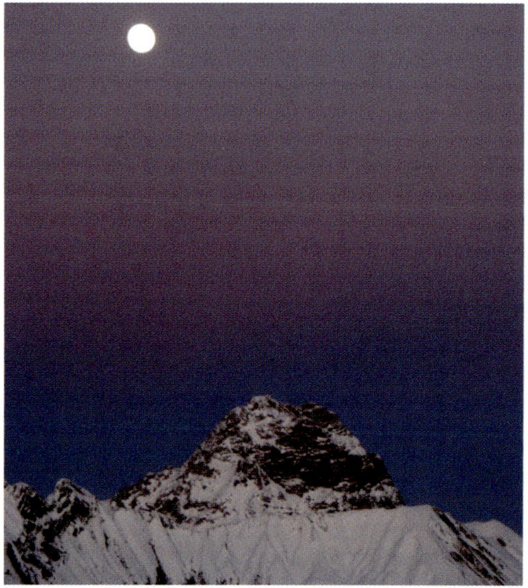

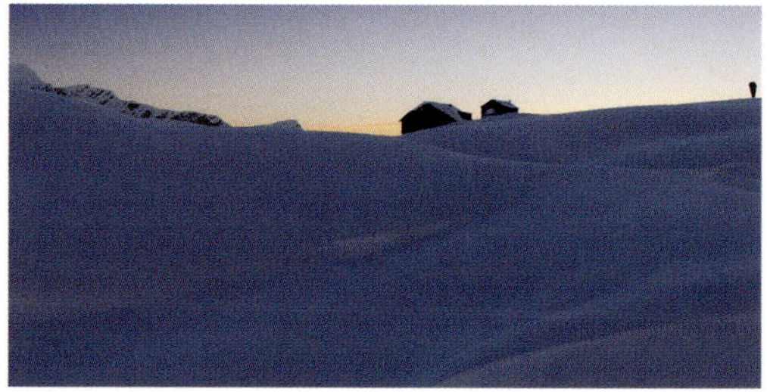

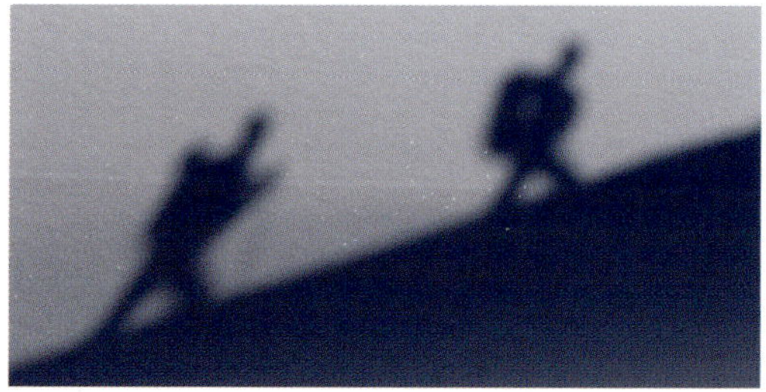

Nirgens wird einem die unveränderbare Pluralität des Lichts und dessen Fähigkeit, die Zusammensetzung schnell und vollständig zu verändern, so bewusst wie in den Bergen. Nicht einmal das Licht der Wüste kommt dem der Berge hinsichtlich des raschen Wechsels gleich. Gebirgslicht kann grell und flüchtig sein: wenn beispielsweise ein Schneesturm im Sonnenlicht blendet und flimmert wie aufblitzende Messerklingen oder ein Gewitter seine pompöse Pracht demonstriert, sein extravagantes „Son et lumière"-Spektakel mit Licht- und Toneffekten. An schönen Tagen glitzern Schnee- und Eisfelder mit der Intensität von verbrennendem Magnesium, ein weißes , so stark konzentriertes Licht, dass man es nicht lange direkt anschauen kann, ohne dabei zu riskieren, sich die Hornhaut zu verbrennen. In der Dämmerung kann das Licht mattiert und fast atomisiert sein, als ob es aus großen und sichtbaren Photonen zusammengesetzt wäre.

ROBERT MACFARLANE IN „BERGE IM KOPF"

Unterm Giglturm[13] queren wir, im fahlen Vollmondlicht, hartgetrorene Hänge und stehen gleich darauf wieder bis zur Hüfte in daunenweichen Pulverschneeverwehungen. (Hier passt der Ausdruck „Champagner Powder" aus den Rocky Mountains am besten, dort sind solche Schneebedingungen wohl besonders häufig zu finden.)

Weiter oben, auf fast 2000 Metern Höhe, in der Jochsenke des Schadonapasses, umgibt uns eine tiefe Stille. Man hört nur das Kratzen unserer Steigfelle und das Knirschen der Skistöcke, die sich in die glasig gefrorene Firnkruste beißen.[14]

Wie geisterhafte Silhouetten streichen unsere Mondschatten über die sanft gewellten und vom Nachtgestirn illuminierten Schneefelder. Inzwischen blinken am violettblauen Himmel vereinzelt Sterne. Der große Wagen steht über der Braunarlspitze und zeigt uns den Weg hinüber zum schützenden Winterraum. In Mulden und Ecken haben Windverwirbelungen den trockenen Pulverschnee meterhoch aufgetürmt. Zwischen den Schneeverwehungen, regelrechten Schneedünen, steht das fast zugewehte Jochkreuz einsam und verlassen in weiter Flur.

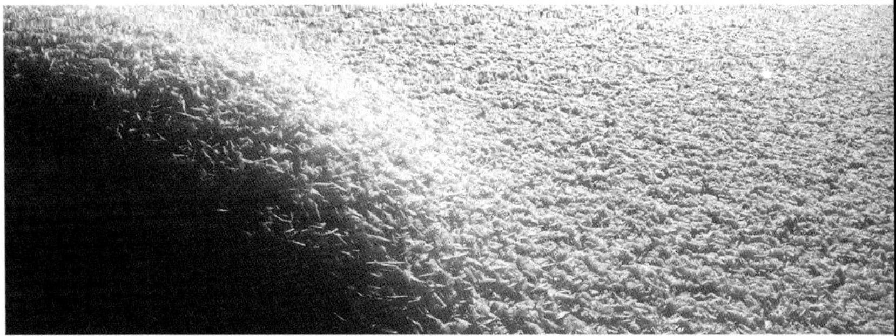

▲ *Ein Duft von Licht taucht die weich illuminierten Schneedünen in zartes Pastellblau*

Ein Duft von Licht schwebt über dem Schnee und taucht die Hochfläche in zartes Pastellblau. Die hemisphärische Albedo, das Rückstrahlvermögen des frischen Schnees, hat nun ein Höchstmaß erreicht.

Fast 100% des einfallenden Mondlichtes wird an den Grenzflächen zwischen den Myriaden Eis-

◄ *„mâno" bewacht den Widderstein*
◄ *Die letzten Meter zur Hütte*
◄ *I've been followed by a moonshadow*

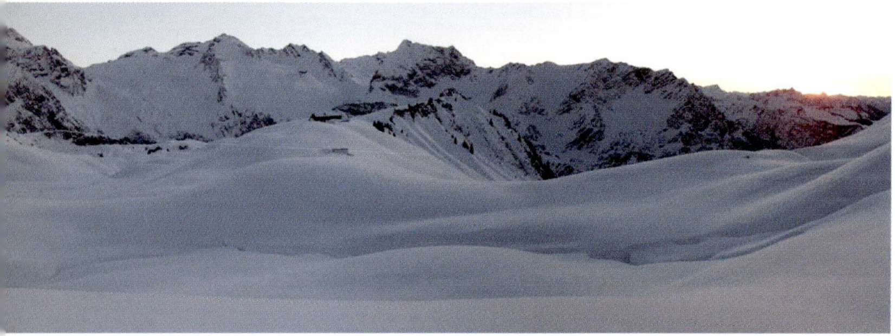

▲ *Blick auf den Schadonapass in der Bildmitte die tiefverschneite Biberacher Hütte*

kristallen und der umgebenden Luft reflektiert und diffus gestreut. Die aus Dämmerung und Mondlicht resultierenden Wellenlängen von Türkis-, Cyan-, Ultramarin-, Indigo- und Violettblau bis zum Purpurviolett, Purpurrot, Karminrot, Zinnoberrot und Rotorange werden von unseren seit Stunden adaptierten Augen wahrgenommen.

Als hellen, perlmuttfarbigen Lichtsaum meine ich diese eigenartige Aura fast spüren zu können.

Goethe deutete in seinen „Schriften zur Naturwissenschaft" auf einen Zusammenhang zwischen Farbe und Empfinden hin: „Ich habe nichts dagegen, wenn man die Farbe sogar zu fühlen glaubt; ihr eigenes Eigenschaftliche würde nur dadurch noch mehr betätigt. Auch zu schmecken ist sie. Blau wird alkalisch, Gelbrot sauer schmecken. Alle Manifestationen der Wesenheiten sind verwandt."

Es gleicht fast einem Sakrileg, diese beeindruckende Naturerscheinung mit den Skiern zu durchschneiden. Die Hütte liegt unter einer dicken Schneedecke begraben. Durch die exponierte, freie Lage mitten auf dem Schadonapaß, ist sie nicht selten heftigen Windböen ausgesetzt. Durch mannshohe Schneeverfrachtungen aus feinem Schneegriesel bahnen wir uns den Weg zum Win-

Das Licht in den Bergen kann auch eine architektonische Wirkung haben: die leuchtenden Türme und Pfeiler, die von Wolkenkonfigurationen gebildet werden, oder der Fächereffekt, der dann entsteht, wenn die Sonne von unten hinter einem gezackten Grat hervorscheint. Es kann visionär sein, wenn man über den Wolken klettert, das Licht von den tiefer liegenden Eisfeldern zurückgeworfen wird und es aussieht, als breiteten sich dort weiß glänzende Königreiche aus, so weit das Auge reicht. Es gibt das Midaslicht, das kräftige gelbe Licht, das der Länge nach über die Berge streicht und alles, was es berührt, in Gold verwandelt. Und es gibt das Licht, das am Ende eines Bergtages verlöscht und die Landschaft in einer einheitlichen Struktur verschwimmen lässt. Dieses Licht besitzt eine sanfte Klarheit und impliziert Stille, Integrität und Immanenz.

ROBERT MACFARLANE IN „BERGE IM KOPF"

terraum. Klirrende Kälte weht uns entgegen, doch bald knistert und bratzelt das Feuer im Ofen und füllt den kleinen Raum mit wohliger Wärme. Bevor wir müde und zufrieden ins Lager sinken, gehts nochmals hinaus in die kalte Vollmondnacht. Vor der Hüttentür eröffnet sich uns eine prächtige Aussicht hinunter ins Große Walsertal, ins dahinterliegende Walgau und in der Ferne, am Horizont, den Bergen des West-Rätikons. Im Großen Walsertal ist jedes Haus als winziger Lichtpunkt auszumachen, teilweise fließen die funkelnden Lichter ineinander und gleichen einem Rinnsal aus Licht. Ich glaube, dass mir von dieser Vollmond-Skitour gerade die kleinen, unscheinbaren Details so lebhaft im Gedächtnis geblieben sind, und dass es mich deswegen im Frühjahr, wenn unser Erdtrabant mit voller Leuchtkraft strahlt, immer wieder so seltsam in den Beinen kribbelt. Mir kommen dann wieder die ergreifenden Eindrücke dieser Winternacht in den Sinn, an die ich mich immer noch mit Macht und Nachhaltigkeit erinnere.

Es kann aber auch sein, dass ich bei dieser Tour, wie Reinhard Karl, einfach nur die vielen schönen Stunden, Minuten, und Sekunden in der einsamen und friedlichen Winterlandschaft bewusster wahrgenommen habe:

„Vielleicht ist es mit dem Kampf am Berg so wie mit dem Aufstieg. Weil es so anstrengend ist, nach oben zu kommen, bleibt es so stark im Bewusstsein. Mit dem Glück ist es so wie mit dem Abstieg. Leicht und schnell ist man wieder unten, vergessen. Es ist egal, welchen Berg man besteigt, oben wird man immer weiter sehen. Was man da oben sucht, ich weiß es nicht. Die Wahrheit ist so kompliziert, dass sie niemand versteht. Eigentlich ist der Berg nur ein nominelles Ziel.

Was zählt, sind die Stunden, Minuten, Sekunden, wie man sie verbringt."

▼ *Schifahrn, Schifahrn, Schifahrn is des Laiwandste was man sich nur vorstellen kann!*

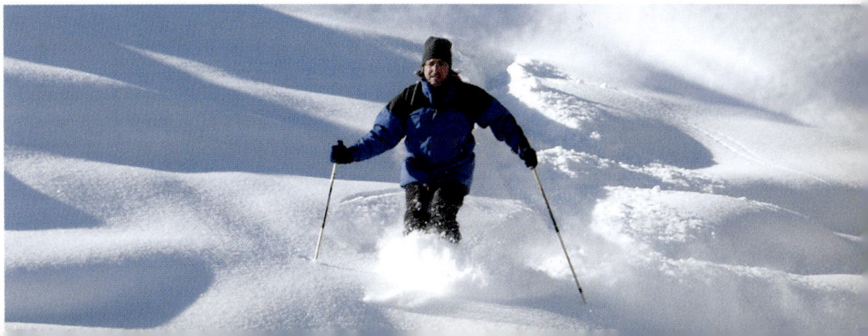

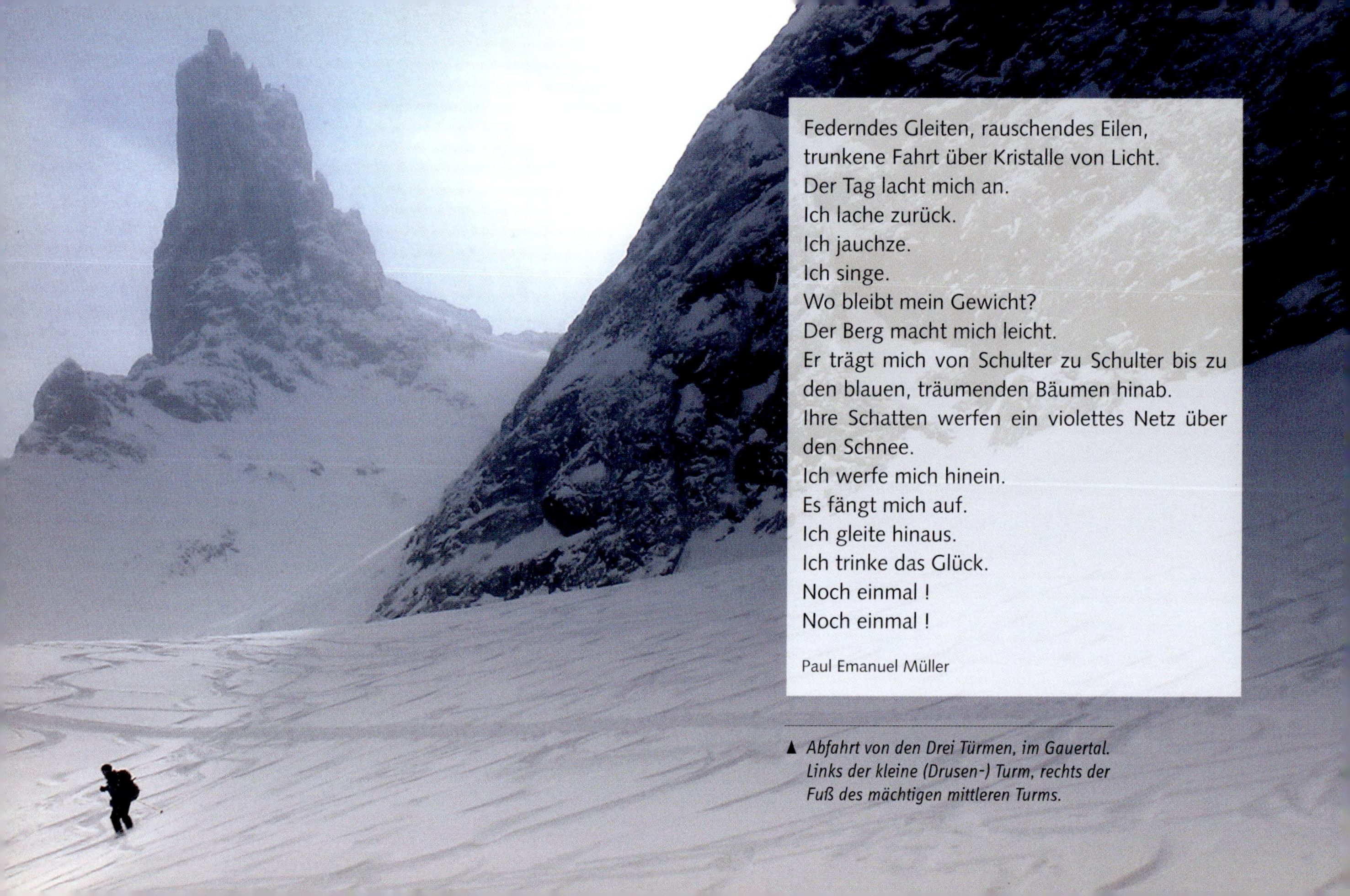

Federndes Gleiten, rauschendes Eilen,
trunkene Fahrt über Kristalle von Licht.
Der Tag lacht mich an.
Ich lache zurück.
Ich jauchze.
Ich singe.
Wo bleibt mein Gewicht?
Der Berg macht mich leicht.
Er trägt mich von Schulter zu Schulter bis zu den blauen, träumenden Bäumen hinab.
Ihre Schatten werfen ein violettes Netz über den Schnee.
Ich werfe mich hinein.
Es fängt mich auf.
Ich gleite hinaus.
Ich trinke das Glück.
Noch einmal !
Noch einmal !

Paul Emanuel Müller

▲ *Abfahrt von den Drei Türmen, im Gauertal. Links der kleine (Drusen-) Turm, rechts der Fuß des mächtigen mittleren Turms.*

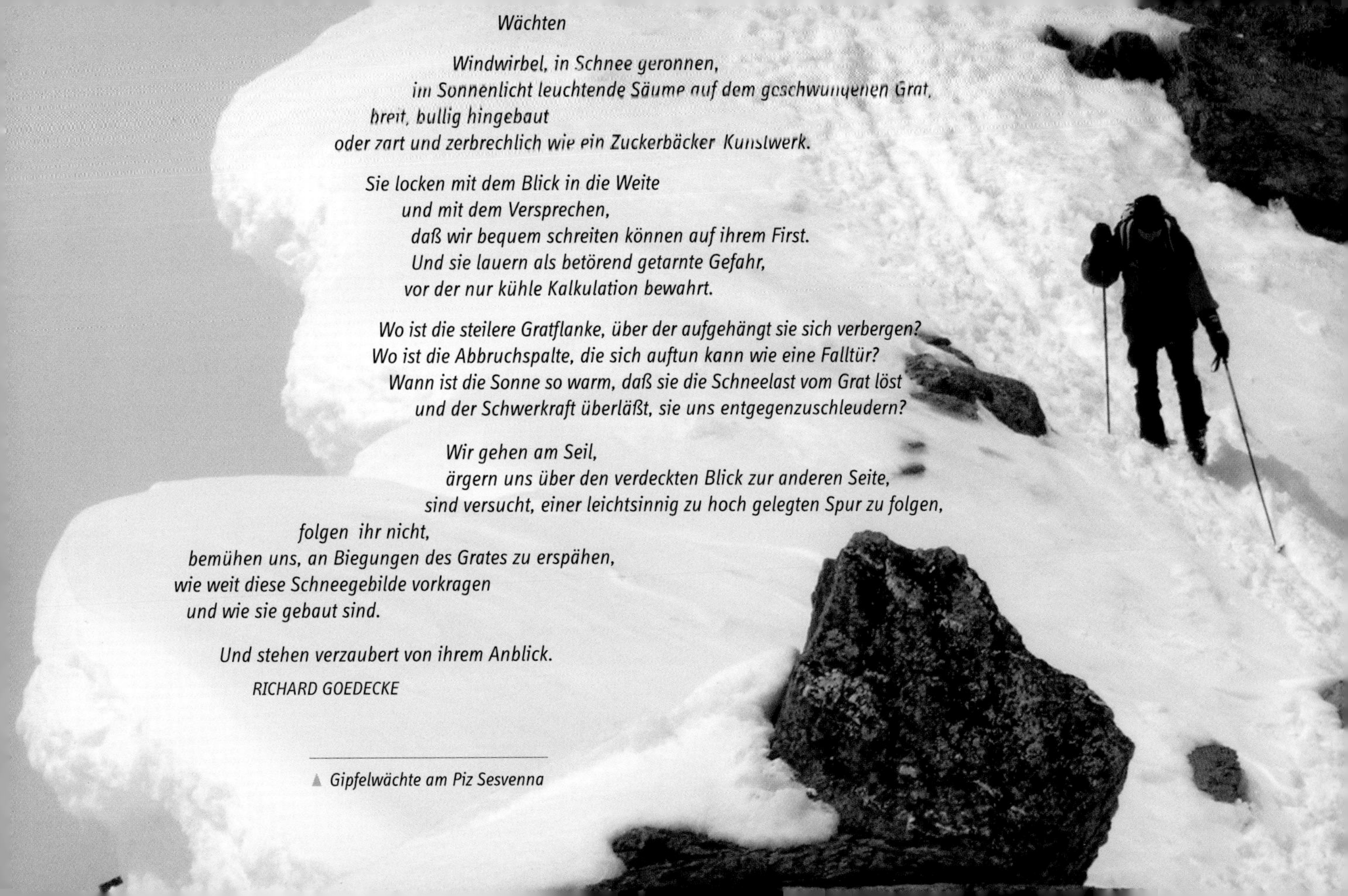

Wächten

Windwirbel, in Schnee geronnen,
im Sonnenlicht leuchtende Säume auf dem geschwungenen Grat,
breit, bullig hingebaut
oder zart und zerbrechlich wie ein Zuckerbäcker Kunstwerk.

Sie locken mit dem Blick in die Weite
und mit dem Versprechen,
daß wir bequem schreiten können auf ihrem First.
Und sie lauern als betörend getarnte Gefahr,
vor der nur kühle Kalkulation bewahrt.

Wo ist die steilere Gratflanke, über der aufgehängt sie sich verbergen?
Wo ist die Abbruchspalte, die sich auftun kann wie eine Falltür?
Wann ist die Sonne so warm, daß sie die Schneelast vom Grat löst
und der Schwerkraft überläßt, sie uns entgegenzuschleudern?

Wir gehen am Seil,
ärgern uns über den verdeckten Blick zur anderen Seite,
sind versucht, einer leichtsinnig zu hoch gelegten Spur zu folgen,
folgen ihr nicht,
bemühen uns, an Biegungen des Grates zu erspähen,
wie weit diese Schneegebilde vorkragen
und wie sie gebaut sind.

Und stehen verzaubert von ihrem Anblick.

RICHARD GOEDECKE

▲ *Gipfelwächte am Piz Sesvenna*

Ein Geheimtip: Skitour im Juni auf die Sulzfluh

Wie gut, dass man vorher nicht weiß, was einen erwartet!

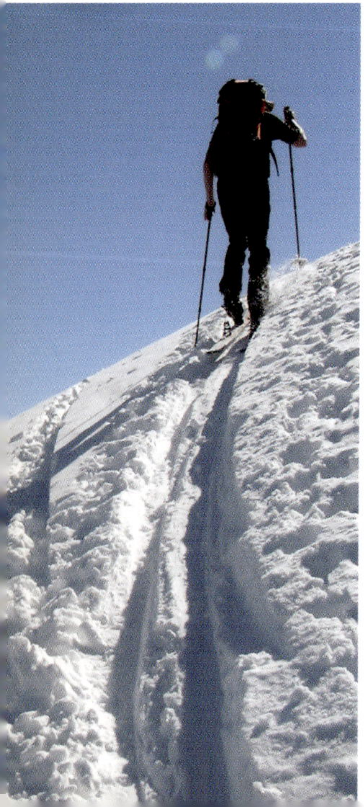

An einem strahlenden Samstagmorgen fahren wir zur „wirklich letzten" Skitour dieses Jahres Richtung Tschagguns im Montafon. Es ist Anfang Juni und im Tal wird gemäht. Die uns bevorstehende, unerhört lange Wartezeit hat Alfred, Florian und mich tatenhungrig werden lassen und so versuchen wir so spät im Skitourenjahr noch einmal unser Skiglück. Für Florian ist dies die erste Skitour und da habe ich mir ein besonderes „Schmankerl", einen sogenannten Geheimtipp einfallen lassen: Samstagmittag Zustieg zum Winterraum der Tilisunahütte. Anschließend gemütliches Herumflözen in der warmen Abendsonne. Danach ein ausgedehntes Abendessen, ich denke da an etwas Italienisches. (in fast allen Winterräumen steht zum Heizen und Kochen ein

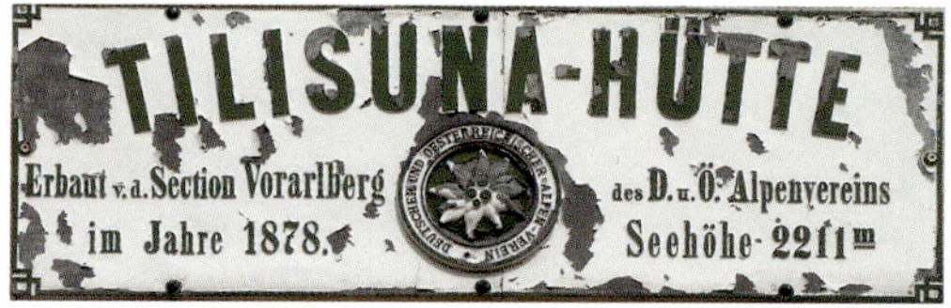

größerer Holzherd und so bringt mein Rucksack aufgrund diverser „Lebensmittel" wieder einmal ein paar Kilo mehr Gewicht auf die Waage) Am Sonntag dann bei Kaiserwetter eine Genussskitour auf die Sulzfluh, 2818 m, den Parade-Aussichtsberg des Rätikons.

Als Erleichterung, zwecks der hohen Rucksacktragelasten, habe ich den Grabser Sessellift eingeplant, spart er uns doch etliche hundert Höhenmeter. Soweit zur Planung.

Doch welch ein Schreck bei unserer Ankunft im maigrünen Tschagguns, der Lift steht, ist aus unerklärlichen Gründen geschlossen, und die Zufahrt mit dem eigenen PKW bis zur Bergstation ist seit neuestem unter Androhung von 10 000 ÖS Strafe strengstens verboten. Das fängt ja gut an. Nachdem ich das ganze Material samt Kollegen mit dem Auto hochgeschafft habe, muss ich dieses wieder unten abstellen und dann dieselbe Strecke erneut zu Fuß aufsteigen. Prost, Mahlzeit! An der Bergstation des Sesselliftes, unserem geplanten Ausgangspunkt, folgt dann die nächste Überraschung. Auch hier ist, wie im Tal, fast der ganze Hang aper, d.h. die Schneedecke setzt erst etliche hundert Höhenmeter weiter oben ein. Also den gewichtigen Rucksack schultern, Ski und Tourenstiefel seitlich angehängt, und sich nochmal schweißtreibend über die steile Alpweide nach oben quälen.

Die Krönung unserer bisherigen Unternehmung stellt aber eine ca. halbstündige Abkürzungsvariante (mein Vorschlag) durch einen noch steileren Latschenwald dar. (Vor Jahren bin ich hier doch immer hochgestiegen, oder war das etwas weiter drüben?) Völlig durchgeschwitzt, mit Fichtennadeln in den zerzausten Haaren und übelste Verwünschungen ausstoßend (gegen mich natürlich) erreichen wir endlich den schmalen Forstweg, der nun schneebedeckt zur Alpe Alpila hochzieht. Ein Trost ist uns das Wetterglück, denn zunehmend verbessert sich wieder die Laune und bald stehen wir oberhalb des Tobelsees und begeistern uns am Blick zu den nahen „Drei Türmen". Der malerisch in einer kleinen Senke liegende Tümpel zeigt im Sommer, von entsprechendem Betrachtungspunkt aus, das pittoreske Spiegelbild der Drusentürme. Heute leuchtet uns eine grüntürkis farbene

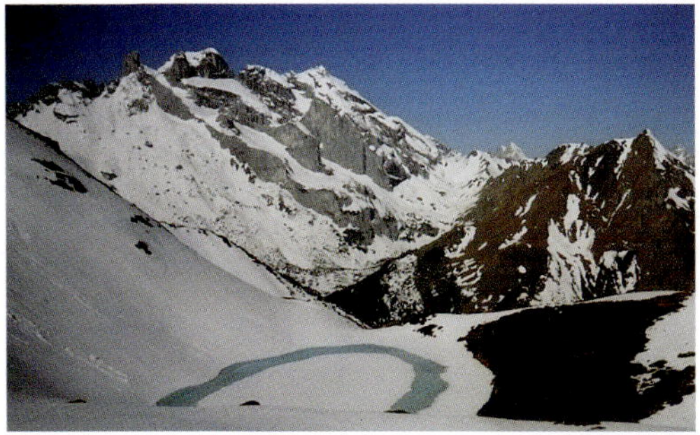

▲ *Tobelsee und Drei Türme*

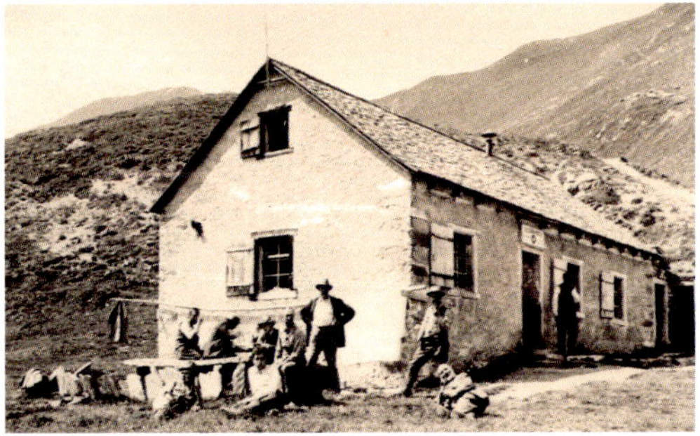

Die Tilisunahütte im Jahre 1878 ▶

Kreisscheibe, vergleichbar einer Rieseniris, aus dem Schnee entgegen. Die Drusentürme und der mächtige Drusenfluhgebirgsstock bilden den Talschluss des Gauertales und dieser Talkessel wird zu den schönsten der nordlichen Kalkalpen gezählt.

Mit ein paar Spitzkehren ist der Schwarzhornsattel erreicht und nach einer kurzen ostseitigen Steilflanke abwärts (leider müssen wir hier die Steigfelle ab- und wieder aufziehen) zieht sich die Skispur leicht ansteigend zur Tilisunahütte hoch. 1879 wurde das Schutzhaus als eine der ersten Alpenvereinshütten in der rauhen Hochgebirgslandschaft auf 2208 m erbaut. Der geräumige Winterraum ist frisch renoviert, und wir sind die einzigen Gäste. So stört sich auch niemand an den schweren Knoblauchschwaden, die bald die wohlig warme Notunterkunft und das Schlaflager ausfüllen.

Heute gibt`s „Spaghetti con aglio e olio“ und für jeden ein Gläschen Merlot. Die frischen Gartenkräuter und der viertel Liter „Olio Oliva extra virgine“ haben den Transport heil überstanden und im Nu prasselt das Feuer im Herd. Schnell sind die Nudeln „al dente“ gekocht und während Alfred und Florian die Lauchzwiebeln, Kräuter und den Knoblauch kleinschneiden, erhitze ich in einer großen gusseisernen Pfanne das wohlduftende Olivenöl. Knoblauch, Peperoncino und Kräuter werden nun kurz darin angebräunt, die Spaghetti untergehoben und schon steht das dampfende „Bergsteiger-Essen“ auf dem Tisch.

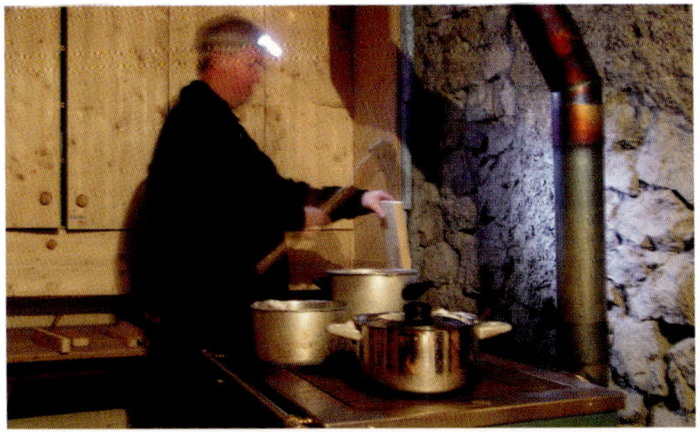

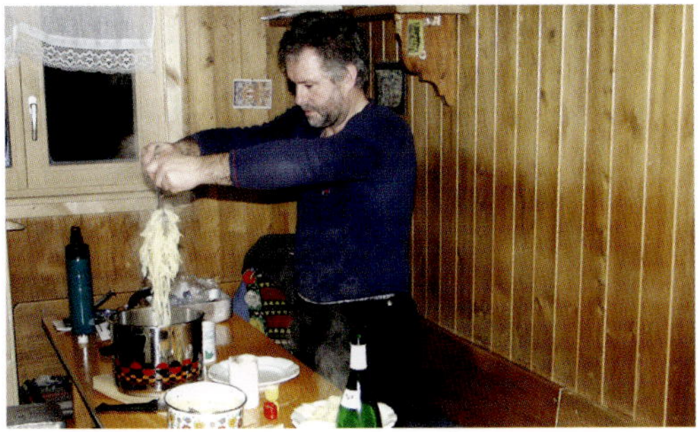

▲ *Spaghetti con aglio e olio*

Aber Halt - mit einem Griff zaubere ich noch die schwarzen Filmdöschen mit dem unerlässlichen Parmesankäse und Pfeffer aus dem Rucksack.

Während des Essens kommt natürlich nochmals der erschwerte Zustieg, sowie die Abkürzung durchs steile Unterholz zur Sprache. Ich kann aber das Gespräch zügig auf die morgige Genusstour überleiten, sodass der „Fehlstart" nicht tiefgründiger erörtert wird.

Ein Schluck „Bodensee-Kirschwasser" aus dem Flachmann sorgt für einen aufgeräumten Magen, und nachdem der Gutnachtschoppen getrunken ist, treibt uns bleierne Müdigkeit in den Schlafsack.

Wecken ist um fünf Uhr. Ein kurzes, kräftiges Frühstück lässt unseren gestern etwas abhandengekommenen Auftrieb wieder wie gewohnt zum Vorschein kommen und auf dem ersten Steilaufschwung, kurz nach der Hütte, erleben wir den Sonnenaufgang in einer wahrhaft märchenhaften Dimension. Das nun immer mehr dominierendere warme Rotorange verdrängt nun nach und nach das kalte Nachtblau - ein Farbenspektakel in allen erdenklichen Nuancen. Die zahllosen, sich langsam aus dem Morgendunst herauslösenden Bergketten und Einzelgipfel werden immer mehr vom aufgehenden Glutball beschienen und gewinnen dadurch an Plastizität und Räumlichkeit. Während die Schneeflächen von Weißplatte und Scheienfluh schon das Morgenrot reflektieren, stehen die glatten, senkrechten Scheienwände noch im trüben Morgendunst.

Endlich reicht das Licht für das erste Foto. Wie schon bei vielen Berg- und Skitouren ist diese eindrucksvolle Stunde zwischen Nacht und Tag ein Geschenk, der nicht hoch genug einzuschätzende Lohn für die Plagen und Mühen des Aufstiegs. Der zeitige Aufbruch erweist sich als vorteilhaft, denn inzwischen haben wir uns schon einiger Kleidungsstücke entledigt. Für die Uhrzeit ist es in 2800 Meter Höhe einfach zu warm.

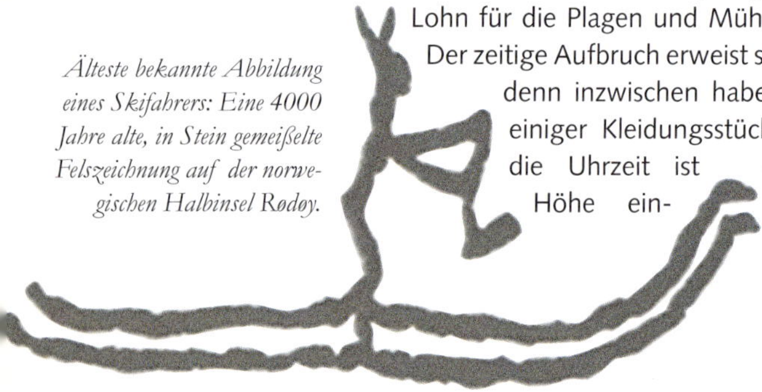

Älteste bekannte Abbildung eines Skifahrers: Eine 4000 Jahre alte, in Stein gemeißelte Felszeichnung auf der norwegischen Halbinsel Rødøy.

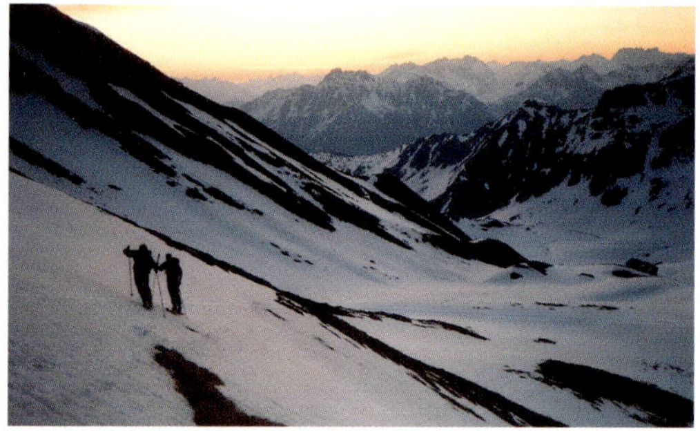

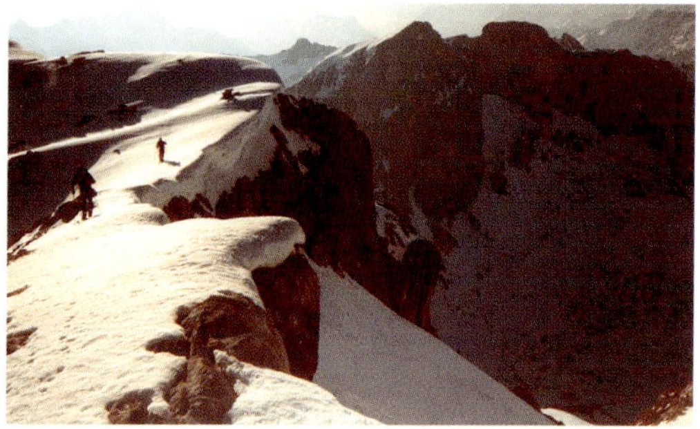

▲ *Im Anstieg oberhalb der Tilisunahütte*
Auf den Karrenfeldern der Sulzfluh

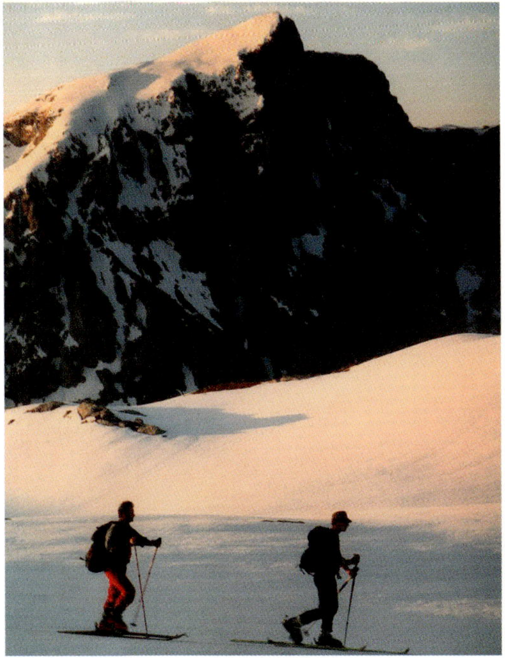

▲ *Querung vor den mächtigen Scheienwänden*

Über die weiten, zerfressenen Karrenfelder steigen wir zunächst zu einer Hochfläche und dann an deren Oberkante, in wenigen Kehren, zum Gratrücken auf. Dieser führt dann etwas steiler zum Gipfelmassiv mit dem großen Gipfelkreuz. Nach einer ausgiebigen Rast (natürlich nicht ohne den obligatorischen halben Dürnauer Schwarzwurstring) widmen wir uns dem gewaltigen, silbrig schimmernden Gipfelpanorama.

Die Sulzfluh ist als höchster Berg des östlichen Rätikons ein bevorzugter Aussichtsberg mit einzigartiger 360° Rundsicht. In nächster Nähe bestimmt der wuchtige Drusenfluhgebirgsstock mit den Drei Türmen und dahinter der Schesaplana das Westpanorama. Rechts daneben folgen die Hügel des Bregenzerwaldes, bis zur markanten „Roten Wand". Östlich daran grenzt das Verwall, mit dem doppelgipfligen Patteriol und daneben den Fluchthörnern.

skîd

Ski, „Schneeschuh(als Sportgerät)" (...) wurde im 19. Jh. aus dem norwegischem ski (eigentlich „Scheit") entlehnt, das seinerseits altnordisch, skîd „Scheit, Schneeschuh" fortsetzt

„Scheit, Schneeschuh" Das altgermanische Wort für „gespaltenes Holzstück" altisländisch , „skîd ist ablautend mit dem unter „scheiden" behandelten Verb verwandt. (...) Neben dem Plural „Scheite" gilt ugs. (besonders österr. und schweiz.) die Form „Scheiter. Sie liegt auch dem Verb „scheitern", „erfolglos aufgeben müssen; misslingen", älter „zerschellen" (eigentlich „in Stücke gehen"; 17. Jh. für frühneuhochdeutsch, „zerscheitern") zugrunde.

DUDEN: ETYMOLOGIE DER DEUTSCHEN SPRACHE

Bergmorgen

Es flieht die Nacht
mit ihren grauen Schleiern,
der letzte Stern
verblasst im weiten Zelt;
in fernen Wolken
brennen grosse Feuer,
sie künden an
den neuen Tag der Welt.

Schon wandeln sich
in Gold die Feuergluten,
der erste Strahl
verklärt den höchsten Firn;
und Grat um Grat
versinkt in lichten Fluten,
ihr Glanz fließt bald
auch über meine Stirn!

EDWIN NUTT

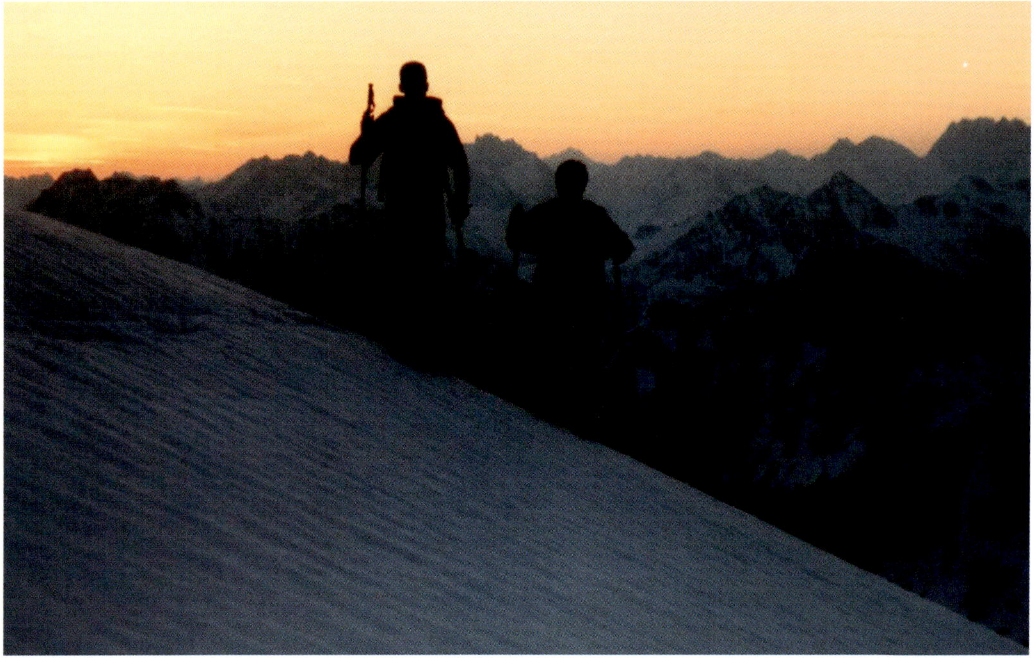

▲ *Zwischen Tag und Nacht*

Daneben erhebt sich die zentrale Silvretta mit Dreiländerspitze, Silvrettahorn, Schneeglocke und Großem Seehorn. Dahinter die formschöne, ebenmäßige Pyramide des Piz Linard. Noch weiter rechts, am südöstlichen Horizont, sind die Bernina- und Ortlergruppe auszumachen. Piz Palü und Biancograt leuchten uns entgegen. Im südwestlichen Halbrund erkennen wir in der Ferne die Walliser und Berner Bergwelt und im Westen schließen Glarner Alpen, Appenzeller Berge und die Churfirsten an. Der Kreis unseres Rundblickes schließt sich an den senkrechten Südwestwänden der Drusenfluh.

Nach unserer glückseligen Gipfelstunde folgt das „Sahnehäubchen" unserer Skitour, die fast 1400 Meter - Abfahrt nach Grabs. Die Sonne hat die nachtfrostharte Schneedecke zentimetertief aufgefirnt und das verspricht höchsten Skigenuss. In rasanter Fahrt stieben wir über die weiten Karrenfelder und gleiten und schwingen durch die von der Morgensonne ausgegossenen Mulden.

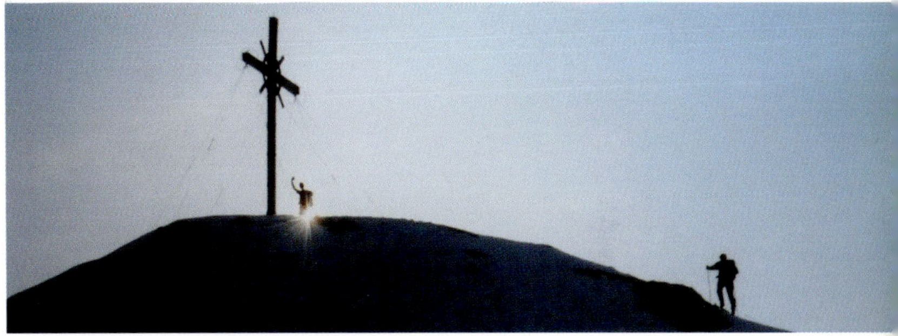

▲ ... *geschafft!*

Der Fahrtwind zerrt an unseren Haaren, und es ist eine wahre Pracht, wie der feinkörnige Firn lichterflirrend unter den Stahlkanten hervorsprüht. In großen Bögen jagen wir der Tilisunahütte entgegen und brauchen dort erst einmal ein paar Minuten Rast. Weiter geht's dann in etwas sulzigerem Schnee und leider steht am Schwarzhornsattel noch etwas Gegenanstieg an. Die Abfahrt danach, macht aber umso mehr Spaß. Anfangs wieder etwas steiler, dann in weiten und runden Schwün-

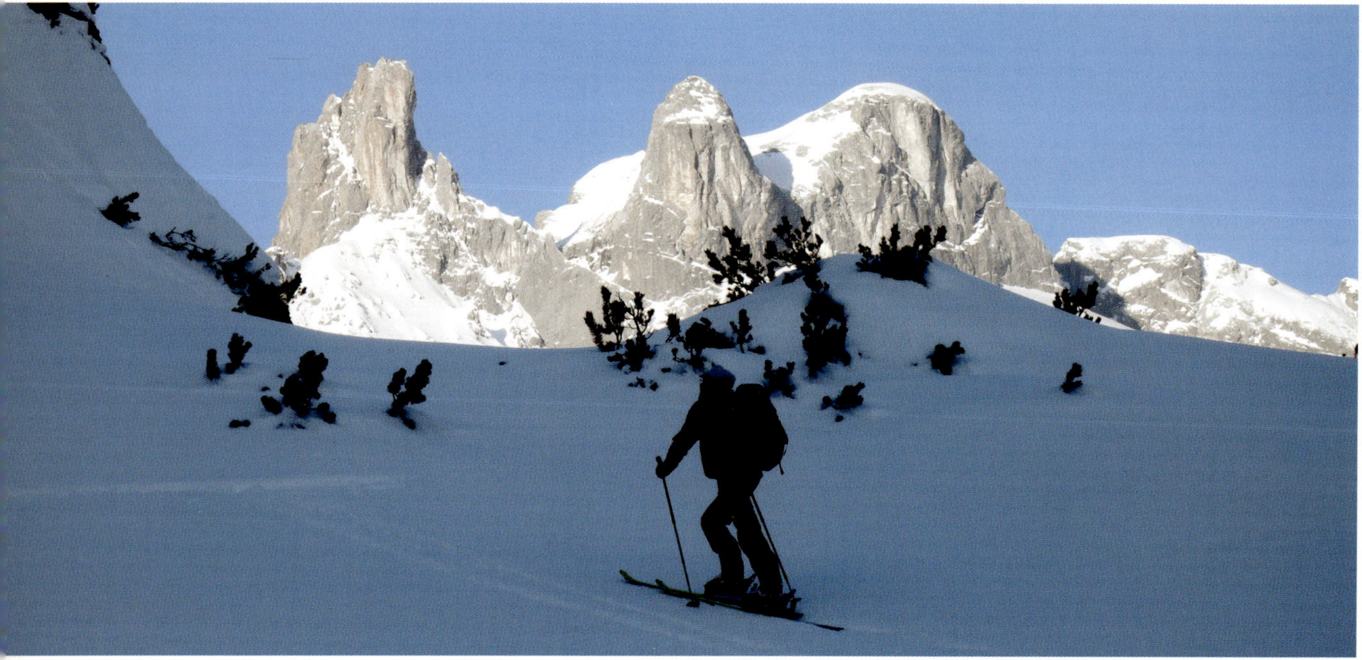

▲ *Kurz vor dem „Rachen“ leuchten die „Drei Türme“ von der Morgensonne beschienen zu uns herüber. Im Gegensatz zur beschriebenen, eher gemütlichen Genusstour von der Tilisunahütte aus, ist der nordseitige Zugang zur Sulzfluh mit 1200 Höhenmetern und fast 5 Stunden Gehzeit eine anspruchsvolle Unternehmung.*

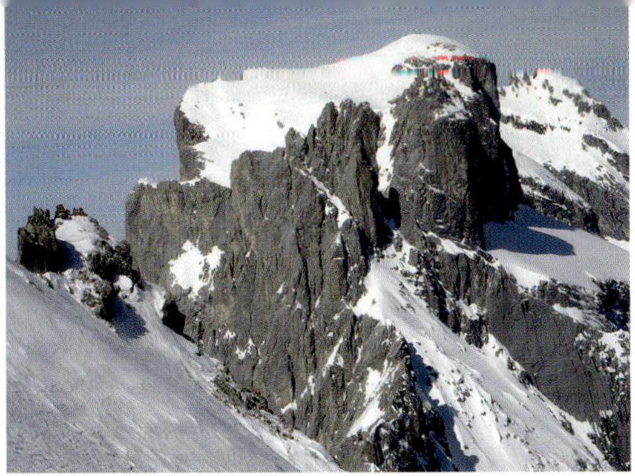

◄ *Drei Türme, von Osten, im Querprofil.*

▼ *„Im Rachen", Zustieg zur Sulzfluh von Norden, vom Gauertal über den „Rachen". Die Abfahrt in dieser supersteilen Rinne gehört mit der Sporatobel-Abfahrt an den Drei Drusentürmen zum Spektakulärsten was das Rätikon und Vorarlberg zu bieten haben.*

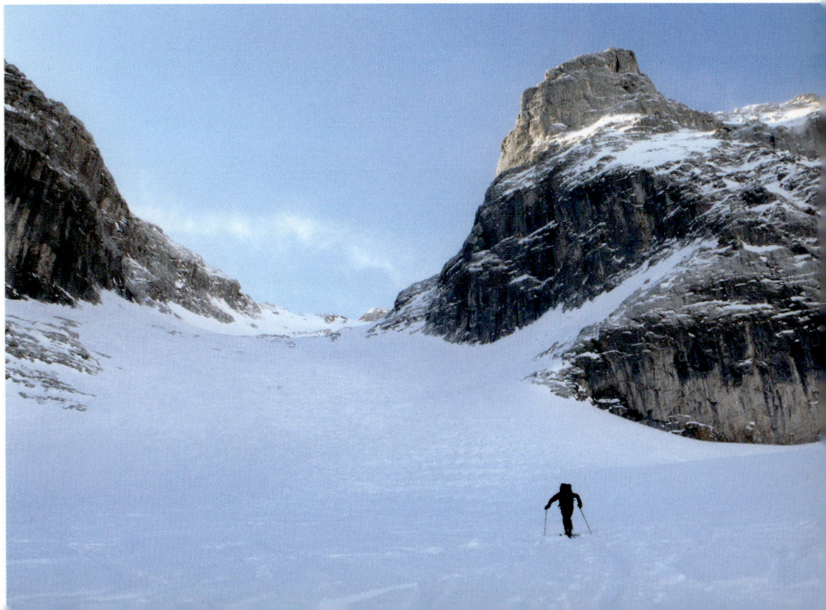

gen führt uns die rasante Fahrt an Tobelsee und Alpe Alpila vorbei, bis wir schließlich durch die ersten Waldlichtungen zu den Alpweiden von Grabs gelangen. Hier endet unsere abwechslungsreiche und wilde Fahrt vor einem Blütenmeer von Krokussen und Soldanellen.

Tief aufatmend und zufrieden setzen wir uns hier, zu einer genüsslichen Sonnenrast, auf unsere Rucksäcke und sinnieren noch ein viertel Stündchen über „Ulis Geheimtip".

Der Gefährte

Das Wort ist nah beim Wort Gefahr
und nah auch beim Wort Gefährt.
Der Gefährte ist mehr als ein Begleiter.
Er ist wie ein Gefährt, mit dem man fährt,
mit dem zusammen man verbunden ist,
unlöslich, für eine Weile, und notwendig für
das Fortkommen.
Der Gefährte teilt die Gefahr. Ist aber
auch selbst die Gefahr,
und ich bin seine Gefahr.
Mit dem Gefährten wird die Fahrt stets anders
sein als allein. Am anderen redet sich das Erlebte,
teilt sich und vermehrt sich.
Sammelt sich und kann sich verlieren.
Wer nicht allein zu Berg gestiegen ist, weiß nicht,
was der Gefährte bedeutet.

HELMUTH ZEBHAUSER

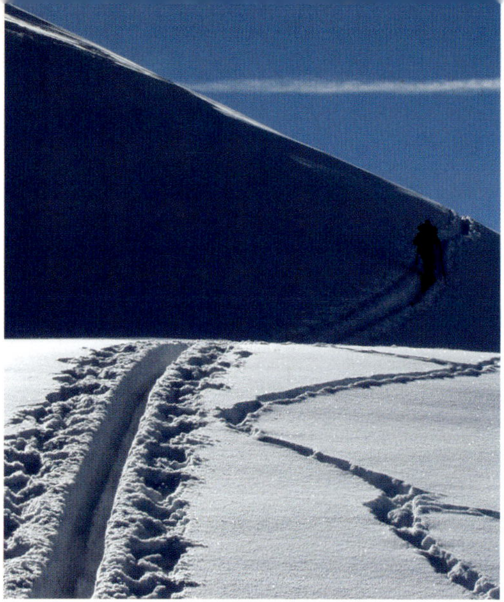

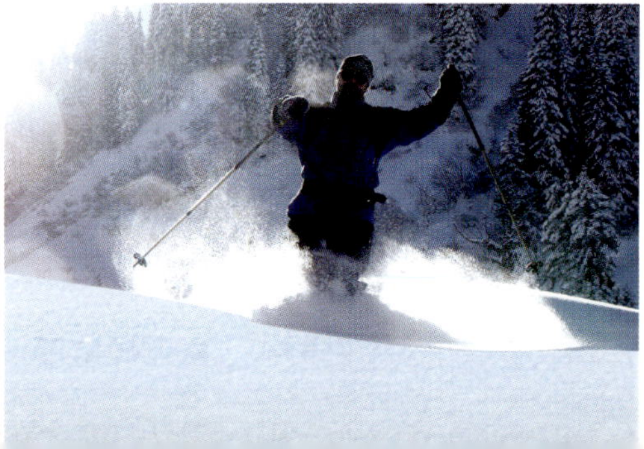

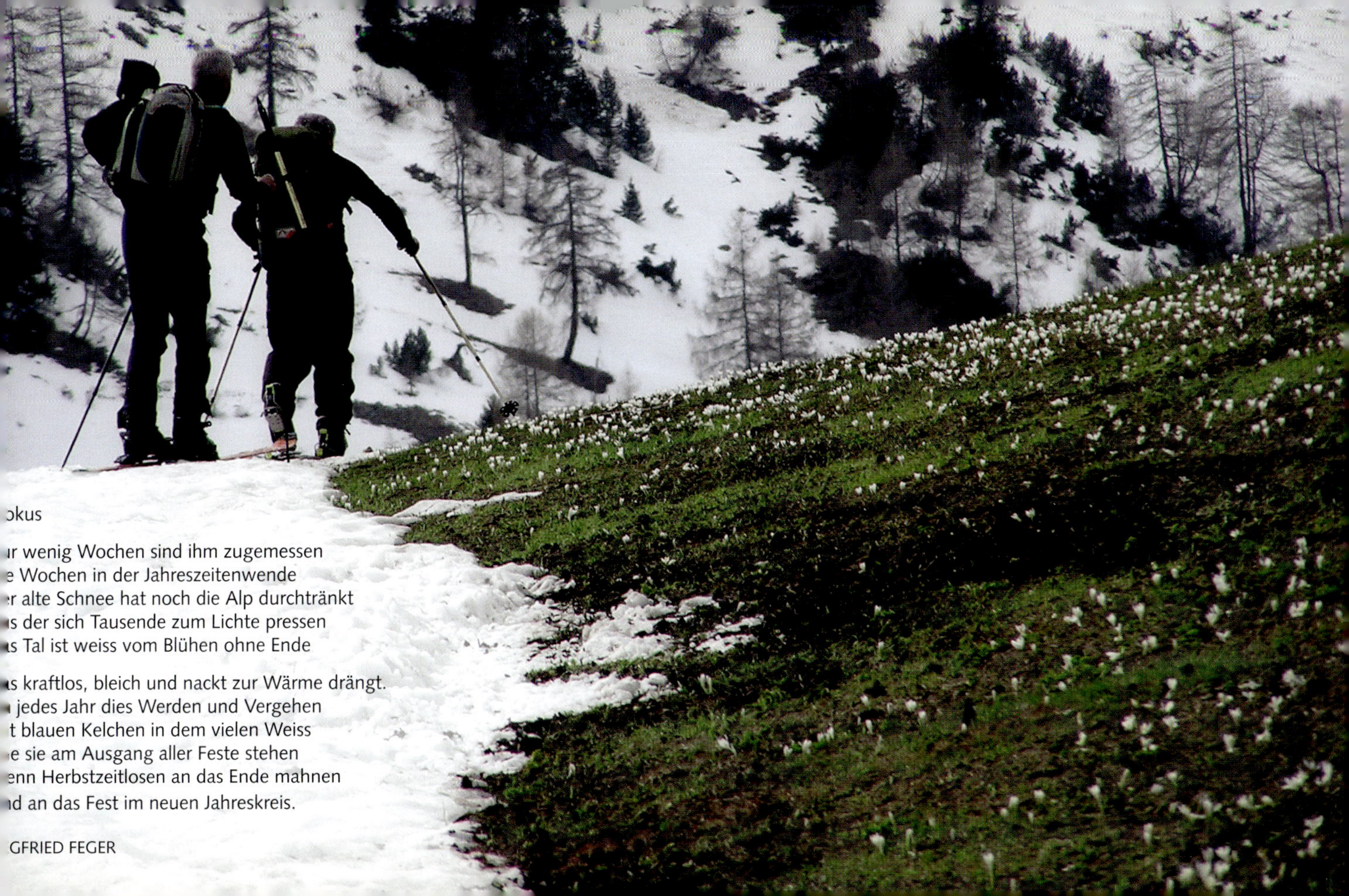

ɔkus

ır wenig Wochen sind ihm zugemessen
e Wochen in der Jahreszeitenwende
ɾr alte Schnee hat noch die Alp durchtränkt
ıs der sich Tausende zum Lichte pressen
ıs Tal ist weiss vom Blühen ohne Ende

ıs kraftlos, bleich und nackt zur Wärme drängt.
ı jedes Jahr dies Werden und Vergehen
t blauen Kelchen in dem vielen Weiss
e sie am Ausgang aller Feste stehen
enn Herbstzeitlosen an das Ende mahnen
ıd an das Fest im neuen Jahreskreis.

GFRIED FEGER

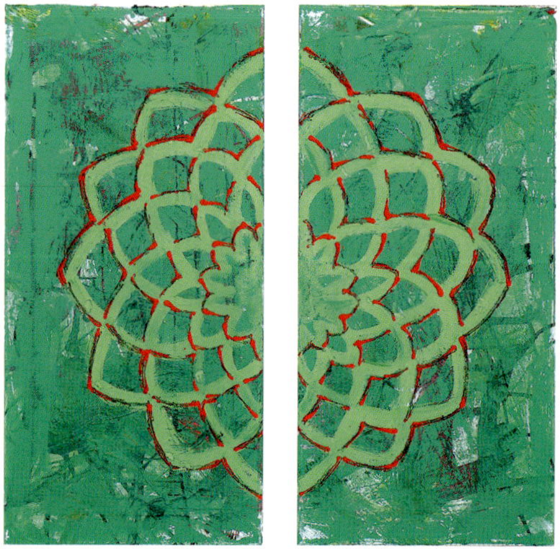

◄ *Goldener Schnitt, zweiteilig*
Acryl auf Leinwand, 60 x 60 cm
Christine Thoma

Im Frühtau zu Berge…
Dort wo der Wildbach rauscht

Stein

Wasser

Sectio aurea und Rauher Enzian

Stein

stâi

Stein beruht (...) auf einer Bildung zu der indogermanischen Wurzel stâi = (sich) verdichten, gerinnen

DUDEN: Etymologie der deutschen Sprache

Ganz gleich wohin mich meine Bergtouren bisher geführt haben, zum eisgekühlten Galdhøppigen hoch oben in Norwegen, zu den sonnigen Gestaden des Kilimanjaros am Äquator, in den Westalpen aufs Matter-, Zinalrot- und Obergabelhorn oder zum einsamen Triklav im äußersten Osten des Alpenhauptkammes: immer und überall war ich Tage und Wochen mit Stein und Fels konfrontiert.

Es war ein Kennenlernen, Erkennen und Begreifen des Gesteines und des Berges. Beim Klettern führt ja bekanntlicherweise daran kein Weg vorbei, wie die zerschundenen Finger nach zehn Seillängen rauhem Dolomitenfels eindrücklich zeigen.

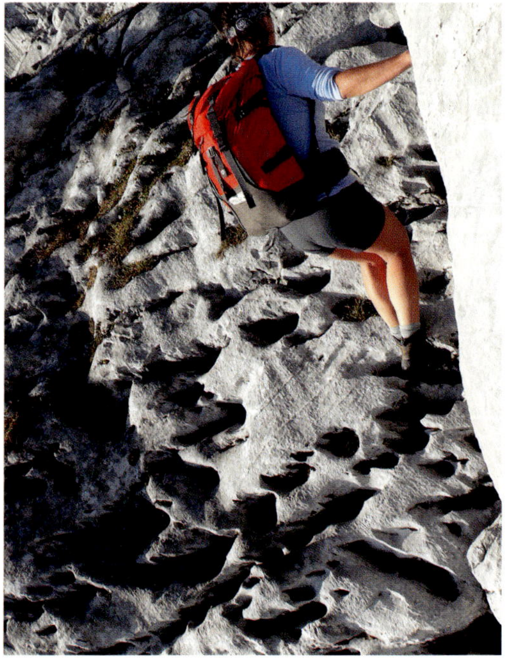

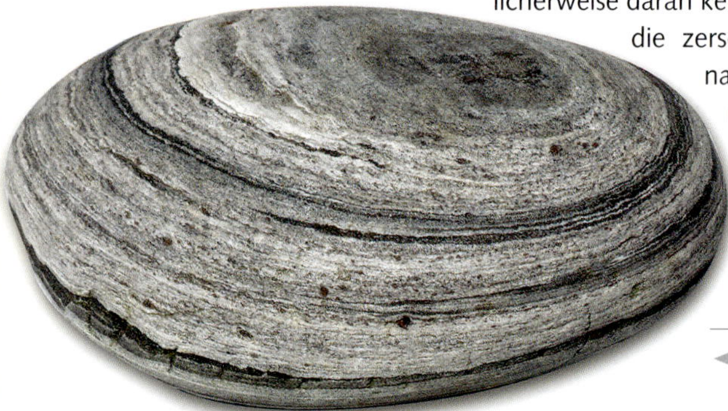

Nicht Hammerhiebe, sondern der Tanz des Wassers rundet den Kiesel zur Schönheit.

Rabindranath Tagore, ind. Dichter und Philosoph; 1861 - 1941

◄ Rundgeschliffener Eklogit-Findling von Norwegens Küste

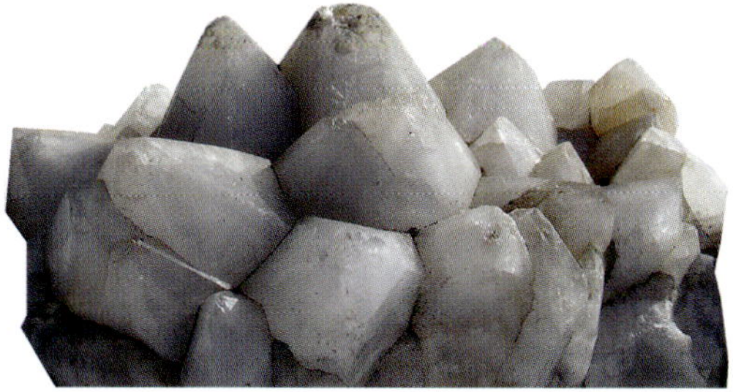

angenehm werden kann. Spätestens wenn faustgroße Steine und Eisknollen über die lockeren und häufig vereisten Gneisblöcke sausen, hört der Spaß auf.

Auch aus Steinen, die einem in den Weg gelegt werden, kann man Schönes bauen.

JOH. W. VON GOETHE

Es gibt natürlich auch angenehmere Touren, die ich in Erinnerung behalten habe. So ist mir zum Beispiel eine sehr anstrengende Achtstundenkletterei im Bergseeschijen-Massiv im

Dieses Greifen, Angreifen mit den Händen ist, außer der reinen sportlichen Betätigung, eine sehr sinnliche Angelegenheit. Fels ist nicht gleich Fels und ein Berg nicht nur ein großer Haufen Steine, nichts ist im Verstand, was nicht zuvor durch meine Sinne gegangen ist.

Meine Hände und mein Gedächtnis haben die unterschiedlichsten Tast- und Schmerzerlebnisse gespeichert.

Eine Narbe an der Wade erinnert mich immer wieder daran, dass der relativ leichte Gratanstieg, über den Hörnligrat zum Matterhorn, schnell un-

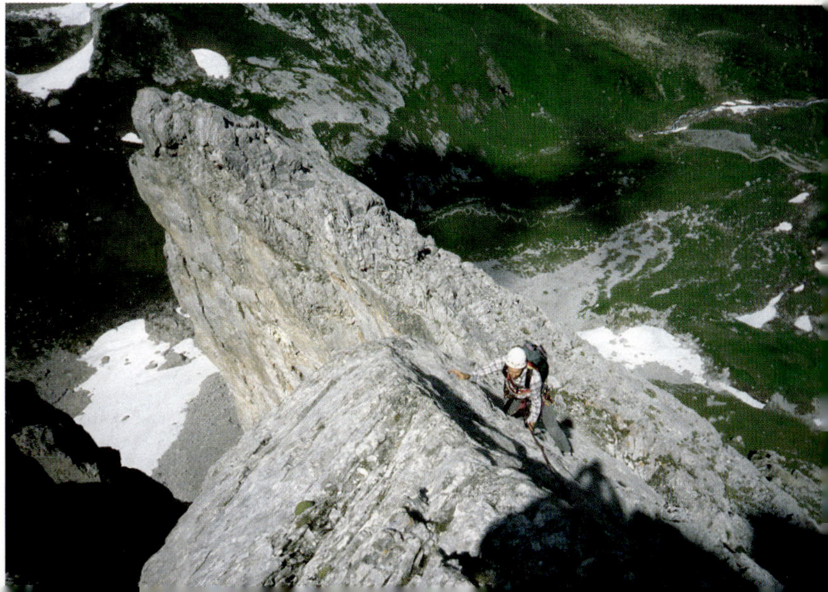

◄ *Im Zustieg zur Scheienfluh müssen mehrere Karrenfelder überquert werden*

▲ *Quarzstufe aus Korsika, bei Piana treten einzelne Quarzadern an die Oberfläche*

► *Kletterer an der Roggalkante im Lechquellengebirge*

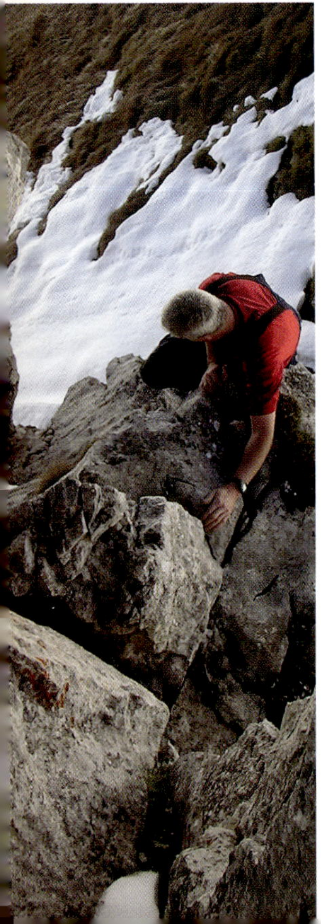

Urner Oberland im Gedächtnis. Die „besondere Glätte" des schwarzen, kleingriffigen Granites verlangt hier fast ausschließlich Reibungsklettern, das auch nach dem zehnten überturnten Gratturm noch Spaß macht. Stein, der der natürlichen Witterung ausgesetzt ist, hat immer eine gewisse „Rauhigkeit", was hier aber gänzlich fehlt, sind die sogenannten „Briefkasten- oder „Maßkruggriffe".

Ganz anderst fühlt sich der helle, feste Schrattenkalk an den Kreuzbergen, im Alpstein an. Die acht senkrecht aufgestellten Kalktafeln bieten, 1500

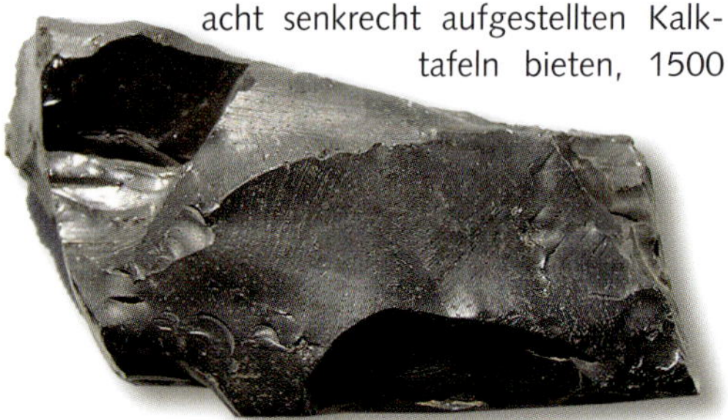

Obsidian vom Kilimanjaro. Vulkanisches Glas, entstammt einem siliziumreichen, rhyolithischen Magma das in einem zähflüssigen, kühlen und gaslosen Zustand aus dem Schlot gepresst worden ist. Die letzte Kilimanjaro-Eruption erfolgte vor ca. 360.000 Jahren. Die Lavamassen waren damals bis zu 50 m dick.

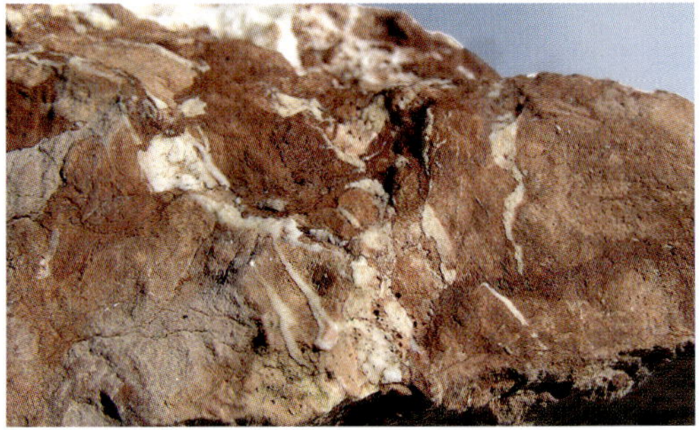

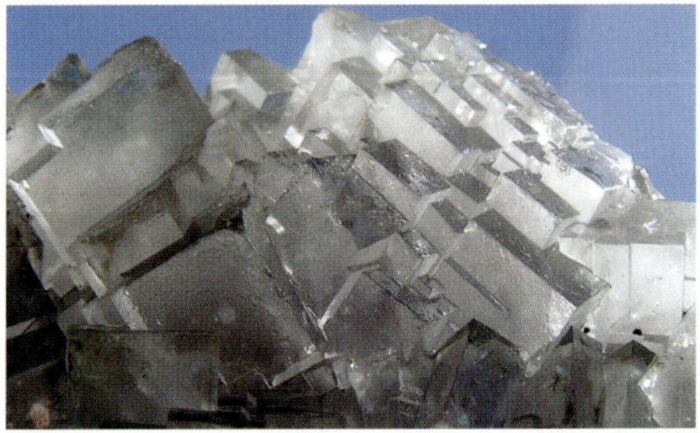

▲ *Liaskalkgestein von der „Roten Wand" im Lechquellengebirge*
▲ *Flussspat (Fluorit) aus dem Schwarzwald (Wolfach)*
◄ *Klettern am Giglturm bei der Biberacher Hütte*

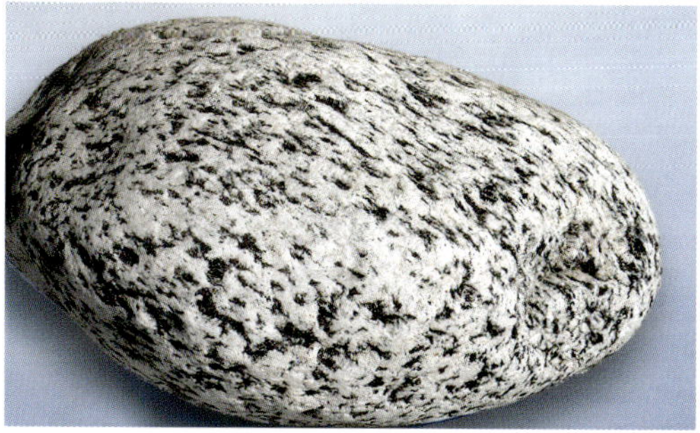

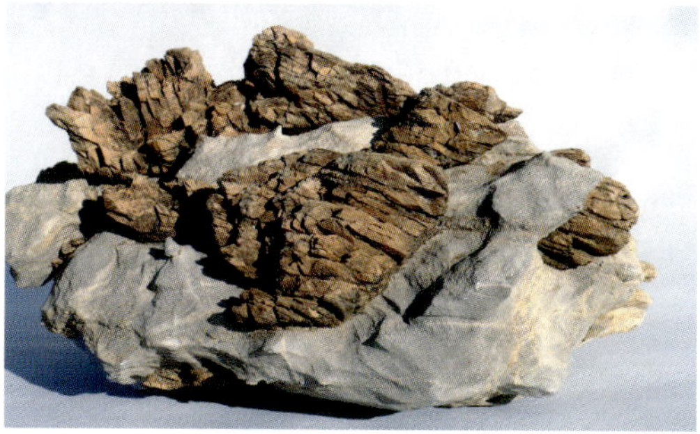

Meter über dem Rheintal, steile und luftige Kantenklettereien en Masse. Die Südrippe am V. Kreuzberg (5-) fordert immer wieder beherztes Anpacken. Teilweise hat die filigrane Kalkwand, auf dessen First die kurze, exponierte Kletterroute verläuft, gerade mal Hüftbreite!

Steil und wild aufragend steht die schwarze Riesenpyramide Patteriol im oberen Rosannatal im Verwall. Über die dunkle, plattige Südwand erreichen wir über Bänder, Kare und Schutthalden den Gipfel. Die Kletterei, über das grobe Blockwerk aus Hornblendegestein und Gneisen, erfordert absolute Trittsicherheit, Ausdauer und Kondition. Ein guter Bergschuh zahlt sich hier aus, wird geradezu überlebenswichtig, denn ein verletzer Fuß bei einer zehn Stundentour in dieser einsamen Wildnis wäre fatal. Überhaupt merke

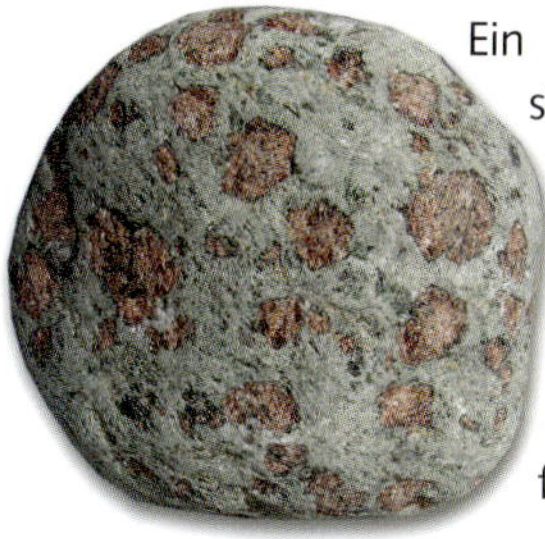

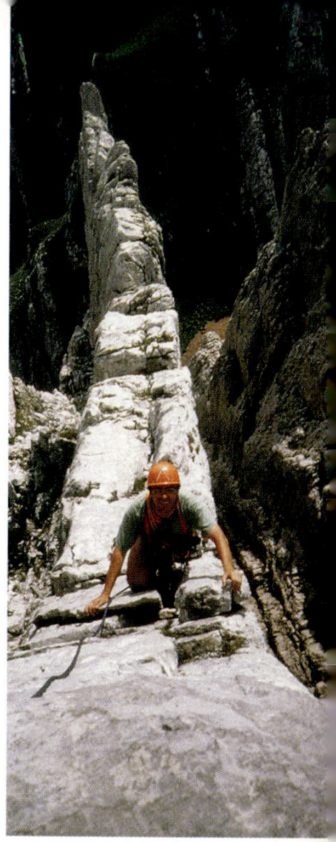

▲ *weiß getigerter Flusskiesel aus der Maggia (Tessin)*

▲ *Schrattenkalkkonglomerat von der Sulzfluh im Rätikon*

► *Eklogit vom Jostedalsbreen aus Norwegen*

▲ *Eklogit, ist ein Hochdruckgestein, das makroskopisch aus den zwei Mineralen Granat und Omphacit besteht. Es ist auffällig schwer, verwitterungsbeständig und kommt nur selten und in kleinen Massen vor. Mit einer Dichte von über 3,3 Kg pro Liter ist es das schwerste Gestein der Welt.*

▲ *An der Südrippe des V. Kreuzberges im Alpstein*

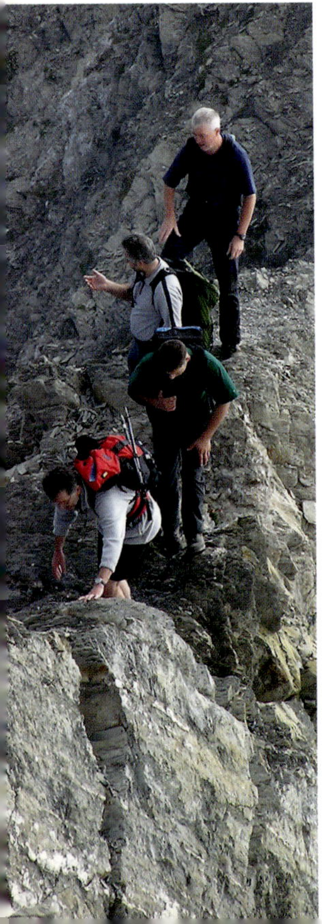

ich auf den blockigen Grathöckern und brüchigen Blockbändern jetzt erst, wie auch meine Sohlen und Fußgelenke die unterschiedlichsten Felsstrukturen und Formationen wahrnehmen und wie sensibel und tastend mancher Tritt gesetzt werden muss.

Der Kilimanjaro ist auch ein schwarzer Riesenberg, ja sogar der größte freistehende Berg der Erde. Hier ist das Klettern auf fast 6000 m Höhe etwas anstrengender. Aber es macht Spaß. Die schwarze, poröse Porphyrlava am Lavatower, (4655 m) ist mit zahllosen, linsenförmigen Kristallnadeln durchzogen und an meinen rauhen Fingerkuppen spüre ich recht schnell, dass hier etwas vorsichtigeres Anfassen angesagt ist. Wie verschieden greift sich der Fels. Hier glashart, splittrig, rauh, bei uns in den heimischen Kalkalpen oft weich und abgespeckt wie an der Roggalkante im Lechquellengebirge. Das elegante und ausgesetzte Kalkriff war für mich der Einstieg zum Klettern, herrlich ausgesetzt, aber leider durch unzählige

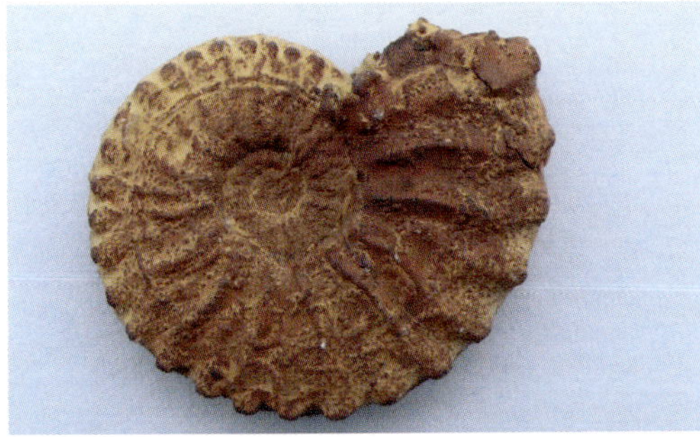

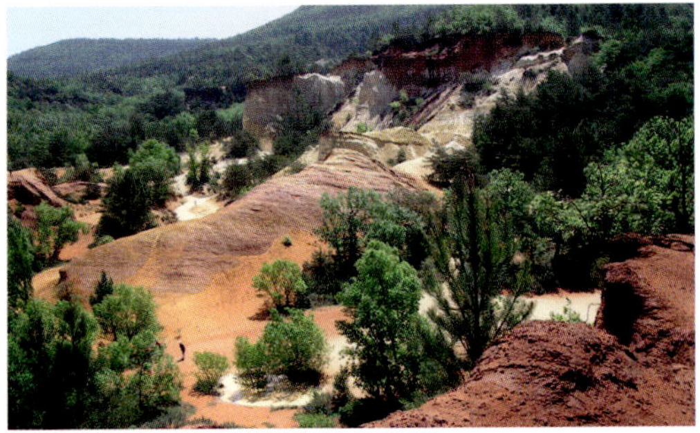

▲► *Fossilien aus der Provence, zu Stein gewordene Abbilder des Urzeitlebens: Unübersehbar hat die Entwicklung des Lebens auf der Erde ihre Spuren hinterlassen. Die Fossilien aus den Muren oberhalb von Carniol sind Millionen Jahre alte Zeugen der Erdvergangenheit*

▲ *In den Ockerbrüchen „Colorado provencal" bei Rustrel und Roussillon in der Provence*

◄ *Am Gipfelgrat der „Roten Wand" im Lechquellengebirge*

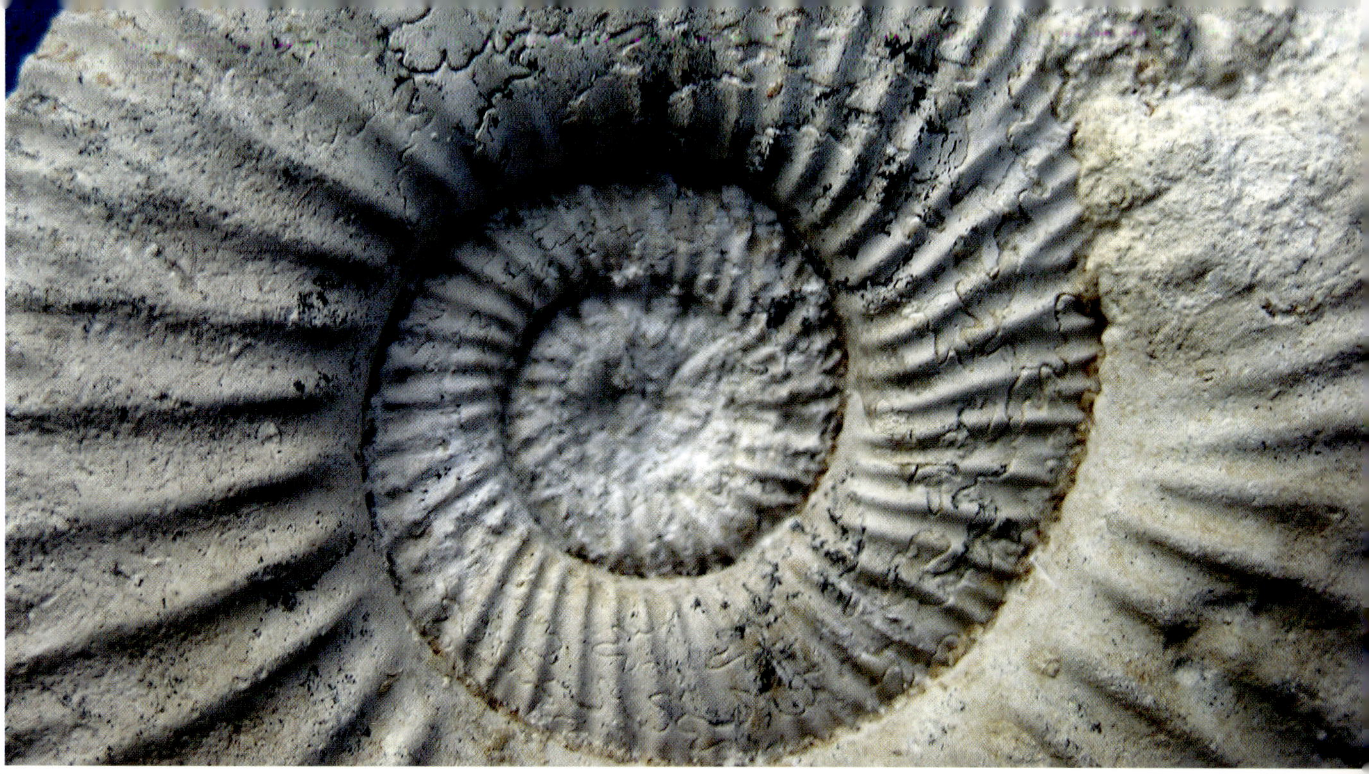

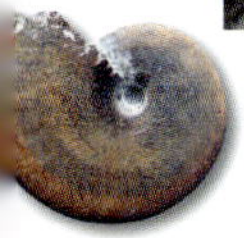

„Woher kommen die höchsten Berge? so fragte ich einst. Da lernte ich, daß sie aus dem Meer kommen.
Dies Zeugnis ist in ihr Gestein geschrieben und in die Wände ihrer Gipfel.
Aus dem Tiefsten muß das Höchste zu seiner Höhe kommen."

FRIEDRICH NIETZSCHE, AUS: „ALSO SPRACH ZARATHUSTRA"

Seilschaften so „rund geklettert", dass an vielen Stellen vom einst so griffigen Fels nicht mehr viel übrig geblieben ist.

Die Riffelkalkplatten der Sulzfluh bieten mit ihren vielen Karstbänken, Rippen und Graten aus der Jurazeit, den entgegengesetzten Kontrast dazu. In Jahrmillionen schuf das Wasser feinste Ziselierarbeiten aus dem Sulzfluhkalk, unzählige messerscharfe Erosionsrillen und Risse reizen die Hautnerven in den Fingerspitzen und nicht selten stellt sich, nach ein paar Stunden Klettern in diesem Gestein, ein „wohliges Taubwerden" der Fingerkuppen ein. Auch die Südwand der „Roten Wand", dem mächtigsten Berg im Lechquellengebirge, besteht fast ausschließlich aus gutgriffigem, rotem Liaskalkgestein. Über viele Rinnen, Bänder und Kamine gelangt man auf rauhem, festen Kalk zum

Die Zeit, die ich an den Felsen verbracht habe, war eine schöne Zeit; ein schönes, intensives Leben. Ich weiß nicht, woran es gelegen hat, an meinen Freunden, an mir oder an den Felsen selbst. Ich glaube, die Felsen beinhalten ein Geheimnis, von dem manche Menschen stark angezogen werden: das sie zwingt, hochzuklettern, und, wenn sie dann da hochklettern, macht, dass sie glücklich sind. Das Klettern hier ist für mich eine körperlich-geistige Auseinandersetzung mit einer Landschaft, die mich so geprägt hat, dass sie ein Teil meines Ichs geworden ist. Das hier ist meine Heimat. Hier fühle ich, dass ich hergehöre. Hier findet meine Seele ihr Ich.

Reinhard Karl

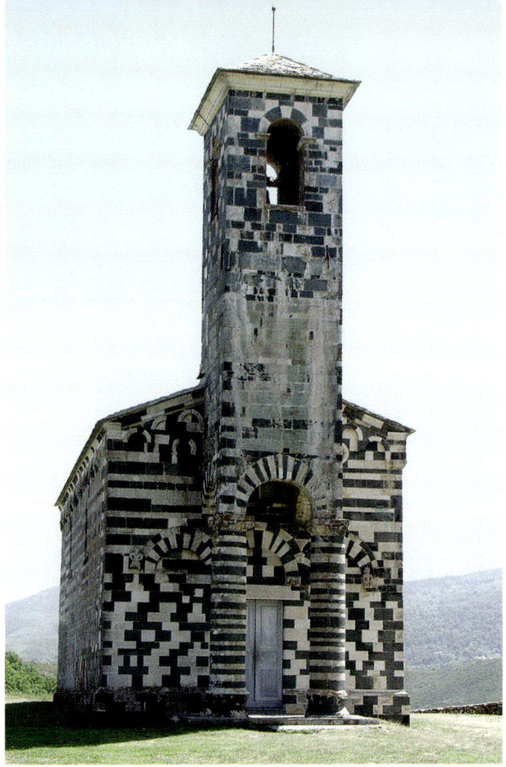

2704 m hohen Gipfel. In den Rinnen und an den grünen Rasenpolstern riecht man geradezu das Leben in der Wand, das Klettern in einem solchen vertikalen Biotop ist ein Erlebnis, an das ich mich noch nach Jahren zurückerinnere. So wie jede mit den Fingerspitzen ertastete, „begriffene" Felsstufe eine Zeitlang im Gedächtnis bleibt, so habe ich auch die für viele Gesteinsarten typischen Eigenschaften allmählich verinnerlicht.

Als Gedächtnisstütze sammeln sich inzwischen unzählige Gipfelsteine, Granit-, Gneis- und Quarzfindlinge, Obsidian-, Hornblende- und Dolomitscherben, Kalk- , Schiefer- und Basaltbrocken sowie eine kleine Auswahl an schön auskristallisierten Quarz-, Flussspat- und Kalzitstufen rund ums Haus.

Starke Kontraste aus Stein:

► *Botta Kirche „San Giovanni Battista" (Mario Botta) im Val Lavizzara, Tessin, mit wechselnden Fassadenschichten aus hellem Pecciamarmor und dunklem Vallemaggiagranit*

◄ *Kirche „San Michele de Muratio" auf dem Col de San Stefano, Korsika, dunkelgrüne Serpentin- und weiße Kalksteinblöcke*

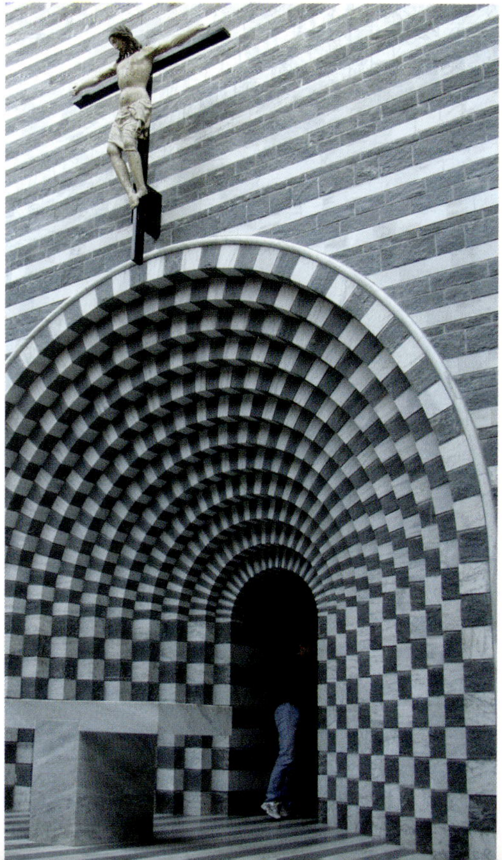

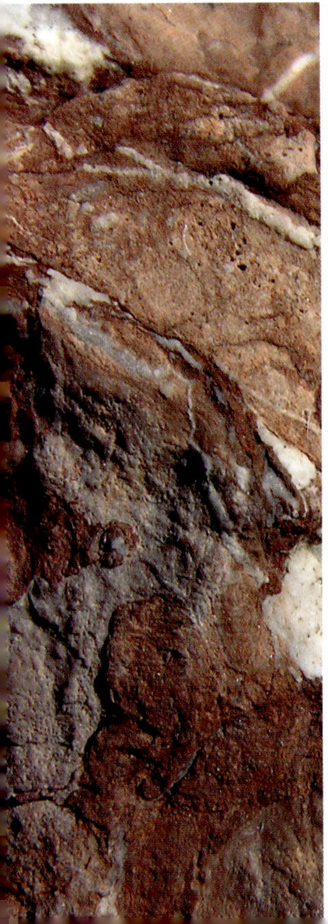

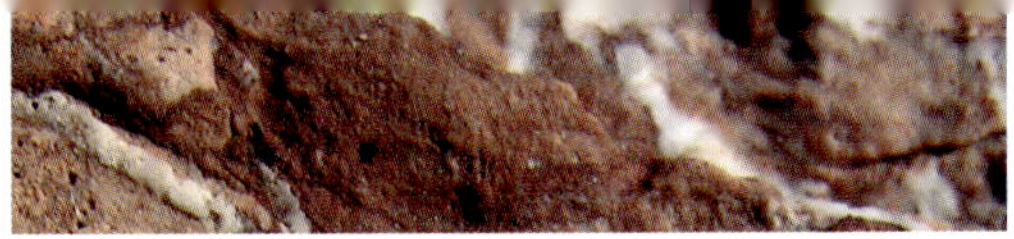

Stein

Über eine gewisse Höhengrenze endet die dauernde Ansiedlung des Lebens. Erde wird Stein, Ödland, selig und unfruchtbar, wenigstens nicht ökonomisch nutzbar. Hier ist der ureigene Bereich des Bergsteigers.

Stein: das ist Dürftigkeit, Kargheit; Unverbildetheit, Ursprünglichkeit; Stärke, Kraft; Fühllosigkeit, Strenge. Stein das ist der Urstoff der Welt. Als noch nichts war auf dieser Erde, kein Haus und kein Baum, kein Leben, da war der Stein. Eine grandiose Steinwüste war die Erde, als das Wasser, gleichsam das Blut der Welt, anfing den Stein zu umspielen, auszuhöhlen, zu sprengen, erste fruchtbare Bestandteile aus ihm zu lösen, aus denen die ersten Lebewesen sich nährten: kleinste Algen. Es war ein kümmerliches Dasein, das diese Lebewesen fristeten, aber sie waren da. Aus der Begegnung des Wassers mit dem Stein entstanden sie. Wenn wir uns heute umschauen in den fruchtbaren Ebenen, wissen wir, wohin die Ausdauer und der beharrliche Mut dieses Lebens geführt hat; nicht mehr zu erkennen ist der dürftige Ursprung, reich und vielgestaltig in Arten und Gattungen tut sich das Leben überall auf - und auch unser Leben, Tier, Mensch, es hat denselben Ursprung. Auch unsere Kultur, unsere Zivilisation wäre nicht ohne die Beharrlichkeit dieser ersten Lebewesen, die mit Hilfe des Wassers den Stein in organische Gestalt verwandelten. Das, was wir lieben, wäre nicht, aber auch das, was wir gerne vermissen möchten. Gut und Schlecht ist im Laufe dieser unendlich langen Entwicklung aus dem Stein hervorgegangen. Der Stein als Symbol ist nichts anderes als die Urmöglichkeit der Gestaltung. Aus seiner Kargheit entsprang die Fülle; in seiner Kargheit ist die Möglichkeit, Fülle hervorzubringen. Er ist als Symbol das Echte, Makellose. Eine Auseinandersetzung mit ihm bedeutet, sich mit dem Urgrund des Seins auseinanderzusetzen.

Rudolf Gramich[15]

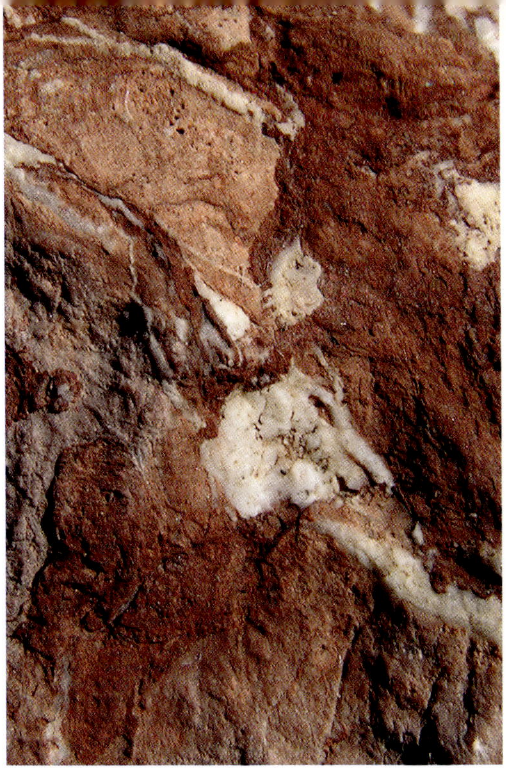

Du, der über uns ist,
Du, der einer von uns ist,
Du, der ist - auch in uns;
dass alle dich sehen - auch in mir,
dass ich den Weg bereite für dich,
dass ich danke für alles, was mir wiederfuhr.
Dass ich dabei nicht vergesse der anderen Not.
Behalte mich in deiner Liebe,
so wie du willst, dass andere bleiben in der meinen.
Möchte sich alles in diesem meinen Wesen
zu deiner Ehre wenden,
und möchte ich nie verzweifeln.
Denn ich bin unter deiner Hand,
und alle Kraft und Güte sind in dir.

Gib mir einen reinen Sinn - dass ich dich erblicke,
einen demütigen Sinn - dass ich dich höre,
einen liebenden Sinn - dass ich dir diene,
einen gläubigen Sinn - dass ich in dir bleibe.

Dag Hammarskjöld

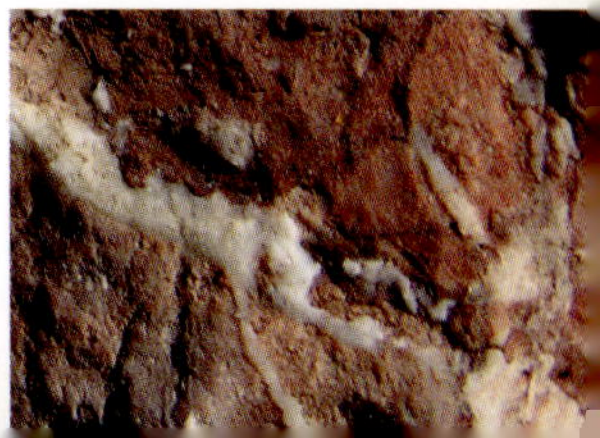

Wasser

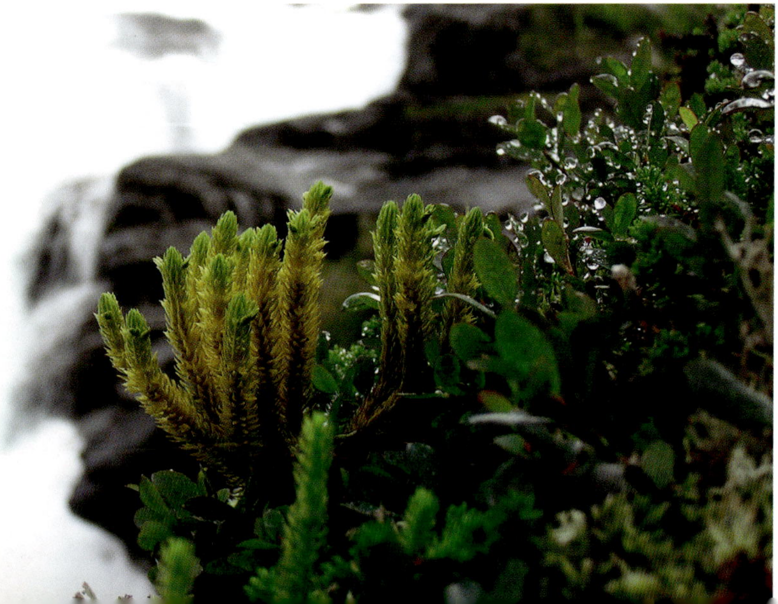

Überall rinnt es.
Die Gletscher speien es aus,
im Winter, im Sommer,
auch in der Dürre, lebenspendend.
Regen und Hagel und Schnee wecken
neue Rinnsale, Bäche, Katarakte,
die herabstürzen und die Talbäche zu
Ungeheuern schwellen.
Wird es gestaut, so droht es auszubrechen.
Zuverlässiger sammelt es der Wald,
doch wird er vergiftet
und können die vergehenden Wurzeln
den Boden nicht mehr halten,
so werden wir lernen,
wie es die Muren nährt,
daß sie die Talböden fressen.

Richard Goedecke

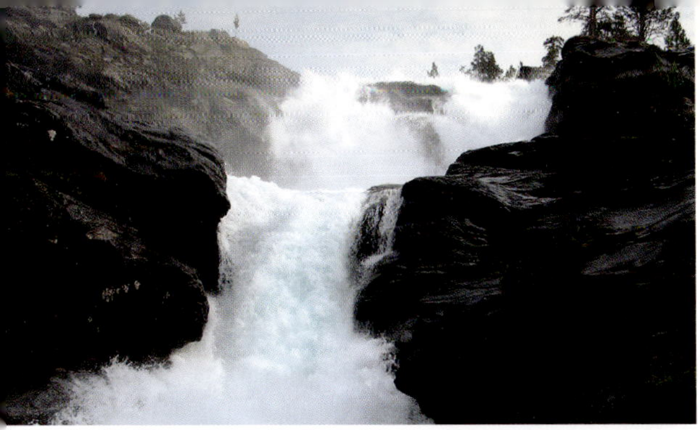

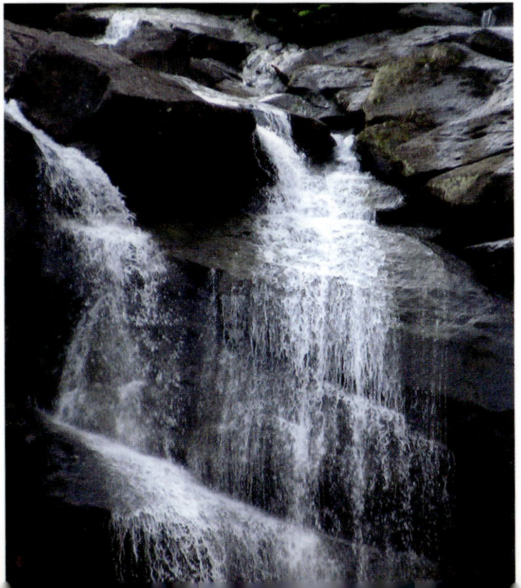

Wasserfall

Weiße Wasserschwaden,
schwerelos fallend,
in machtvoller Schau der Schwerkraft
hängen sie am Talhang in der Schlucht.

Mit ohrenbetäubendem Donnern
und betörend schillernden Regenbogen
im stäubenden Sprühnebel
locken ihre Terrassen und Kolke uns,
die ausgedörrten Rückkehrer von Eisgipfeln,
unsere Klotzstiefel und Schutzanzüge
abzustreifen,
und uns hineinzustürzen.

Ganz vorsichtig natürlich.
Und schreiend vor Kälteschock und
Lebensfreude.

Richard Goedecke

◄ *Die unzähligen „Fossen" in Norwegen*

► *„Piscia de Gallo", der pissende Hahn im Forst von Ospèdale auf Korsika, mit über 50 m Fallhöhe recht ansehlich!*

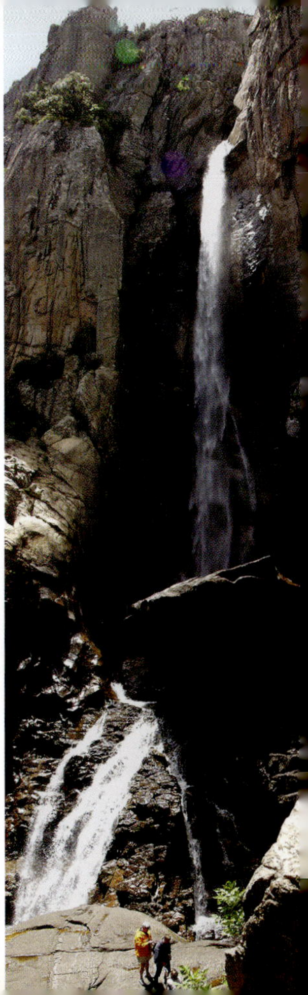

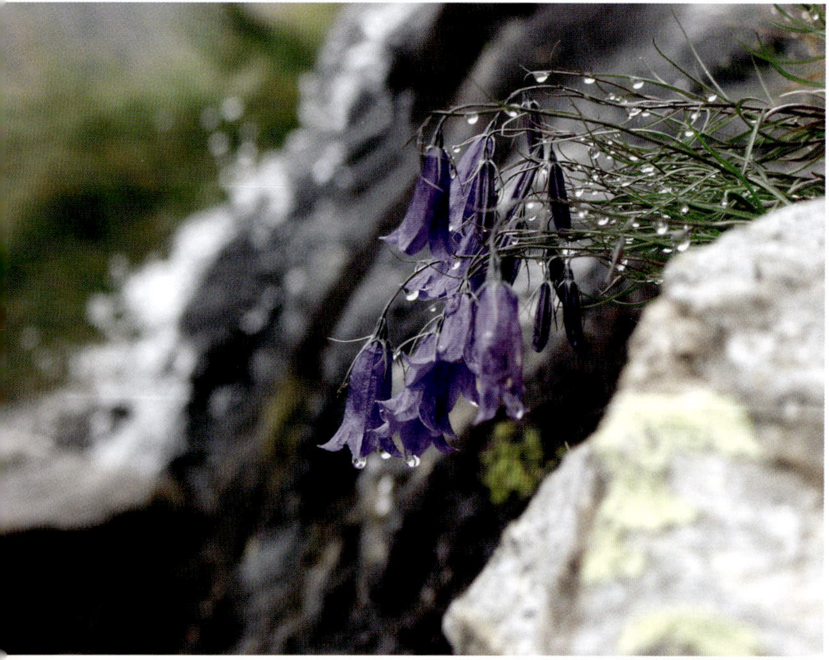

Um einer Blume willen
und einer Wolke Schein
wird nie dein Gang zum Gipfel
ganz einsam sein.

Der Bach erzählt...
das Kar verschweigt...
und Bruder wird der Wind...,
sie weisen dir es mit Bedacht,
wie leicht sie glücklich sind.

Um einer Wolke willen
und einer Blume Schein...
mehr braucht dein Wunsch zum Gipfel
oft gar nicht sein!

Gustl Laxganger

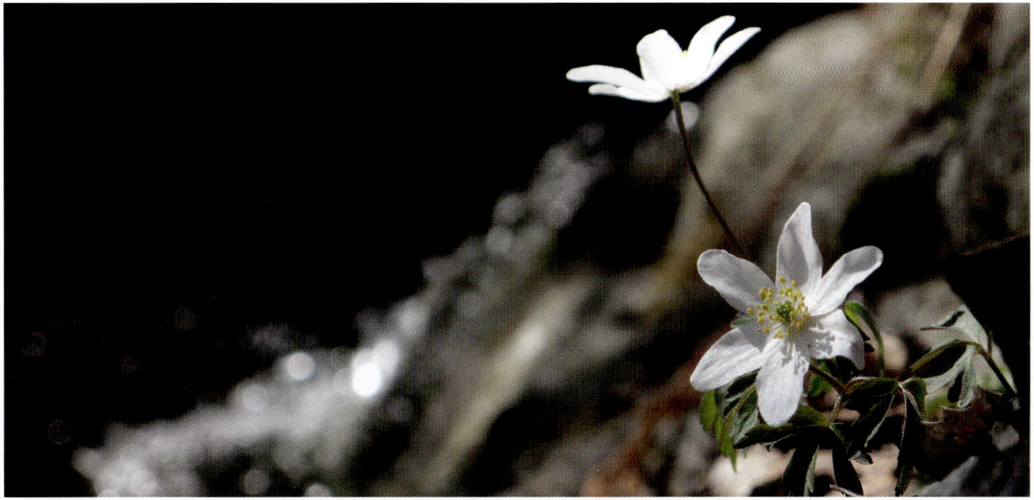

◄ *Scheuchzers Glockenblume, Campànula scheuchzèri*
▲ *Narzissenblütiges Windröschen*
- beide an einsamen Bergbächlein im Verzasca-Tal, Tessin

Was wir wissen, ist ein Tropfen,
Was wir nicht wissen, ist ein Ozean.

ISAAC NEWTON

Die Berge lassen uns staunen. Der wahre Segen der Berge liegt nicht darin, dass sie eine Herausforderung, oder eine Arena für uns sind. Etwas, was bewältigt und dominiert werden muss - obwohl sich viele Leute ihnen so genähert haben.

Sie bieten etwas Sanfteres und unendlich Machtvolleres: Sie fördern unsere Bereitschaft, Wunder anzuerkennen - ob es sich dabei um die dunklen Wirbel handelt, die durch das Wasser unter einer Eisplatte entstehen, oder um das Gefühl, das man bei der Berührung der weichen Moospolster hat, die sich auf der Leeseite von Felsblöcken und Bäumen bilden. In den Bergen zu sein entfacht aufs Neue unser Staunen über die

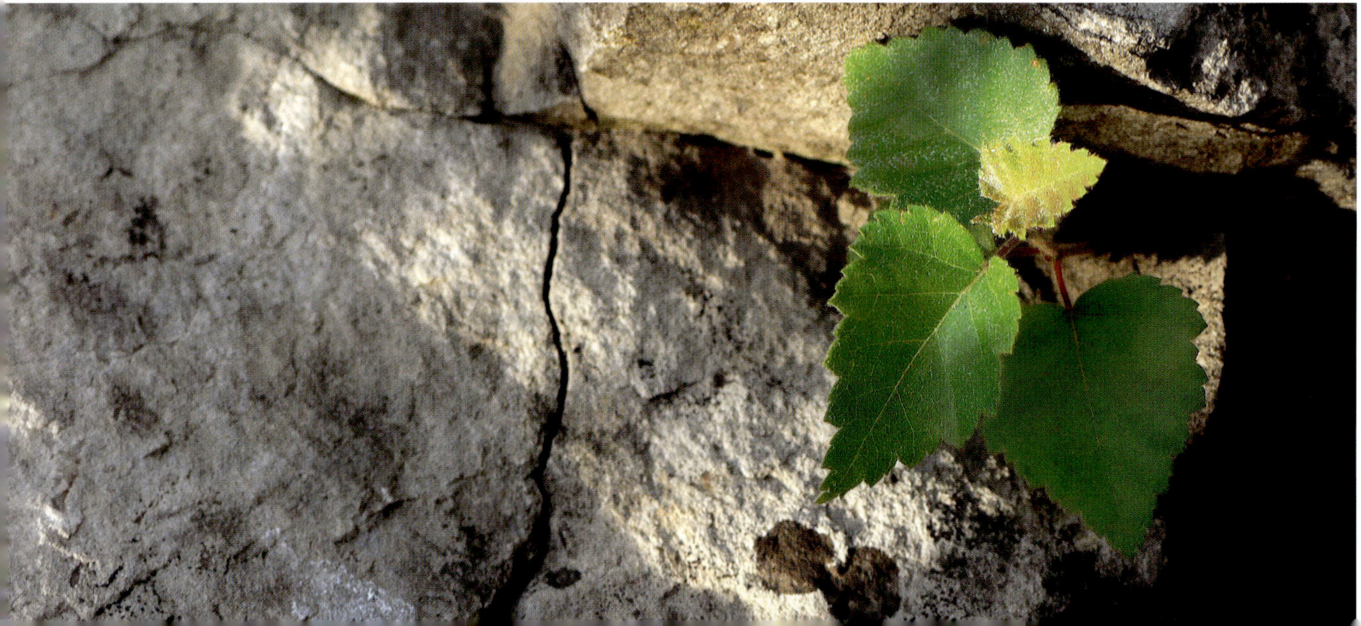

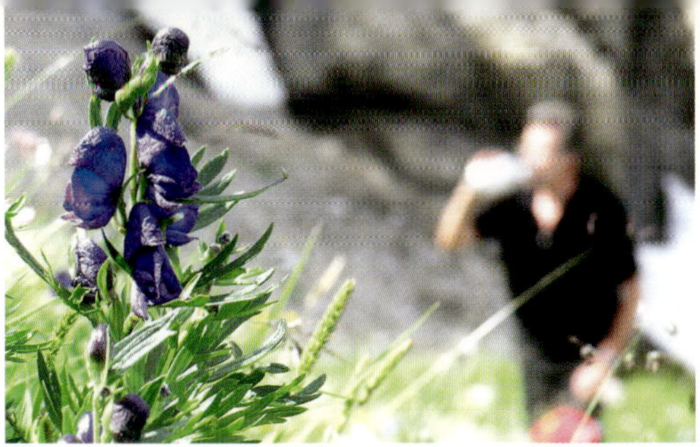

über die Landschaft ergießt. Keines dieser Erlebnisse ist trivial. Berge geben uns die unschätzbare Fähigkeit des Staunens zurück, die uns die moderne Lebensweise unmerklich entzieht, und sie drängen uns, dieses Staunen auf unser tägliches Leben anzuwenden.

Robert Macfarlane[16]

einfachsten Vorgänge der physikalischen Welt: eine Schneeflocke, 30 Millionstel Gramm schwer, die auf die ausgestreckte Handfläche fällt, Wasser, das geduldig eine Rinne in eine Granitwand gräbt, die plötzliche, offenbar grundlose Lageveränderung eines Steins in einem Schuttcouloir.

Mit der Hand hinabzugreifen und die Grate und Rillen in einem Felsen zu spüren, über den ein Gletscher hinwegzog. Zu hören, wie ein Berghang nach einem Regenschauer durch das sich bewegende Wasser lebendig wird.

Zu sehen, wie sich im Spätsommer das Licht kilometerweit wie eine nie versiegende Flüssigkeit

◄ *Ein kleines Biotop in einer Felsniesche*

▲ *Blauer Eisenhut, Aconitum napellus, bei der „Roten Wand" im Lechquellengebirge*

► *Flechten an einer Baumrinde (Norwegen)*

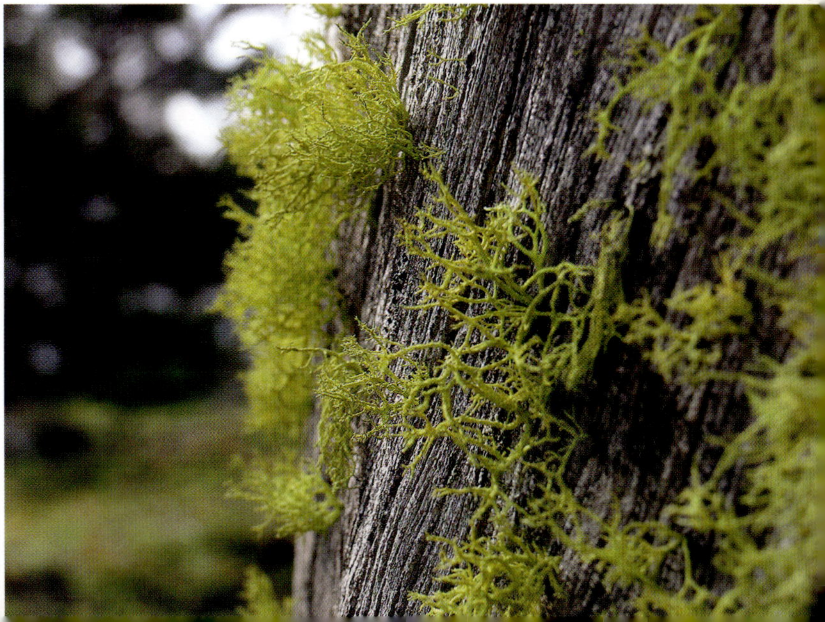

Gentiána áspera und Sectio aurea oder Rauher Enzian und Goldener Schnitt

Irgendwann ist es mir aufgefallen. Bei einer Wanderung, Bergtour, Klettertour, ich weiß nicht mehr wann und wo. War es im Bregenzerwald, im Rätikon, im Wallis, in der Brenta, oder in der Dauphinè?

Es war ein kleines, violettes Blümlein, wie man es unzählige Male bei Bergtouren sieht. Völlig unscheinbar auf den ersten Blick, tausende säumen den Weg, werden keines Blickes gewürdigt, werden zertrampelt oder ausgerupft.

Irgend etwas ließ mich damals innehalten. Ich nahm meinen Fotoapparat aus dem Rucksack und hatte plötzlich richtig Spaß am Fotografieren, vielleicht weil das Motiv so „fotogen" war oder das Licht optimal passte. Es war aber nicht das Fotografieren wie sonst. Nein, im Sucher nahm ich an die-

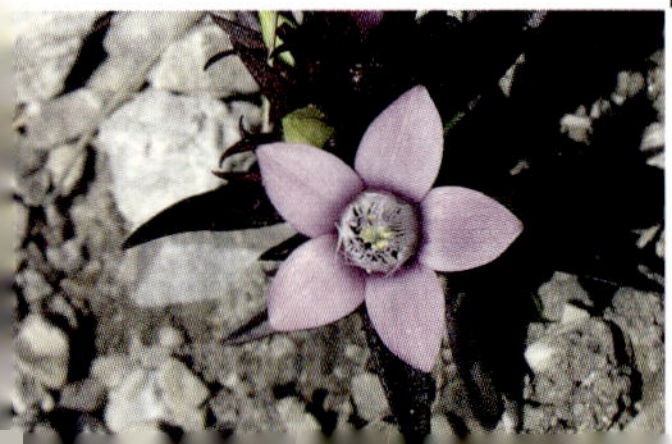

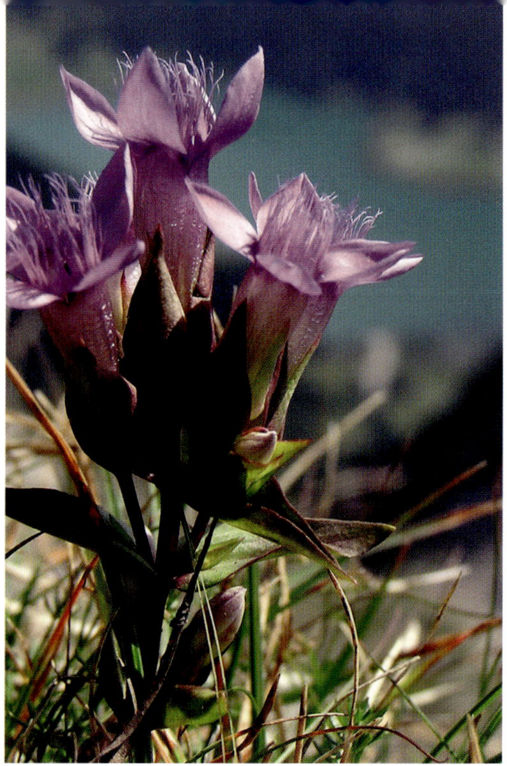

◄ ▲ *„Rauhen Enzian", Gentiána áspera, dieses Blümlein fasziniert mich immer wieder mit seinem symmetrischen Fünfstern.*

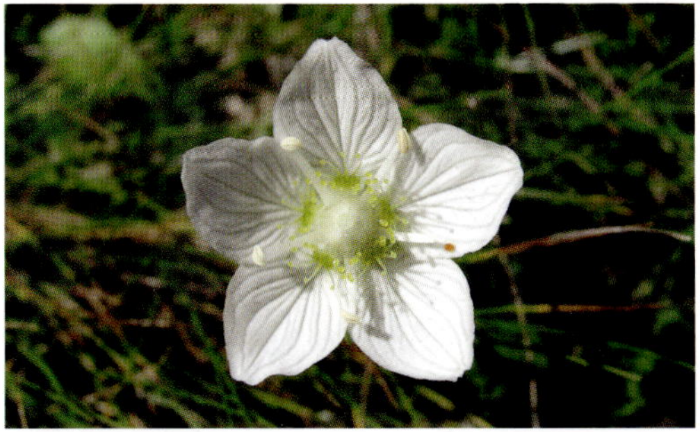

allerlei Pentagrammformen ab, die deckungsgleich auf diese Blüte gepasst hätten.

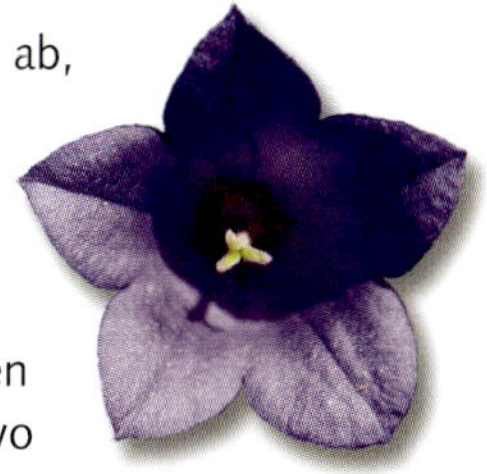

Von nun an suchte ich nach diesem Muster, diesem Verhältnis von verschiedenen Strecken, und war erstaunt, wo ich es überall fand. Ich nahm es nicht nur bei Blüten, Pflanzen, Tieren oder

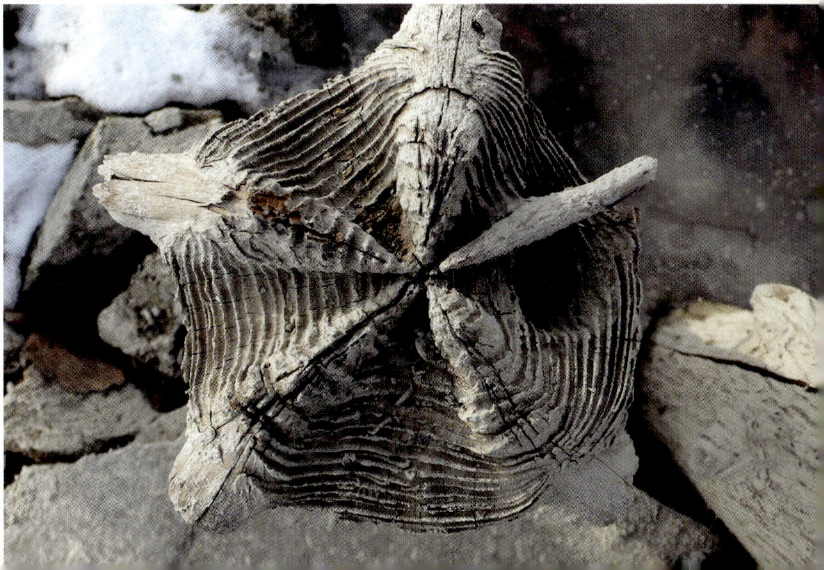

sem Tag nicht den schon so oft geknipsten Enzian, genauer den „Rauhen Enzian", Gentiána áspera in Macro wahr, vielmehr erfreute ich mich an der harmonischen und in sich stimmigen wohlproportionierten Blütenform. Mich faszinierte der symmetrisch geformte Fünfstern, denn im Innersten kannte ich dieses regelmäßige Muster. Diese Geometrie, diese Proportionen lassen sich doch auch sonst überall in der Natur finden. Noch während des Fotografierens spulte mein „Bild-Gedächtnis"

▲ *Plötzlich sehe ich überall Pentagramme.*

► *Auch ein stark verwitterter aus dem Bodenseeufer ragender Pfahl zeigt bei der Astbildung eindeutig den Fünfstern.*

anderen Formen in der Natur und selbst in den Körperproportionen des Menschen wahr.[17] Bei näherer Betrachtung konnte ich das wohlabgestimmte Verhältnis auch in der Architektur, Plastik und Malerei entdecken. Bei einem Besuch des Klosters Senaques in der Provence, entdeckten meine Tochter und ich einen altertümlichen Zollstock, oder besser gesagt ein Messwerkzeug, bei dem die Maßeinteilung exakt den Proportionen eines menschlichen Unterarmes und der Hand entsprach.

Der Goldene Schnitt ist eine irrationale Zahl, das heißt er lässt sich nicht als Bruch zweier ganzer Zahlen darstellen.
Von großer Bedeutung für seine Rolle in der Kunst und in der Natur ist seine besondere Eigenschaft, in gewissem Sinne die irrationalste aller Zahlen zu sein.
Diese Eigenschaft äußert sich darin, dass er sich besonders schwer durch rationale Zahlen approximieren lässt.
(Errechnen durch Annäherung)

WIKIPEDIA

Gibt es verborgene Gesetze, die uns all diese Dinge so harmonisch erscheinen lassen? Auf den ersten Blick sehen oder spüren wir eigentlich nur das Schöne, das wohltuend harmonische Erscheinen.

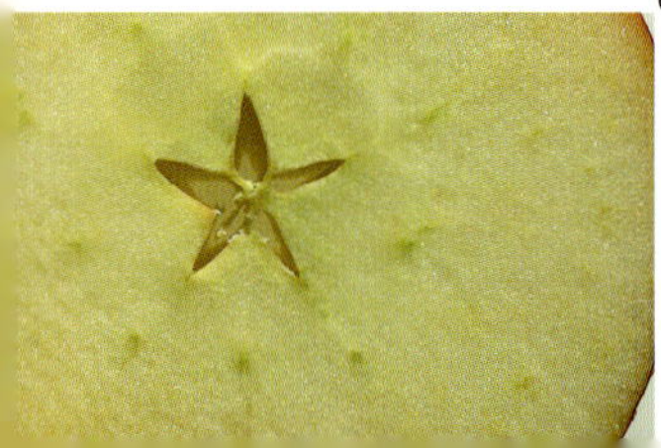

◄ *Beim Kerngehäuse des Apfels ist der symmetrische Fünfstern unübersehbar.*

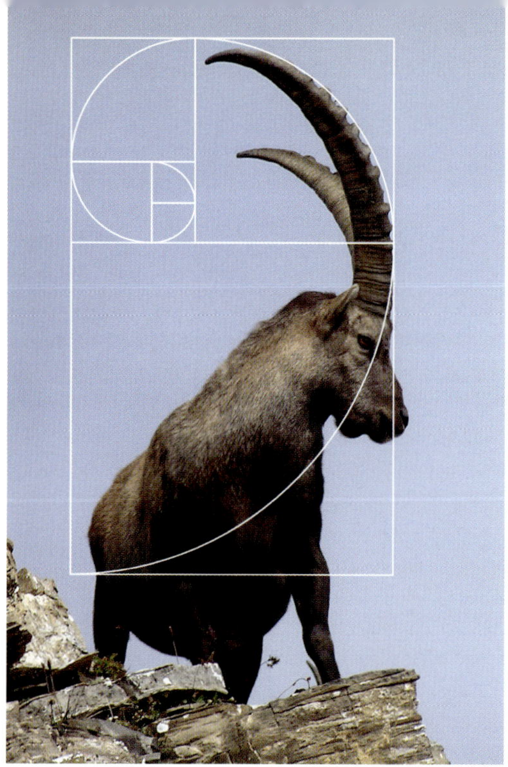

Ja, das ist eben das Große bei der Natur, daß sie so einfach ist und daß sie ihre größten Erscheinungen immer im Kleinen wiederholt.

JOH. W. VON GOETHE

Analysiert man aber eine solche harmonische Form mit Hilfe der Geometrie und Mathematik, tritt ein simples Teilungsverhältnis zutage und dieses Verhältnis wiederholt sich immer wieder und in einer unendlichen Vielzahl von Erscheinungsweisen, aber immer in mehr oder weniger streng eingehaltenen Grenzen.

György Doczi, der Fachmann auf dem Gebiet des „Goldenen Schnittes" nennt diesen Zusammenhang „Die Kraft der Grenzen"[18], denn seiner Meinung nach kann erst durch Begrenzung Harmonie entstehen. Die auf den ersten Blick nicht gleich zu erkennende Gesetzmäßigkeit, diese verborgene Kraft, war schon den Pythagoreern im alten Griechenland im 6. Jahrhundert v. Chr. bekannt und wurde in den nachfolgenden Jahrhunderten von vielen Baumeistern, Künstlern und kreativ Schaffenden aufgegriffen.

Fibonacci, wie Leonardi von Pisa genannt wurde, entwickelte als erster daraus eine sogenannte Summenreihe, aus der wiederum der goldene Schnitt abgeleitet werden kann. Dabei entsteht jede Zahl durch die Summe der zwei vorausgegangenen, also: 1,2,3,5,8,13,21,34,55 usw. und jede Zahl ergibt nun, wenn man sie durch die folgende teilt, 0,618..., und wenn man sie durch die vorhergehende teilt, 1,618... Damit sind die Verhältniszahlen zwischen den kleineren und größeren Teilen des Goldenen Schnittes bestimmt.

An unzähligen Naturformen lässt sich nun dieses Teilungsverhältnis ablesen, beziehungsweise können sehr viele Naturformen mit etwas Geometrie „nachkonstruiert", bzw. auf die „Sectio aurea", den Goldenen Schnitt hin nachgeprüft werden. Goethe brauchte dazu weder Zahlenreihen noch Goldenen Schnitt als er in seinen „Schriften zur Natur" schrieb:

„Die ganze Natur ist eine Melodie, in der eine tiefe Harmonie verborgen ist." Und so erfreue ich mich an jedem Blümlein, das am Wegrand wächst, auch wenn es noch so klein ist.

◄ *Stolz zeigt der „König der Berge" seine prächtiges Gehörn dessen Form unverkennbar die logarithmische Spirale zeigt.*

► *Auch bei diesem Kieferfragment eines Murmeltieres erkennen wir das typische, „göttliche?" Teilungsverhältnis.*

Murmeltiere wetzen ihre messerscharfen Nagezähne beim „Säbeln", d.h. sie fahren mit ihren Hauern so auf- und ineinander, dass ein unüberhörbares Geräusch entsteht

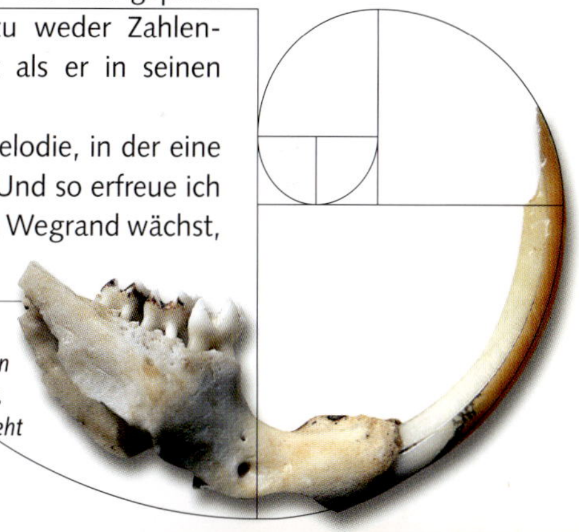

Ob „Sectio aurea", (Goldener Schnitt) von Leonardo da Vinci, oder „Sectio divina", (göttlicher Schnitt) von Keppler:
Der Goldene Schnitt spielt in der Natur, im Aufbau von Pflanzen, und Tieren, des menschlichen Körpers, sowie in der Kunst, in Bauwerken und Gemälden eine bedeutende Rolle.

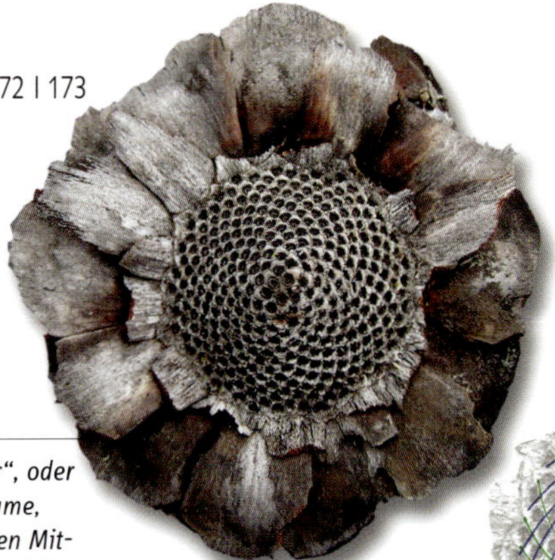

► *„Everlasting Flower", oder unvergängliche Blume, eines meiner liebsten Mitbringsel, außer den vielen Steinen, vom Kilimanjaro. Dehydriert, verholzt und für die Ewigkeit bestimmt?*

Originalgröße

Rechts: vergrößerte Abbildung des Samenstandes mit den blau-grün eingezeichneten Wachstumsspiralen.

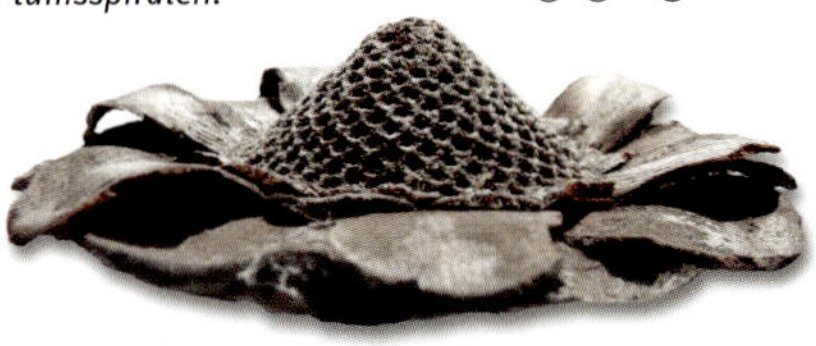

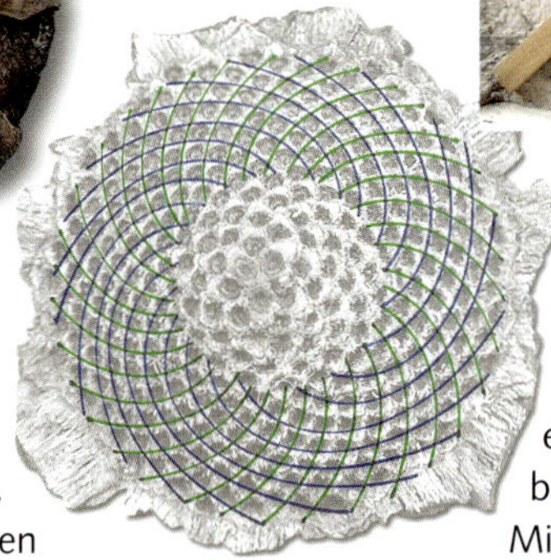

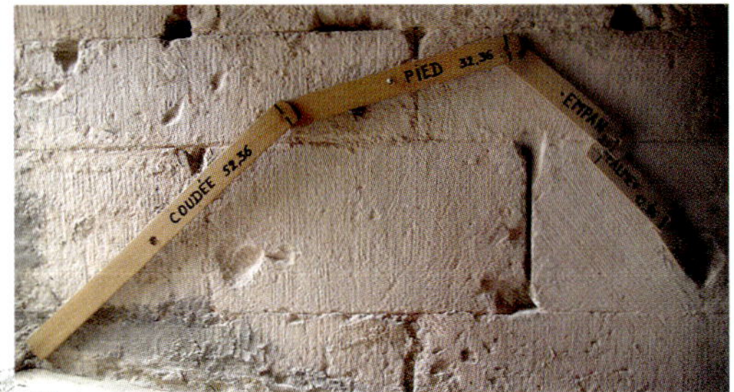

Von den Pythagoreer entdeckt und von „Fibonacci" vor 800 Jahren zusammen mit dem Dezimalsystem und den arabischen Ziffern in Europa eingeführt.
Die Reihe des „Fibonacci":
1, 2, 3, 5, 8, 13, 21, 34, 55, 89, 144, 233, 377...

Wie bei Gänseblümchen, Sonnenblumen, Disteln und vielen anderen Blumen (Pflanzen) bewegen sich an dieser ausgetrockneten Blüte die Wachstumsspiralen des Samenstandes im Blütenboden in entgegengesetzter Richtung. Pflanzenarchitektonisch entsprechen den einzelnen Samen Blätter, wobei jedes einzelne einem eigenen Kreis um den Mittelpunkt des Blütenstandes zugeordnet werden kann. Die logarithmische Spiralform sowie die Anzahl der einzelnen Spiralen entsprechen exakt dem Verhältnis des Goldenen Schnittes. Hier 21 rechtsdrehende und 34 linksdrehende also 21:34.

▲ *Metermaß im Kloster Senaque. Der menschliche Körper als harmonisches Vorbild und immer verfügbares Maßhilfsmittel.*

Coudèe 52,36	*Pied 32,36*	*Empan 20*	*Palme 12,56*	*Paume 7,54*
Elle	*Fuß*	*Finger*	*Spanne*	*Handbreit*

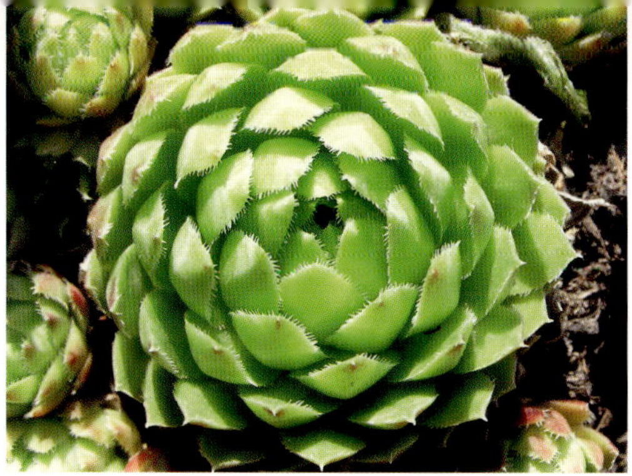

Die Spiralen sind nicht alle gleich, bilden aber mit den Radien immer gleichbleibende Winkel und dies in allen Wachstumsstadien. Sie öffnen sich nach entgegengesetzter Richtung. Bei diesen Pflanzen ist der Winkel zwischen zwei aufeinanderfolgenden Blüten, Blättern oder Fruchtständen immer derselbe: 137,5 Grad. Das ist nicht irgendeiner, sondern der „Goldene Winkel" - das Pendant zum „Goldenen Schnitt". Diese „Arithmetik der Pflanzenblattstellung" ist bisher wissenschaftlich noch nicht geklärt.

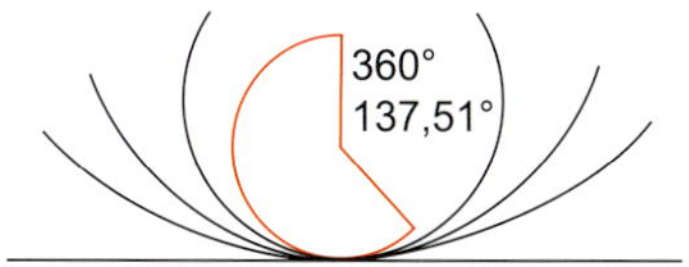

Die Abweichung vom mathematischen „Goldenen Winkel" beträgt weniger als 0,01 Prozent.

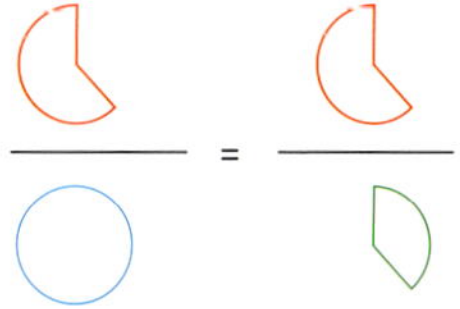

Dach-Hauswurz,
Sempervívum téctorum

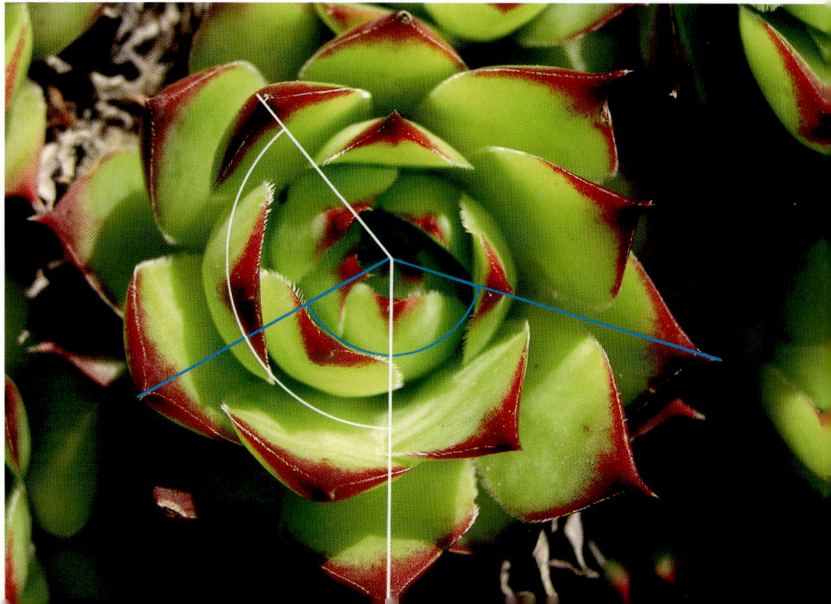

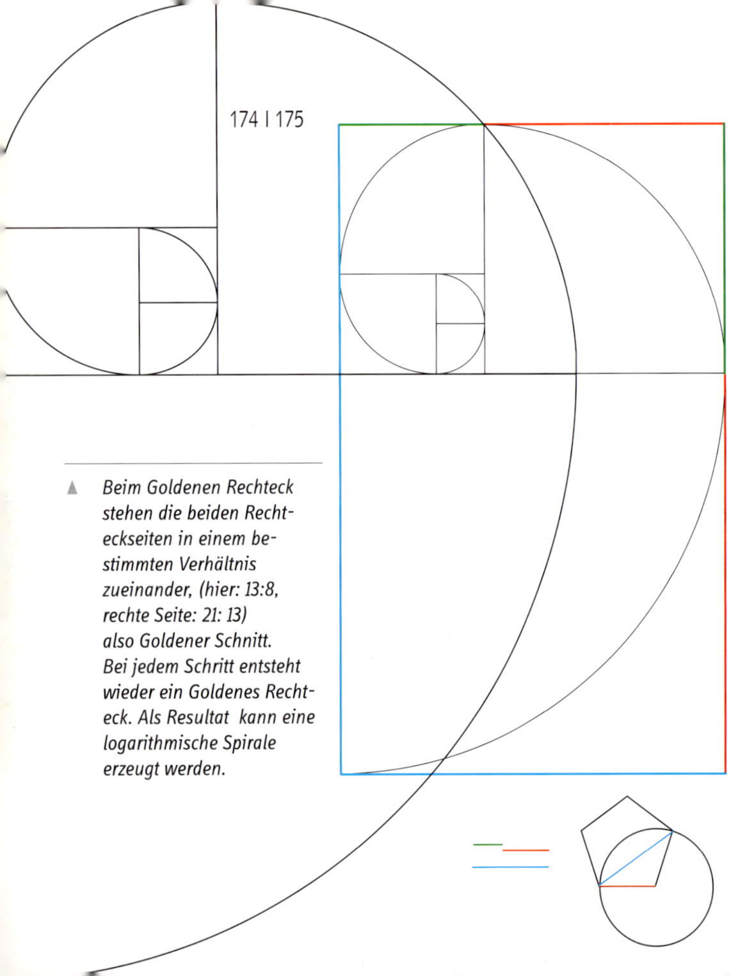

▲ *Beim Goldenen Rechteck stehen die beiden Rechteckseiten in einem bestimmten Verhältnis zueinander, (hier: 13:8, rechte Seite: 21: 13) also Goldener Schnitt. Bei jedem Schritt entsteht wieder ein Goldenes Rechteck. Als Resultat kann eine logarithmische Spirale erzeugt werden.*

► *Die Spirale als Urform.*

Ob im Weltall in gigantischer Größe als Spiralnebel, in der Natur in Form von Ammoniten oder Pflanzen, oder in unserem Körper in Form der Ohrmuschel, Gehörschnecke des Innenohrs oder der DNS-Doppelhelix: die unterschiedlichen logarithmischen Spiralen entsprechen vom Radien-Winkelverhältnis her dem Goldenen Schnitt.

▼ *Goldener Schnitt beim „Rauhen Enzian“: Konstruktionsmöglichkeiten nach den Griechen Euklid, Ptolemaios, und Heron. Die Seitenlängen des Fünfecks (rot) stehen mit ihren Diagonalen (blau) im Verhältnis des Goldenen Schnittes. Es folgt die Gleichung:*

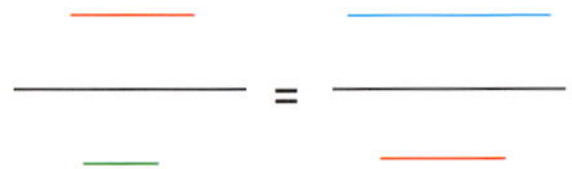

$$= \frac{1+\sqrt{5}}{2} = 1{,}61803\ldots$$

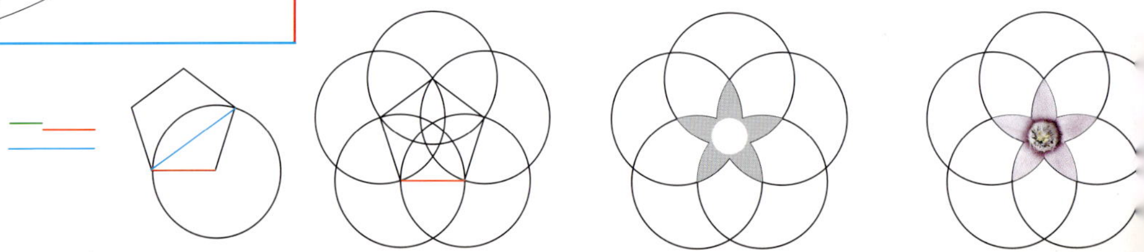

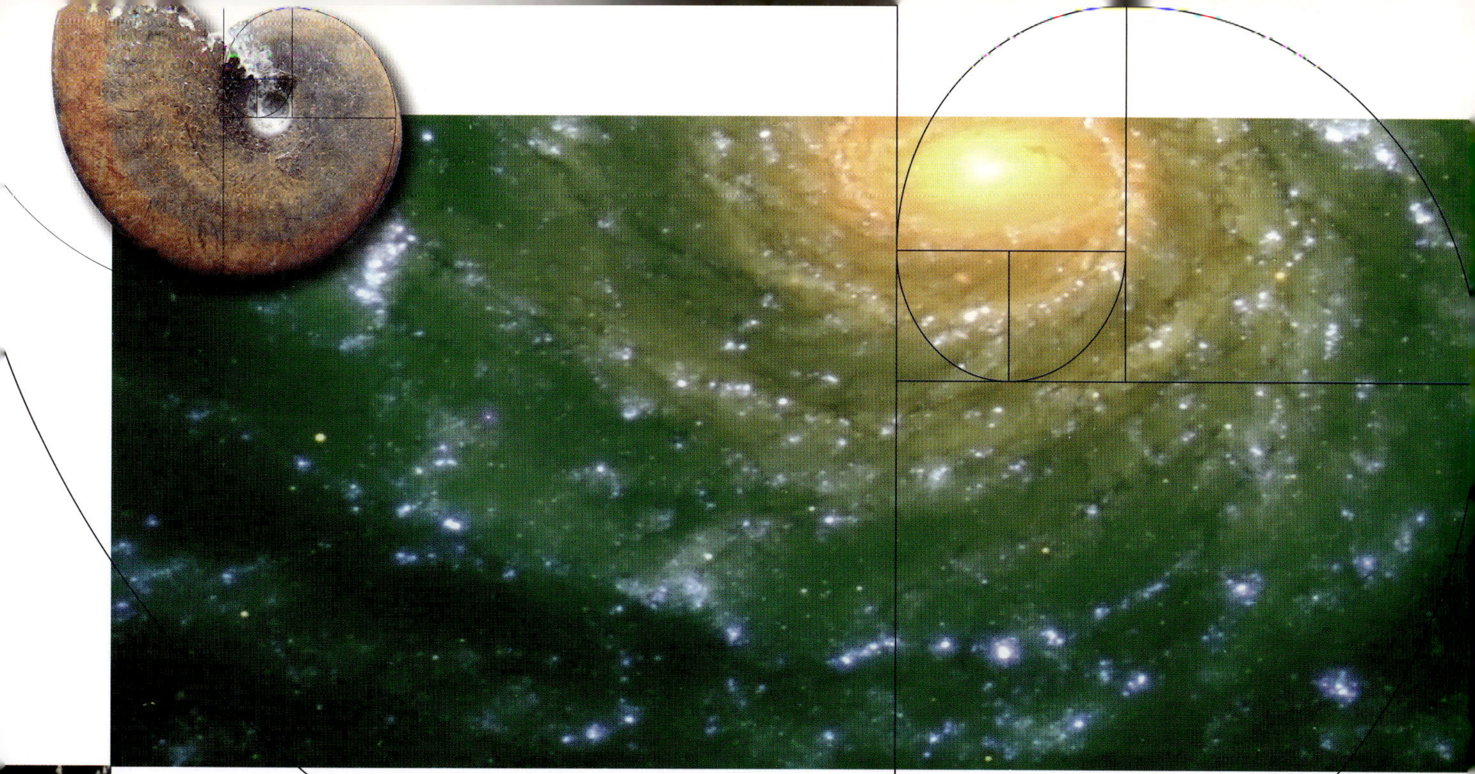

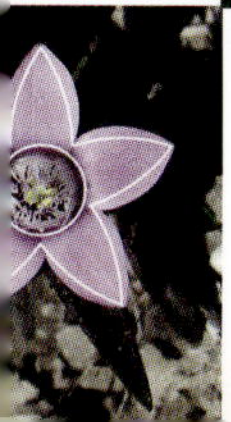

Das Große, Überkolossale der Natur eignet man so leicht sich nicht an; denn wir haben nicht reine Verkleinerungsgläser, wie wir Linsen haben, um das unendlich Kleine zu gewahren. Und da muß man doch noch Augen haben wie Carus und Nees, wenn dem Geiste Vorteil entstehen soll. Da jedoch die Natur im größten wie im kleinsten sich immer gleich ist und jede trübe Scheibe so gut die schöne Bläue darstellt wie die ganze weltüberwölkende Atmosphäre, so find ich es geraten, auf Musterstücke aufmerksam zu sein und sie vor mir zusammenzulegen. Hier nun ist das Ungeheure nicht verkleinert, sondern im kleinen, und ebenso unbegreiflich als im Unendlichen.

JOH. W. VON GOETHE, MAXIMEN UND REFLEXIONEN

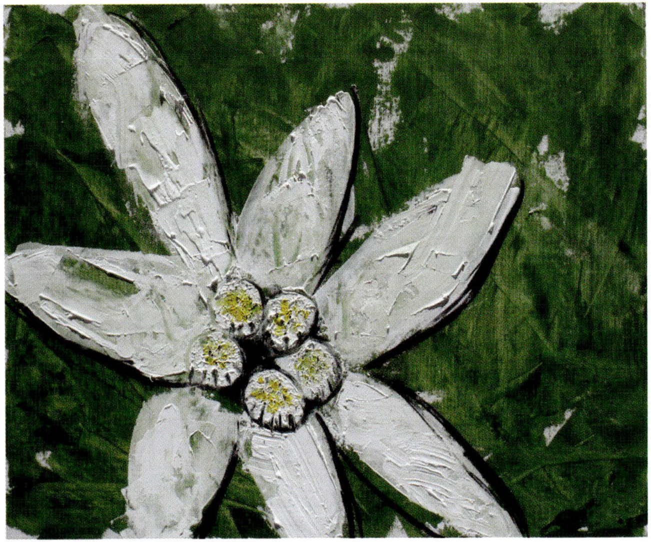

◄ *Edelweiß*
Acryl auf Leinwand, 40 x 50 cm
Christine Thoma

Blau, Blau, Blau blüht der Enzian...
Edelweiß blühen, Herzen erglühen

Enzian

Edelweiß

Hauswurz

Enzian

Das altgermanische Farbadjektiv ... blaò ... gehört zur indogermanischen Wurzel bhel „schimmern, leuchten, glänzen" ... und meint im übertragenen Sinne die unbestimmte Ferne, ins Blaue träumen, reisen.
DUDEN: Etymologie der deutschen Sprache

Von den Enzianen muß ich dir erzählen. Das sind die wunderbarsten Geschöpfe hier im Engadin. Denen ist es nämlich gelungen, den Engadiner Himmel mit seiner unendlich tiefen Bläue einzufangen in ihre winzigen Blättchen. Auch die Engadiner Seen versuchen das immer wieder, den ganzen Tag liegen sie da und trinken den blauen Himmel und versuchen alle möglichen Kunstgriffe. Zuweilen liegen sie ganz still und rühren sich nicht, dann wallen sie leise, ob ihnen vielleicht so das Blau besser gelingt, dann plustern sie sich, in ergötzlich großem Zorn, weil ihnen das rechte Blau immer noch nicht gelungen ist. Und so trinken und trinken sie, bis sie randvoll sind von der Himmelsfarbe und geradezu überlaufen davon. Dann sieht es aus, als ob ein Stück Himmel auf den Talboden gesunken wäre. Es ist aber doch immer ein anderes Blau. Es läuft immer etwas von dem Grün der Lärchenwälder und von dem Weiß der Schneefelder und selbst etwas von dem Grau der Geröllhalden hinein. Und schließlich merkt man es doch immer, daß es ein ins Wasser gefallenes Blau ist. Und weißt du, die Wasser der Erde sind anderer Art als die Wasser über dem Firmament. Und diese Wasser sind halt doch die köstlichsten und die blauesten. So etwas gibt es auf Erden niemals. Und schließlich ist das blaue Firmament in den Seen, selbst in denen des Engadin, doch nur eine Täuschung, du brauchst nur um den See herumzugehen, und es verschwindet schon. Und wenn du höher steigst, wird es auch anders, wird es zum Metallglanz einer geschliffenen Erzplatte. Nein, die Seen spiegeln den blauen Himmel nur vor. Sie sollen nur stille sein. Aber die Enziane haben ihn wirklich in sich. So ein Blättchen hat wirklich und

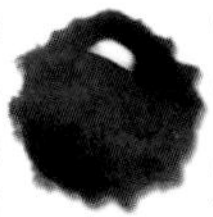

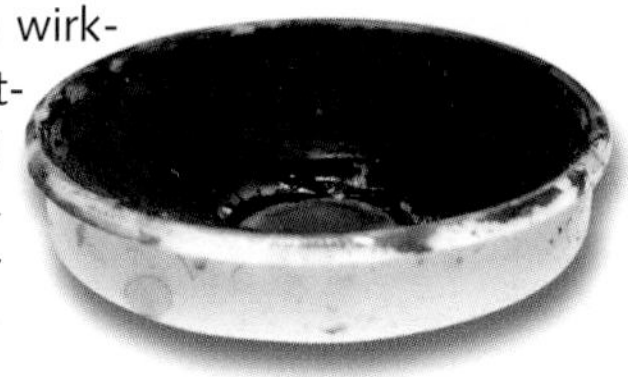

Stengelloser Enzian, Gentiana acaulis Jacqu. Stemless ►

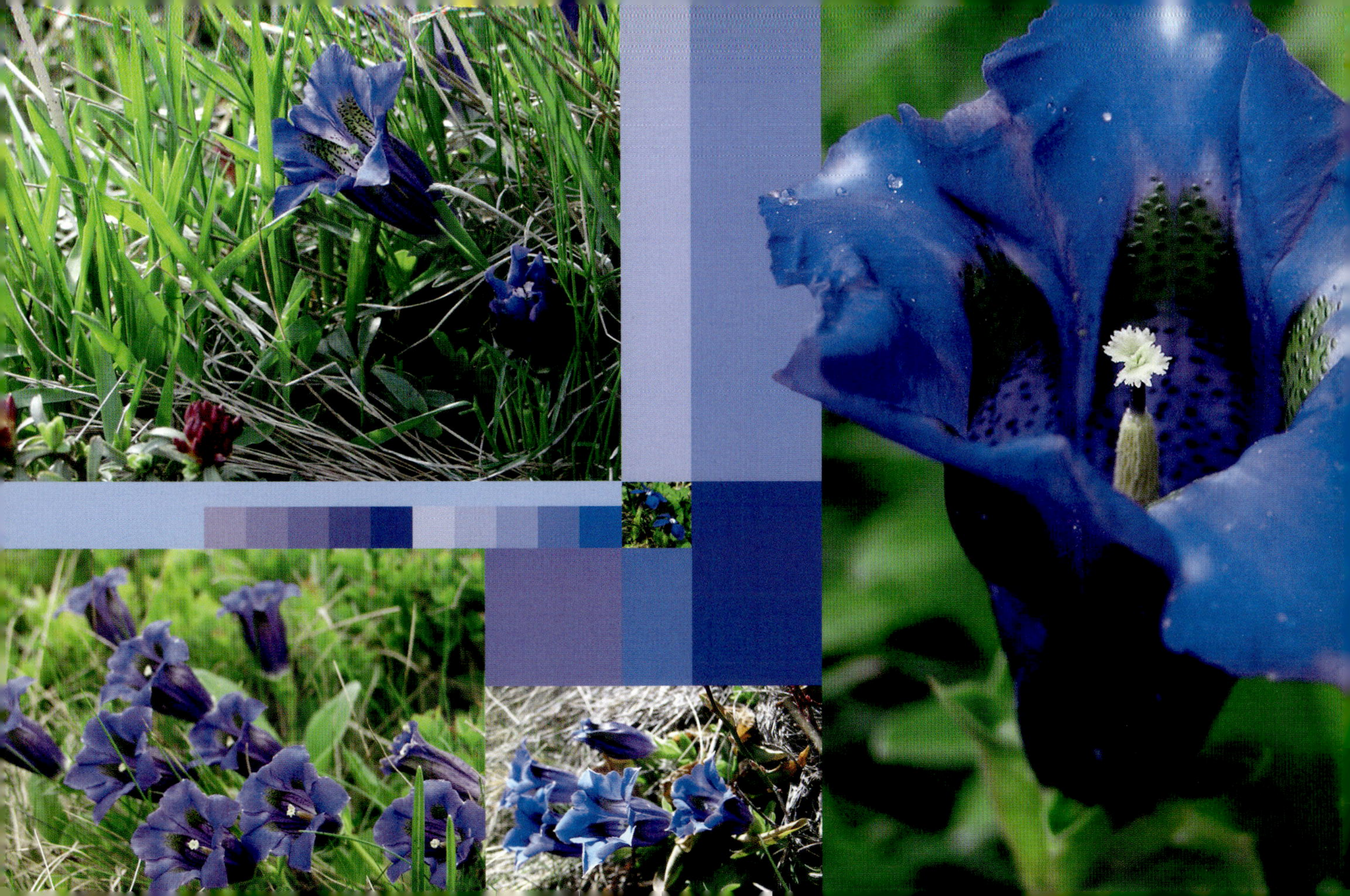

wahrhaftig dauernd sein Himmelsblau, und es ist genau das gleiche, wie droben am Himmelszelt. Ja, diese kleinen Enziane, diese kurzgestielten, die immer so gruppen- und familienweise zusammenstehen, um auf diese Weise ihre winzigen kleinen blauen Seelein zu einem blauen Meer zu mehren, die haben alle die verschiedenen Abtönungen, die

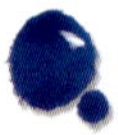

auch der Engadiner Himmel hat: vom lichtesten Hellblau über dem Bergell bis zum dunklen, tiefen, fast nächtlichen Blau, das man oft über den Fexgletschern oder über dem Lagrev sieht, so tief, daß es mich immer mit süßem Erschrecken erfüllt. Man fällt wie in eine offene blaue Tiefe hinunter. Und so erschrecke ich immer mit dem gleichen süßen Erschrecken, wenn ich so einen Enzian mit seinen fünf blauen Blütenblättchen ansehe. Oh, da geht es tief, tief hinunter, da fällt man in einen Weltraum hinein, aber dieser Weltraum ist von seliger Bläue erfüllt, ist unermeßlich kühl und warm, weich und stark zugleich. Es gibt aber noch andere Arten von Enzianen hier. Einer hat eine tiefe Glocke zur Blüte. Und ist sehr feierlich in seinem Wesen; hat auch ein eigenes Blau. Ich möchte es ein golddurchwirktes, brokatenes Blau nennen, und an den Wänden des Kelches sind denn auch kleine goldene Teppiche ausgelegt. Dieser Enzian ist nicht der weite, blaue, tiefe Himmelsdom, sondern eher eine goldene Kathedrale, mit farbigen Fenstern, und eine blaue Dämmerung herrscht in ihrer Halle, und goldenes Abendlicht webt um die Mitte, wo der Hochaltar steht. Er ist nicht der weite, unbegrenzt offene Himmel, aber er ist ein Gotteshaus, in dem Gott sehr, sehr nahe ist. Von so verschiedener Art sind die Engadiner Enziane.

Peter Lippert „Aus dem Engadin"

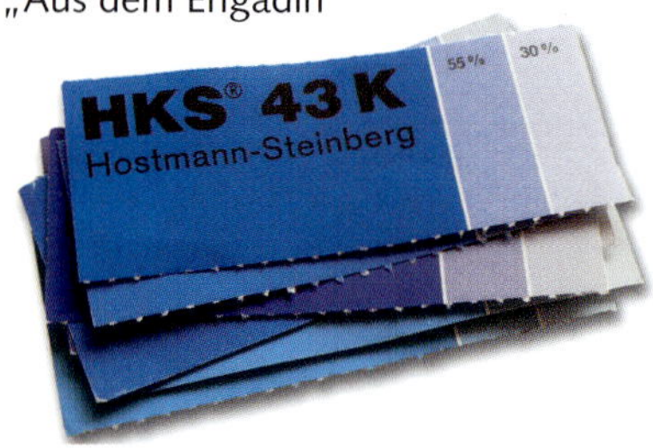

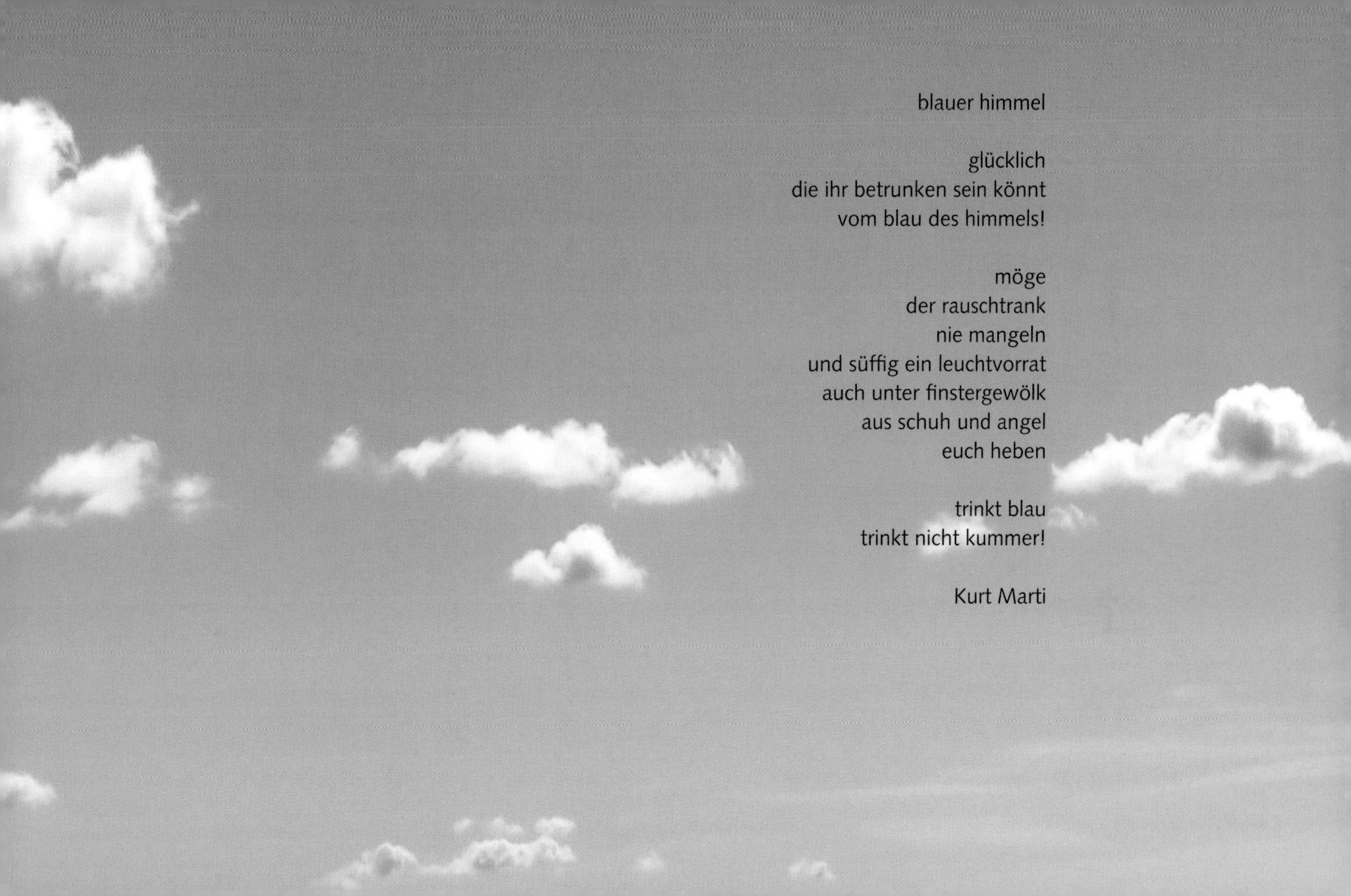

blauer himmel

glücklich
die ihr betrunken sein könnt
vom blau des himmels!

möge
der rauschtrank
nie mangeln
und süffig ein leuchtvorrat
auch unter finstergewölk
aus schuh und angel
euch heben

trinkt blau
trinkt nicht kummer!

Kurt Marti

blau

Anilinblau
Aralblau
Aquamarinblau
Azurblau
Ägyptischblau
Babyblau
Basaltblau
Bayrischblau
Bergblau
Berlinerblau

Graublau
Grünblau
Hellblau
Hyazinthblau
Himmelblau
Indigoblau
Irisblau
Jeansblau
Kadettenblau
Knallblau

Preußischblau
Rauchblau
RALblau
Reinblau
Royalblau
Samtblau
Saphirblau
Schiefernblau
Schwarzblau
Signalblau

Blau, Bezeichnung für Farben, die im Spektrum zwischen Grün und Violett, d.h. etwa zwischen den Wellenlängen 440 und 485 nm (blaues Licht) lie

blüht der Enzian

Blassblau
Bremer Blau
Brillantblau
Capriblau
Chinablau
Coelinblau
Cyanblau
Curacaoblau
Delftblau
Donaublau
Dunkelblau
Eisblau
Emailleblau
Enzianblau
Eisenblau
Fahlblau
Friesenblau

Kobaltblau
Kornblumenblau
Königsblau
Lapislazuliblau
Lavendelblau
Lichtblau
Lilablassblau
Manganblau
Marineblau
Meerblau
Mittelblau
Nachtblau
Navyblau
Neonblau
Ozeanblau
Pastellblau
Pfauenblau

Stahlblau
Sternhagelblau
Taubenblau
Tiefblau
Tintenblau
Türkisblau
Ultramarinblau
Vergissmeinichtblau
Veilchenblau
Violettblau
Vitriolblau
Verkehrsblau
Wasserblau
Yves-Klein-Blau
Zwetschgenblau
Zirkon-Coelinblau
Zirkon-Vanadiumblau

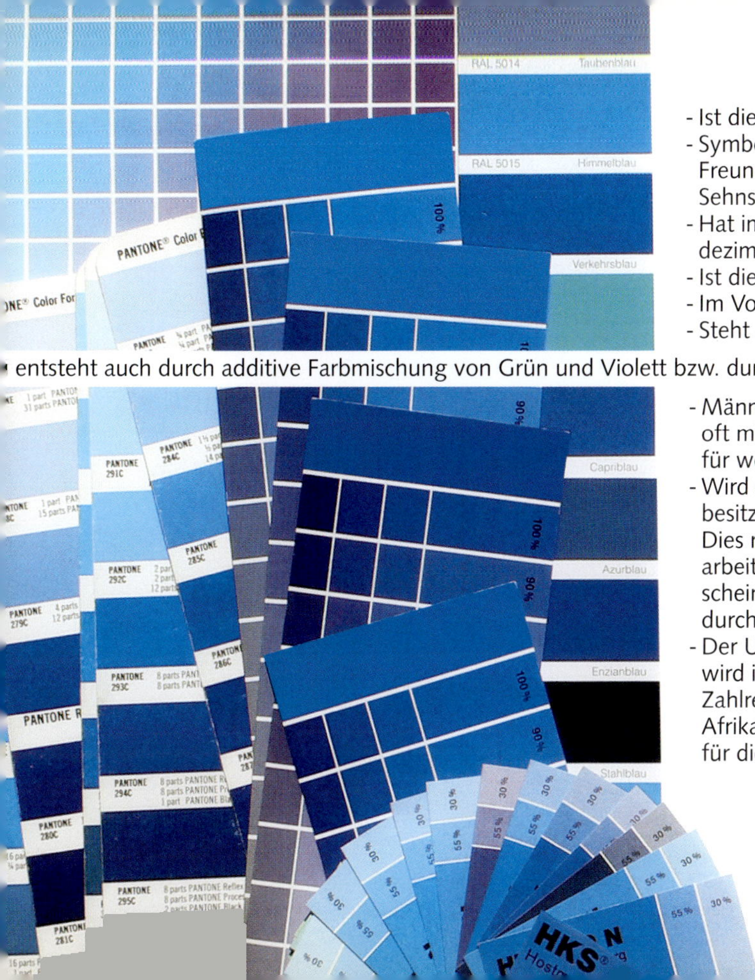

- Ist die Lieblingsfarbe von 38% der Deutschen.
- Symbolisiert: Sympathie, Harmonie, Freundlichkeit, Freundschaft, Treue, Vertrauen, Zuverlässigkeit, Sehnsucht, Kälte, Kühle, Phantasie.
- Hat im RGB-Farbraum den Wert RGB = (0, 0, 255) dezimal bzw. #0000FF hexadezimal, HKS Wert 45 N.
- Ist die Komplementärfarbe zu Gelb.
- Im Volksmund ist Blau die Farbe der Treue.
- Steht als Farbe der französischen Tricolore für Freiheit.

entsteht auch durch additive Farbmischung von Grün und Violett bzw. durch subtraktive Mischung von Blaugrün (cyan) und Purpur (magenta).

- Männliche Säuglinge werden in westlichen Kulturen oft mit der Farbe himmelblau, im Gegensatz zu rosa für weibliche Säuglinge, in Verbindung gebracht.
- Wird davon gesprochen, dass jemand blaues Blut besitzt, so steht dies dafür, dass er vom Adel ist. Dies rührt daher, dass adlige, d. h. nicht (im Freien) arbeitende Menschen eine ungebräunte, blasse, durchscheinende Haut hatten, durch die die Adern blau durchschimmerten.
- Der Unterschied zwischen grün und blau in der Sprache wird in manchen Sprachen nicht wiedergegeben. Zahlreiche Völker tropischer Regionen wie im südlichen Afrika oder auf Papua-Neuguinea verwenden für die Farben Grün und Blau ein einziges Wort.

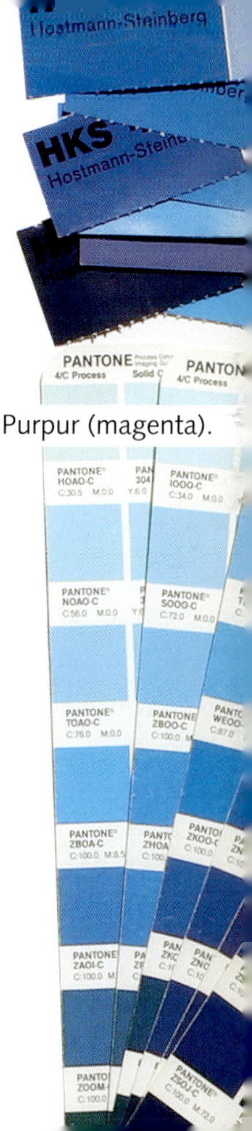

Enzian: Der Name der Gebirgspflanze (mhd. encian, entian) ist eine Entlehnung aus spätlat. „jentsiana“ <lat. gentiana, dessen weitere herkunft unklar ist DUDEN: Etymologie der deutschen Sprache

„Blau macht für das Auge eine sonderbare und fast unaussprechliche Wirkung. Sie ist als Farbe eine Energie; allein sie steht auf der negativen Seite und ist in ihrer höchsten Reinheit gleichsam ein reizendes Nichts. Es ist etwas widersprechendes von Reiz und Ruhe im Anblick.
Wie wir den hohen Himmel, die fernen Berge blau sehen, so scheint eine blaue Fläche auch vor uns zurückzuweichen. Wie wir einen angenehmen Gegenstand, der vor uns flieht, gern verfolgen, so sehen wir das Blaue gerne an, nicht weil es auf uns dringt, sondern weil es uns nach sich zieht.
Das Blaue steigert sich sehr sanft in's Rothe und erhält dadurch etwas Wirksames, ob es sich gleich auf der passiven Seite befindet. Sein Reiz ist aber von ganz andrer Art, als der des Rothgelben. Er belebt nicht sowohl, als daß er unruhig macht. So wie die Steigerung selbst unaufhaltsam ist, so wünscht man auch

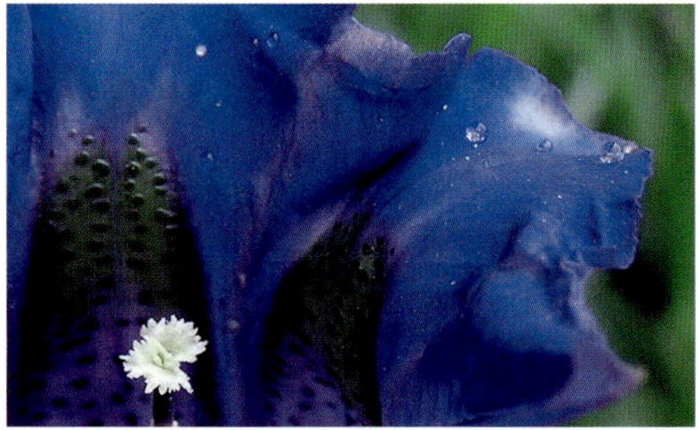

mit dieser Farbe immer fortzugehen, nicht aber, wie beim Rothgelben, immer thätig vorwärts zu schreiten, sondern einen Punct zu finden, wo man ausruhen könnte. Sehr verdünnt kennen wir die Farbe unter dem Namen Lila; aber auch so hat sie etwas Lebhaftes ohne Fröhlichkeit.“

„Zur Farbenlehre“, von Joh. W. von Goethe
Sechste Abtheilung. Sinnlich-sittliche Wirkung der Farbe.

Aus einem alten Kräuterbuch

die krafft und wuerkung von entzian

...ein quintlin des ausgetruckten safft aus der grüne wurtzel getrunken / ...bekompt wol denen so hoch heraber gefallen / oder inwendig gebrochen seind / dan er zerteylt von fueret auß das gerunne blut..
entzian safft inn die Ohren getropfft / tödtet die würm darinn... entzian wasser morgens nüchtern getrunken, etliche tag nach einander, jedesmahl drey loth, verlängert dem menschen sein leben ...seint ein treffentliche artzney für alleley gifft ...
... entzianbranntwein, schlechtweg „entzian" gnannt, wird von allen aelplern durch gaehrung des wurtzelaufgusses vortrefflich bereitet/... wirt von alpenjägern, bergsteigern, holzhauern ecetera gern genomm...

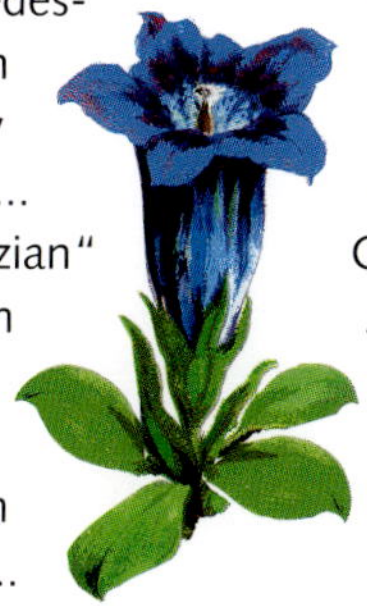

Enzianblüte

Du stehst von Sonnenfreude trunken
Im seligen Licht und atmest kaum,
Der Himmel scheint
in deinen Kelch versunken,
Die Lüfte wehn in deinem Flaum.

Und wenn sie alle Schuld und Pein
Von meiner Seele könnten wehen,
So dürft' ich wohl dein Bruder sein
Und stille Tage bei dir stehen.

So wäre meinen Weltenfahrten
Ein selig leichtes Ziel ersehn,
Gleich dir durch Gottes Träumegarten
Als blauer Sommertraum zu gehn.

Hermann Hesse

Edelweiß

Edelweiß (Leontopodium nivale subsp. alpinum früher Leontopodium alpinum) ist eine der bekanntesten Alpenblumen. Weitere Namen sind Wollblume, Bauchwehbleamerl, Irlweiß, Almsterndl, Federweiß, selten auch Silberstern und Wülblume (in der Schweiz).

Der Name leitet sich von der charakteristischen dichtfilzigen, weißen Behaarung ab griech. leon = Löwe, podion = Füßchen). - Wikipedia

Das 1966 erstmals herausgegebene „Österreich-Lexikon", zwei Bände mit zusammen über 1300 Seiten, kennt gerade einmal sechs Farbtafeln. Neben den Wappen der Republik und seiner Bundesländer, den historischen Fahnen und Wappen des österreichischungarischen Kaiserstaates, den Wappen von sechzig historisch bedeutsamen Städten und einem Querschnitt durch die österreichische Postwertzeichen-Geschichte (mit reichlich Volkstrachten, Landschaft und heimischen Pflanzen) findet sich die Tafel „Alpenblumen".

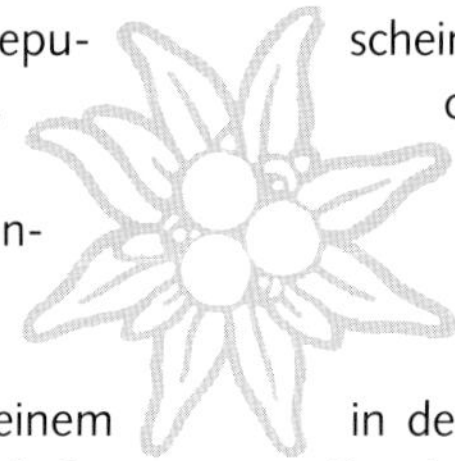

In schlicht hierarchischer Gliederung und in einer Manier, wie man sie aus Lehrsammlungen, von Landbahnhöfen und Schutzhütten kennt, führt sie vor, was von der Flora der Heimat zu schützen ist: In der Mitte steht das Edelweiß, gefolgt von links, resp. heraldisch rechts, dem Enzian und rechts, heraldisch links, der Alpenrose.

Das ist ein Bild, das selbstverständlich erscheint, ein Bild bei dem es scheinbar natürlicherweise Erste, Zweite und Dritte auf dem gedachten Podest der alpinen Flora gibt. Und das war 1966.

Ginge es nach dem „Österreich-Lexikon, stünden die Alpenblumen in der Nähe eines Hoheitszeichens und nationalen Symbols, denn auch die Farbtafel „Österreichische Postwertzeichen" verweist noch einmal auf eine seit 1948 ausgegebene Markenserie „Heimische Blumen", deren höchste Wertstufen dem Edelweiß und dem Enzian vorbehalten blieben, während für die Gewächse des Flachlandes die Groschenbeträge reserviert waren. ...

Dies alles, so erlaube ich mir vorauszusetzen, liegt weniger in der Seltenheit von Edelweiß,

Edelweiß, Leontopodium nivale subsp. alpinum und Kilimanjaro-Edelweiß, (mitte) Arabis Alpina ►

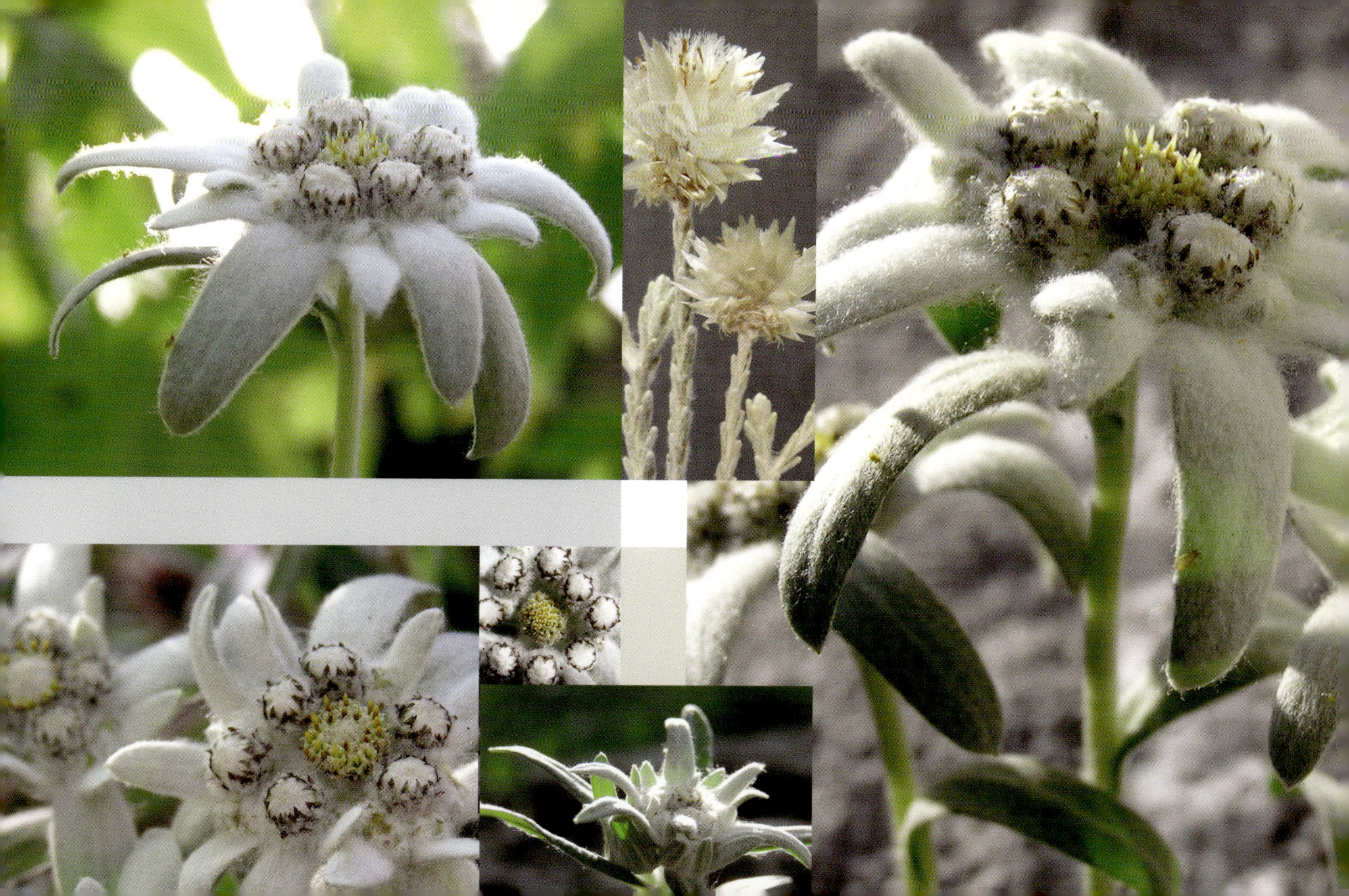

Enzian und Alpenrose begründet, als vielmehr in ihrem Wiedererkennungswert und ihrer Symbolkraft für ein sich als Alpenrepublik definierendes Land. Alpenblumen sind Heimatzeichen - Heimatzeichen, verstanden als eindeutig dechiffrierbare Verweise auf Sehnsuchtslandschaften.

Bernhard Tschofen in seinem Referat über „Alpenblumen und andere Heimatzeichen"

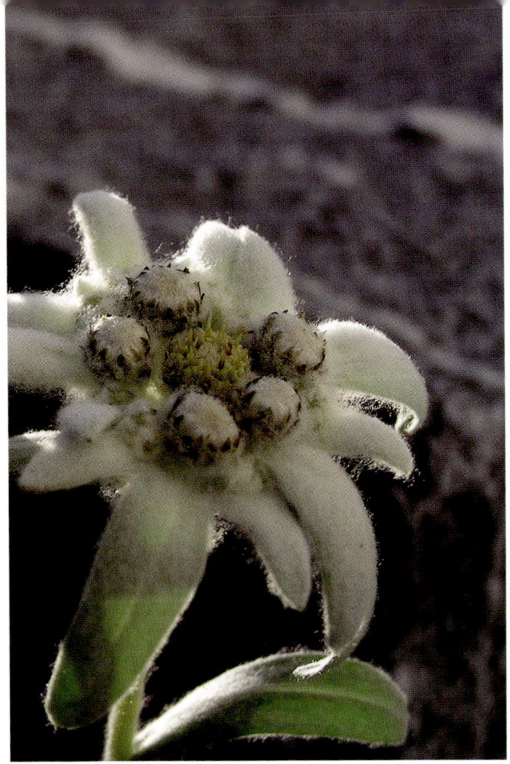

Edelweiß - Stella alpina

Weißfilziger Stern
wächst dem Himmel entgegen
und träumt vom Regen

MANUEL WERNER

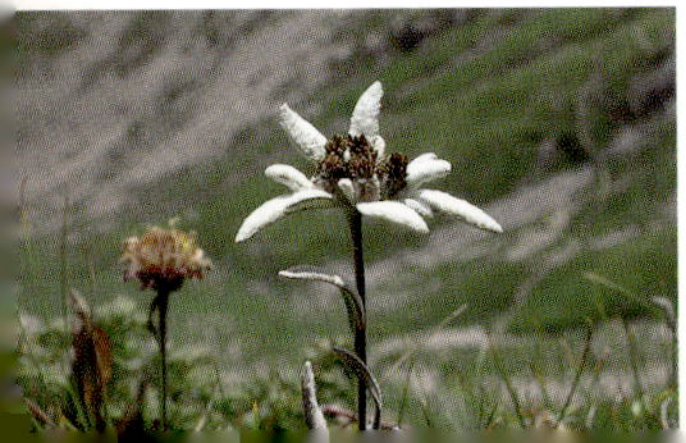

»O Edlweiß, o Edlweiß,
wer soll von dir dös moana!
Wie vul si freua, wanns di sehg'n,
machst andere bitter woana.
Und wiasd a Zier bist überall,
wo's lusti abageht;
oft denk ma dei' aa,
wo a Kreuz im stillen Kirchhof steht.«

Heinrich Noé
im Gedenken an die vielen beim
„Edelweißbrocken" Abgestürtzten!

◄► *Edelweiß, Leontopodium nivale subsp. alpinum*

Grau ist keine Spektralfarbe. Sie entsteht durch eine Mischung von Farben, die die Rezeptoren im Auge gleich stark reizt. Die Wahrnehmung der Farbe Grau wird leicht durch den Farbton von benachbarten Farben beeinflusst. Der Mensch kann etwa 500 Grautöne unterscheiden.

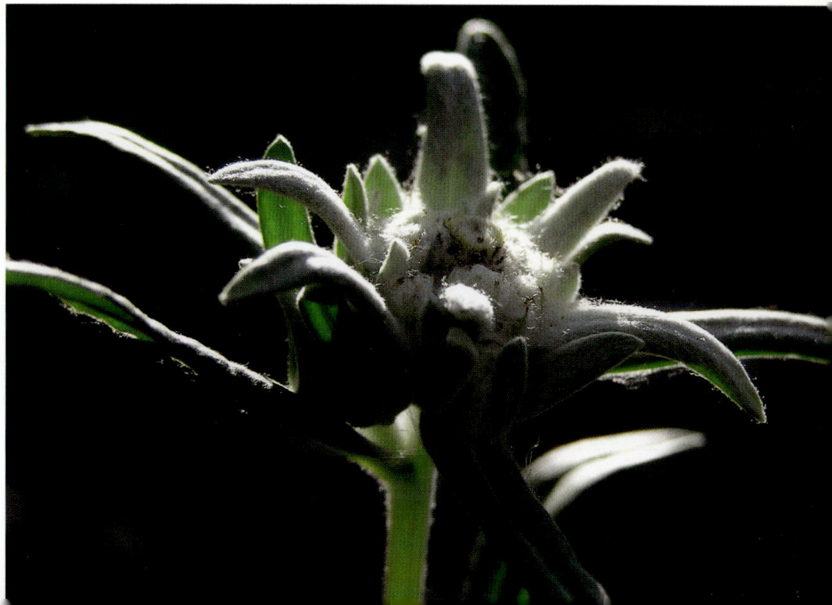

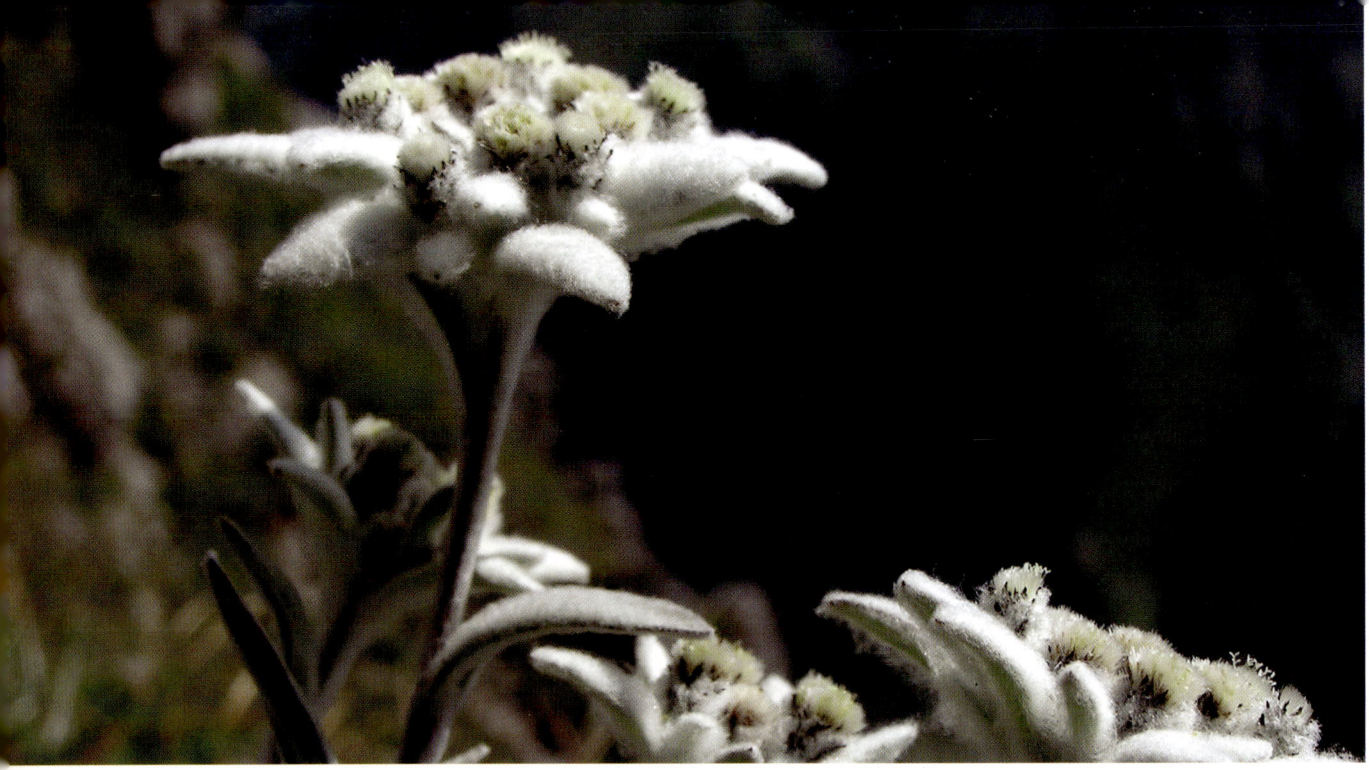

Die Edelweißblüte ist nur eine Scheinblüte. Die Schaufunktion entsteht durch die dicht weißfilzigen Hochblätter, die eigentlichen Blüten sitzen zu vielen Hunderten inmitten des Sterns beisammen. Der blendend weiße Schimmer auf den Hochblättern entsteht dadurch, dass tausende kleine Luftbläschen an dem vielfach durcheinander gewirkten, krausen Haar das einfallende Licht reflektieren (Signal für Honig suchende Insekten, außerdem Verdunstungsschutz). Im Tiefland wachsende Pflanzen werden größer und erscheinen wegen der weniger dichten Behaarung grünlich.

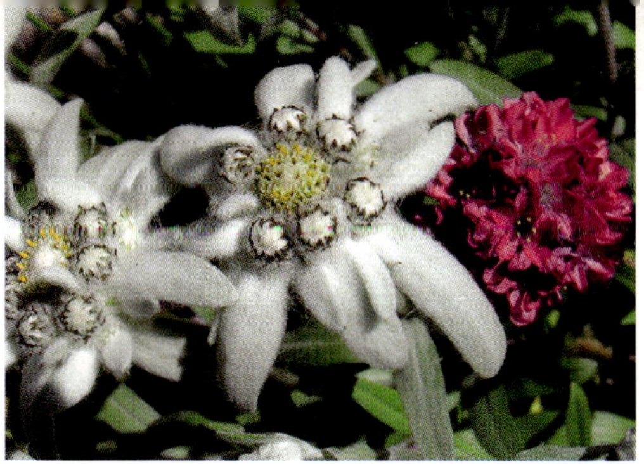

Sepp, Sepp, are you ready for the Nepp?
Die Zukunft ist der Alpen-Rap.
Sepp, Sepp, mach sie heiß
mit deinem Edelweiß!

Erste Allgemeine Verunsicherung

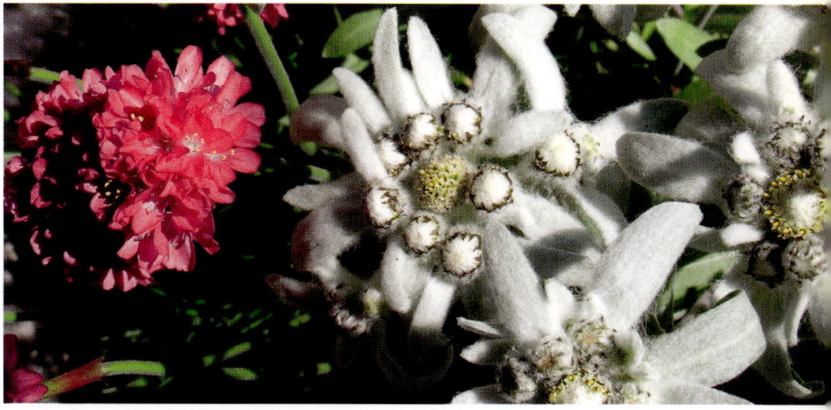

▲ *Edelweiß, Leontopodium nivale subsp. alpinum und Alpen-Pechnelke, (Alpen-Lichtnelke), Lýchnis alína*

Das Edelweiss unter dem linken Rockaufschlag galt als Erkennungszeichen der oppositionellen Jugendgruppen, der Edelweißpiraten, in der NS-Zeit. Sie wanderten und musizierten und zogen gegen die Nazis zu Felde.

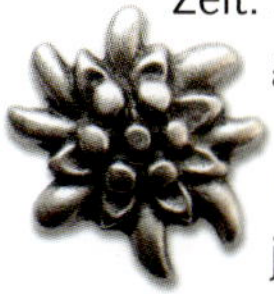

Die Edelweißpiraten verteilten Flugblätter, prügelten sich mit der Hitlerjugend, und versorgten Verfolgte des Nazi-Regimes.

Von den Einheitsuniformen der Hitlerjugend hoben sie sich durch einen eigenen Stil - oft Skihemden, Wanderschuhe, Halstuch und kurze Lederhosen - ab. Im Gegensatz zur HJ nahmen sie auch Mädchen auf.

Hauswurze

Meisterinnen des alpinen Survival

Aus der Tiefe kommt ihre Schönheit und Pracht
von dort beziehen sie enorme Macht

Ja, verankert zu sein, das ist sehr wichtig,
zu leben aus seiner Mitte richtig

So sind sie voll großart'ger Harmonie
„Juwelen der Berge", so nenne ich sie

florale „Mandalas", „Kleinode",
„Schmuckstücke",
„Edelsteine" in kleinster Lücke

Es gibt sie in jeglicher Variation
„Vielfalt statt Einfalt" klingt's unison

Sie nutzen Sonnenstrahl und
kaltfeuchte Nacht
darin liegt ihre Klugheit und Kraft

Sie übersteh'n Trockenheit, bittersten Frost
ihnen genügt stickstoffkarge Kost

Wenn Du aber meinst, sie seien so zart
dann sei zu Dir so eisern und hart
und verweile drei Nächte und Tage bei ihnen
dann kannst Du ermessen, nachfühlen

wie meisterlich diese Schönen sind
sie trotzen der Kälte, der Dürre, dem Wind!

Manuel Werner

Links: Roter Steinbrech, Saxifraga oppositifolia, Mitte oben u. unten: Dach-Hauswurz, Sempervívum téctorum, unten-rechts: Schweizer Mannsschild, Andrósace helvética ►

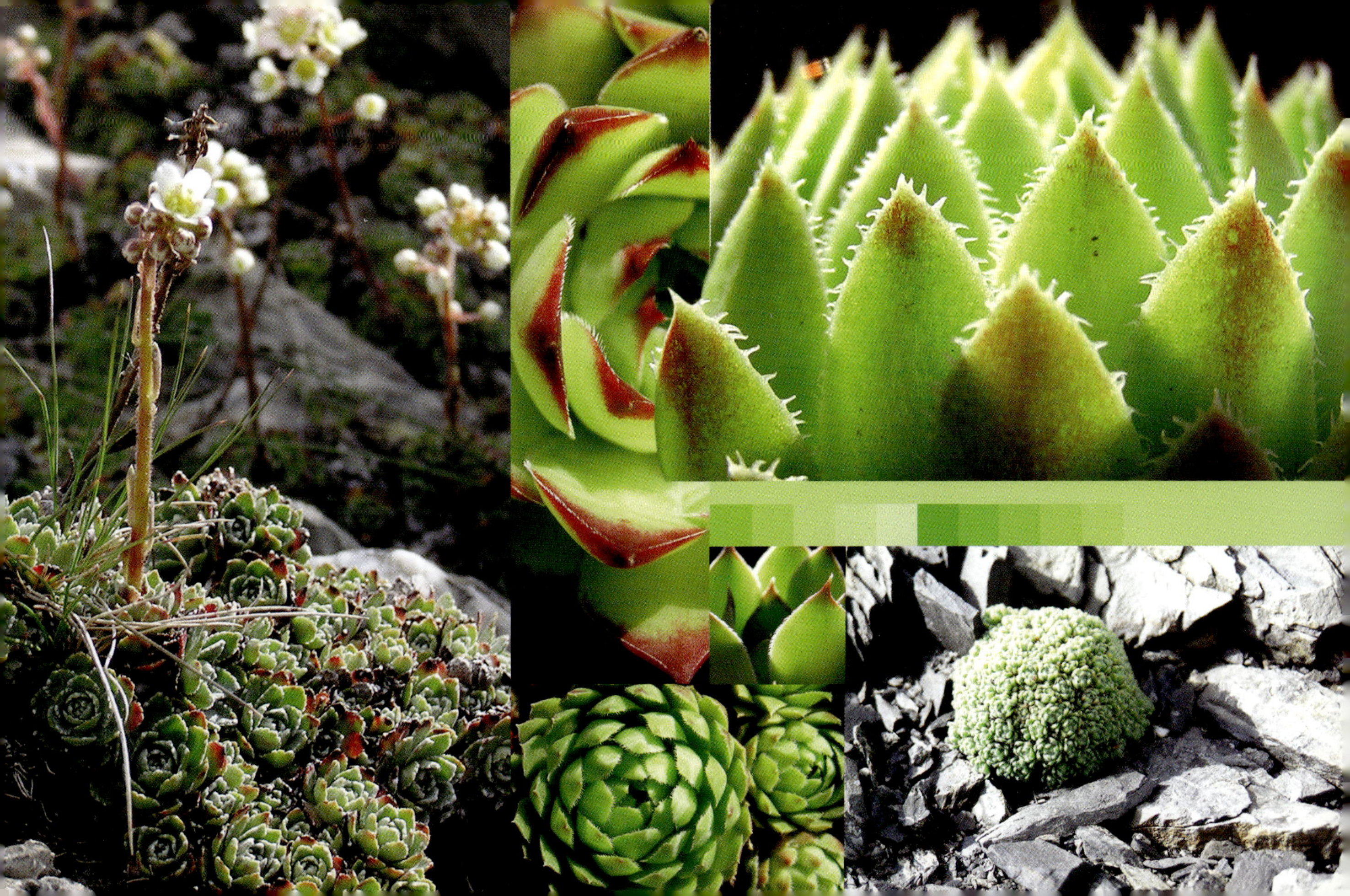

Semperviven und ihre Anpassung an die extremen Umwelt-Bedingungen im Gebirge.

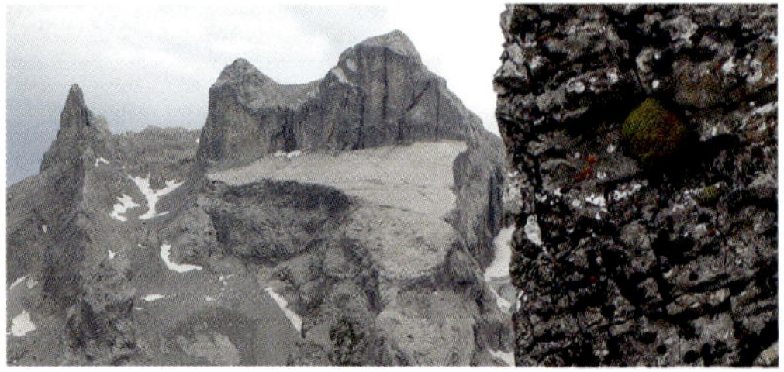

Hochgebirgspflanzen sind extremen Wetterbedingungen wie Wind, Kälte, Frost, Hitze, und Höhenstrahlung ausgesetzt. Semperviven, oder Hauswurze haben sich meisterhaft an diese Bedingungen angepasst. So weisen Sie einen wirksamen Verdunstungsschutz auf. Ihre Blatthaut (Epidermis) ist als Schutz gegen Wasserverlust verdickt und mit einer wasserundurchlässigen wachsartigen Schicht (Kutikula) überzogen. Die Pflanzenblätter haben mikroskopisch kleine Öffnungen die den Gasaustausch ermöglichen. (Kohlenstoffdioxid aufnehmen und Sauerstoff, der bei der Photosynthese frei wird und den wir Menschen zum Atmen brauchen, abgeben) Diese Spaltöffnungen müssen tagsüber oft geschlossen bleiben, da Hitze und extreme Trockenheit im Gebirge die Pflanze schnell austrocknen würden.

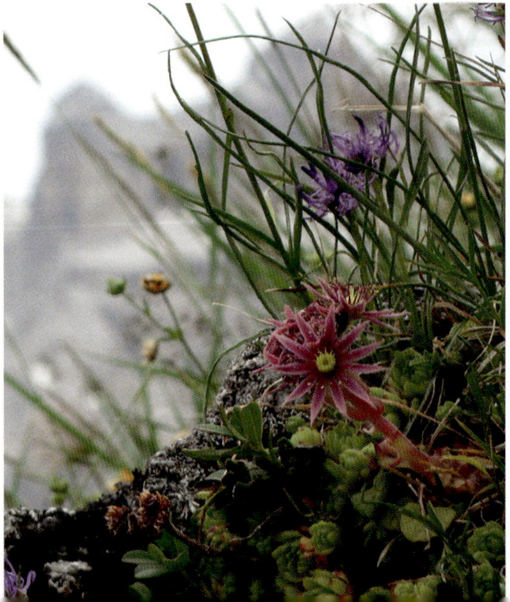

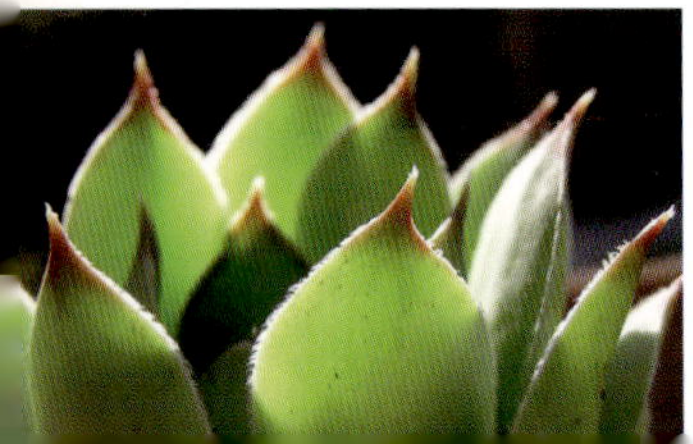

Sie werden aber nachts geöffnet und CO2 auf „Vorrat getankt" (und in Form von Apfelsäure zwischengespeichert). Diese wird dann tagsüber mit Hilfe von Wasser, Blattgrün und Sonnenenergie (Photosynthese) in Kohlenhydrate (Zucker) „umgebaut" und eingelagert. Bei Bedarf kann der energiereiche Vorrat veratmet, (oxidiert) also als Nahrung verwertet werden. Die hochkonzentrierte Zuckerlösung dient auch als ideales Frostschutzmittel. Die dicken, fleischigen Blätter dienen als Wasserspeicher. Eine Hauswurz kann längere Perioden völliger Trockenheit überstehen. Ihre lange Pfahlwurzel kann Wasser und darin gelöste Mineralien aus großer Tiefe erschließen. Außerdem kann die Pflanze mit ihrer tiefen Verwurzelung der Gewalt von Stürmen gut wiederstehen.

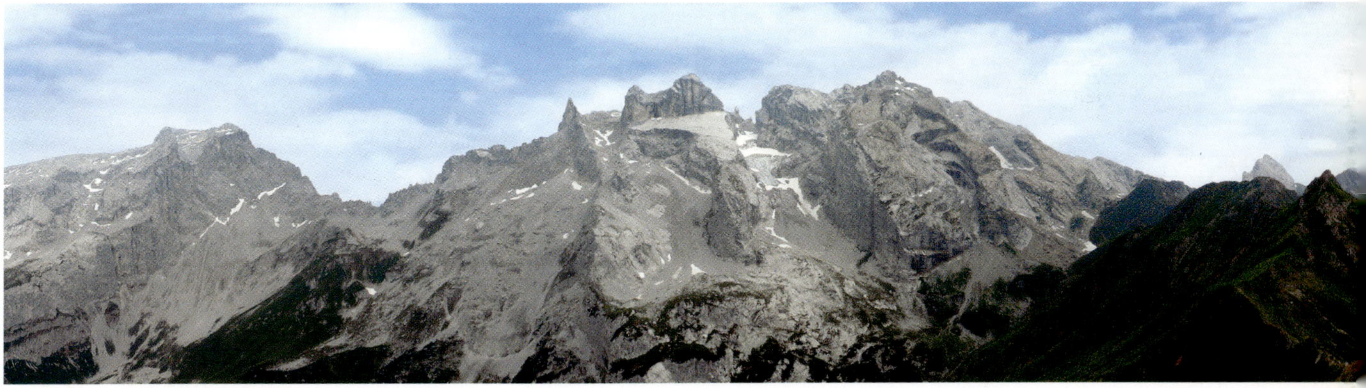

▲ *Blick von der Geißspitze, 2334 m, auf Sulzfluh, (links) Drei Türme, Drusenfluh, und Kreuzspitze (rechter Bildrand)*

◄ *Oben: An den Gipfelfelsen der Kreuzspitze hat sich in einer Felsspalte ein Kugelpolster des Schweizer Mannschildes, Andrósace helvética „eingenistet". Die anspruchslose, robuste Pflanze ist an Kalkfelsen gebunden und wird bis zu 60 Jahre alt.*

◄ *Unten: Blühende Berg-Hauswurz, Sempervivum monanum, und dahinter eine Schopf-Teufelskralle, Pyteúma comósum*

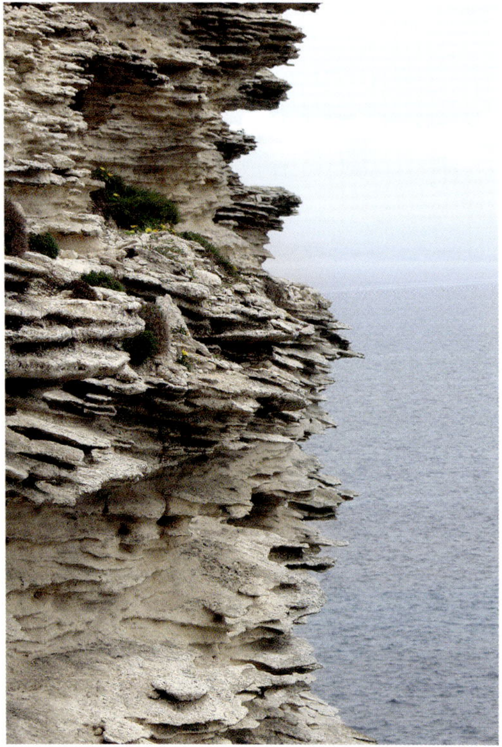

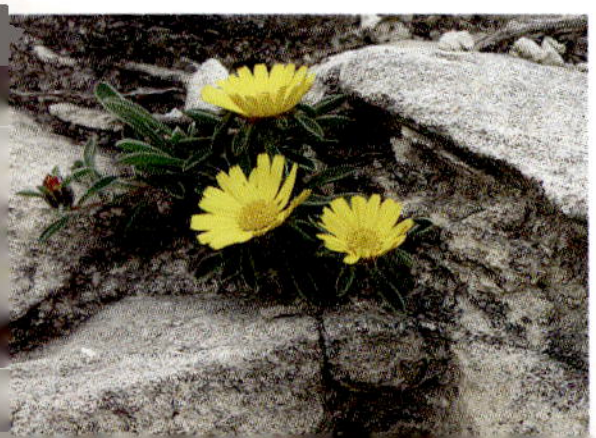

Wir können das Tal ausmessen
Wir können seine Berge zählen
Und meinetwegen auch seine Steine

Aber der eine einzige Augenblick
Die Sekundenvibration einer Lärchennadel
Das einmalige Blitzen einer Welle im Fluss

Unwiederholbar
Mit nichts zu vergleichen

Wir können alle Blumen bestimmen
Wir können alle Wege aufzeichnen
Und meinetwegen auch alle Menschen
Aber der eine einzige Augenblick
Das flüchtige Sirren einer Libelle
Der erste Hauch Licht auf den Flanken eines Berges

Unwiederholbar
Mit nichts zu vergleichen

Wir können die Tiefen der Seen ausloten
Wir können das Verhalten der Tiere erforschen
Und meinetwegen die Herkunft der Sprache
Aber der eine einzige Augenblick
Der zögernde Satz eines Freundes
Die Gebärde des Lächelns auf dem Antlitz der Freundin

Unwiederholbar
Mit nichts zu vergleichen

Paul Emanuel Müller

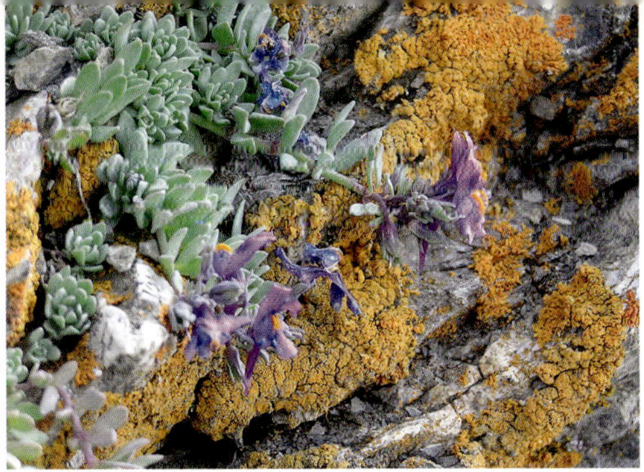

◄ *Strandstern in den Sandkornfelsen bei Bonifacio, Korsika*
▲ *Alpen-Leinkraut, Linaria alpina, an der „Roten Wand„*
▼ *Gegenblatt Steinbrech, Saxifraga oppositifolia*

Wir wissen nicht,
womit der Steinbrech Steine bricht.
Er übt die Kunst auf seine Weise
und ohne Lärm.
Gott liebt das leise.

Heinrich Waggerl

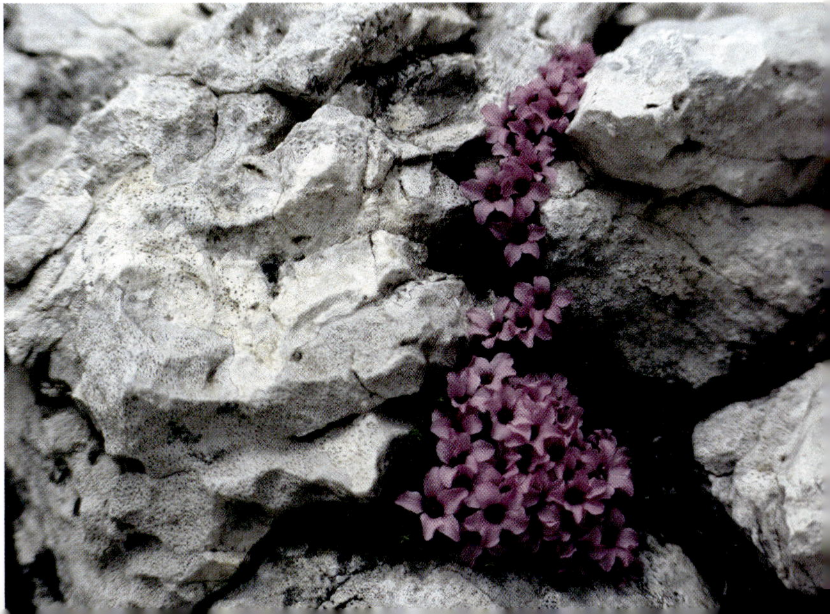

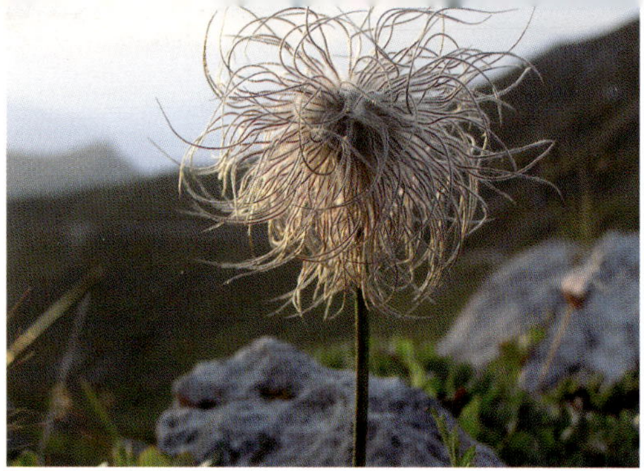

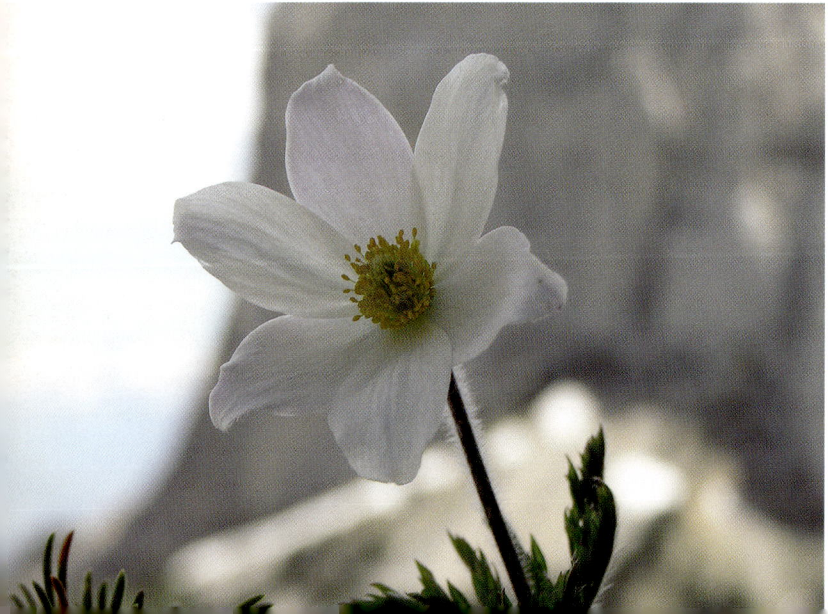

Frühlingsanemone

Der Schnee hat Platz gemacht
Sie ist ans Licht gestiegen
Ein weicher Haarflaum birgt das junge Glück

In Farben zart getönt
Die Hochalp harrt verschwiegen
Die Hüllen biegen sich zurück.

Siegfried Feger

◄ *Baldo-Windröschen, Anemóne baldénsis*
▲ *Silberwurz, drýas octopétala, (Fruchtstand)*
► *Zierliche Glockenblume, Campánula cochleraiifólia am Beseggengrat, Norwegen*

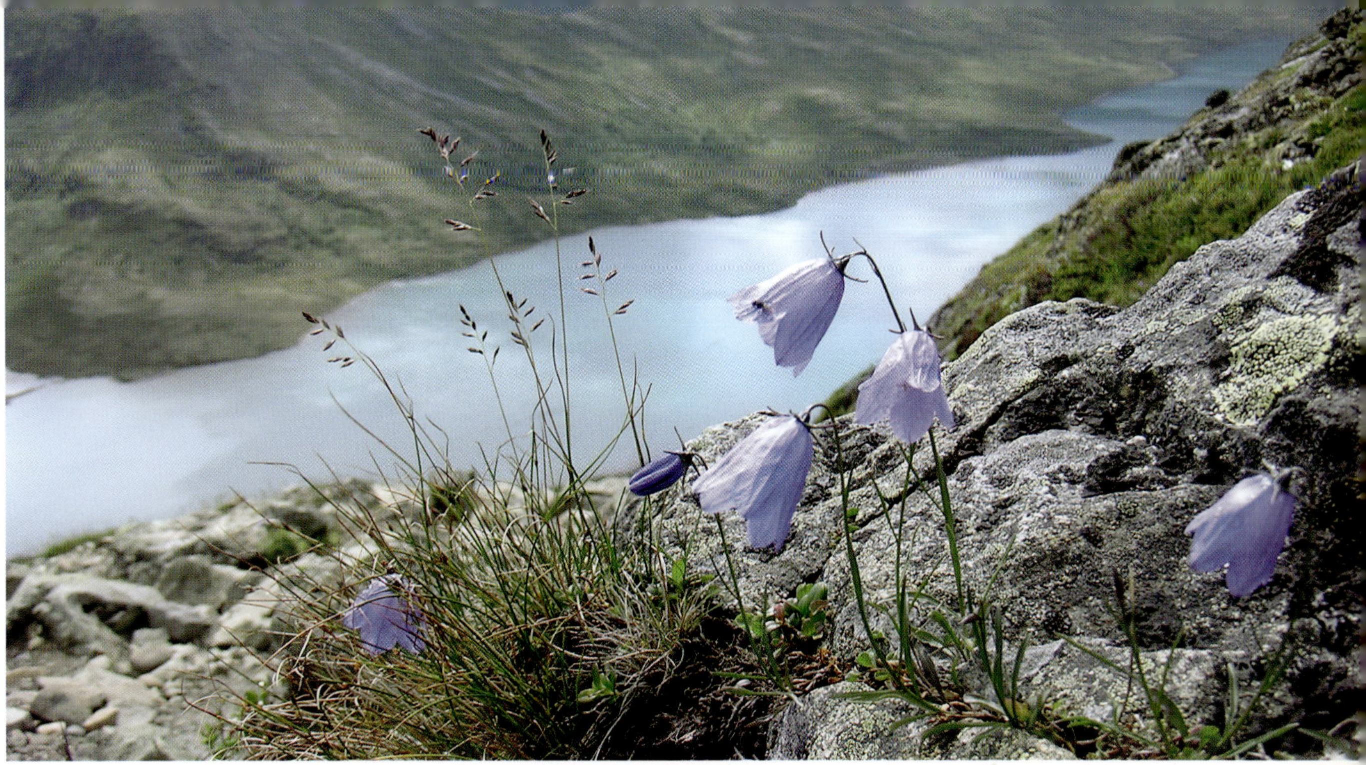

Die blauen, seidenpapierdünnen Glöckchen rütteln zu dutzenden im Wind.
Sie sind kaum einmal ruhig.
Ihr Läuten ist stumm. Sie läuten mit Farbe.

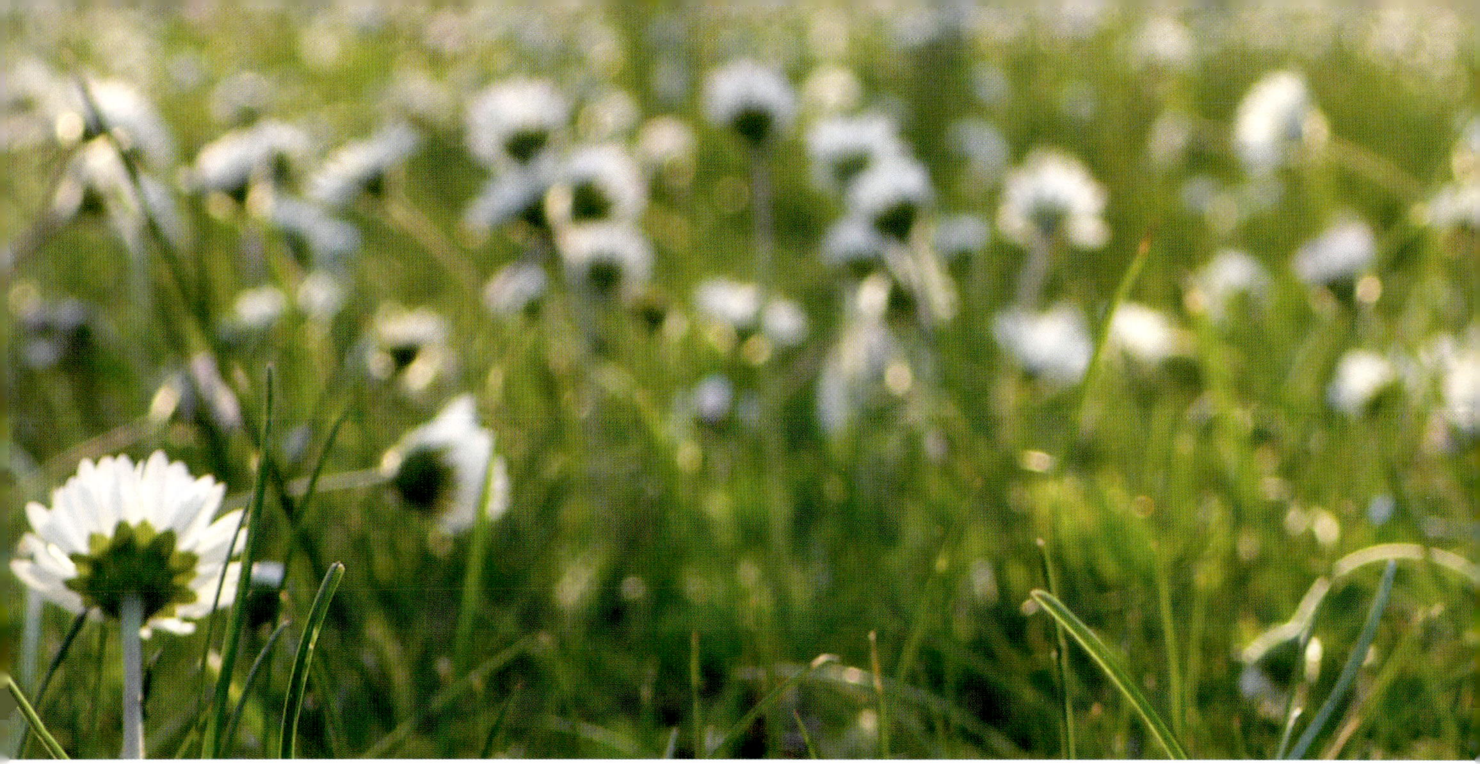

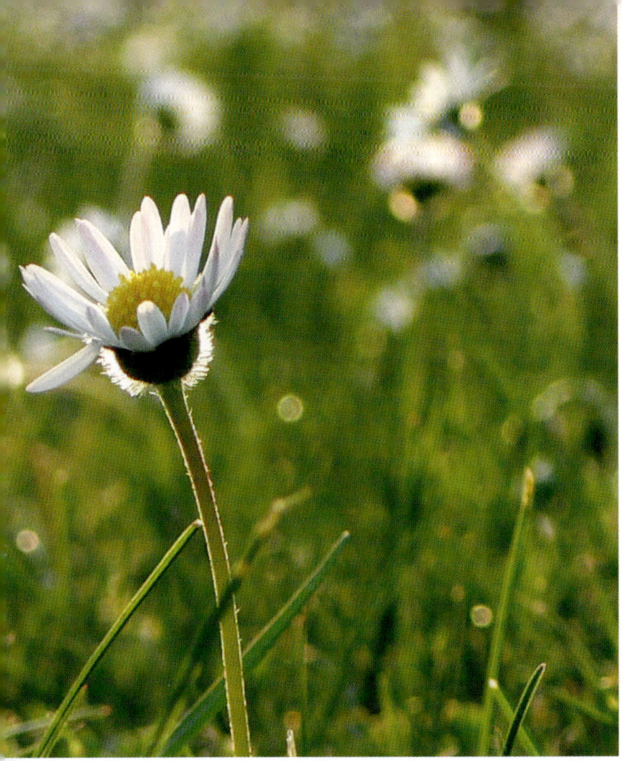

▲ *Gänseblümchen, Bellis perennis*

Warum erfüllen uns Gräser, eine Wiese,
eine Tanne mit so reiner Lust?
Weil wir da Lebendiges vor uns sehen,
das nur von außen her zerstört werden kann,
nicht durch sich selbst.
Der Baum wird nie an gebrochenem Herzen
sterben und das Gras nie seinen Verstand
verlieren.
Von außen droht ihnen jede mögliche Gefahr,
von innen her aber sind sie gefeit.
Sie fallen sich nicht selbst in den Rücken
wie der Mensch mit seinem Geist
und ersparen uns damit das wiederholte
Schauspiel unseres eigenen zwiespältigen
- darum aber freilich auch um so
entwicklungsfähigeren - Lebens.

Christian Morgenstern

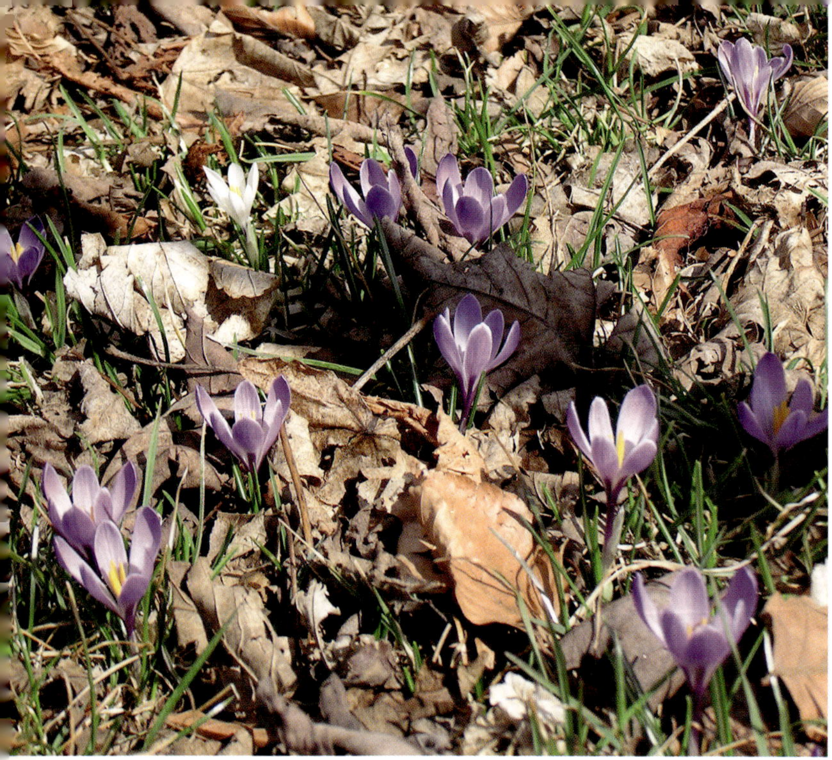

Zaitloasn in Låntaufers

A Fartl in Låntaufers
in Langas noochn Schneea; -
deïs Bild vrgisch du
dai Leppa nimmrmea.

Zaitloasn .....
di Wiisn, di Rean,
`s gånz Tool isch hintn,
va Pedroß bis Maloog.
Tausate va Kelch
hoobn neebnanond Plåtz,
sainzi waiß -
oudr violett.

Sou ischas hålt:

Wenn jeedr in åndrn Plåtz lått,
nårr bliats ibråll z'gwett.

Wilhelmine Habicher
(in Vinschgauer Mundart)

▲ *Frühlingskrokus, Crocus albiflorus, Frühlings-Safran, Schwertliliengewächs*
Der althochdeutsche Blumenname „zîtelôsa" bezeichnete ursprünglich sehr frühe Frühlingsblumen (FrühlingsKrokus) und bedeutet eigentlich „nicht zur richtigen Zeit blühende Blume"; seit dem 16.Jh. wurde der Name (auch) auf die spät blühende Herbstblume (Colchium autumnale, Liliengewächs, stark giftig) übertragen, die seit Anfang des 18.Jh. genauer Herbstzeitlose genannt wird.
DUDEN: Etymologie der deutschen Sprache

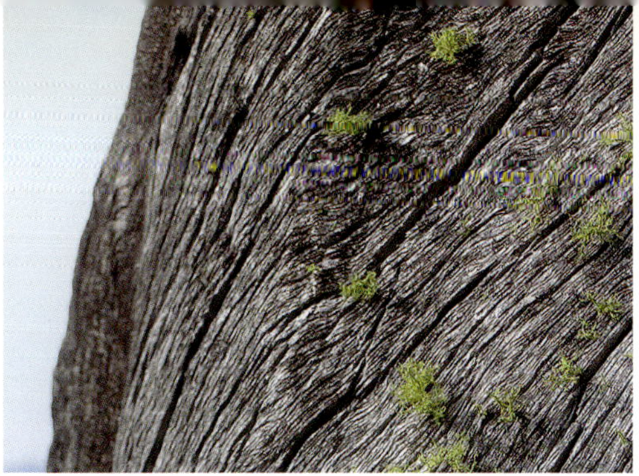

Die meisten Menschen wissen gar nicht,
wie schön die Welt ist und wieviel Pracht
in den Dingen - in irgendeiner Blume, einem
Stein, einer Baumrinde oder einem Birkenblatt -
sich offenbart.

Rainer Maria Rilke

Das Suchen und der Weg sind wichtiger,
als daß man wirklich etwas findet.

Yehudi Menuhin

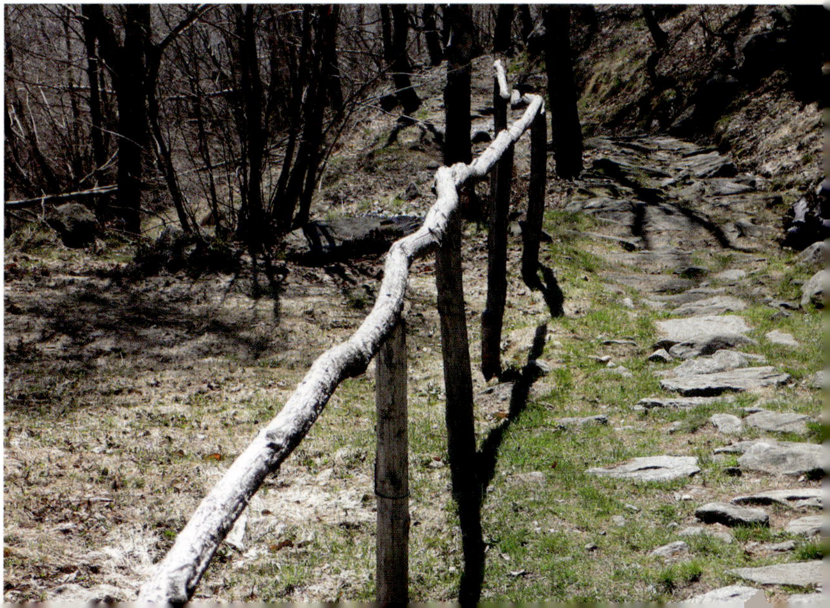

▲ *Flechten an einer Baumrinde (Norwegen)*

► *Auf dem Weg zum Monte di Lego, hoch über Locarno*

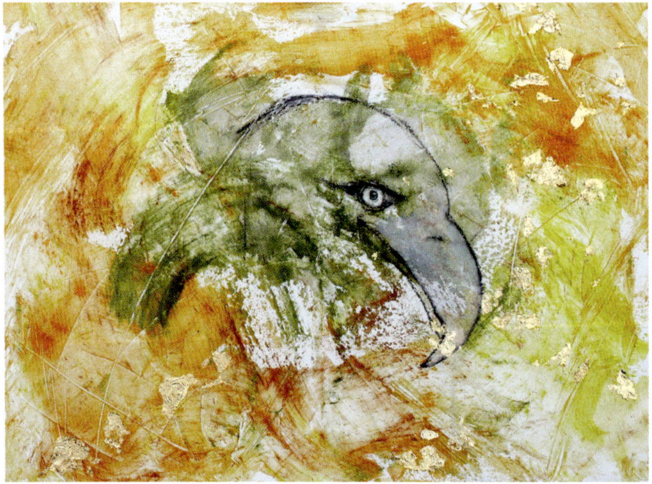

◄ *Adler*
Acryl auf Leinwand, 80 x 60 cm
Christine Thoma

Wo die blauen Gipfel ragen...
Aquila, Mankei, Ibex & co.

Adler

Murmeltier

Steinbock & co.

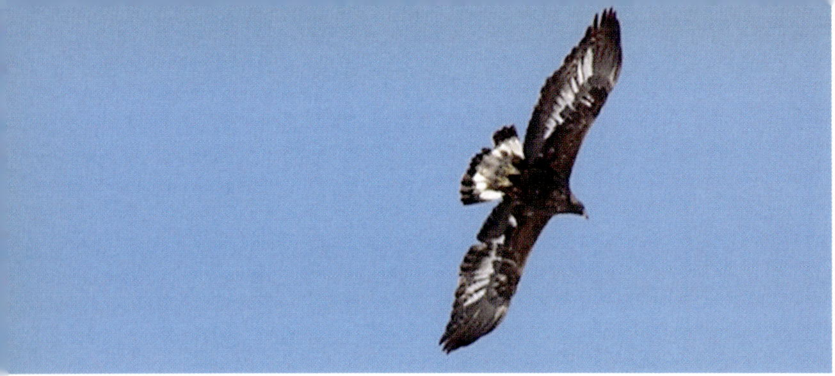

Vom Adler

Wie der König der Lüfte
erhebe dich über den Alltag,
überblicke deine Wege,
wohin sie dich führen
und wohin nicht.

Bleib nicht am Boden
wie die Hühner,
die im Staub nach Futter picken,
schlag deine Beute
aus windiger Höhe.

Freu dich an der Sonne,
die dein Gefieder wärmt,
gleite dahin zwischen den Bergen,
und ruhe dich aus
in deinem sicheren Horst.

Domenico Bialotti

Der Adler

Hoch zwischen den Wolken, über den
Mit ewigem Schnee funkelnden Felsen,
Wie ein Blitzschlag, wie ein Pfeil,
Schwebt auf schwingenden Flügeln
Der Adler im Morgengrauen
Zwischen Klippen und zackigem Fels.

Den blauen Himmel über dem Kopf
Bist du Gefährte der Sterne,
Die wie Edelstein leuchten,
Die wie ein Brautkleid schimmern,
Oder wie die strahlende Nacht, in der ein Gott
Weisheit und Anmut zuteilt.

Es schweigt dein Reich,
Adler, Gebieter der Freiheit,
Und in den leeren Weiten erfreuen dich
Die Harmonie der Sterne
Und der aufgehende Mond,
Wo die Muse der Sehnsucht erhört wird.

Robert Elsie

(aus dem Albanischen übertragen)

Ein Steinadler während einer Skitour im Bregenzerwald (Brendler Lueg) fotografiert. Stolz kreiste der einsame „Alpen-König“ eine Zeit lang über uns.
Ein Adlerpaar nutzt einen Raum von bis zu 90 km^2!

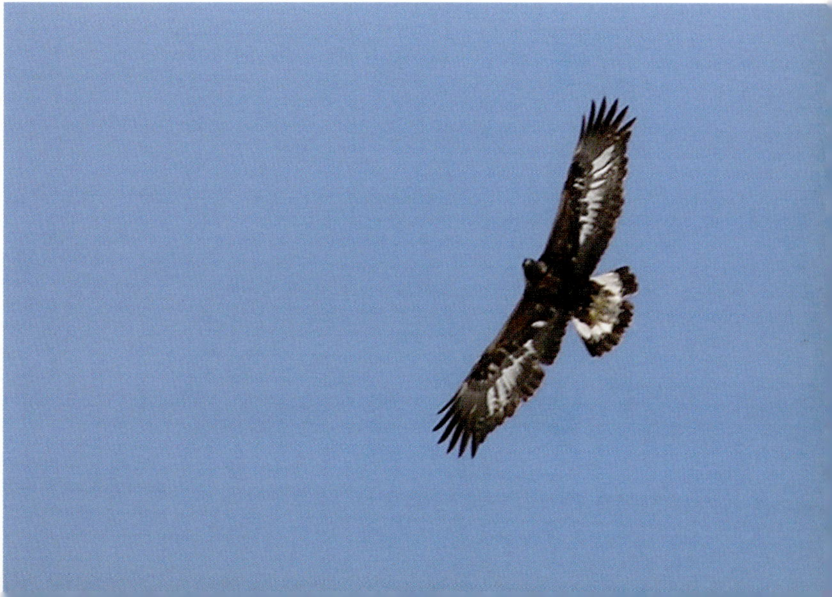

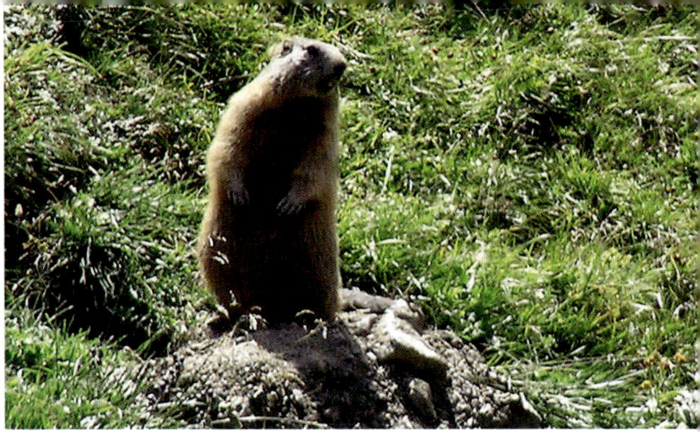

„Wer einmal den Laut von Murmeltieren hörte, wird ihn nicht leicht vergessen. Daß er ein Pfeifen sei, sagt zu wenig: es klingt mechanisch, wie mit Dampf betrieben. Und eben darum zum Erschrecken. Die Angst, welche die kleinen Tiere seit unvordenklichen Zeiten müssen empfunden haben, ist ihnen in der Kehle zum Warnsignal erstarrt; was ihr Leben beschützen soll, hat den Ausdruck des Lebendigen verloren. In Panik vorm Tod haben sie Mimikry an den Tod geübt."

Theodor W. Adorno „Aus Sils Maria"

Murmelthiere schlafen den ganzen winter one speisz und trank zusamen gekrümpt wie ein ygel .. dannenhar ist ein sprüchwort bei den einwoneren der alpen im brauch, er musz sein zeit geschlafen haben wie ein murmelthier; daher von einer verschlafenen person: sieh, wie das alte murmelthier dort schläft.

DEUTSCHES WÖRTERBUCH VON JACOB UND WILHELM GRIMM, 1854

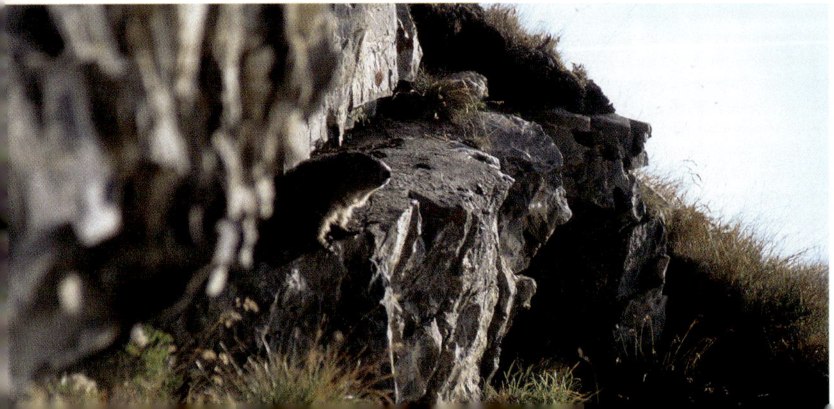

Das Wort Murmeltier kommt vermutlich aus dem althochdeutschen „Murmunto" und ist aus dem lateinischen Mus [m] mont [is] gleich „Bergmaus" entstanden. (nach Marzell)

Das Weibchen wird „Katze", das Männchen „Bär" und Jungtiere „Affe" oder „Äffchen" genannt.

▲ *Mankei in typischer Fress- und Beobachtungshaltung, einer Eigenschaft die allen Hörnchenfamilien eigen ist. (kann auch sehr gut bei Eichhörnchen beobachtet werden.)*

◄ *Gut geschützt vor dem Hauptfressfeind, dem Steinadler.*

Hoch über der Baumgrenze der Alpen führen die „lustigen Gesellen“ ein meist verborgenes Leben: Sieben bis acht Monate im Jahr, eben solange Schnee liegt, halten sie in Bauen, im Innern der Berge, bis ins späte Frühjahr hinein ihren ausgedehnten Winterschlaf.

Dort kuschelt sich dann die 15-köpfige Großfamilie in einem bequemen Heulager (eine Familie lagert bis zu 15 kg Heu ein!) zusammen und kommt erst wieder zum Vorschein, wenn die Außentemperatur auf Frühling hindeutet. Bei unseren ersten Bergtouren entdecken wir sie dann beim verspielten Herumtollen vor ihren Behausungen. Doch schon nach dem ersten hellen Pfiff, der von der Felswand wiederhallt, sind sie wie vom Erdboden verschwunden. Ob als Mankeis der österreichischen und oberbayerischen Berge, als tirolerisches Mannl, als Murmeli, Bergmännle oder Mistbellerie in der Schweiz, Muntanella rätoromanisch, als Marmotte in Frankreich, oder Marmotta in Italien, Murmeltiere gehören einfach zum Lebensraum Alpen.

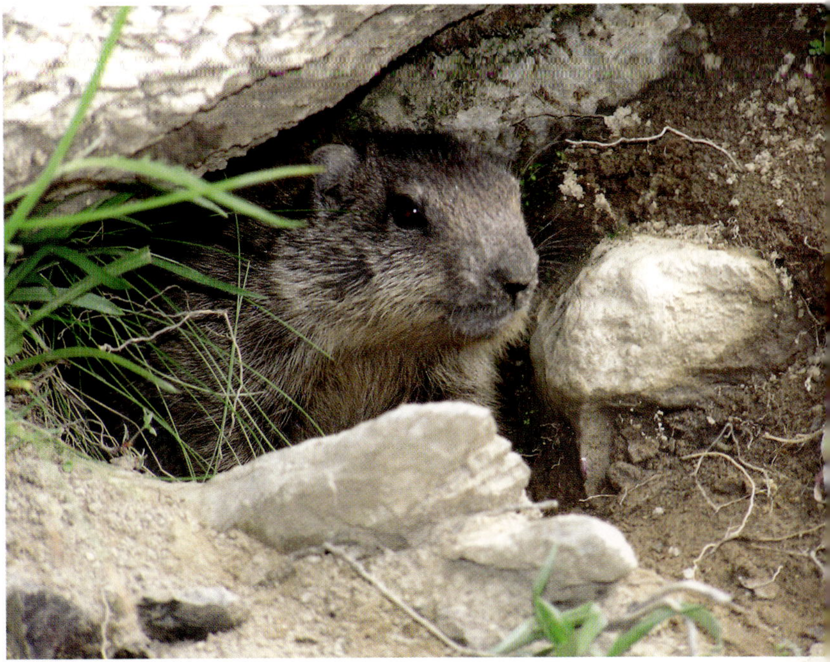

Mit kurzen gellenden Pfiffen werden alle im Umkreis befindlichen Kollegen gewarnt. Erst nach geraumer Zeit, wenn der Wind keine menschliche Witterung mehr mit sich führt, kehren die Mankeis wieder zu zwanglosem Treiben zurück.

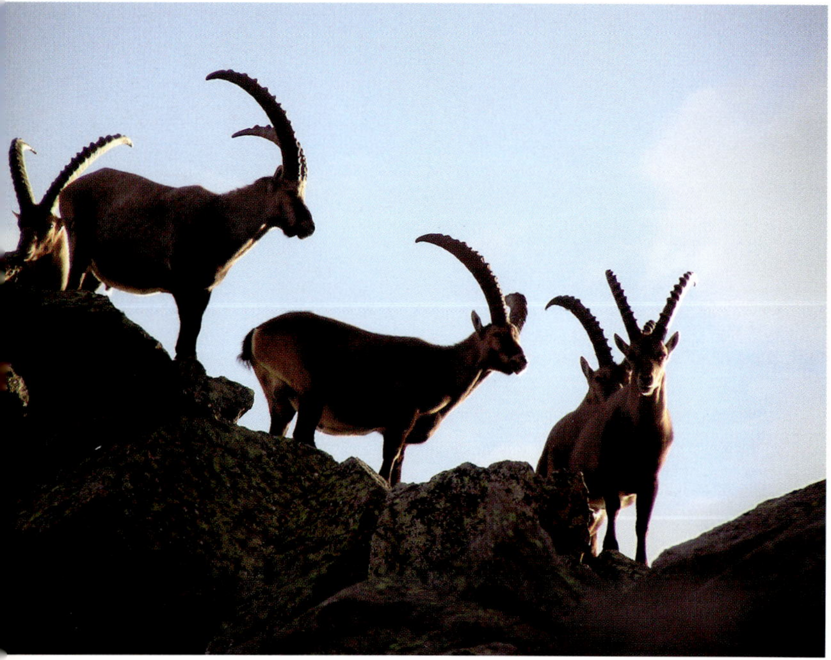

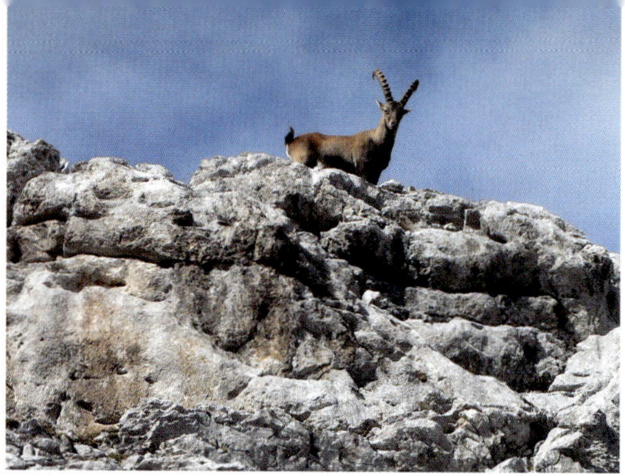

Der Steinbock

„Der Ibex, den einige Capricornus, andere Steinbock nennen, ist ein den Alpen zugehöriges Tier, deren höchste Gipfel es bewohnt, wo das Eis nie schmilzt: Seine Natur verlangt nämlich nach Kälte, andernfalls erblindet dieses Tier mit der Zeit. Das Ibex-Weibchen wird auf deutsch Ibschgeiß genannt."

Josias Simler in „De Alpibus Commentarius", 1574

„Stambeccies", (italienisiert aus dem deutschen „Steinbock") wie sie in italien genannt werden, im Gran Paradiso Nationalpark. Interessanterweise kennt gerade das Italienische, also die Wiege unserer heutigen Steinbockbestände, kein eigenes Wort für „Steinbock".

Das Aufkommen der Feuerwaffen im Mittelalter bedeutete das Aus für den stolzen Alpenbewohner. Anfang des 19. Jahrhunderts war der Steinbock im gesamten Alpenraum bis auf eine kleine Population von ca. 100 Tieren im Gran Paradiso Gebiet [19] ausgerottet. Das ca. 60 000 ha große Areal war das exklusive Jagdgebiet des italienischen Königshauses. König Viktor Emanuel II, hielt sich

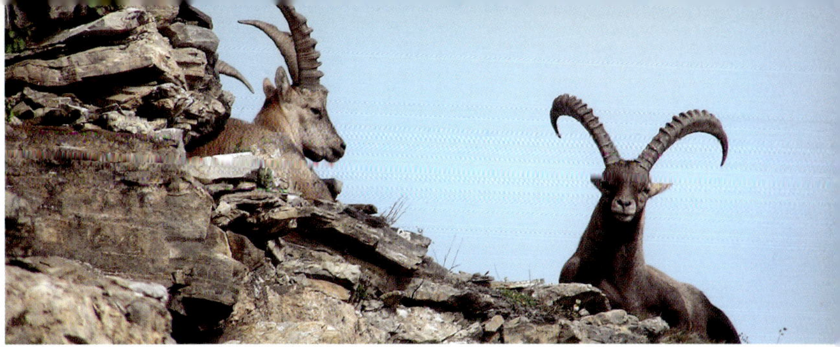

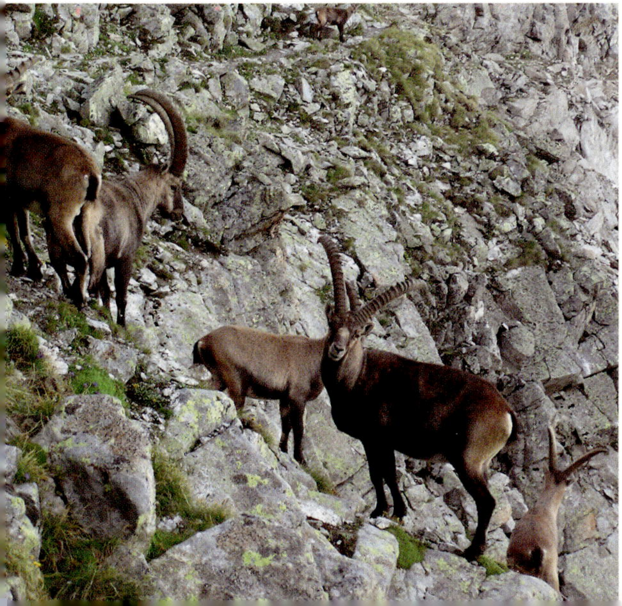

diese letzten Bestände für sein Jagdvergnügen und stellte 1821 mit einer königlichen Verordnung den Steinbock aus Eigennutz unter Schutz.
(Das sicherte aus heutiger Sicht sein Überleben!)
Wildhüter mussten die Population vor unerlaubtem Abschuss schützen. Von diesem kleinen Restbestand stammen alle 30.000 bis 40.000 heute lebenden Tiere ab.
Sie haben sich wieder über ihren ursprünglichen Lebensraum im ganzen Alpenhauptkamm verbreitet und werden seit 1977 auch wieder kontrolliert bejagt.

Ob im Lechquellengebirge, an der „Roten Wand“, oder wie hier im Rätikon, am „Naafkopf“, die majestätischen Steinböcke sind inzwischen wieder in vielen Gegenden der Ostalpen angesiedelt.

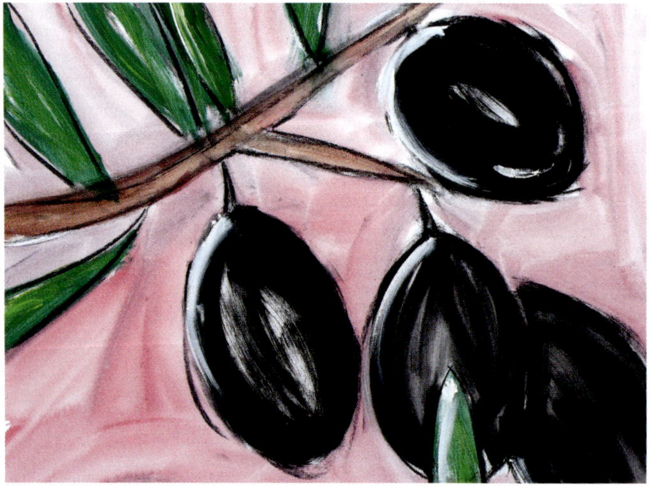

◄ *Oliven*
Acryl auf Leinwand, 40 x 50 cm
Christine Thoma

Prost, Mahlzeit…
Kulinarisches Gipfelglück

Soll ich kochen, oder kochst du?

Die philosophische Gipfelrast

Rezepte

Soll ich kochen, oder kochst du?

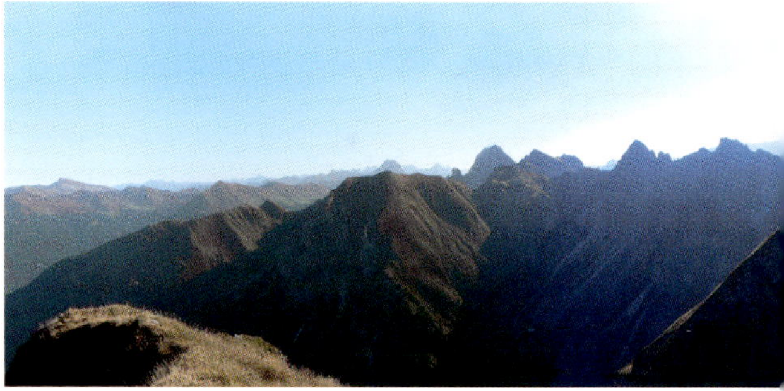

Man kann nicht gut denken, gut lieben, gut schlafen, wenn man nicht gut gespeist hat.

VIRGINIA WOOLF

Es war ein sonniger Märztag als Manne und ich oben in der Zitterklapfenscharte standen und uns ein Plätzchen zum Rasten suchten. Der weitere Aufstieg am Ostgrat, war uns durch Schneeverwehungen und viel Neuschnee verwehrt und unsere Kräfte durch das knietiefe Spuren ziemlich erschöpft.

Wie oft schon, hatten wir nach drei bis vier Stunden anstrengendem, schweißtreibendem Aufstieg dieses Rastglück ersehnt. Eine Stunde (oder mehr) ausruhen, in Ruhe verweilen und das 360° Panorama genießen.

Wie oft schon sind wir dann mit einem Bärenhunger über unsere Brotzeitdosen hergefallen. Meist wurden diese ja frühmorgens, oder schon Tags zuvor, mit dem einen oder anderen Schmankerl gefüllt. Doch heute sollte unsere Pause einen anderen Verlauf nehmen. Ich hatte es mir gerade etwas unterhalb des schmalen Grates auf einem einigermaßen schneefreien Wiesenfleck gemütlich gemacht, als Manne ein kochtopfgroßes Aluminiumgeschirr aus seinem Rucksack hervorkramte. An meinem Landjäger herumkauend, verfolgte ich gespannt die Aufbauprozedur des handlichen Reisekochers. In kürzester Zeit schmolz ein großes Stück Butter in der Pfanne über dem Spirituskocher. Klack, klack, klack, klack und schon brutzelten

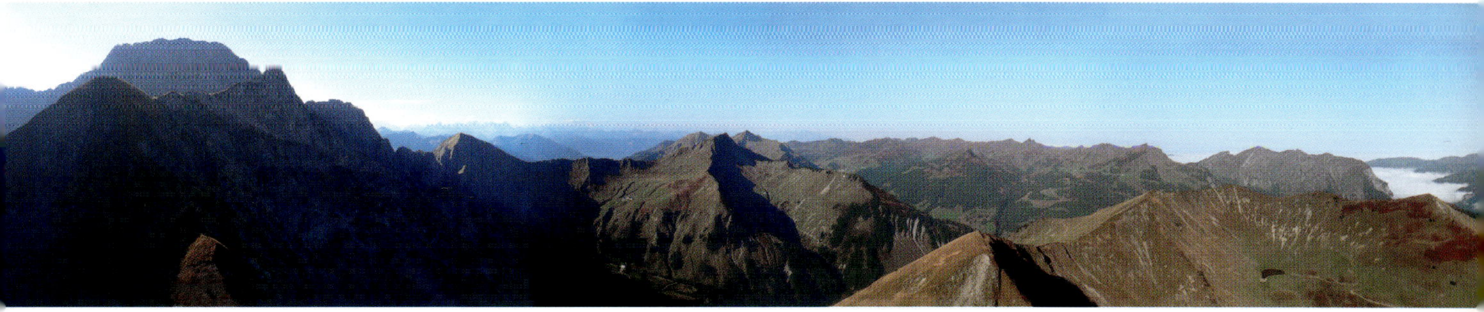

4 Spiegeleier darin und verbreiteten einen unverschämt erfreulichen Wohlgeruch, der mir das Wasser im Munde zusammenlaufen ließ. So etwas hatte es bisher bei unseren Bergtouren noch nie gegeben, und so stürzte ich mich mit sichtbarem Vergnügen auf die mir zugedachte Hälfte.

Ein warmes Mittagessen hier oben! Ich konnte es nicht fassen! Nach all der Mühe war das jetzt das höchste Wohlbehagen. Dazu dieser prächtige, sonnige Rastplatz, einem Adlerhorst gleich, auf dem Grat zwischen Nord- und Südflanke.

Ich dachte an ein paar Zeilen von Frank Smythe, die ich irgendwann einmal in einem Bergbuch gelesen hatte: „Die Berge lehren den Wert der Einfachheit. In diesen Tagen, da das Unwesentliche übertriebenerweise als Wesentliches betrachtet wird, wozu es aber nur Nahrung, Wärme, ein Dach und gute Kameradschaft braucht, ist die Einfachheit der Schlüssel zum Glücklichsein."

▲ *Blick vom Analper Stecken, 2124 m hinüber zum Zitterklapfen. (Hintergrund) Davor, von links nach rechts Wildes- und Grünes Gräshorn, Glatthorn, Ragazer-Blanken, Mittagsspitze, Klippern und Kanisfluh.*

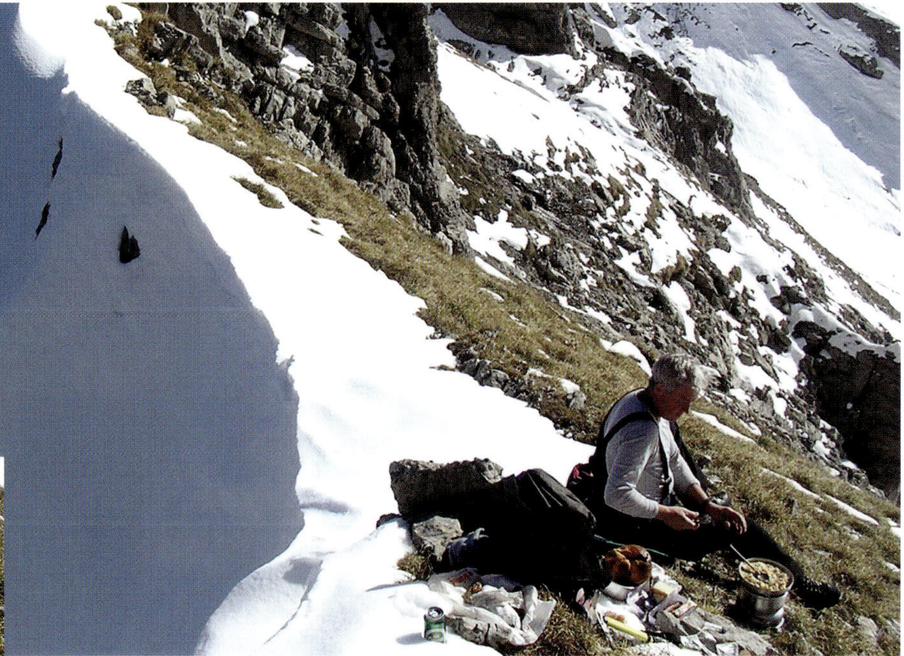

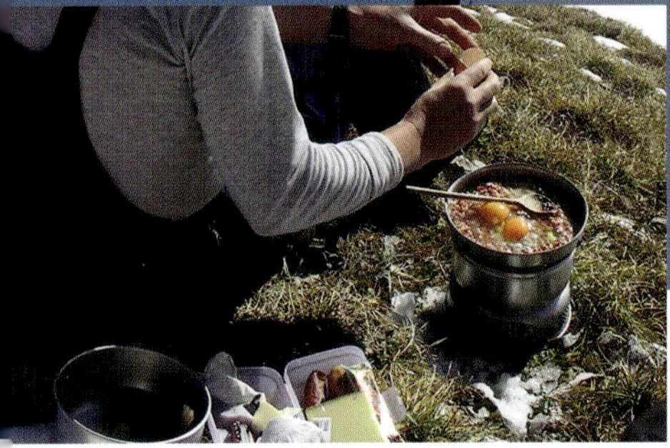

◄ *Die Vorspeise: Reichlich Butter, Speck und Spiegeleier*

▲ *In der Zitterklapfenscharte*

Es machte uns Spaß „Zeit auszugeben", ohne das sonst im Alltagstrott so hektische „Zeit einsparen" einfach faul zu sein.

Mit einem Stück Holzofenbrot räumten wir die Pfanne leer, denn nun folgte das Hauptgericht, das aus einer weiteren Vorratsdose hervorgezaubert wurde. Frische Bauernbratwürste, prall und saftig, die in der heißen Butter bald eine appetitliche Bratenkruste bekamen. Die wenigen Lücken zwischen den Würsten wurden mit Zwiebelringen gefüllt, die bald glasig gebräunt, unsere deftige Gaumenfreude pikant würzten.

Um nichts in der Welt hätte ich diese zwei Pfännlein gegen ein Galamenü in einem Dreisternerestaurant eingetauscht.

Mit einem in der Gratwächte kaltgestellten Fläschchen Rosé als Nachtisch, dämmerten wir langsam in den Mittagsschlaf, bis uns schließlich kalte Windböen, die von Norden über den Grat wehten, von unserem gemütlichen Rastplatz vertrieben. Schon bei einer der nächsten Bergtouren befand sich auch in meinem Rucksack ein „Trangia"- Kocher,[20] als unentbehrlicher Bestandteil der Bergausrüstung. Bei den Vorbereitungen zu einer Tour fällt seither nicht selten die Frage: „Soll ich kochen oder kochst du?"

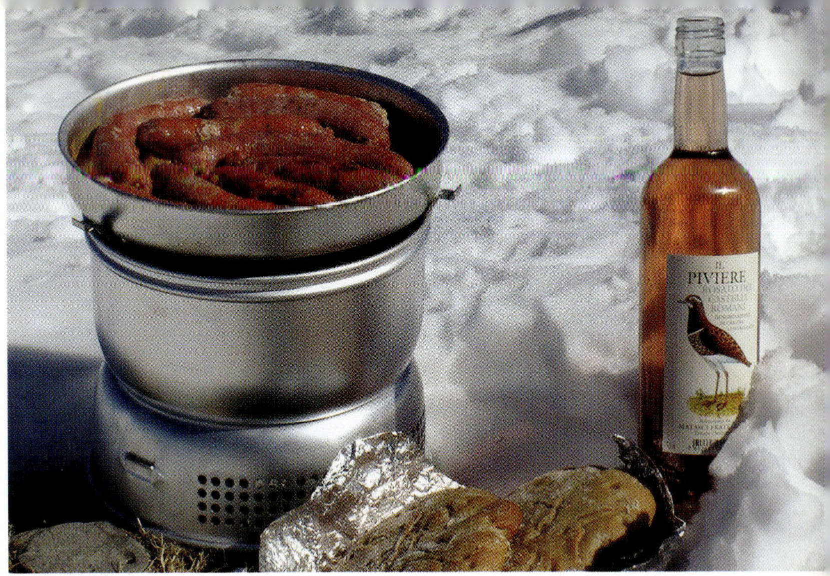

▲ *Das Hauptgericht - frische Bauernbratwürste, prall und saftig*

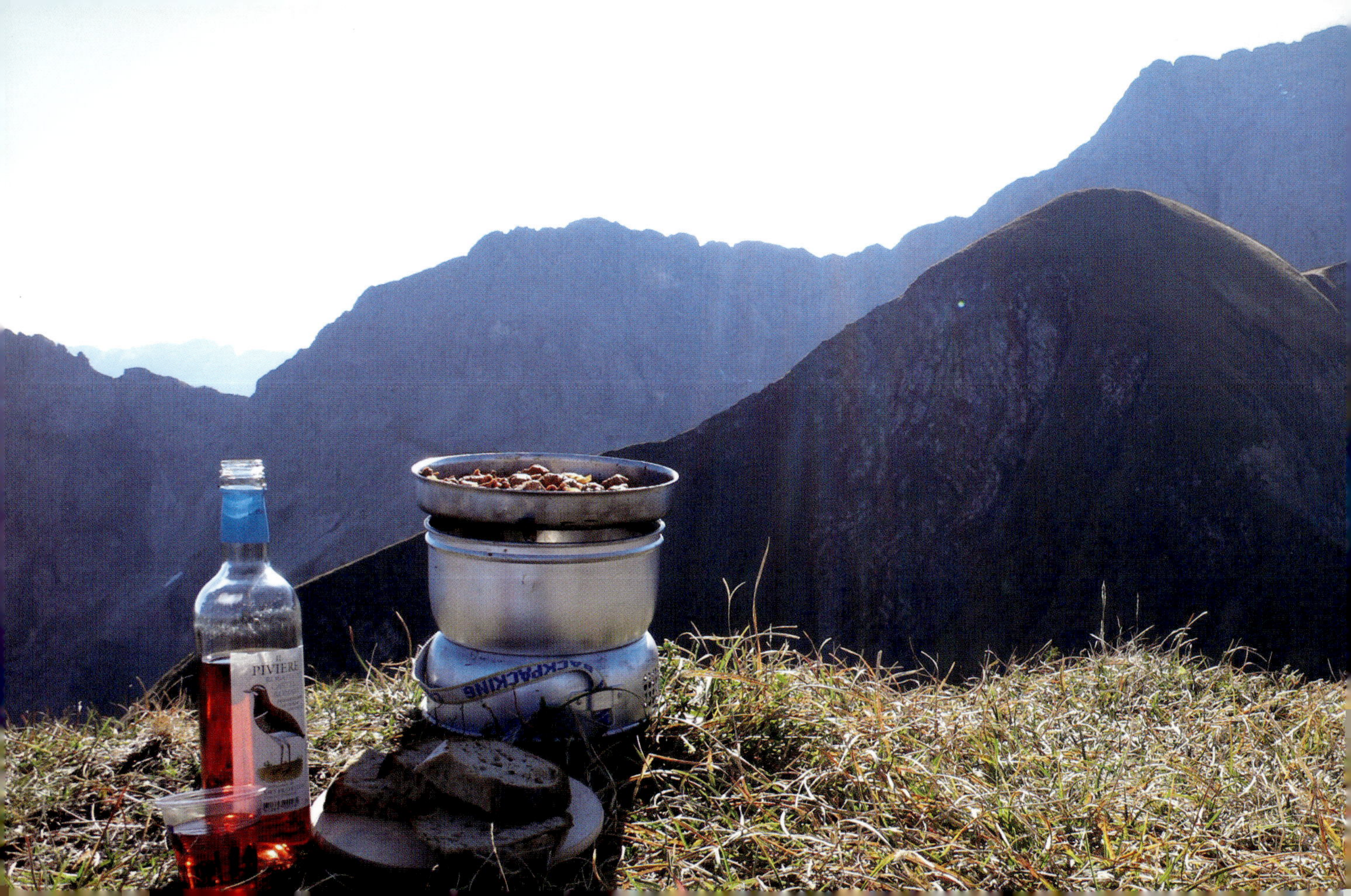
PIVIERE

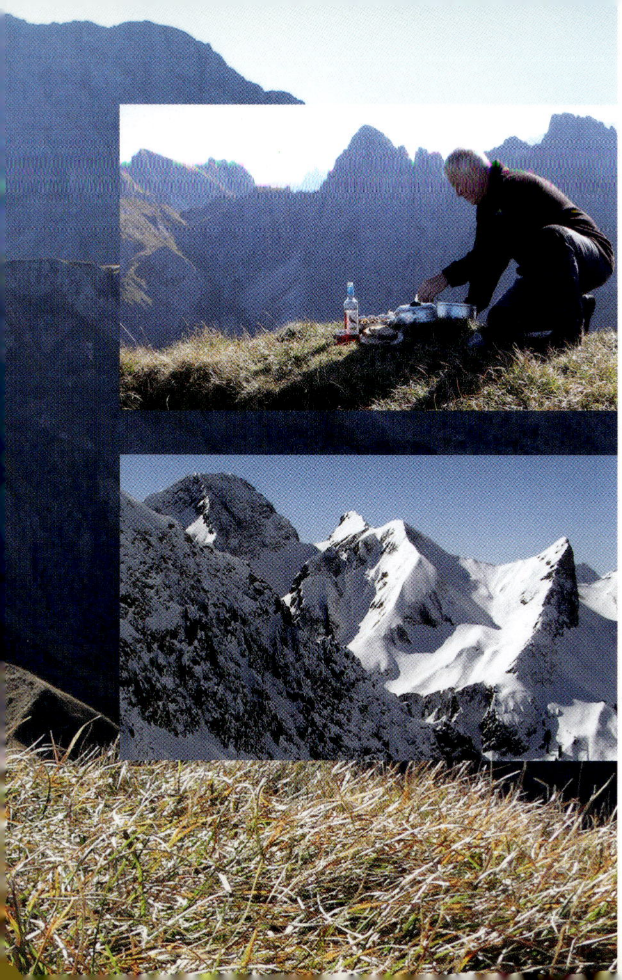

Das Leben besteht aus seltenen einzelnen Momenten von höchster Bedeutsamkeit und unzählig vielen Intervallen, in denen uns bestenfalls die Schattenbilder jener Momente umschweben.

Die Liebe, der Frühling, jede schöne Melodie, das Gebirge, der Mond, das Meer - alles redet nur einmal ganz zum Herzen: wenn es überhaupt je ganz zu Worte kommt. Denn viele Menschen haben jene Momente gar nicht und sind selber Intervalle und Pausen in der Symphonie des wirklichen Lebens.

FRIEDRICH NIETZSCHE

◄ *Wohlverdiente Gipfelrast auf dem Analper Stecken* [21] *im Bregenzerwald*

Winterbild : Blick vom Toblermannskopf auf Zitterklapfen, (linker Bildrand) und Analper Stecken (rechter Bildrand)

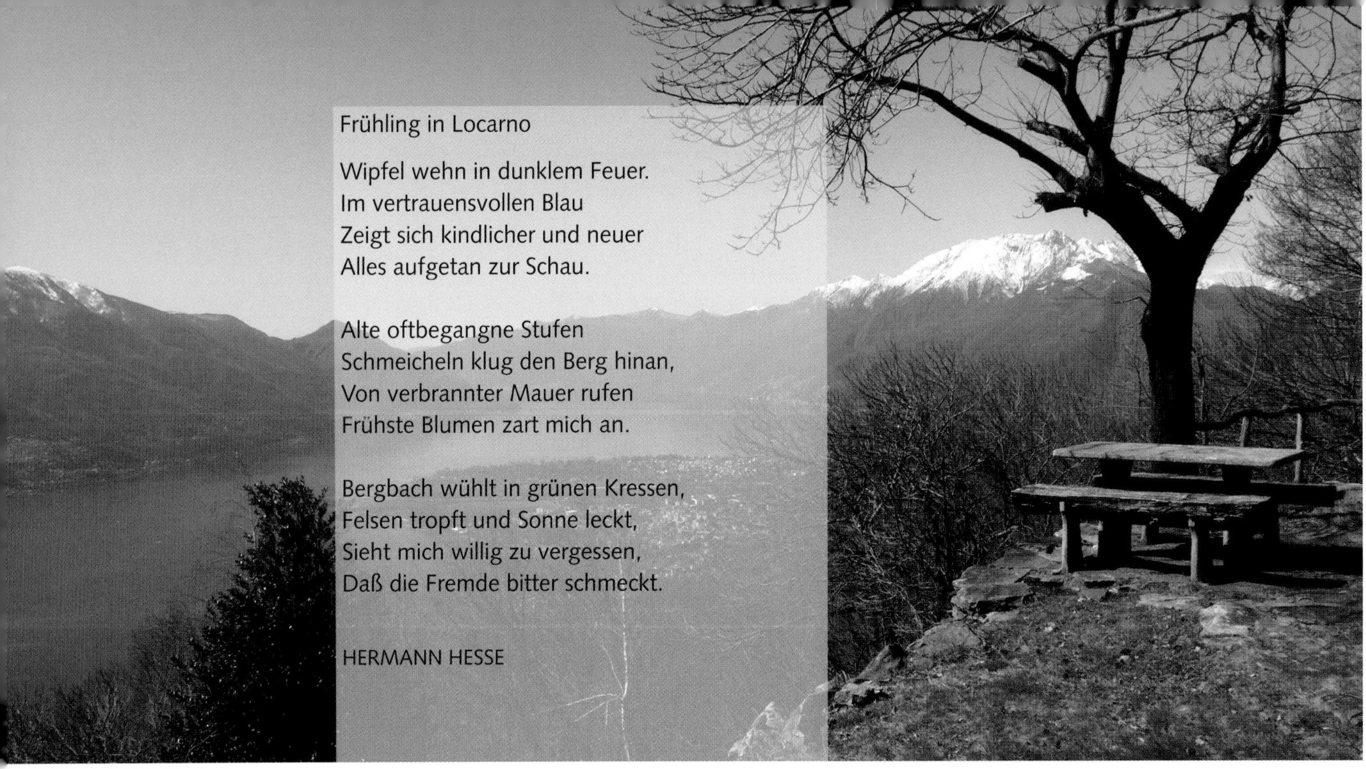

Frühling in Locarno

Wipfel wehn in dunklem Feuer.
Im vertrauensvollen Blau
Zeigt sich kindlicher und neuer
Alles aufgetan zur Schau.

Alte oftbegangne Stufen
Schmeicheln klug den Berg hinan,
Von verbrannter Mauer rufen
Frühste Blumen zart mich an.

Bergbach wühlt in grünen Kressen,
Felsen tropft und Sonne leckt,
Sieht mich willig zu vergessen,
Daß die Fremde bitter schmeckt.

HERMANN HESSE

▲ *Auf dem Weg nach Monti di Lego. Rechts der Gridone, 2187 m.*

Die philosophische Gipfelrast

Dolce far niente - faulenzen, rasten, in Ruhe verweilen und sich der Stille überlassen. Die mit unserem Osterspaziergang verbundenen Anstrengungen und Mühen den „Monte di Lego“ hier herauf waren groß, aber um so seliger ist nun die Rast. Etwas oberhalb der „Capanna Lego“, haben wir es uns auf einer sonnenwarmen, flachen Granitplatte zur Gipfelrast gemütlich gemacht.

Ein kalter Nordwind hatte die letzten Tage den hier so oft über den Tälern liegenden Dunst weggeblasen und für freie Sicht über den ganzen Lago Maggiore gesorgt. Dort, wo Erde und Himmel aneinander grenzen, schweben noch ein paar einsame, zerrissene Strato Cumuluswolken.

An den aufstrebenden Hängen des Monte Gambarogno und auf dem Monte Tamaro, uns direkt gegenüber, liegt der Schnee noch bis zum gut sichtbaren Edelstahlkreuz des „Poncione della Croce“ herab. Am südlichen Horizont, auf der

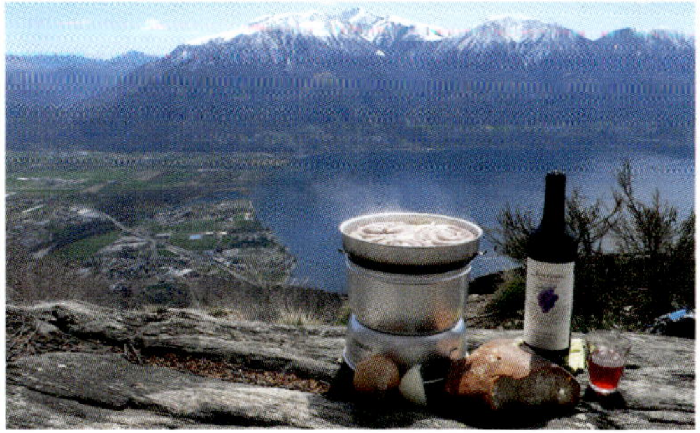

◄ *Hoch über Locarno*

rechten Seite des „Langensees“, begrenzt majestätisch der über 2000 Meter hohe Gridone auf dem Grat zu Italien unser Panorama.

Im Kocher brutzeln die „Luganighetta`s“, die zu Spiralen aufgerollten dünnen Schweinsbratwürste, und mit einem „Plop“ habe ich gerade den Korken aus der Flasche „Americano Vino Rosso“ gezogen.

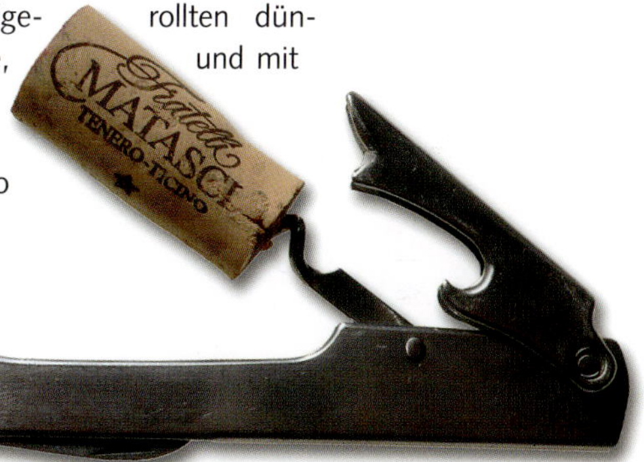

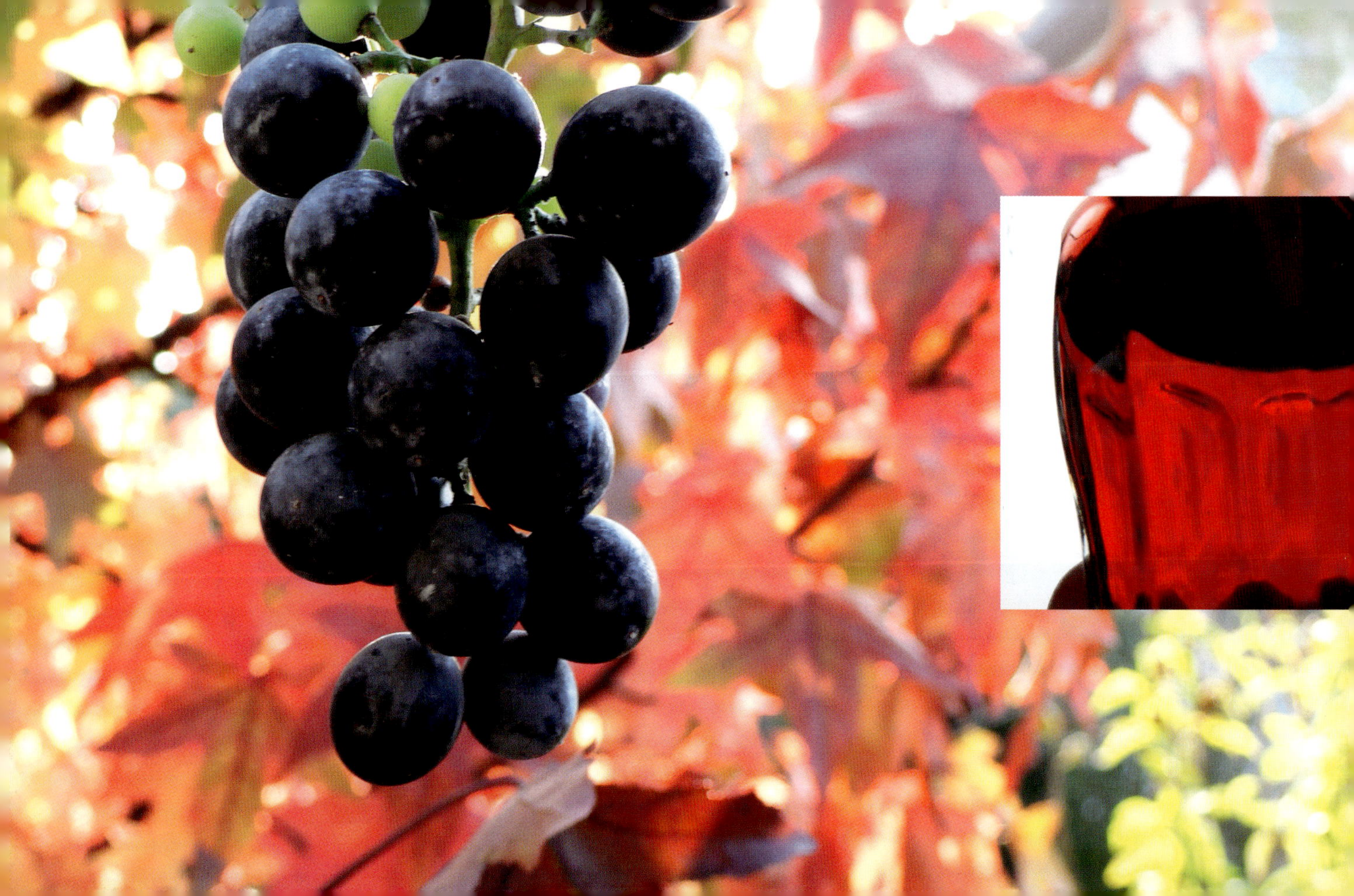

Das Weinglas in der Hand ist die greifbare Erfüllung, und meine Augen ernten beim Blick über die ineinanderfließenden Höhenzüge der Tessiner Voralpen den sichtbaren Lohn für all die Mühen.

Ich breche mir ein Stück vom rustikalen Brotlaib ab und rieche am Glas. Der Vino Rosso vom Sopraceneri hat in der Tessiner Mittagssonne inzwischen etwas Temperatur bekommen und ist aufgewacht. Hell funkelt er, rubinrot im Glas und verströmt zunächst sein dominant, frisches Erdbeeraroma. Langsam entfaltet er dann das volle, wohlriechende Bouquet dieser Gegend.[22]

◄ *Die Americano-Traube*

Es ist nicht nur eine Nuance von goldenem Buchen und Maronenlaub, wie wir es bei Monte Motti oft knietief durchwatet haben, nein, es ist auch dieser olfaktorisch kaum wahrnehmbare Hauch von Steinpilzen, die drüben am Monte Ceneri so häufig zu finden sind, oder vielleicht eher der betörende Duftkörper eines frisch aufgebrochenen Birkenporlings, der hier am Mottone so prächtig an abgestorbenen Birkenstämmen gedeiht. In einen zarten, lieblichen Primelgeruch mischt sich ein wenig Veilchenduft, zwei Frühblüher, die den Wegesrand säumen und in den zahlreichen Felsnischen und Trockenmauern hier anzutreffen sind.

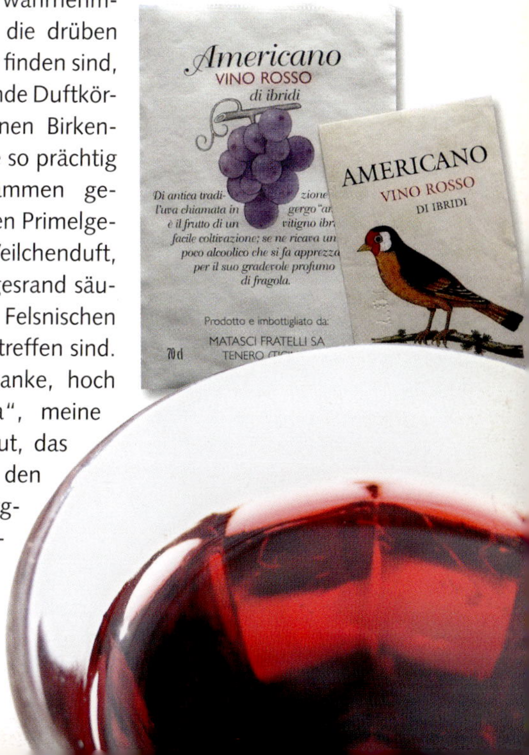

Von der nahen Madoneflanke, hoch über dem „Valle Mergoscia“, meine ich das Farn- und Ginsterkraut, das dort mannshoch wächst und den kaum noch begangenen Bergpfad überwuchert, herauszu-

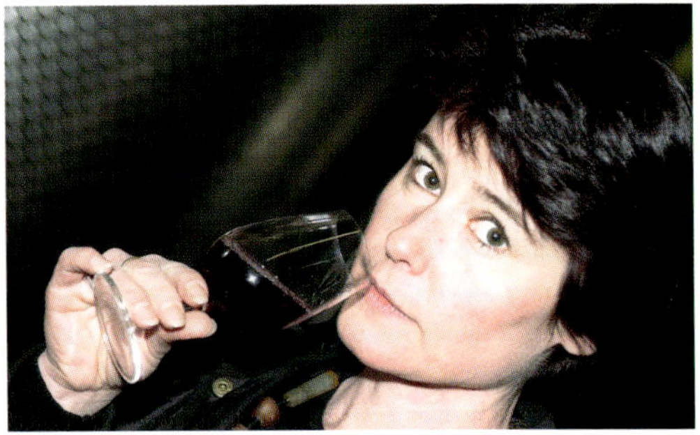

Früher war dieser Wein unter den Bauern ein gängiger Durstlöscher. Bei der harten Arbeit auf dem Feld war immer eine Flasche mit dabei. Mit etwas Wasser verdünnt, war dieser Wein mit seinem niedrigen Alkoholgehalt und seiner erfrischenden Säure gerade das Richtige.

Fabiana Matasci, MATASCI FRATELLI SA, Tenero

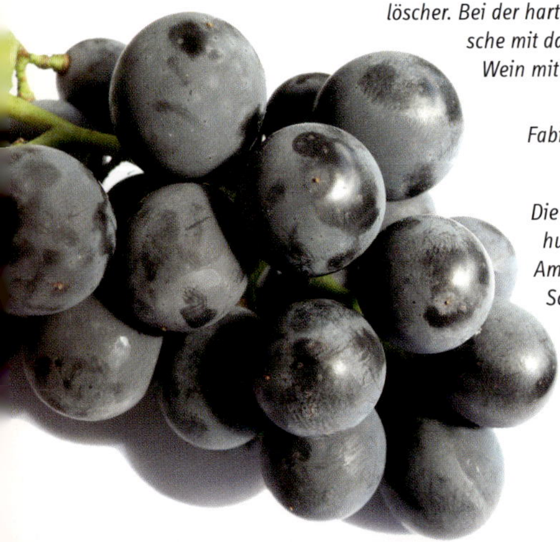

Die Americana Traube wurde Ende des 19. Jahrhunderts - nach der Reblauskatastrophe - aus Amerika in Norditalien und in der italienischen Schweiz eingeführt, da sie resistent gegen die Reblaus ist. Der Boden und die Lage im Tessin erwiesen sich als äußerst günstig für den Anbau. Die sehr alte, im Tessin immer seltener werdende Traube mit den großen, fleischigen Beeren ist zur Genußreife rot, später tiefblau gefärbt.[23]

riechen. Auch der feinherbe, trockene Geruch der niedrigen Heidekrautbüschel, vor allem, wenn die heisse Mittagssonne die aromatischen Inhaltsstoffe verflüchtigt und über dem trockenen Gras stehen lässt, müsste in der Landkarte des „Americana Fragola" verzeichnet sein. Ganz bestimmt findet man dort auch ein klares Quellbächlein, in dessen kühlem, fließendem Wasser, ein saftiggrünes Brunnenkressekissen wächst und mit seinen rettichscharfen Sentölen unsere Geschmacksnerven kitzelt.

Der Weg hier herauf, führte uns eine Zeit lang an einem solchen Bachbett entlang. Letztes Jahr konnten wir sogar putzmuntere Forellen darin entdecken. Bei diesem Wein muss man sich auf die Suche machen, so wie bei manchen einsamen und stillen Bergwegen, Steintreppen und Gipfeln im Tessin, je verborgener und verlassener, desto lohnender und wertvoller. Es sind nicht nur die erdigen Spuren der Buchen- und Kastanienwälder. Immer wieder leuchten die sonnenüberfluteten Pfade und Aussichtsterassen als granatrote Lichtreflexe im Glas auf. Manches Jahr ist er kantig, trockener, manchmal stumpf und mit weniger Aromen, so wie das Jahr eben war.

Beim ersten Schluck signalisieren mir die Geschmacksknospen und -Rezeptoren an den Zungenrändern die feine Säure von „Uva fragola", der „Erdbeertraube". Doch dann überwiegt immer mehr der volle und markant, waldbeerige Geschmack. Wenn ich vom warmen Felsvorsprung aus den silbrig glitzernden Lago Maggiore und die umliegende Bergketten betrachte, könnte ich fast ins Philosophieren geraten: Es war ein gutes Jahr. Ich schmecke die vielen Sonnenstunden, das milde Klima, die konservierte Zeit. Aus Wasser und Boden, den Urelementen, wurde Wein, der die Seele dieser Gegend in sich trägt. Der Wein verwandelt sich in Blut und wird zum Geist. So wird aus Materie Seele, und aus Seele Geist, eine doppelte Verwandlung. Was wäre, wenn sich jetzt aus dem Geist die Tat entwickeln würde, frei nach

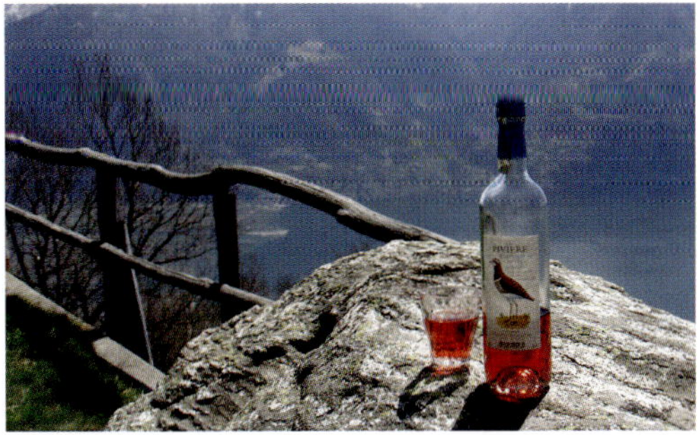

◄ *Blick von der Sonnenterrasse „Mt. di Lego"*

dem Motto: „Was du heute denkst, wirst du morgen tun." Müssten wir dann auf Erden eine dreifache Transsubstantitation oder Umwandlung durchleben? Na, das wird jetzt aber doch zu kompliziert, außerdem ist die Flasche eh fast leer und der Magen rebelliert. Die Luganighetta`s haben inzwischen eine knusprig, braune Kruste bekommen und müssen vom Feuer. Das mit der dreifachen Verwandlung, lass ich mir bei der nächsten Gipfelrast durch den Kopf gehen.

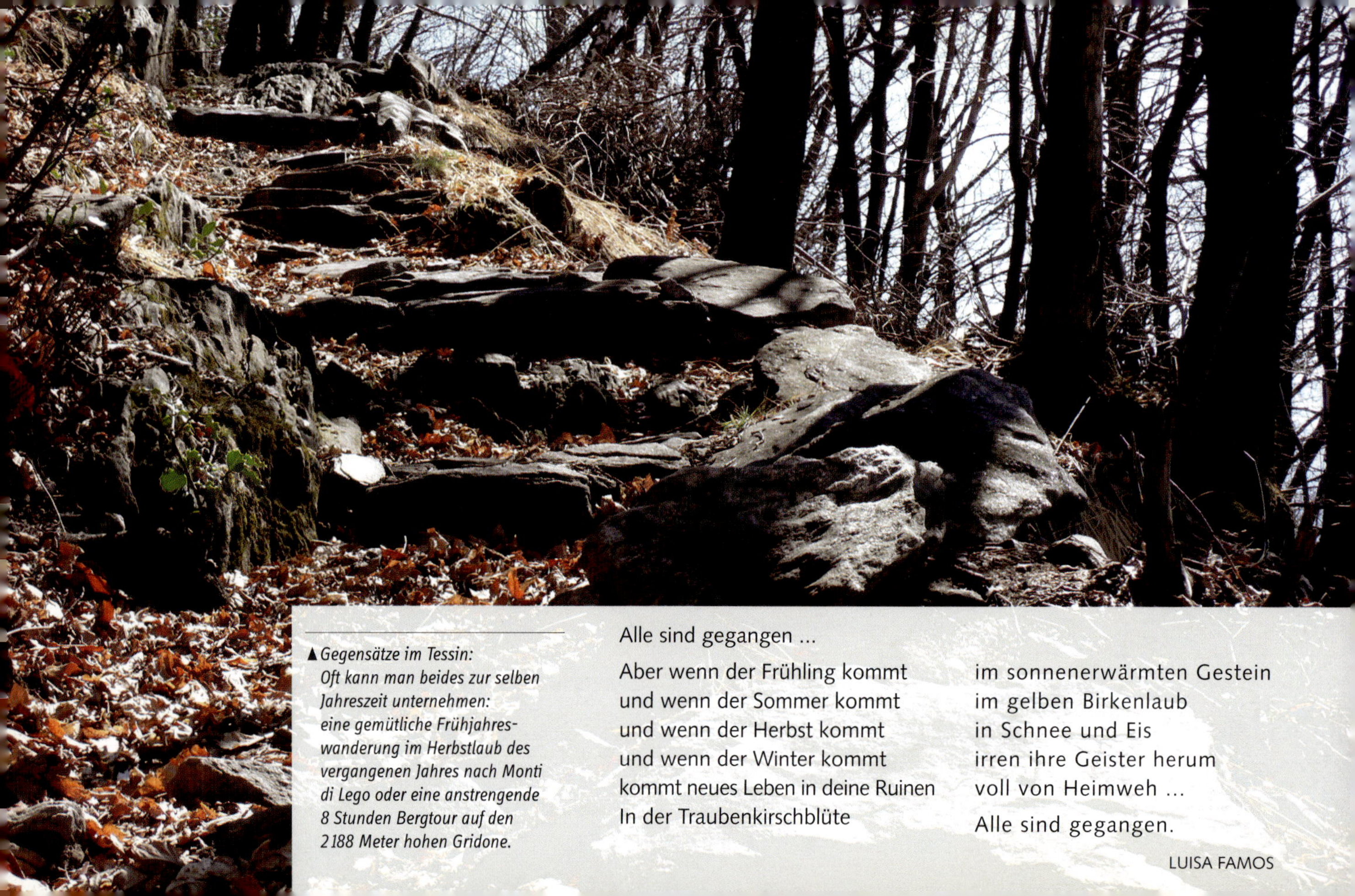

▲ *Gegensätze im Tessin: Oft kann man beides zur selben Jahreszeit unternehmen: eine gemütliche Frühjahreswanderung im Herbstlaub des vergangenen Jahres nach Monti di Lego oder eine anstrengende 8 Stunden Bergtour auf den 2188 Meter hohen Gridone.*

Alle sind gegangen ...

Aber wenn der Frühling kommt
und wenn der Sommer kommt
und wenn der Herbst kommt
und wenn der Winter kommt
kommt neues Leben in deine Ruinen
In der Traubenkirschblüte
im sonnenerwärmten Gestein
im gelben Birkenlaub
in Schnee und Eis
irren ihre Geister herum
voll von Heimweh ...

Alle sind gegangen.

LUISA FAMOS

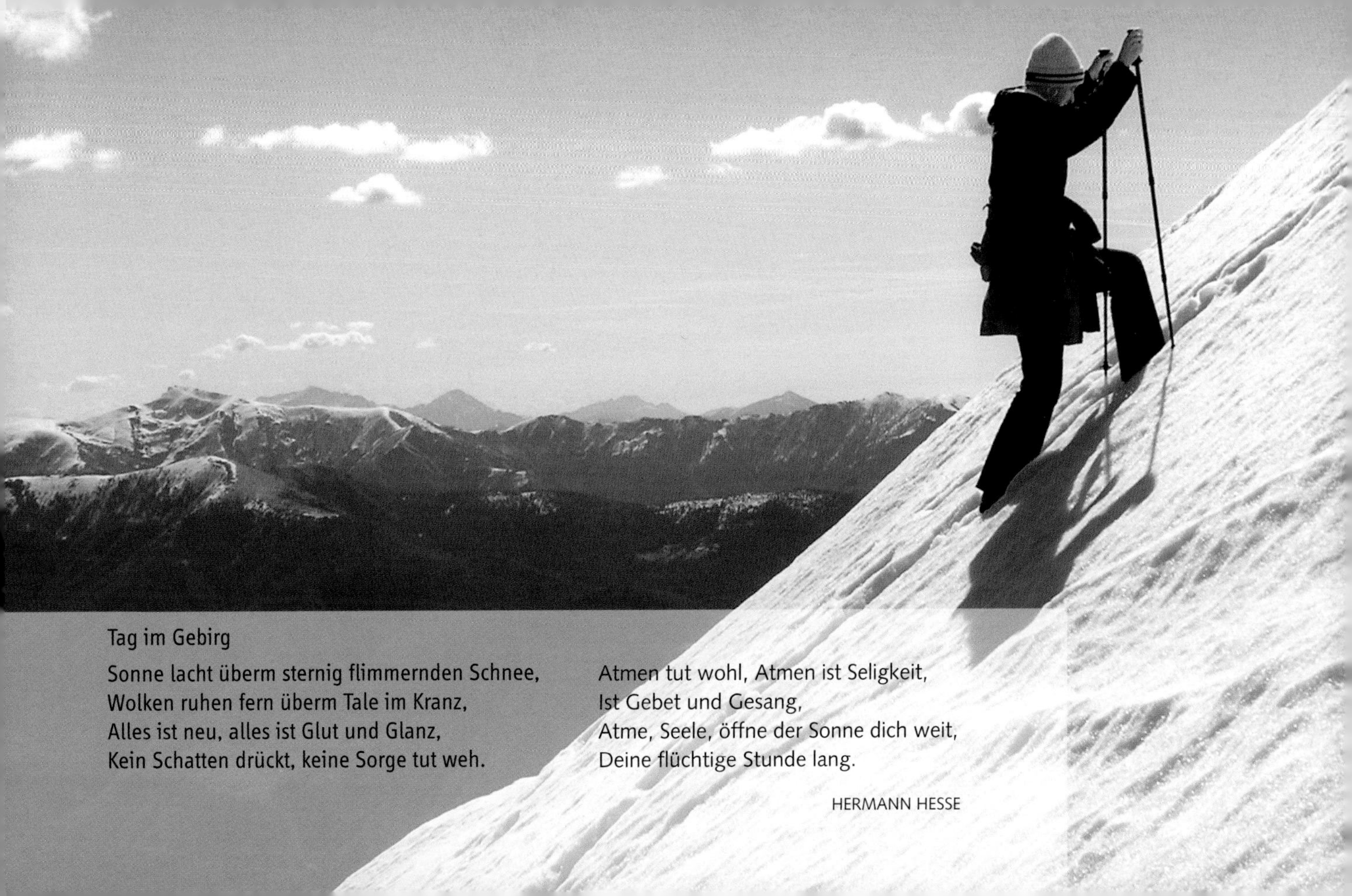

Tag im Gebirg

Sonne lacht überm sternig flimmernden Schnee,
Wolken ruhen fern überm Tale im Kranz,
Alles ist neu, alles ist Glut und Glanz,
Kein Schatten drückt, keine Sorge tut weh.

Atmen tut wohl, Atmen ist Seligkeit,
Ist Gebet und Gesang,
Atme, Seele, öffne der Sonne dich weit,
Deine flüchtige Stunde lang.

HERMANN HESSE

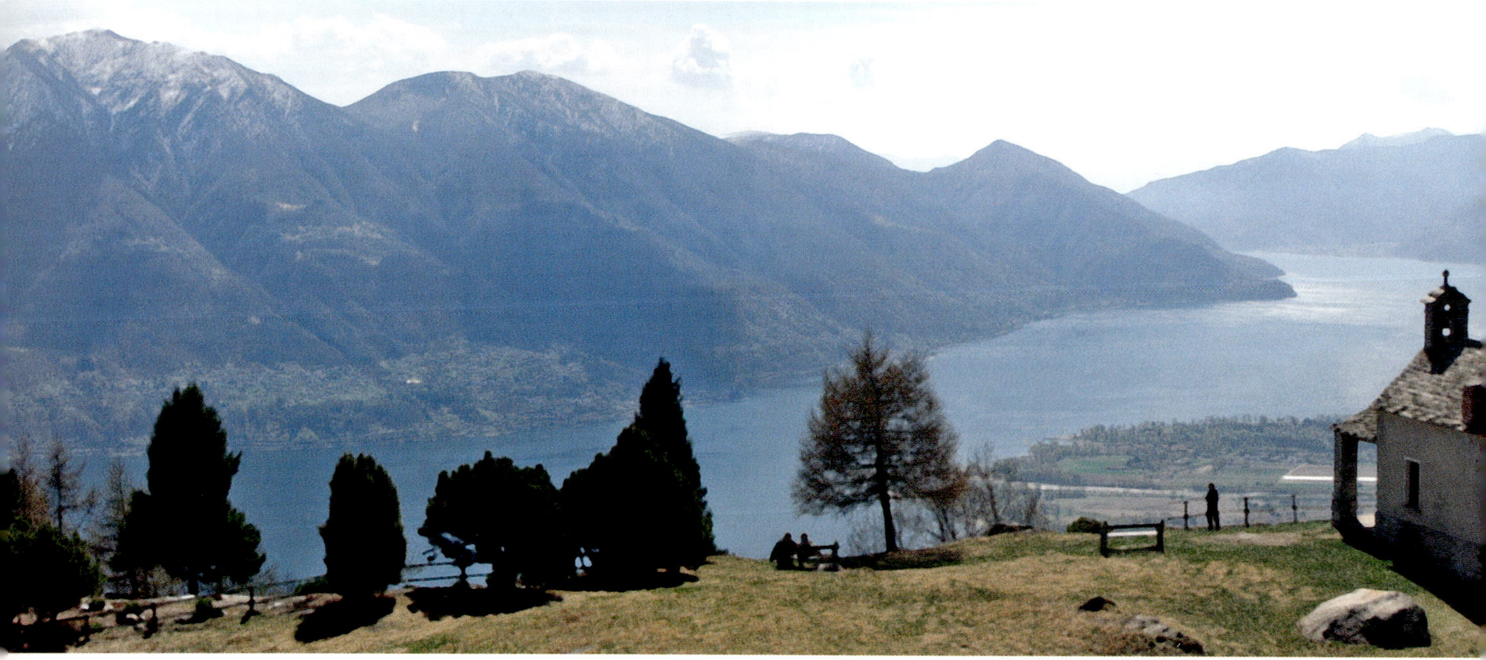

▲ *Panoramablick von Monte di Lego, 1043 m auf den Lago Maggiore. Linker Bildrand, Monte Gambarogno, 1730 m, rechter Bildrand, Gridone, 2187 m*

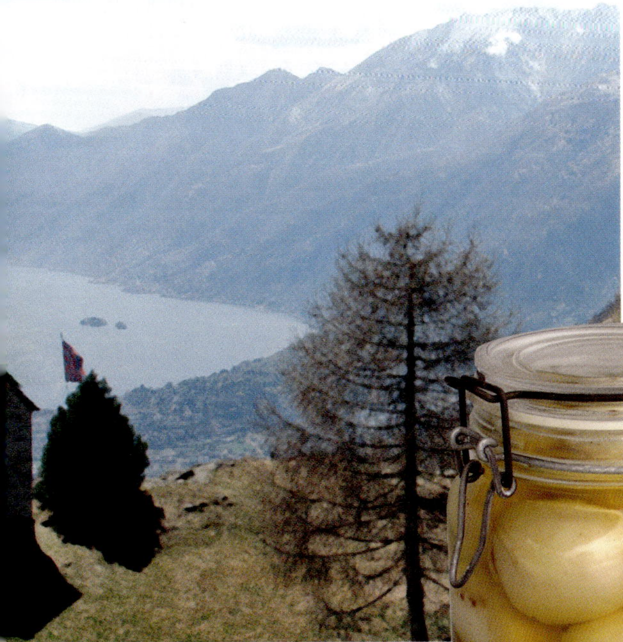

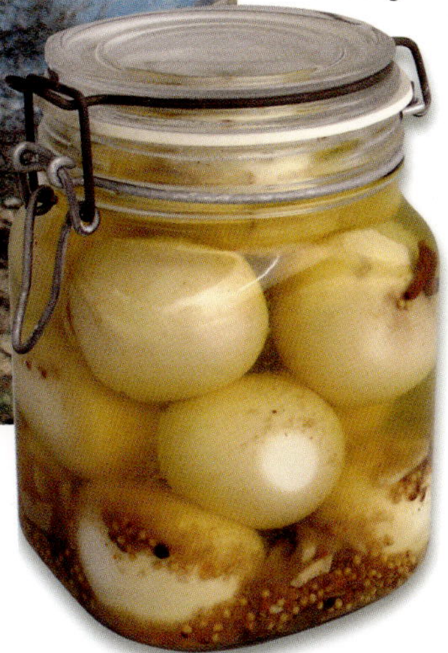

Rezepte

Was wäre Ostern ohne ***Uli's Würzeier***[24] auf Monti di Lego? Vom lauschigen Panoramaplatz 1149 m hoch über dem Lago Maggiore genießen wir oft an Ostern (manchmal auch im Schnee) die atemberaubende Rundumsicht.

- 30 Eier
- 1 ½ Ltr. heller Weinessig
- 2 Teel. Pfefferkörner
- 2 Teel. getrocknete Ingwerwurzel
- 2 Teel. Pimentkörner
- 2 Teel. Salz, - 2 Teel. Vegeta (kroatische Gewürzmischung mit Gemüse)
- 5-10 Zehen Knoblauch, geschnitten
- ca. 1 cm Chillischote

Die Gewürze nacheinander im Mörser nicht zu fein zerstoßen. In den gesalzenen Essig geben und 30 Minuten kochen lassen. Den Sud vom Herd nehmen und noch etwas abkühlen lassen. Die hartgekochten Eier schälen, in Gläser schichten und mit dem Sud aufgießen. Gut 4 Wochen ziehen lassen.

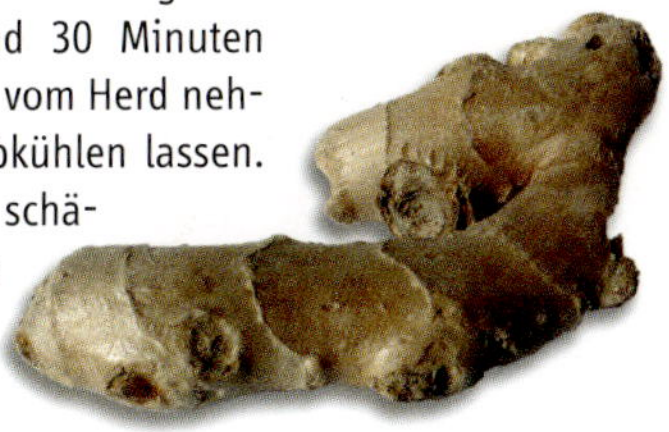

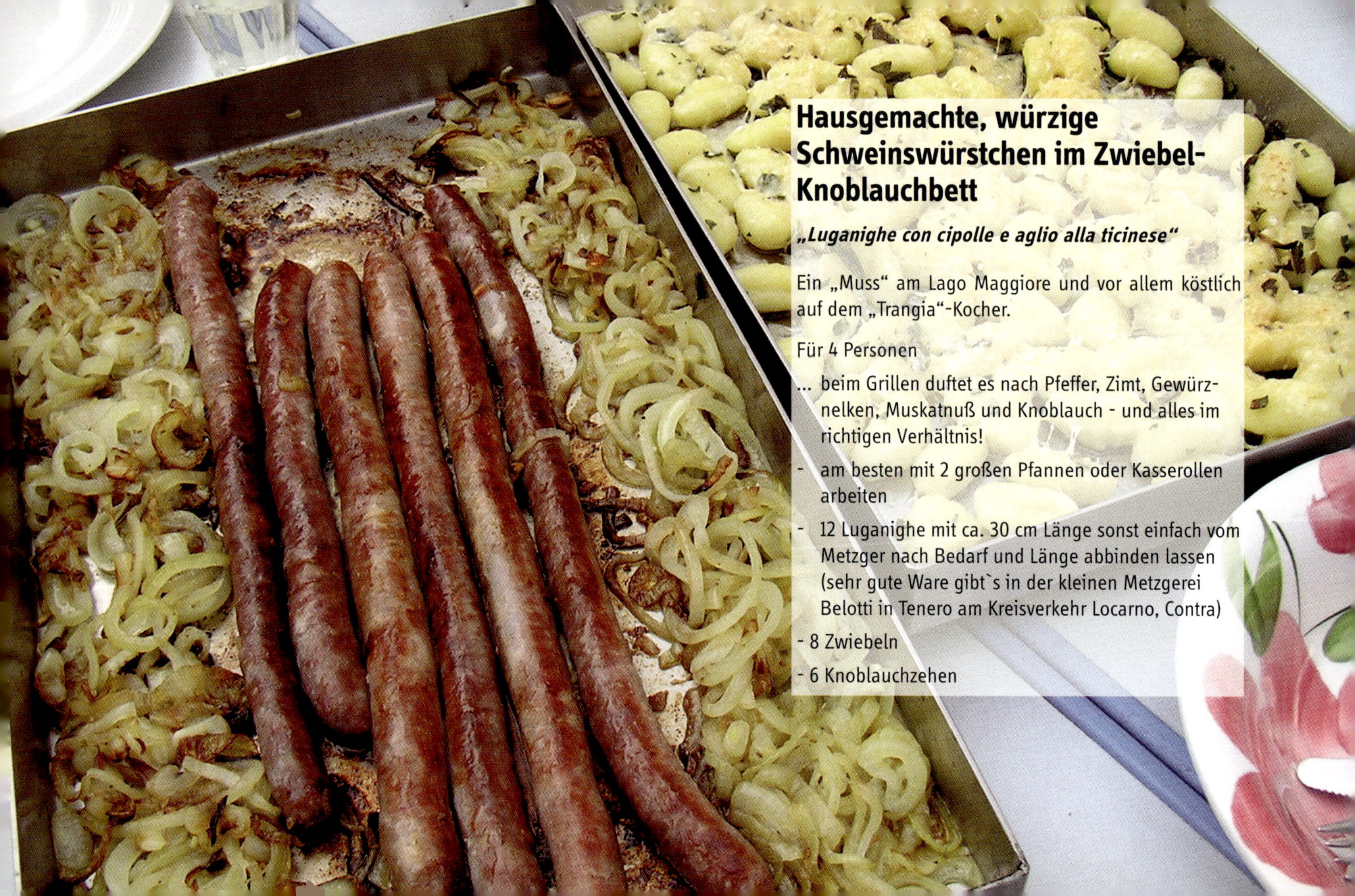

Hausgemachte, würzige Schweinswürstchen im Zwiebel-Knoblauchbett

„Luganighe con cipolle e aglio alla ticinese"

Ein „Muss" am Lago Maggiore und vor allem köstlich auf dem „Trangia"-Kocher.

Für 4 Personen

... beim Grillen duftet es nach Pfeffer, Zimt, Gewürznelken, Muskatnuß und Knoblauch - und alles im richtigen Verhältnis!

- am besten mit 2 großen Pfannen oder Kasserollen arbeiten
- 12 Luganighe mit ca. 30 cm Länge sonst einfach vom Metzger nach Bedarf und Länge abbinden lassen (sehr gute Ware gibt`s in der kleinen Metzgerei Belotti in Tenero am Kreisverkehr Locarno, Contra)
- 8 Zwiebeln
- 6 Knoblauchzehen

Zwiebeln in etwas Olivenöl glasig dünsten, an den Rand der Pfanne schieben, den in Scheiben geschnittenen Knoblauch anrösten (nicht braun werden lassen), mit den Zwiebeln mischen, die Luganighe mit in die Pfanne geben, im gleichen Öl anbraten (oder gegrillt dazugeben) mit Gnocchi oder überbackenen Tagiatelle servieren

Gnocchi nach Tessiner Art

„Gnocchi alla ticinese"

Obligatorisch nach jeder Bergtour im Verzasca-Tal, der Einkehrschwung ins Grotto bei Corippo.
Die Spezialität:
„Gnocchi alla ticinese"

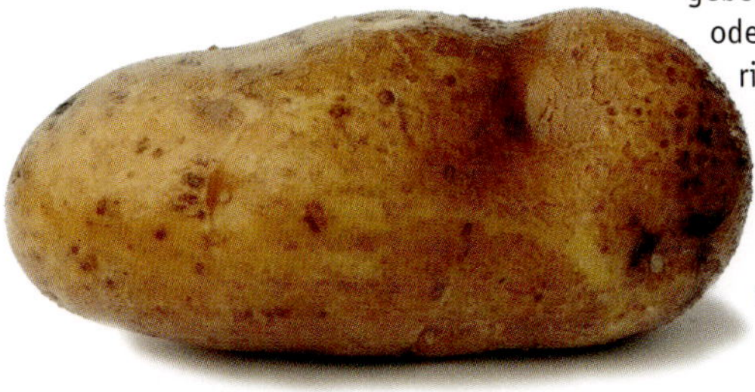

- 1 kg Kartoffeln
- 150-250 g Mehl ,
- 2 Eier, 100 g Butter, Salz
- 100 g Sbrinz oder Parmesan, gerieben
- eine Handvoll Salbeiblätter

Kartoffeln in der Schale kochen, warm schälen und pürieren. Eier verrühren und unter das Kartoffelpüree mischen. Nach und nach Mehl hinzufügen, bis ein fester Teig entsteht. (Die benötigte Mehlmenge kann sehr unterschiedlich sein, da sie von der Kartoffelqualität abhängt.) Die Kartoffelmasse nach Geschmack salzen, zu fingerdicken Rollen formen und diese in Stücke schneiden. Portionenweise in kochendes gesalzenes Wasser geben. Sobald sie aufsteigen, mit einem Schaumlöffel, oder einem Sieb herausheben. Die heißen Gnocchi anrichten und mit dem Käse bestreuen. Die Butter mit den Salbeiblättern erhitzen und darüber verteilen. Am besten zuerst ein Probegnocchi kochen. Ist der Teig zu weich, kann man noch etwas mehr Mehl einarbeiten.

Wer eine Kartoffel so zu kochen versteht, daß sie eine lockende Nahrung für sich darstellt, beweist, daß er Sinn für die Kochkunst hat.
ROBERT WALSER

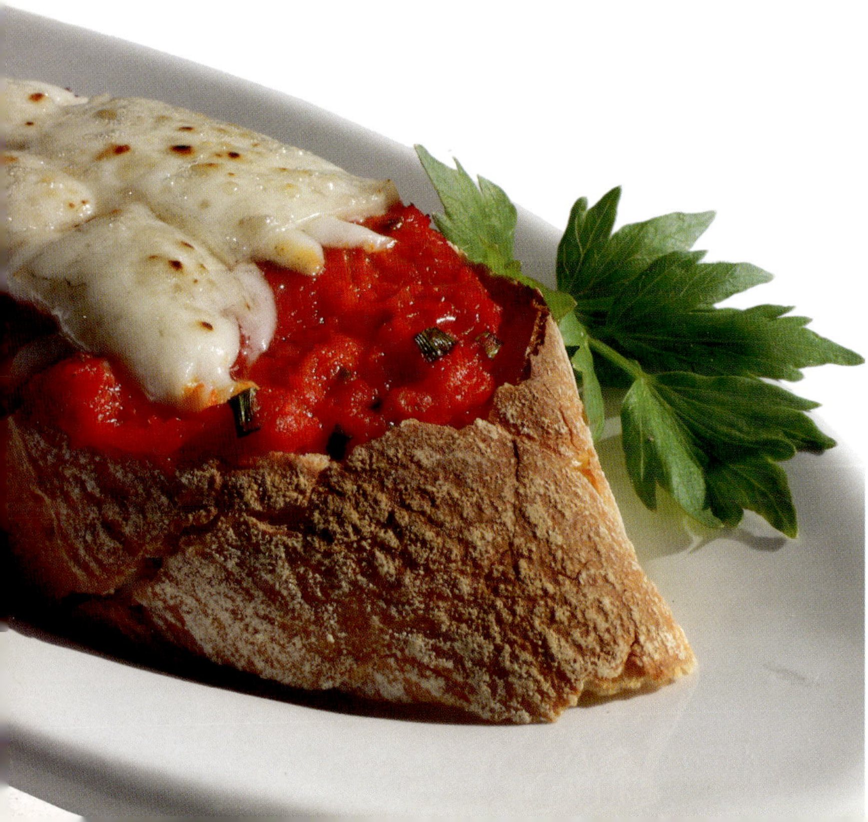

Das unkomplizierte und wohlschmeckende „Amuse Gueule“ für den Camping-Grill

„Toskanisches Bauern-Bruschette“

Die Zutaten lassen sich problemlos in den Urlaub mitnehmen und „ruck zuck“ auf dem Camping-Grill zubereiten.

Für 4 Personen
- Ciabatta, oder einfach Bauernbrot
- Aivar
- gerösteter Paprika (in Essig-ÖL Lake mariniert)
- 1 kleine Kugel Scarmorza (gerauchter Mozarella-Käse)
- gut Olivenöl (extra vergine, kaltgepresst, unfiltriert- ganz wichtig! - das beste ist gerade gut genug)
- etwas kräftige Fleischbrühe
- frische Gartenkräuter, reichlich gepresster Knoblauch, Kreuzkümmel

Aus Aivar, Brühe u. den Kräutern eine Soße mischen. Die Brotscheiben in eine Auflaufform legen, mit Olivenöl beträufeln und mit Soße bestreichen. Auf jedes Brot 1 Paprikaschote legen, mit Scarmorza-Scheiben belegen, nochmals etwas Olivenöl darüberträufeln und bei ca. 160°C überbacken.
Vor dem Servieren etwas Pfeffer darüberreiben.

Rustikale Kartoffelpfanne

„Patate al prezzemolo"

Nach einer anstrengenden Bergtour eine einfache, wohlschmeckende Beilage.

Für 4 Personen

- 1 kg Kartoffeln
- reichlich Olivenöl
- eine Handvoll Petersilie, etwas Schnittlauch
- etwas Zitronen-Thymian, Salbei, Rosmarinzweig
- Salz
- Pfeffer aus der Mühle

Kartoffeln waschen, schälen, vierteln und im Olivenöl anbraten, im Grill mit Oberhitze unter öfterem wenden garen und anbräunen.
Mit Salz u. Pfeffer würzen und die Kräuter untermischen.

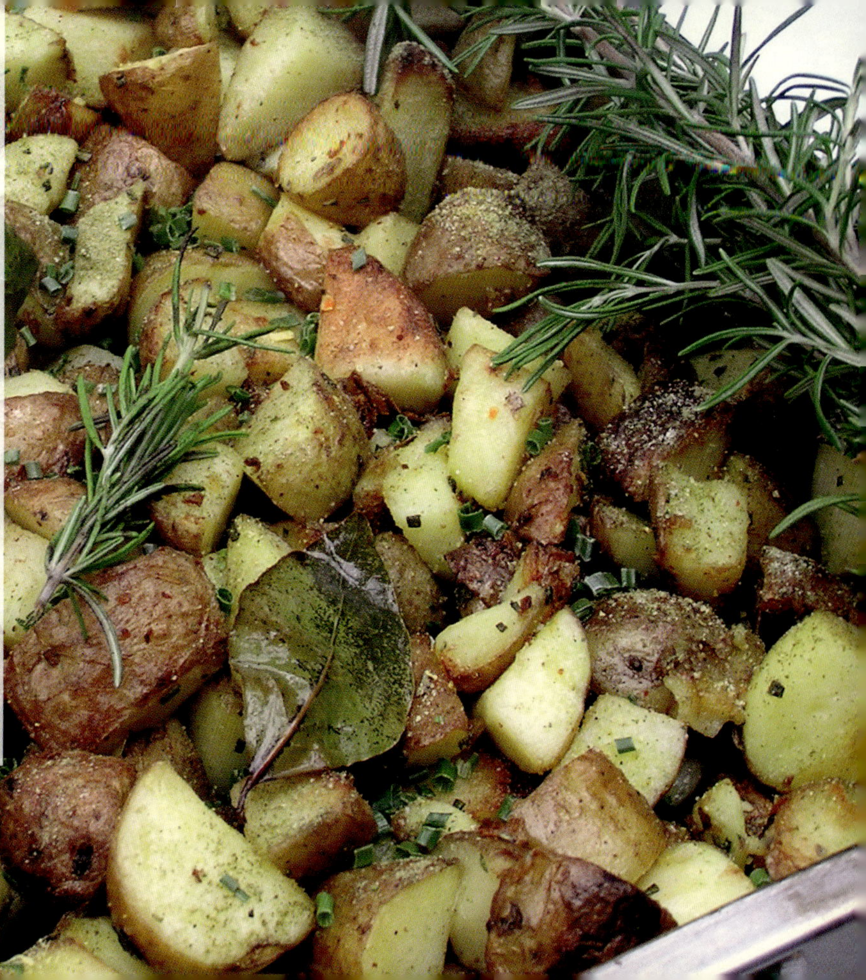

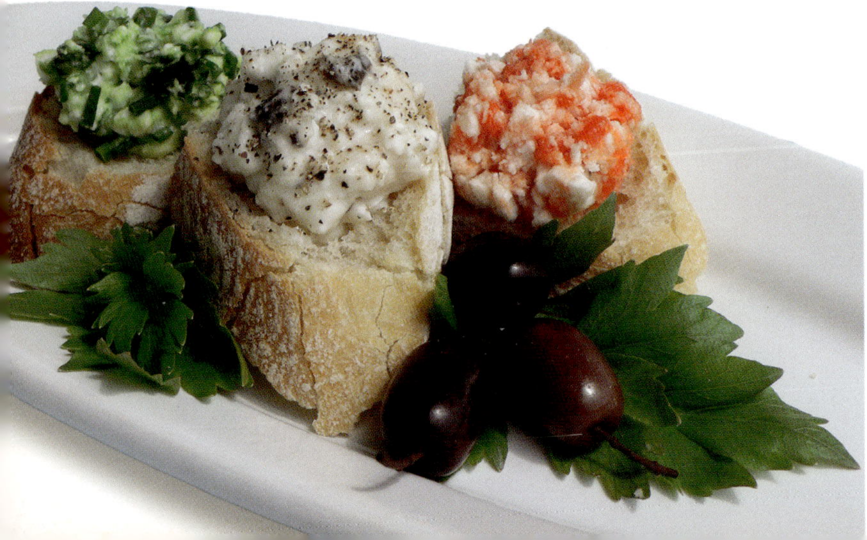

„Bunte Schafskäsebällchen auf Bauernbrot“

Sich nach dem anregenden Aperitif einfach auf das Hauptgericht stürzen? Undenkbar. Auch im beengtesten Tagesrucksack ist noch etwas Platz für eine klitzekleine Frischhaltedose mit dieser schmackhaften „Antipasto“. (in gut isolierende Alufolie getrennt einpacken!)
Während der Gipfelansprache erfreut die bunte Vorspeise Auge und Gaumen gleichermaßen und öffnet in bekannter Weise den knurrend, rebellierenden Magen.

- 250 g Schafskäse, (Feta oder Ricotta) fett und weich, am besten frisch aus der Salzlake oder von der Käsetheke, eingeschweißter Feta ist oft zu trocken und geschmacklos
- Bauernbrot, Weißbrot
- für die Roten: etwas geräucherter Lachs
- für die Grünen: feingeschnittener Schnittlauch, Zwiebelröhrchen (Lauchzwiebeln), Petersilie
- für die Weißen: Knoblauch, etwas Olivenöl, ein paar Tropfen Zitronensaft

Den Schafskäse in 3 gleichgroße Teile schneiden, die Zutaten feingeschnitten untermischen und zu kleinen Bällchen geformt auf den Brotstückchen servieren. Buon appetito!

„Aperitivo con Salvia e Limone“

Ein leichter Frühlings-Aperitif der den Magen auf die Gipfelrast vorbereitet

- ein paar Salbei- und Minzeblätter
- eine aufgeschnittene Limette
- ein Fläschchen junger, trockener und leichter Weißwein („vino secco“, Soave, durchaus aber auch ein Silvaner, weißer Burgunder oder Riesling)

Zuhause lasse ich die Salbei- und Minzeblätter zusammen mit ein paar Limettenscheiben einfach 1 Stunde bevor die Gäste erscheinen in einem Glaskrug (Optik) ziehen.

Der Weißwein nimmt ziemlich schnell die feinen Salbei-Minze und Limettenaromen auf und übertrifft mit seinem feinen luftigen Bouquet jeden Campari oder Cinzano.

Für den Gipfelaperitif werden die Blätter und die halbierten Limettenscheiben entweder in die zuvor um einen Schluck reduzierte Flasche bugsiert, oder direkt ins Glas gegeben.

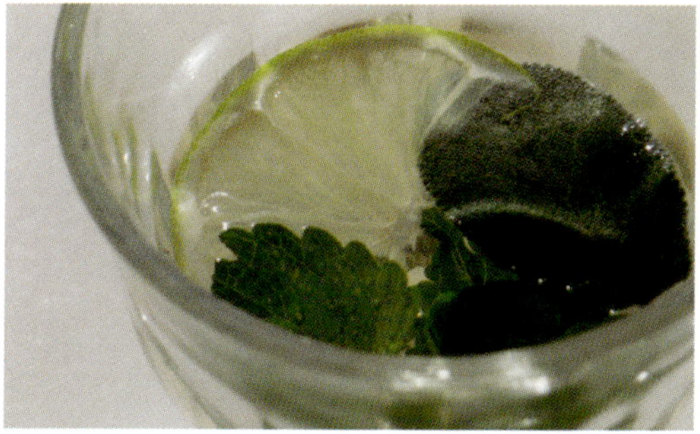

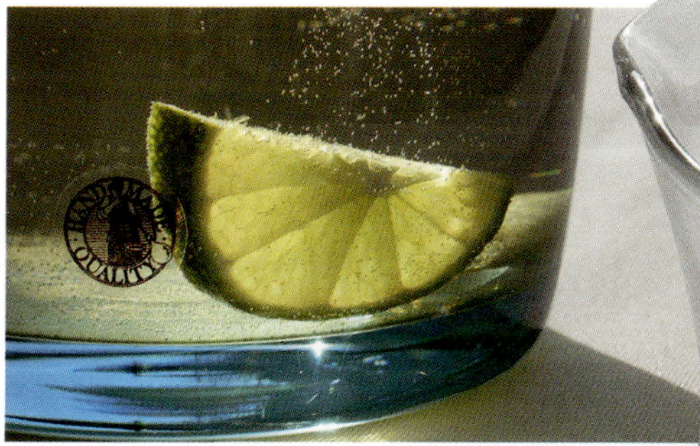

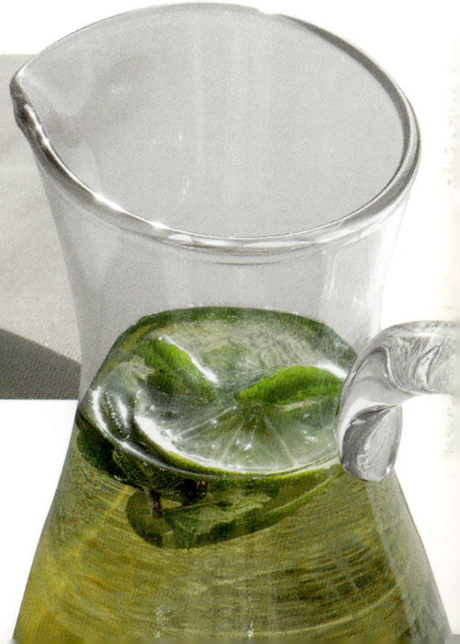

Spaghetti mit Knoblauch und Kräutern

„Spaghetti con aglio, olio e peperoncino“

Es ist keine Übertreibung zu sagen, daß Frieden und Glück da beginnen, geographisch gesehen, wo Knoblauch in der Küche verwendet wird.

MARCEL BOULESTIN

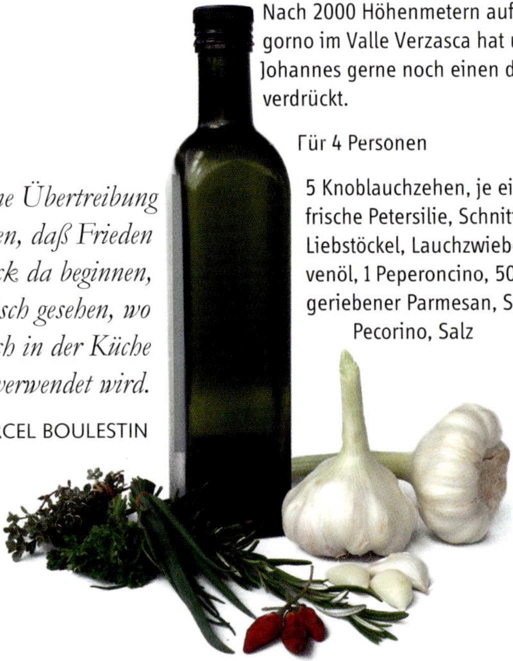

Nach 2000 Höhenmetern auf den Pizzo Vogorno im Valle Verzasca hat unser Patenkind Johannes gerne noch einen dritten Teller verdrückt.

Für 4 Personen

5 Knoblauchzehen, je eine Handvoll frische Petersilie, Schnittlauch, etwas Liebstöckel, Lauchzwiebeln, 5 Eßl. Olivenöl, 1 Peperoncino, 500 g Spaghetti, geriebener Parmesan, Sbrinz oder Pecorino, Salz

Spaghetti „al dente“ kochen, gleichzeitig Knoblauch und Peperoncino in Scheiben geschnitten im Öl anrösten. (nicht zu braun werden lassen)
Ganz kurz die Kräuter mitrösten, Spaghetti untermischen, etwas pfeffern und salzen und servieren.
Wie jedes gute Gericht basiert dieses Rezept auf der Qualität seiner Zutaten, d.h. nur frischen, fruchtig riechenden Knoblauch und das beste kaltgepresste Olivenöl (extra vergine) verwenden.

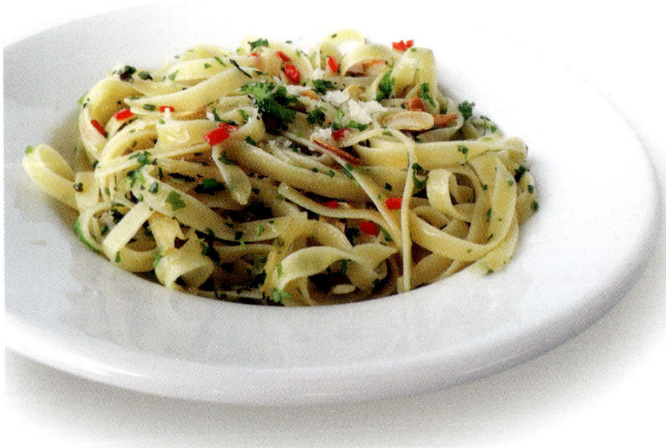

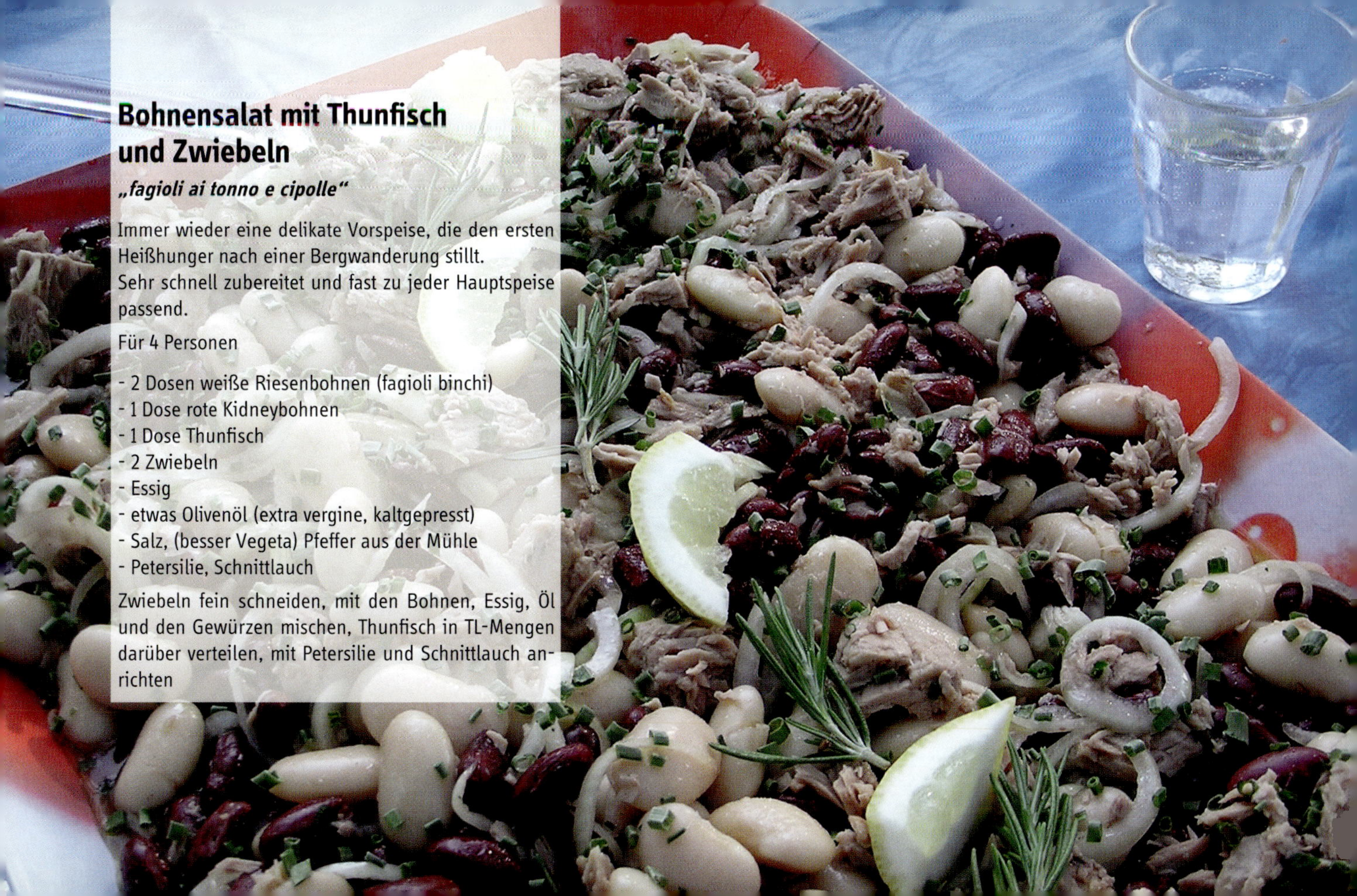

Bohnensalat mit Thunfisch und Zwiebeln

„fagioli ai tonno e cipolle"

Immer wieder eine delikate Vorspeise, die den ersten Heißhunger nach einer Bergwanderung stillt.
Sehr schnell zubereitet und fast zu jeder Hauptspeise passend.

Für 4 Personen

- 2 Dosen weiße Riesenbohnen (fagioli binchi)
- 1 Dose rote Kidneybohnen
- 1 Dose Thunfisch
- 2 Zwiebeln
- Essig
- etwas Olivenöl (extra vergine, kaltgepresst)
- Salz, (besser Vegeta) Pfeffer aus der Mühle
- Petersilie, Schnittlauch

Zwiebeln fein schneiden, mit den Bohnen, Essig, Öl und den Gewürzen mischen, Thunfisch in TL-Mengen darüber verteilen, mit Petersilie und Schnittlauch anrichten

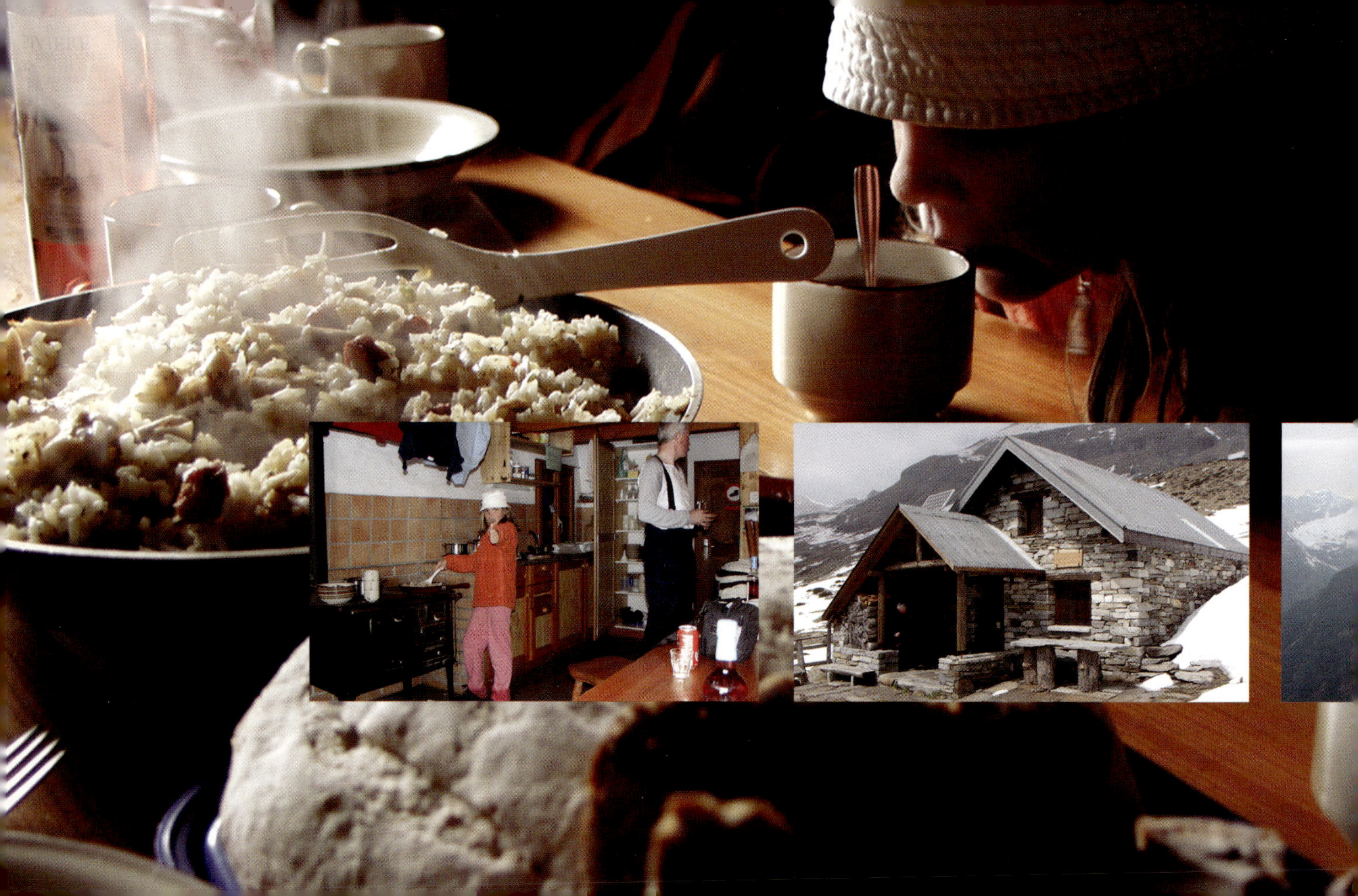

Heiß dampfende Risotto-Pfanne

„Risotto ai Salame e prosciutto"

Für 4 Personen

Ganz zufällig gelang uns diese leckere Tessiner Volksspeise auf der Capanne Borgna, 1912 m.
Nach einer kräftezehrenden Wanderung auf dem ersten Wegstück der „Via Alta della Verzasca", müde, durchgefroren und hungrig wie Löwen, war dieses Essen ein Festtagsmahl.

- 300 g Risottoreis
- etwas Olivenöl oder Butter, ca. 800 ml Brühe
- 1 Zwiebel, gehackt, etwas Weißwein

Das Olivenöl in die Kasserolle geben und die gehackte Zwiebel darin glasig werden lassen, den Reis zugeben und 2-3 Minuten leicht anrösten. Mit Weißwein ablöschen, einkochen. 1/2 Ltr. Brühe zugeben. 15-20 Minuten unter Rühren kochen bis er weich aber noch körnig ist. Wurst und Schinken unter das Risotto mischen. Mit Salz, Pfeffer und frischen Kräutern würzen.

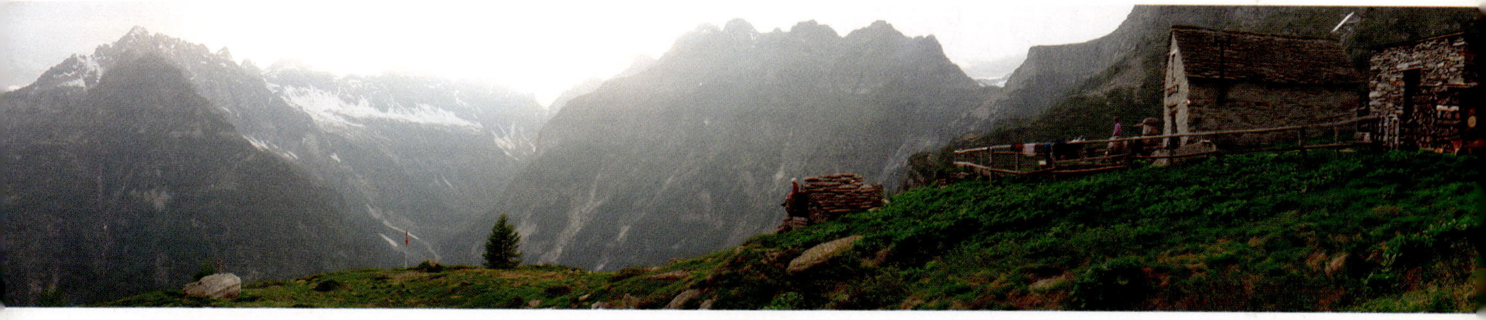

▲ *Panoramablick zur Capanna Cògnora, 1938 m und in das Valle Vegorness. Die rustikale Selbstversorgerhütte liegt auf einem luftigen Felsvorsprung zwischen der Capanna Efra und der Capanna Barone und wartet mit einer spektakulären Aussicht auf.*
Dem rechten Gebirgszug folgend verläuft die Via Alta.

◄ *Auf der Capanna Borgna, 1912 m, dem eigentlichen Ausganspunkt der einwöchigen, anspruchsvollen Höhenwanderung.*

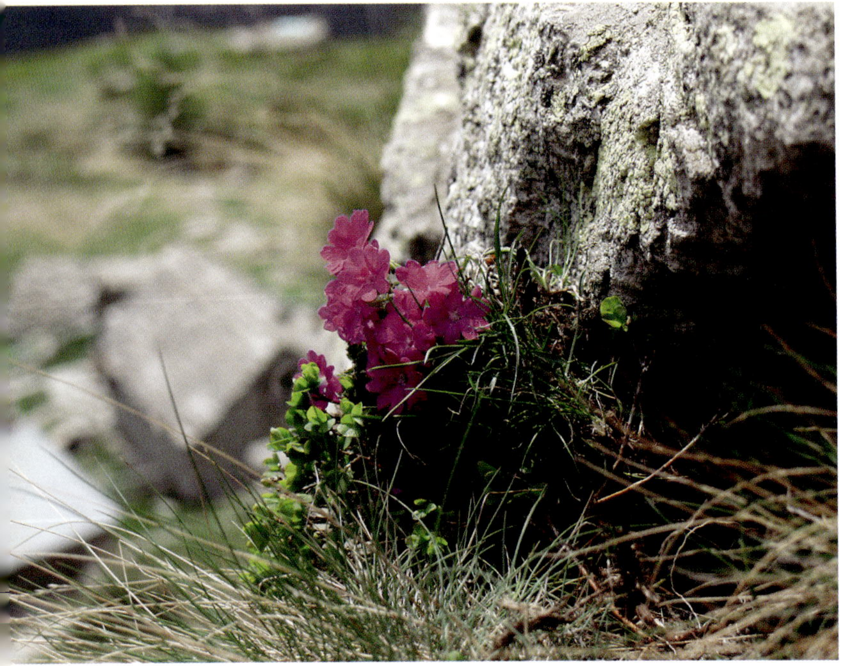
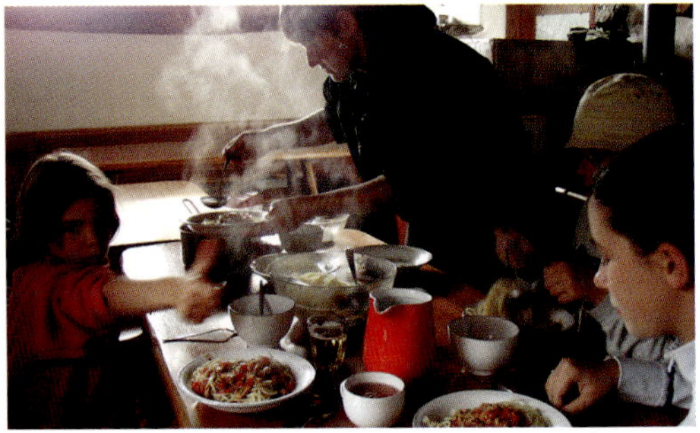
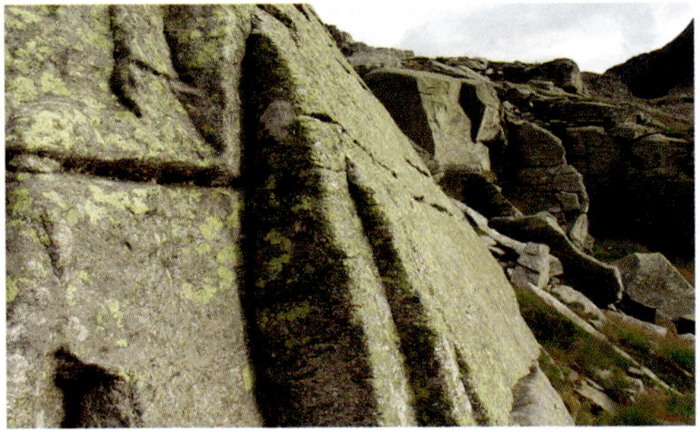
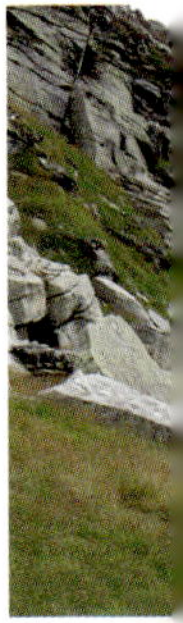

Demut vor den Blumen der Baumgrenze
öffnet den Weg zum Gipfel.

DAG HAMMARSKJÖLD

Die Via Alta della Verzasca

Die legendäre „Via Alta della Versasca" verbindet die Berghütte Borgna mit der Berghütte Barone von Süden nach Norden über die Berghütten Efra und Cògnora. Der gesamte, anspruchsvolle Weg läuft hoch über dem Valle Vergoness und bietet zahlreiche Wandermöglichkeiten zu den nahegelegenen Gipfeln. Nach der Renovation der vier ehemaligen, teils verfallenen Alphütten, die den Anforderungen modernen Bergwanderns angepasst wurden, beschloss ein Freundeskreis der „Società Escursionistica Verzaschese" (Wanderverein des Verzascha-Tals) diese mit einem markierten Weg, der teilweise mit künstlichen Hilfen bestückt wurde, (Eisentritte, Seile und Leitern) miteinander zu verbinden. Von der gesamten Via Alta aus eröffnen sich atemberaubende Panoramen und der starke Kontrast zwischen den tief eingeschnittenen Landschaften des Vergoness-Talbodens und

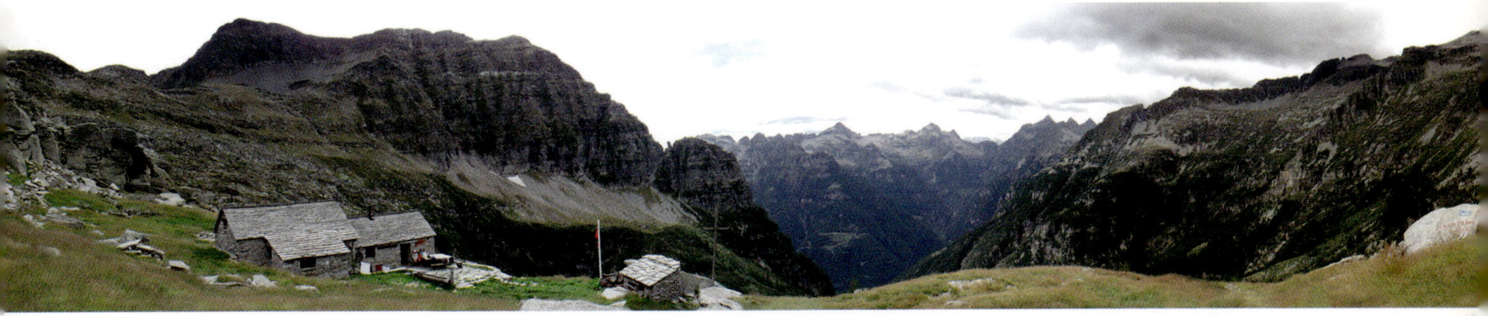

▲ *Die Capanna Efra auf 2039 Meter Höhe. Die Hütte besteht aus zwei umgebauten Gebäuden der ehemaligen Hungeralpe Efra.*

◄ *Von Frasco-Chiesa sind wir in 3 Stunden hier herauf gewandert und lassen uns jetzt in der gemütlichen Capanna zuerst mal eine gehörige Portion Spaghetti schmecken.*

◄ *Wahre Malkünstler: „Rhizocarpon disporum", eine im Tessin weit verbreitete Krustenflechte, verziert die kahlen Felsblöcke rund um die Hütte und „Prímula hísuta", oder Sassireu (Tessin), leuchtet hellrosa aus einer Felsspalte.*

den umliegenden schroffen Berggipfeln ist einzigartig. Die Anstiege aus dem Val Verzasca bzw. aus dem Val Vergonèss zu den Gipfeln haben es in sich. Meist geht es auf streckenmäßig kurzer Distanz anhaltend steil aufwärts. Nach 2000 Höhenmetern stellt sich dann auch der entsprechende Hunger ein. Die liebevoll renovierten Selbstversorger-Hütten der Socièta Escursionistica Verzaschese SEV bieten die Möglichkeit, sich etwas Warmes zu kochen und zu nächtigen.

Alle Berghütten sind mit Holz- und Gasherd (Brennholz und Gas stehen zur Verfügung), Sonnenstromanlage, einer kleinen Getränke-Reserve, (darunter auch bester Tessiner Merlot!) Decken, Frischwasser und Toiletten ausgerüstet und sind von Anfang Juni bis Ende Oktober zugänglich.

Die Via Alta lässt sich am besten mit den im Schweizer Clubführer (SAC-Führer) beschriebenen Schwierigkeitsgraden BG taxieren. Die Kletterstellen weisen L oder WS auf (bis II. Grad).

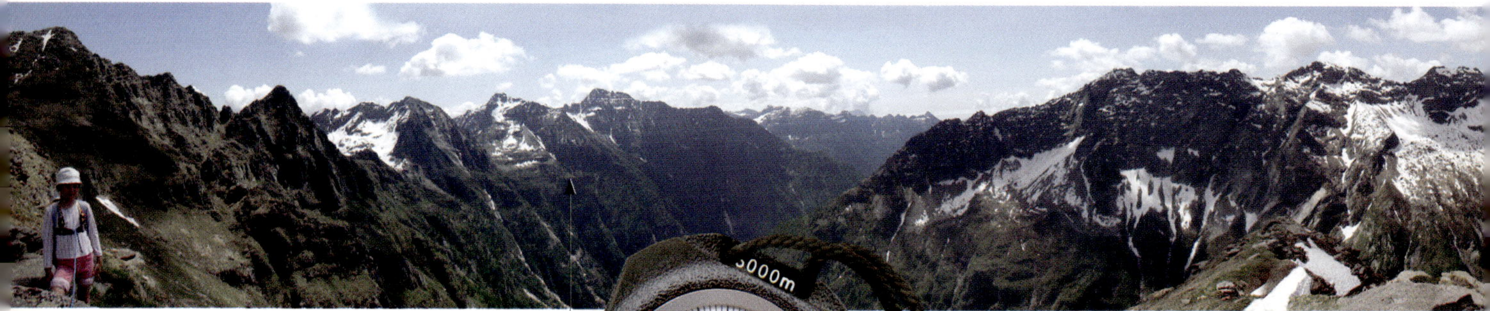

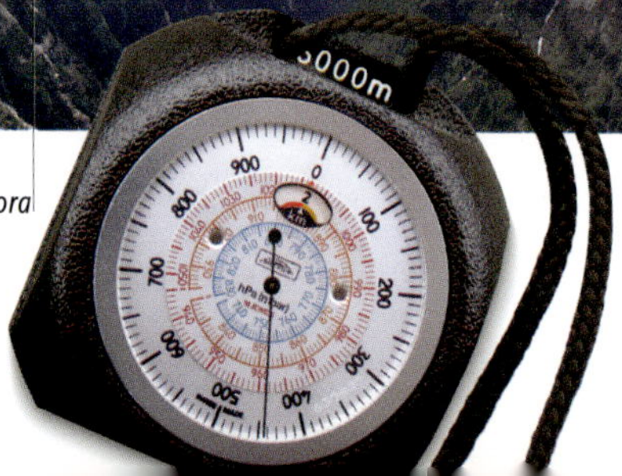

▲ *Panoramablick unterhalb des Pizzo di Piancói*

◄ *2442 m, Gipfelhöhe des Pizzo di Vogorno und aus dem Tal dann satte 2000 Höhenmeter*

ap. Barone ▸

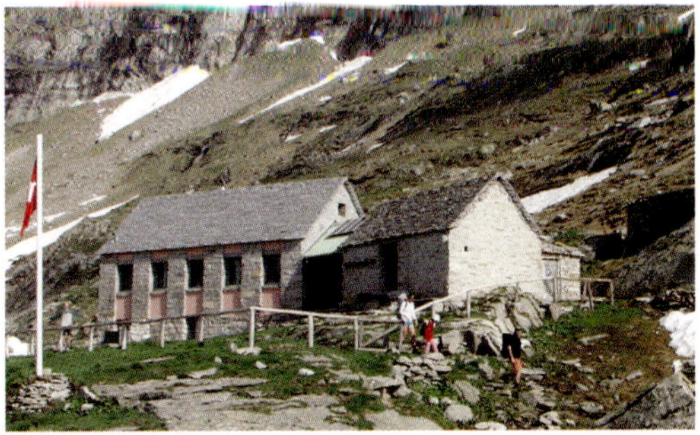

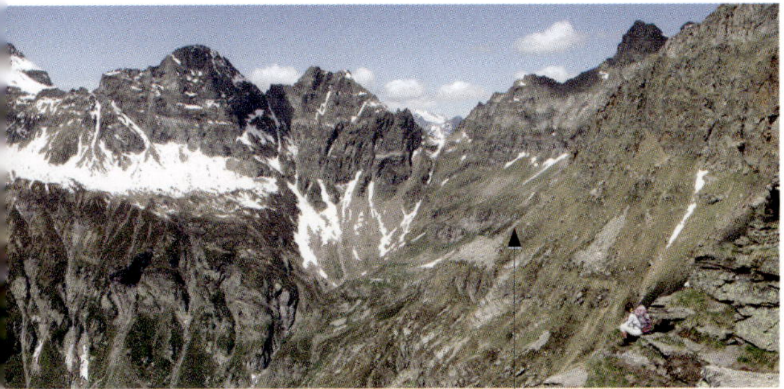

Capanna Barone (verdeckt)

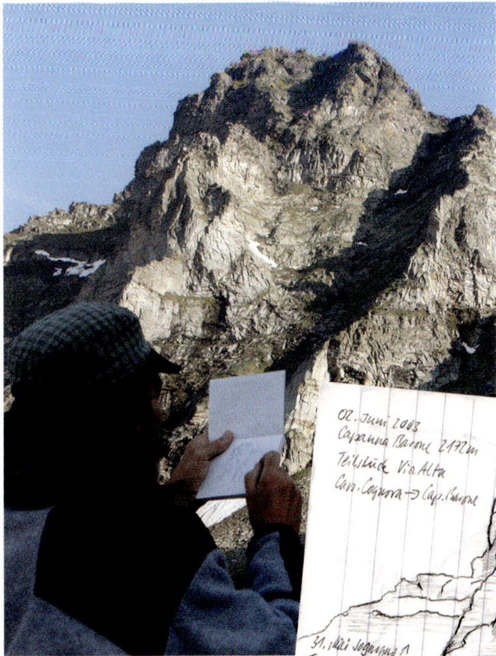

▲ Pizzo Barone, 2864 m, der höchste der Gipfel, die das Val Verzasca umschließen

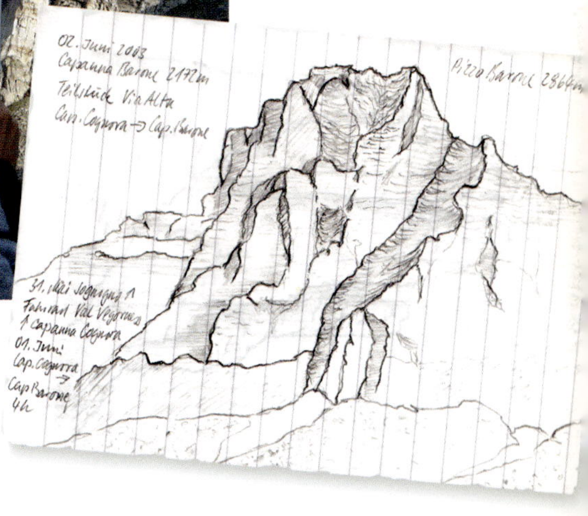

Die Hütten der Sociėta Escursionistica Verzaschese SEV

Cap. Borgna, SEV. 1912 m. Ohne Telefon. 25 Plätze. Koordinaten: 714.675 - 120.875
Kontaktperson: Graber Giovanni, +41 (0)91 859 00 69.
Zustieg von Vogorno - 4 Stunden, via Pizzo di Vogorno 7 Stunden, den Monti della Ganna oberhalb von Cugnasco Bocchetta del Sassello (2 Std. 30 Min.) oder mit der Seilbahn von Monte Carasso nach Mornera, von dort via Cap. Albagno (UTOE Bellinzona) und Cima dell'Uomo (2390 m, ca. 4 Std. 30 Min.).

Cap. Efra, SEV. 2039 m. Ohne Telefon. 25 Plätze. Koordinaten: 708.750 - 132.875
Kontaktpersonen: Nembrini Lauro, +41 (0)79 229 58 33,
Zustieg von Frasco (3'/2 Std.), von Personico durch die Val d'Ambra über Passo del Gagnone (6 Std.) oder von Lavertezzo durch die Val d'Agro und Alpe Corte Nuovo (6 Std.).

Cap. Cognora (Mezzodi), SEV. 1938 m. Ohne Telefon. 20 Plätze. Koordinaten: 705.750 - 137.050
Kontaktperson: Guidotti Felice, +41 (0)91 745 37 25, Matasci Carlo, +41 (0)91 745 45 18.
Zustieg von Sonogno via Cabioi (21/2 Std.) oder von Rifugio Sponda/Chironico, Lago, Passo del Piatto

Cap. Barone, SEV. 2172 m. Ohne Telefon. 35 Plätze. Koordinaten: 700.750 - 139.100
Kontaktperson: Luciano Tenconi, 6632 Vogorno, +41(0)91 745 28 87.
Zustieg von Sonogno (4 Std.).

Alle Koordinaten gemäß den Schweizer Landeskarten.
Die „Via Alta della Verzasca" ist beschrieben in: „Alpinwandern im Tessin", M. Volken, SAC-Verlag.

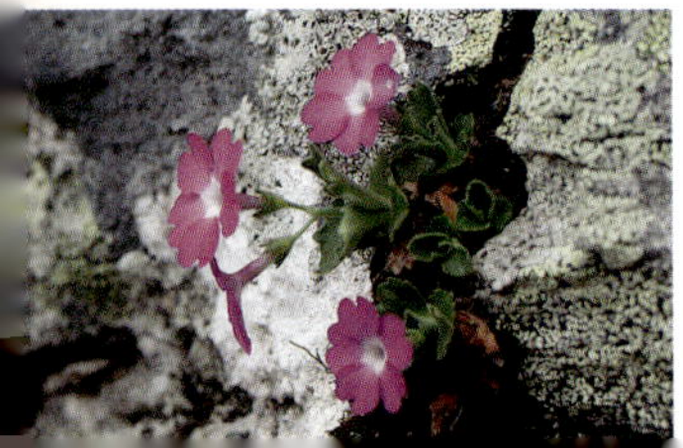

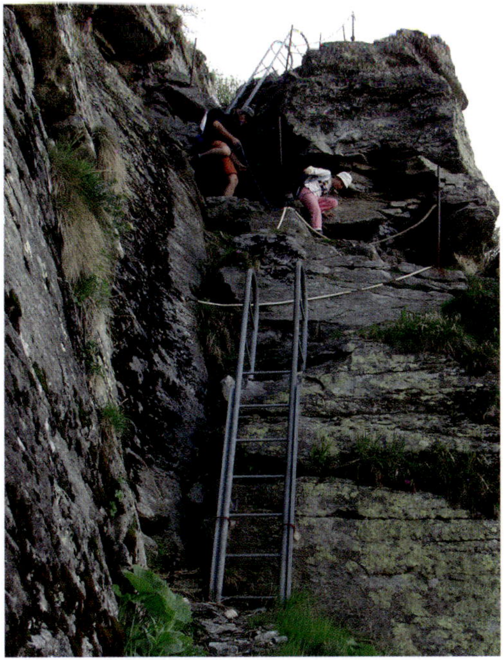

▲ *Unterwegs auf der Via Alta zwischen Capanna Cógnora und Capanna Barone*

Um das Glück,
das die Berge ihren Getreuen schenken,
ist es ein eigen Ding:
es lässt sich nicht erzwingen.

ELEONORE NOLL

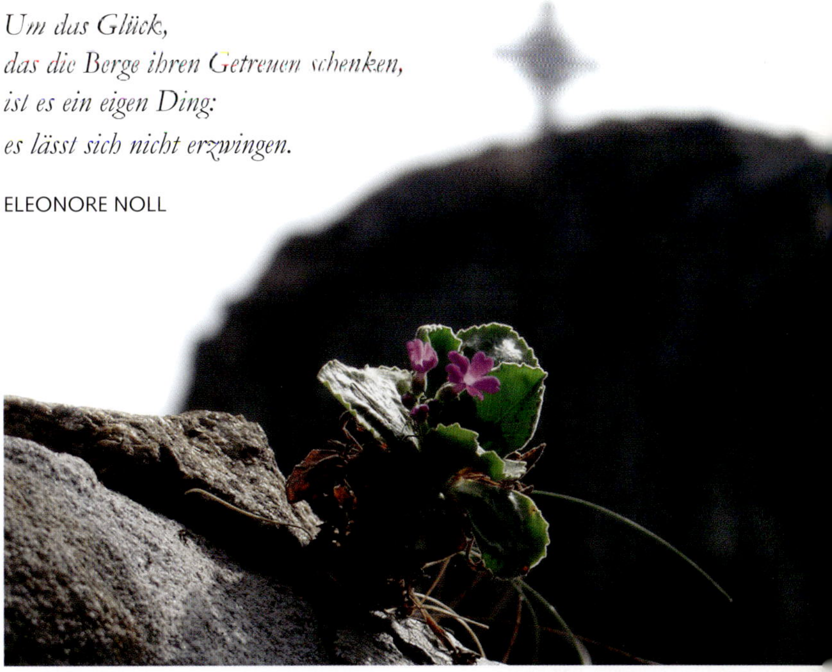

◄ ▲ *Nordostalpen-Primel, primula clusiana*

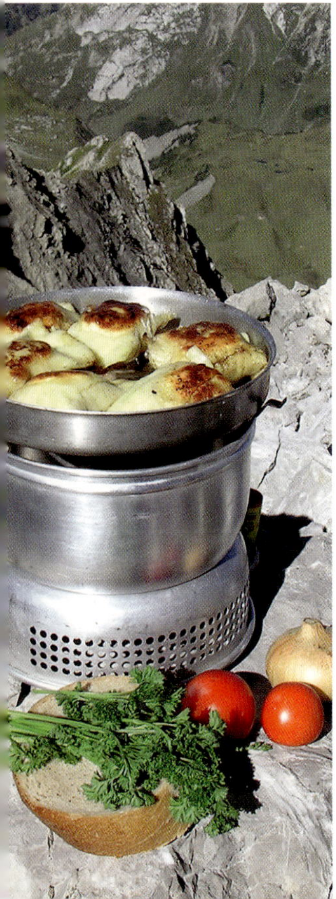

Das toppt jede Gipfelrast:
in Butter-Zwiebelschmelze[25] angebratene

„Schwäbische Maultaschen“

aus der „Trangia“- Pfanne

Prinzipiell kann das Maultaschenrezept bei entsprechend verringerten Mengen auch als Einzelgericht gekocht werden, zur Bevorratung macht die Herstellung der Maultaschen aber wegen des Arbeitsaufwandes nur als „Großaktion“ Sinn. An einem Mittag können 2 Personen einen brauchbaren Vorrat für 2 Familien herstellen. (ca. 50 Familienportionen, die wir nach dem Abkochen und Abkühlen einfrieren.) Das Rezept kann auch anstatt mit Hackfleisch und Brät (schwäbisch) sehr gut mit Fisch (Lachs, Scholle, Seehecht o. Ä.) nachgekocht werden, dazu einfach die Mengen entsprechend verringern.

2 große Töpfe (à 10 ltr.), mehrere große Plastikwannen, Palette (Metall-Spatel oder großes Messer)
12 Meter Maultaschenteig (von meinem Bäcker bekomme ich 6 Bahnen mit der Maschinenbreite von ca. je 60 cm und 200 cm Länge.
Die Arbeitsplatte zur Herstellung der Maultaschen sollte also mindestens 60 cm x 200 cm freie Fläche haben.)

- 6 kg gemischtes Hackfleisch und 4 kg Brät
- 1 Sack Zwiebeln und 1 Bund Knoblauch
- 20 getrocknete Semmeln oder 2 kg frische Semmelbrösel
- ca. 5 kg frischer Blattspinat oder gefrorener Blattspinat
- 1 kg fein geschnittener Speck
- 30 Eier
- Salz, Pfeffer, Majoran, nach Geschmack evtl.. etwas Maggi oder besser Selleriesalz, Muskatnuss
- je 3 Bund frische Petersilie und frischer Schnittlauch

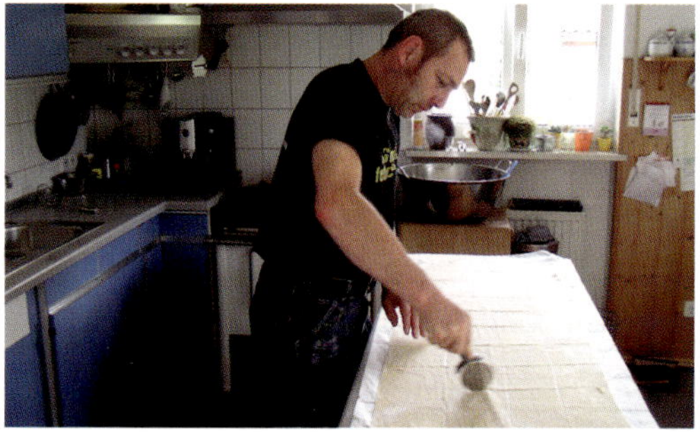

▲ *Die Maultaschenproduktion läuft unter Walters kompetenter Anleitung auf Hochtouren*

◄ *Gipfelmenue auf der Wasenspitze im Lechquellengebirge*

► *Blick auf Drei Türme und Sulzfluh*

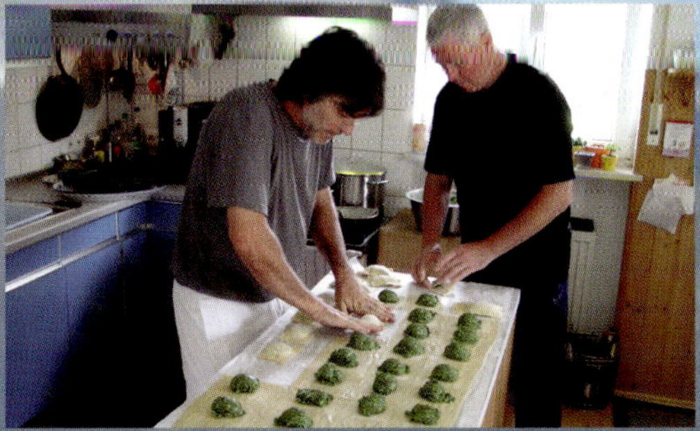

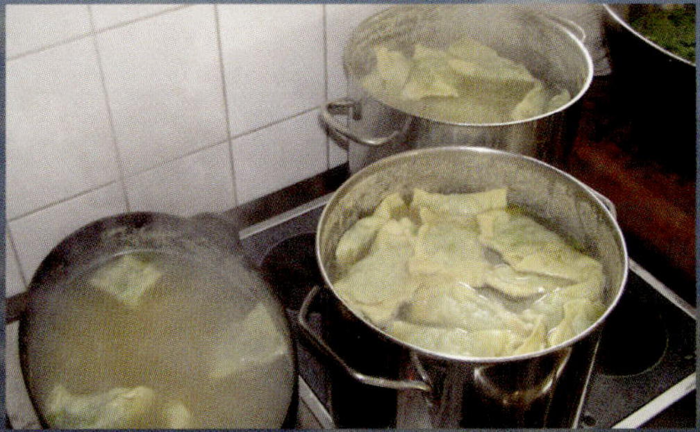

Die Hälfte der feingeschnittenen, angeschwitzten Zwiebeln mit Speck, Hackfleisch und Brät in einer Plastikwanne (zur Not tut`s auch die Babybadewanne) gut mischen. Blattspinat (blanchiert), Knoblauch und die andere Hälfte der Zwiebeln durch den Fleischwolf (mittlere Scheibe) drehen und mit den Gewürzen unter den Fleischbrei mischen. Kräftig würzen.

Im Topf kleine Probeklöße abkochen und evtl.. nachwürzen. Nacheinander, jeweils eine Teigbahn auf der leicht eingemehlten Arbeitsplatte ausbreiten und die Farce mit einer Palette dünn (5 mm) verstreichen. An einer Breitseite (160 cm) ca. 3 cm freilassen. Zu zweit die bestrichene Teigbahn von der Breitseite her (200 cm) aufrollen, die letzten freien 3 cm mit etwas Eiweiß bestreichen und an die entstandene Rolle ankleben. Schräg in ca. 2 cm breite Streifen schneiden und im kochenden Wasser ziehen lassen, wenn sie hochsteigen noch 5 Minuten ziehen lassen.

Mit dem Schaumlöffel herausnehmen, abkühlen lassen und portionsweise einfrieren.

Das Abkochwasser ergibt bei dieser Menge einen kräftig gewürzten Soßen- oder Suppenfond. (Kesselsuppe)

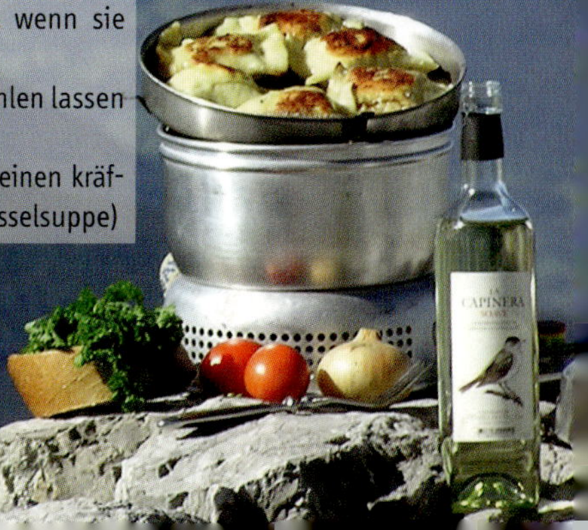

Marinierte Kalbsschnitzelchen mit Schinken und Salbei

„Saltimbocca alla romana"

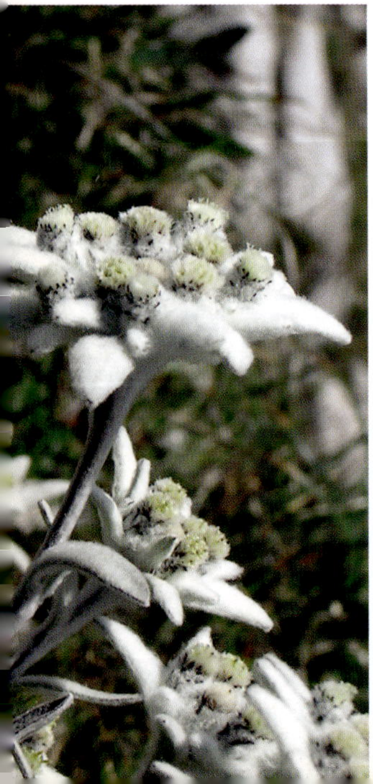

Schon beim Anbraten der zarten, marinierten Schnitzelchen ziehen köstliche Duftschwaden ums Gipfelkreuz und die ersten Köpfe drehen sich zu uns her. Wenn dann aber beim Ablöschen des Bratensatzes mit trockenem Weißwein, die Aromen von Fleisch, Schinken, würzigem Salbei und Pfeffer im weiteren Umkreis die Nasenflügel weiten, kann es sich meistens keiner mehr verkneifen, einen Blick in unser heraufgetragenes Kochgeschirr zu werfen.
Dort warten nämlich schon - die in der zweiten Pfanne, in Butter geschwenkten - hausgemachten Gnocchi, auf ihre Vermählung mit den im würzigen Bratenfond schwimmenden Saltimboccas. Diese können natürlich nicht aus der Pfanne, oder in den Mund hüpfen (so die wörtliche Übersetzung für „saltare in bocca"), weil sie nämlich durch die weiße, inzwischen fast zur Glace reduzierten Sauce daran gehindert werden.

- 500 g Kalbsnuss (ich habe aber auch schon Putenbrust oder -Schnitzel erfolgreich dazu zweckentfremdet) ein paar Scheiben gut durchwachsener roher Schinken oder einfach Bauchspeck
- Butter, wenig Olivenöl
- Salz, Pfeffer
- Salbeiblätter, Zitrone

Das Fleisch kann morgens, vor der Bergtour, in dünne Schnitzelchen geschnitten, flachgeklopft und mit wenig Salz, Pfeffer, Zitronensaft und Olivenöl mariniert werden.

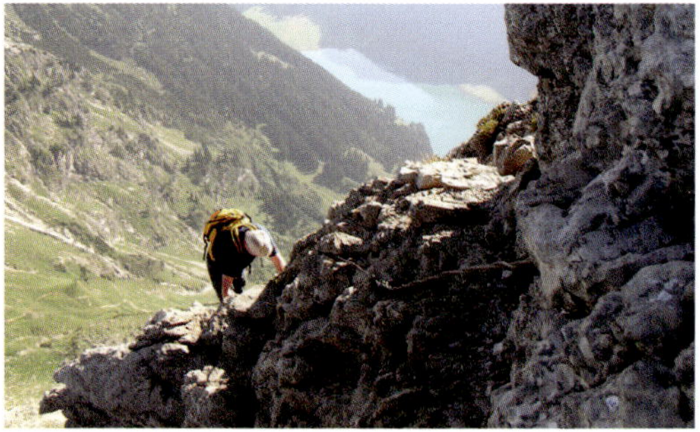

▲ *Luftige Kletterei am Rauhhorn-Ostgrat*
◄ *Edelweiß an der Rauhhorn Südseite*
► *Das „Sonntagsessen" auf dem Rauhhorngipfel*

Es verschwindet dann in einer gutschließenden Frischhaltedose, neben Weißwein und den am Vorabend gemachten Gnocchi zuunterst im Rucksack und wird beim Aufstieg gleichmäßig in der Marinade geschaukelt. Auf dem Gipfelplateau werden dann im Trangia zuerst die Gnocchi angebraten und so gut es geht abgedeckt und warmgestellt.

Danach muss beim Anbraten der Saltimboccas in Butter (die Speckscheiben und Salbeiblätter nicht vergessen!), auf die geeignete Windrichtung geachtet werden, damit der Bratenduft die Gruppe mit den meisten rotkarierten Hemden trifft. Wenn die Schnitzelchen goldgelb gebraten sind, werden diese in einer Alufolie kurz zwischengelagert, Weißwein angegosssen und zu einer sämigen Glace reduziert. Für die Deluxe-Variante (der Aufstieg sollte dann aber merklich über 1000 Höhenmeter liegen!) kann jetzt auch noch ein guter Esslöffel Butter untergezogen werden. Die Saltimboccas kommen nun wieder zurück in die Pfanne und dürfen noch eine Minute mitköcheln.

Der gerecht verteilte Rest des Weines und ein abschließendes Schlückchen aus dem Flachmann runden das „Sonntagsessen“ ab.

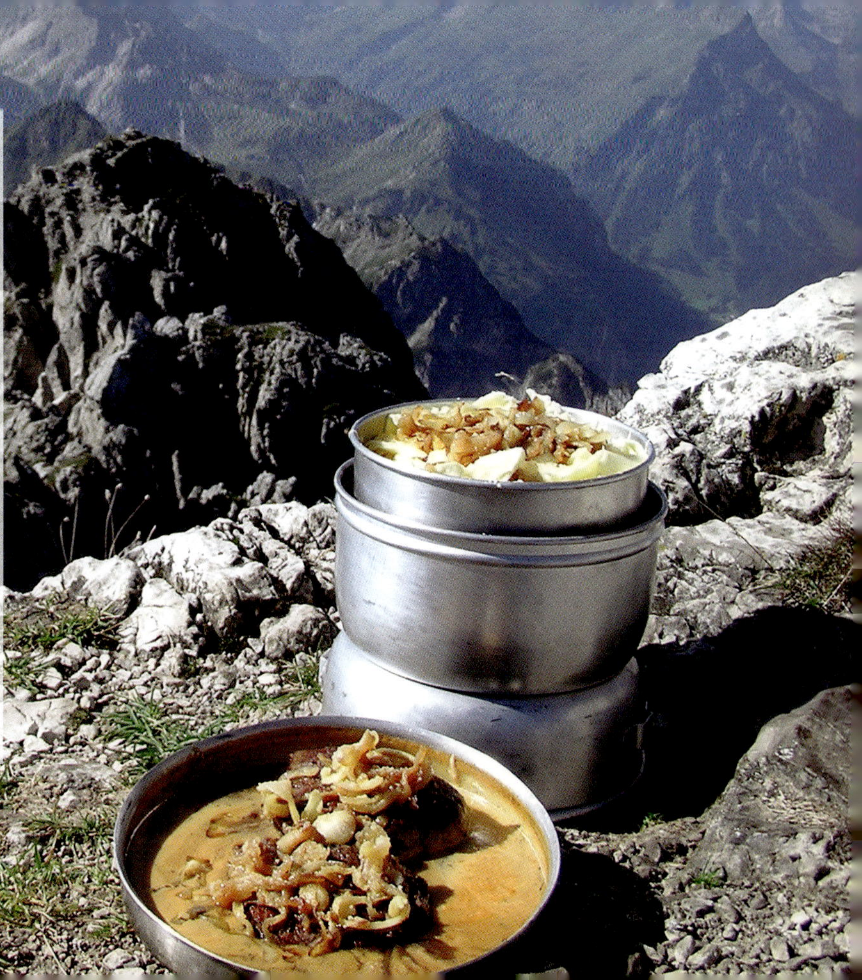

Anhang

Wie meine Aufnahmen entstanden

Anmerkungen

Literatur und Quellenverzeichnis

Bildnachweis

Dank

Wie meine Aufnahmen entstanden

Fotografie (...) wurde im 19. Jh. aus dem englischen „photography“ entlehnt und bedeutet wörtlich etwa „Lichtschreibkunst“, zusammengesetzt aus griech. phôtòs „Licht“ und griech. gràphein „schreiben, aufzeichnen“

DUDEN: Etymologie der deutschen Sprache

Meinem ersten Photoapparat, einer Minolta Spiegelreflexkamera, verdanke ich mein andauerndes Interesse am Fotografieren. Mit zahlreichen Wechselobjektiven, Filtern, Vorsatzlinsen usw, habe ich die gesamte Ausrüstung, die nicht selten weniger als 3 kg auf die Waage brachte, bei jeder Bergtour im Rucksack mitgenommen. Der exakte Belichtungsmesser sowie die Qualität der Mechanik und Optik waren damals und sind auch heute noch auf höchstem technischen Niveau.

Ein Großteil der Aufnahmen in diesem Buch entstanden mit diesem Fotoapparat, auf dem niedrig empfindlichen „Agfachrome 50 S“ Diafilm. Der hohen Farbtreue und bestechenden Schärfe wegen, in erster Linie aber, weil dieser Film den extremen Kontrastumfang bei Gegenlichtaufnahmen optimal wiedergab.

Mit der Zeit bekam ich ein Gespür dafür, wie mein Belichtungsmesser solche Hell- Dunkelkontraste messen kann, und konnte mich immer sicherer an die maximalen Abbildungs-

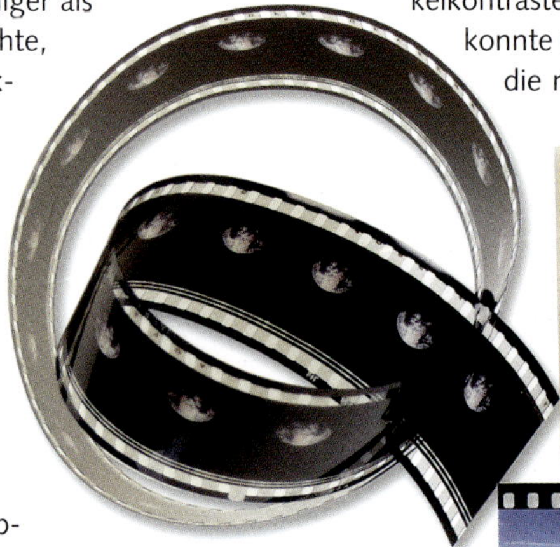

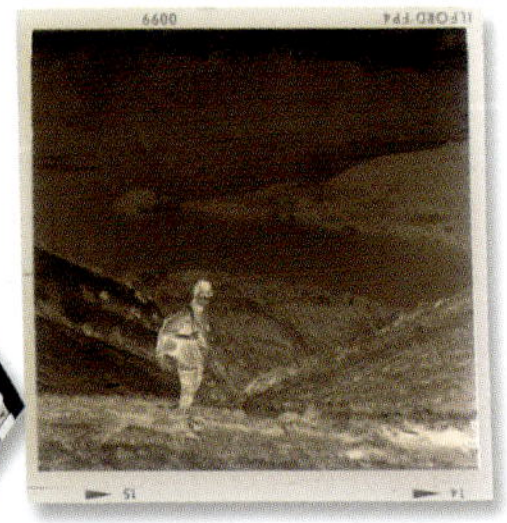

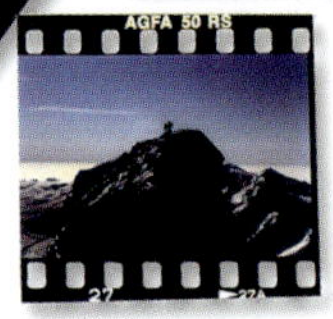

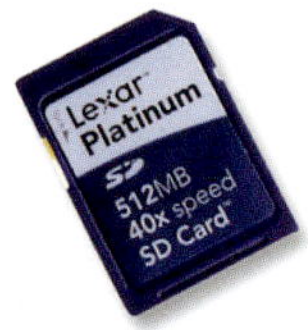

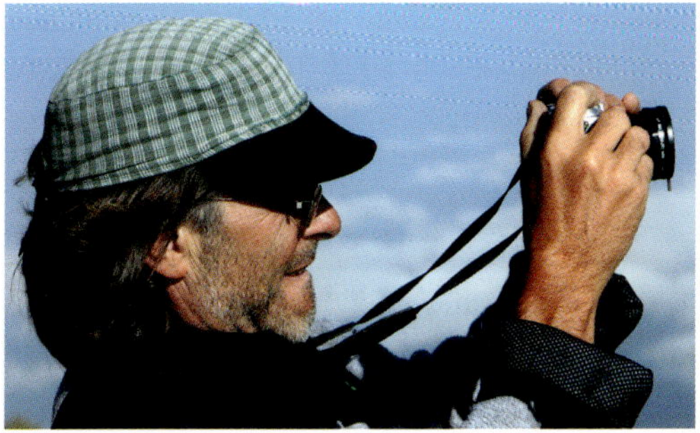

leistungen des Diafilmes herantasten. Gerade im Hochgebirge sind sehr hohe Helligkeitsunterschiede, oft an den Grenzen des Aufnahmematerials, die Regel. Die Lichtverhältnisse schwanken zwischen weiß gleißendem Gletschereis und dunklen, nachtschwarzen Schattenpartien, die die gähnende Tiefe einer Gletscherspalte erahnen lassen. Wenn dann noch Gegenlicht ins Spiel kommt, vergrößert sich der Tonwert- oder Kontrastumfang exorbitant.

▲ *Fotografieren kann anstrengend sein!*

◄ *Fast ein Jahrhundert Fotogeschichte. Links: 24 mm Kinofilm und davon abgeleitetes 24 x 36 mm Kleinbilddiapositiv, 6 x 6 cm Schwarz-Weiß Negativ, SD-Speicherkarte*

Mit einem lichtstarken Projektor auf eine hochwertige Metallleinwand projiziert, können Diapositive, die ja dann nicht selten einen Kontrastumfang von über 1:1000 aufweisen, in beeindruckender Weise Erlebtes nachvollziehbar machen und transportieren vielleicht eine andere Atmosphäre als digitale Bilder, die mit einem Beamer präsentiert werden. Vor allem in den extremen Randbereichen, also den Spitzlichtern und den Tiefen, zeigt bei näherer Betrachtung (sehr nah!) das digitale Bild zur Zeit immer noch Schwächen: es fehlt an Zeichnung und Tiefe.

Der Schlüssel das ist Licht
und das Licht erhellt Formen
und diese Formen haben
Gewalt, zu erregen
durch das Spiel der Proportionen
durch das Spiel der Beziehungen
der unerwartetenden verblüffenden.[26]

Le Corbusier

Ein gedrucktes Bild hier in diesem Buch, bringt es gerade mal auf einen Umfang von maximal 1:40! und relativiert damit natürlich jede Diskussion zum Thema analoges Foto (was war das nochmal?) versus Digitalfoto.

Durch meinen Beruf kam ich sehr früh mit den ersten digitalen Fotoapparaten in Berührung und war fasziniert von dieser schnellen und unkomplizierten Art des Bildermachens.

Nun standen plötzlich Megapixel, CCD-Chip, SD-Card, LCD-Display usw. im Vordergrund und es wurde viel, sehr viel Hardware, Software und Fachliteratur angeschafft. Wieder setzte ich mit der „Olympus E10" auf das bewährte Spiegelreflexsystem, das mit dem vollmanuellen Modus meiner bisherigen Arbeitsweise am nächsten kam. Ein Teil der Aufnahmen (z.B. Seite 22, 23, 129, 131) entstand mit dieser relativ großen und schweren Kamera.

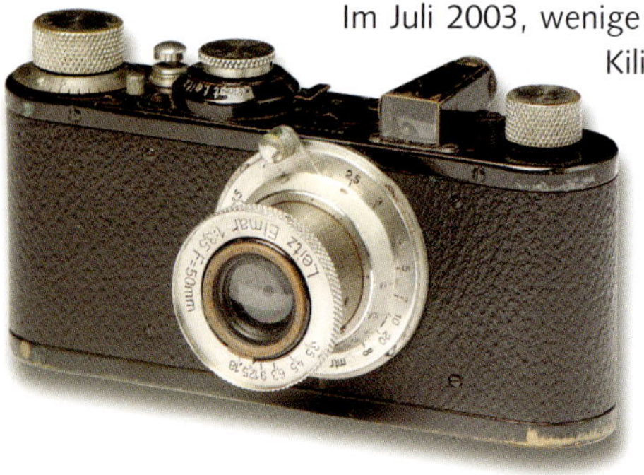

Im Juli 2003, wenige Wochen vor meiner Kilimanjarotour, kam die „Olympus 750 UZ" in den Handel. Sie war durch den sehr großen Zoombereich, die für die damalige Zeit beachtlichen 4 Megapixel und die kompakte Bauweise für mich so unentbehrlich wie ein „Schweizer Taschenmesser" bei dieser Unternehmung. Die extremen Einsatzbedingungen (in der suptropischen Vegetationszone nahezu 100% Luftfeuchtigkeit, im Gipfelbereich - 20°C, heftige Windstöße mit Sand und Staub, permanente Rüttel- und Stoßbelastung) stellten die Kamera auf eine harte Bewährungsprobe. Sogar ein Sturz aus Hüfthöhe überstand der Apparat. Mit einem Filteradapter konnte ich die für Hochgebirgsaufnahmen unerlässlichen Pol- und UV-Filter verwenden und im Macrobereich fotografierte ich viele Tier- und Pflanzenmotive.

Mit dieser Kamera entstanden alle Kilimanjarobilder, fast alle Panorama- und Macroaufnahmen sowie etliche stimmungsvolle Gegenlichtmotive. (z.B. Seite 14, 17, 21, 125, 167)

Durch einen Erbfall wurde ich stolzer Besitzer einer Leica. Das 600 Gramm schwere Vollmetall-Vorkriegsmodell ist ja der Vorläufer der modernen

▲ *Leica I des Verfassers, Baujahr ca. 1920-1930*

► *Im Unterholz am Mt. Meru*

Kleinbildfotografie, die als Aufnahmematerial den damals gebräuchlichen 24 mm Kinofilm verwendete. Für unsere heutige Zeit kaum vorstellbar, kommt der ca. 1920 gebaute Fotoapparat ohne ein einziges Kunstoffteil oder irgendeine Elektronik aus. Mit dem legendären Leitz-Elmar Objektiv (1:3,5, F=50 mm) entstehen mit dem Apparat immer noch qualitativ hochwertige, gestochen scharfe Bilder.

2006, fast 3 Generationen später, ist eine Weiterentwicklung dieses Objektives nun auch in der kleineren und leichteren, natürlich bis zum Rande mit Elektronik vollgestopften, „Leica D-Lux 3“ als „Vario Elmarit“ wiederzufinden. Die meisten Bilder aus Kapitel 4, 5 und 7 habe ich ohne Stativ mit dieser Digitalkamera im Macrobereich erstellt. Das 16:9 Bildformat erlaubt darüberhinaus auch Aufnahmen in interessanter Weitwinkelperspektive (z.B. Seite 25, 157, 165, 166, 167,179, 187, 190, 193, 200). Doch trotz aller rasanter, technologischer Weiterentwicklungen stehen für mich nach wie vor, oder vielleicht des vielen technischen „Schnickschnacks“ inzwischen überdrüssig, die grundlegenden fotografischen Handwerkstechniken im Vordergrund. Das heißt, Bild- Gestaltung und Aufteilung, Festlegen der Schärfentiefe und Lichtführung schon bei der Aufnahme. Damit zwinge ich mich, schon vor dem „klick“ mir meine Gedanken zum Bild, oder der Bildaussage zu machen.

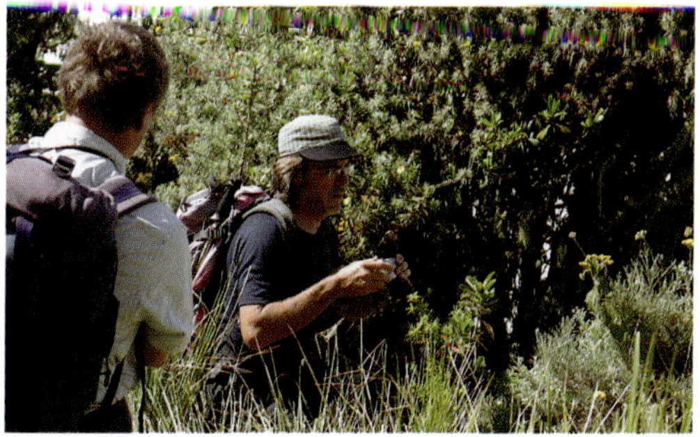

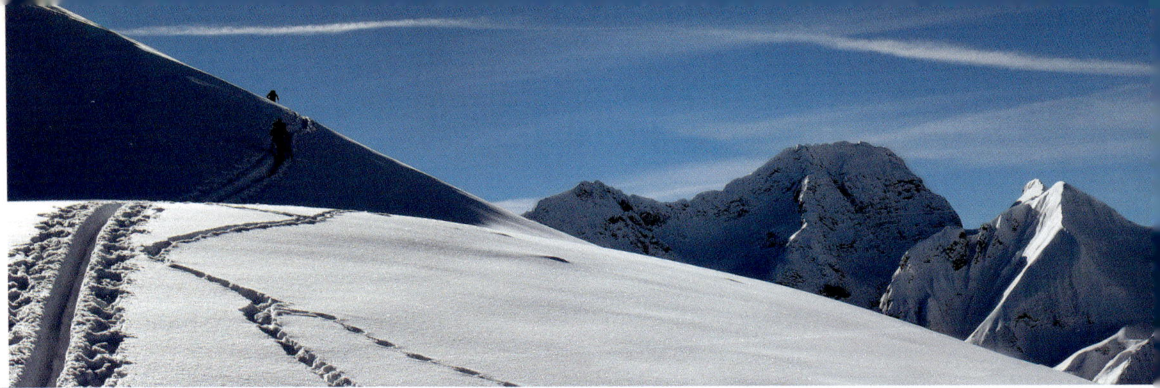

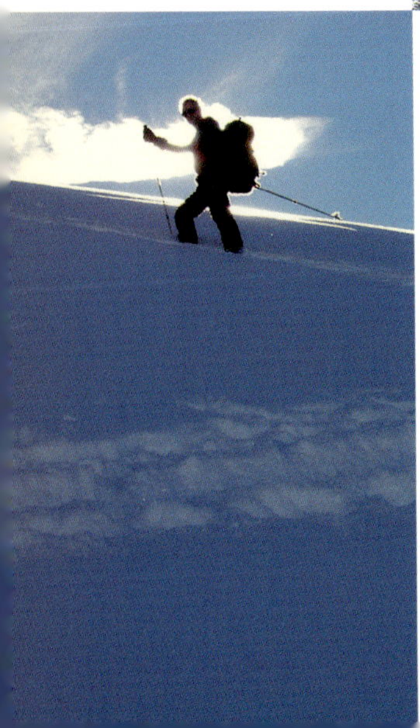

Auch die exakte Belichtungsmessung spielt in diesem Moment eine entscheidende Rolle. Die schon zuvor erwähnten, oft extremen, Lichtverhältnisse im Gebirge erfordern ein geradezu penibles Ausmessen mit dem Belichtungsmesser, und vor allem immer wieder spontanes Entscheiden für die „richtige" Einstellung der vorgeschlagenen Belichtungswerte.

So müssen z.B. an einer im Schatten liegenden Gletscherflanke, gut differenzierbar durchgezeichnete Tiefen und im danebenliegenden Schnee immer noch Konturen und Strukturen erkennbar sein. Eine im Automatikmodus erstellte Aufnahme kann unter diesen Aufnahmeverhältnissen nur ein Zufallsprodukt sein.

Die Herleitung, bzw. Übersetzung des Wortes „Fotografie" aus dem griechischen heißt ja nicht umsonst „Lichtzeichnung", und so wie bei einem schönen Musikstück die Töne „wohlorganisiert" sind, kann ich als Fotograf auch das Licht organisieren oder mit Licht gestalten.

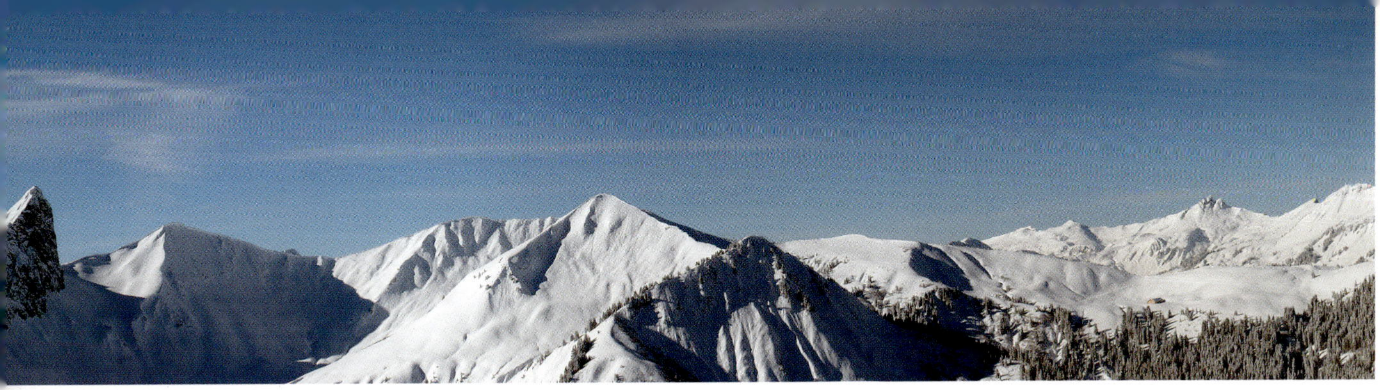

Nicht selten muss ich dabei trotz Wechselobjektiv oder „Ultra-Zoom" mehrfach den Aufnahmestandpunkt ändern und mehrere Aufnahmen mit den verschiedensten Ausleuchtungen erstellen, um die aussagekräftigste Wirkung zu erzielen.

Selbstverständlich lässt sich später im Bildbearbeitungsprogramm so manche Schwäche einer Aufnahme ausbügeln, so wie es ja im Photolabor oder in der Reproduktion und Druckvorstufe tagtäglich gemacht wird.

Für mich hinterlassen solche Manipulationen aber immer einen schalen Nachgeschmack, zumal manche Aufnahme dann nachträglich am PC erst „verhunzt" wird.

Oft braucht man beim Fotografieren auch noch etwas Glück.

Manch schöne Aufnahme gelingt rein zufällig oder weil man eben zur richtigen Zeit am richtigen Ort war. Wenn das nur immer so leicht wäre!

▲ *Skitour zum Toblermannskopf im Bregenzerwald, rechts vom Bund: Analper Stecken*

Alle Panoramaaufnahmen in diesem Buch wurden mit „normalen" Fotoapparaten erstellt und per Bildmontage (z.T. auch manuell) zusammengesetzt.

Anmerkungen

1 Waldau, Knut und Helmut Betz. „Berge sind stille Meister" 1. Auflage, 2003, Kösel GmbH & Co. KG

2 Ich verwende den international gebräuchlichen englischen Namen „Kilimanjaro" anstatt dem deutschen „Kilimandscharo". Meines Erachtens haftet an dem deutschen Namen immer noch etwas rassistische Kolonialtümmelei. 1885 wurde das ostafrikanische Tanganyika (heute Tanzania) dem deutschen Reich einverleibt und ab diesem Zeitpunkt wurde aus dem Kiboo (von den hier lebenden Landbauern so genannt) oder Kilima und njaro (Wortteilung aus Kiswahili- und Kichagga Sprache) die „Kaiser-Wilhelm-Spitze". Für unsere Großeltern und Eltern war der „Kilimandscharo" mit den damals ermittelten 6010 Metern der höchste Berg Deutschlands.

3 Chaotisch aber ohne Hektik, also nicht zu vergleichen mit der z.T. stressig nervigen Aufgeregtheit unserer Hauptverkehrsstraßen.

4 Insgesamt sind bis jetzt auf dem Kilimanjaro 596 verschiedene Moosarten bekannt, zwölf davon sind hier endemisch.

5 Den interessanten Artikel gibt es auch als AudioFile unter: www.zeit.de/audio

6 Es ist erstaunlich wie die Träger mit ihren schweren Kopflasten diesen „abenteuerlichen" Wegabschnitt meistern.

7 Außer dem lästigen Wind hatten wir die besten Verhältnisse an unserem „Gipfeltag". Einen Tag später hätten wir an dieser Stelle mit Neuschneemassen zu kämpfen gehabt.

8 Erstbesteiger Hans Meyer schreibt:"
Die Eisoberfläche wird nun zusehends zerfressener. Mehr und mehr nimmt sie jene Beschaffenheit an, wie sie Dr. Güßfeldt vom Aconcagua in Chile als „nieve penitente" beschreibt. In Rillen und Furchen, in Schneiden und Spitzen bis zu 2 Meter Tiefe verwittert, bietet das Eisfeld dem steigenden Fuß Hindernisse dar wie ein Karrenfeld. Da wir oft bis an die Brust einbrachen, nahmen unsere Kräfte in besorgniserregender Schnelligkeit ab.

9 Ich habe selten eine so plastische, realistische Schilderung zum Thema Geruch und erschwerte Atmung im Hochgebirge gelesen.
Ulrich Schödlbauer hat seine Kilimanjarobesteigung wie ich, sehr intensiv und mit allen Sinnen erlebt.

Die Klimazonen des Kilimanjaros

Bei der Besteigung des Kilimanjaros werden sämtliche ökologisch-klimatische Höhenzonen (Klimazonen) der Erde durchschritten. Dabei gelangt man aus dem heißen, staubigen Tropenklima hinauf in arktische Temperaturen die bis zu -25° betragen können.

0 m - ca. 1000 m:	Steppe, Savanne, Buschland Dornbüsche, Akazien
1000 m - ca. 1800 m:	Plantagen, Kulturzone, Anbau von Kaffee, Bananen
1800 m - ca. 3000 m:	Regenwaldzone, Lebensraum fast aller Vogel- u. Säugetierarten des Kilimanjaro, bedeutendes Wasserreservoir
3000 m - ca. 4000 m:	Heide- und Moorlandzone Flechten, Erikagewächse, grasbestandene Moore
4000 m - ca. 5000 m:	Hoch- und Steinwüstenzone Frostschuttregion, tagsüber +40°, nachts Frost Senecien, Lobelien, Flechten
5000 m - ca. 5895 m:	Krater- und Gipfelzone, Lava, Gletscher, Eiseskälte, Stürme, extreme UV-Strahlung Sauerstoffsättigung ca. 50%

10 Die beiden Gipfel konnte ich in den darauffolgenden Jahre bei ebenfalls besten Verhältnissen besteigen.

11 Die beiden Klettertouren waren damals für mich mit 13 und 15 Seillängen sowie Schwierigkeitsgraden von V+ und einer überhängenden Stelle A0 an der Grenze des Machbaren. An der Kasnapoff kam dann noch ein unangenehmer Pendelsturz dazu (wegen Entkräftung musste ich mich zum ersten Mal ins Seil fallen lassen) und oben angekommen erwartete uns aus heiterem Himmel ein brachiales Gewitter. Das metallene Gipfelkreuz und unsere umgehängte „Schlosserei“ surrten unüberhörbar von der elektrostatischen Aufladung und mit einem ohrenbetäubendem Knall schlug auch noch in nächster Nähe ein Blitz in die Gipfelfelsen.

12 Uli, mein gleichnamiger Kletterpartner, schreibt in seinem Tourenbuch: "Ich stieg voraus, während Uli und Bernd am ersten Standplatz warteten. Meine Finger hatten vor lauter Kälte fast schon das Gefühl verloren; so dass mir die Kletterei ordentlich schwierig erschien. Ich war froh, als ich den 2. Standplatz erreichte. Nun konnten sich die anderen die Finger am kalten Fels abfrieren.

13 Wohl nach dem Biberacher „Gigelturm", einem Wehrturm in der Stadtmauer benannt, bietet laut DAV-Führer: „...einen schönen Rundblick über den Schadonapass und sehr hübsche kleine Klettereien zum Einüben (II-IV), Platten, Rippen, Risse usw."

14 Der italienische Schriftsteller Dino Buzzati verwendete diese ausdrucksstarke Phrase in einem Zeitungsartikel für den „Corriere della Sera" vom 15 Juni 1935. Der Artikel („Der unsichtbare Bergkamerad") der sich auf den Lawinentod von vier Tourengehern bezieht, beschreibt sehr einfühlsam und ergreifend wie die verbliebenen Kameraden mit einer Skitour Abschied von den Verunglückten nehmen.

15 Abdruckgenehmigung: Bergverlag Rudolf Rother GmbH, München 1957

16 Bei jeder Bergtour, auch wenn einmal das Wetter nicht mitspielt, gibt es für mich etwas zu entdecken. Robert Macfarlane spricht mir aus der Seele wenn er das rein Sportliche hinten anstellt und auf die vielen kleinen Wunder am Wegesrand verweist.

17 Der begnadete, französische Architekt Le Corbusier entwickelte nach dem zweiten Weltkrieg mit dem „Modulor" zwei auf dem Goldenen Schnitt und den menschlichen Körperproportionen aufbauende Maßreihen. Mit diesen, der menschlichen Gestalt sehr nahen Maßen, die nicht dem Diktat des metrischen Systems folgen, wurden Häuser, Wohnblocks und eine Kapelle (Ronchamp) gebaut. Einstein kommentierte aus dem amerikanischen Exil die Maßreihen („der Modulor") Le Corbusiers: „Er ist eine Skala der Proportionen, die das Schlechte schwer und das Gute leicht macht."

18 Das gleichnamige Buch von György Doczi zeigt an unzähligen Beispielen aus Natur, Kunst und Architektur harmonische Proportionen und den Bezug zum Goldenen Schnitt auf. Es ist an Detailtreue nicht zu überbieten.

19 Der Gran Paradiso, 4061 m, einziger ganz auf italienischem Boden liegender Viertausender, ist einer der am leichtesten zu erreichenden Viertausender in der stark vergletscherten Paradisogruppe. Bekannt ist das Gebiet aber vor allem durch den 1922 gegründeten Nationalpark mit seinen zahlreiche Steinbockkolonien. Weit über 4000 Tiere (letzte Zählung 1970) leben in Rudeln über den ganzen Nationalpark verstreut.

20 Mit einer Spiritusfüllung lassen sich mehrere Pfannen kochen oder braten. Selbst starke Windböen können, konstruktionsbedingt, die Flamme nicht ausblasen und das knappe Kilo Mehrgewicht trage ich gerne mit auf den Gipfel.

21 Gerade der Bregenzerwald bietet abseits bekannter Pfade noch manches versteckte Plätzchen. Wochentags trifft man in den einsamen Talschlüssen oft keine Menschenseele. Wenn man sich dann noch auf einem der unzähligen Gipfelchen 1000 Höhenmeter darüber befindet scheint die Zeit für eine Weile stehenzubleiben.

22 An manchen Frühlingstagen, wenn die Sonne schon richtig Kraft hat und die Hänge über dem Lago Maggiore mit Licht und Wärme überflutet, genießen wir die ersten Wanderungen im duftenden Laub vom letzten Jahr.

23 Die Americana Traube gedeiht inzwischen auch prächtig an unserer Weinlaube.
Vor Jahren hatte ich mir am Lago Maggiore einen Americano Rebstock gekauft. Dieser trägt inzwischen 50 Cent große, aromatisch nach Walderdbeeren schmeckende Trauben.

24 Das Originalrezept habe ich in irgendeinem Hausmacher Rezeptbuch aufgestöbert und über die Jahre hinweg optimiert. Vor allem Knoblauch, Basamicoessig und Ingwer geben dem Aufguß die charakteristische und unverwechselbare Note.

25 Maultaschenrezepte gibt es in allen Variationen: kleingeschnitten und mit Eiern angebraten, in der kräftigen Fleischbrühe schwimmend, mit einer Butterschmelze die Zwiebeln, Pilze oder Kräuter enthalten kann, in Tomaten- oder Bratensoße usw.

26 Le Corbusier bei der Planung seiner Kapelle in Ronchamp. (Siehe auch[17])

Literatur

Quellen und ergänzende Literaturangaben

Baur, Gerd.
Winterbegehung Vajolettürme,
aus: "der Bergsteiger", Bruckmann Verlag

Dauer, Tom
aus: „Reinhard Karl, Ein Leben ohne Wenn und Aber", AS Verlag, Zürich 2002

Dippelreiter, Reinhard.
aus „Kilimanjaro Lesebuch",
Konrad Stein Verlag, Karlruhe

Doczi, Györgi
aus: "Die Kraft der Grenzen", Engel & Co., Stuttgart, 6. Auflage 2005

Frisch, Max.
aus: „Der Mensch erscheint im Holozän",
Suhrkamp Verlag GmbH & Co. KG, Frankfurt

Geißler, Karlheinz A.
aus „Zeit", 2. Auflage, 1997, Julius Beltz GmbH & Co. KG

Goedecke, Richard.
aus „Augenblicke-oben", 1.Auflage, 1993,
Bergverlag Rudolf Rother GmbH

Göhrum, Volker.
aus: " STEIN-ZEICHEN", 1. Auflage, 1984,
Verlag Herder GmbH

Goethe, Joh. Wolfgang von (1749 bis 1832).
aus: „Wilhelm Meisters Wanderjahre", Band 2,
aus: „Faust II"
aus: „Schriften zur Naturwissenschaft","Zur Farbenlehre, leopoldinische Ausgabe, entstanden von 1791-1832", „Aphorismen"
aus: „Lexikon der Goethe Zitate", Patmos Verlag, Düsseldorf 2002

Gramich, Rudolf.
Ein Beitrag Zur Geisteshaltung des Bergsteigers auf dem Weg über „Das Symbol des Steines"
aus: „Der Bergkamerad", Bergverlag Rudolf Rother, München 1957

Grill, Bartholomäus.
aus „Zwischen Himmel und Hölle",
Zeit-Ausgabe Nr. 38, 9. September 2004

Hammarskjöld, Dag (1905-1961)
Generalsekretär der UN 1946-1961, fand 1961

bei einem, bis heute nicht aufgeklärten, Flugzeugabsturz nahe Katanga in Afrika den Tod
Haensel, Carl.
aus: „Der Kampf ums Matterhorn", 1. Auflage, 1929, D. Verlags-Anst. J. Engelhorn
Hegel, Georg Wilhelm Friedrich (1770-1831).
deutscher Philosoph und letzte Gestalt des Deutschen Idealismus
Hemmingway, Ernest.
„Schnee auf dem Kilimandscharo"
S. Fischer, Frankfurt, 1995
Hoek, Henry.
aus „Mit Schuh und Ski" Lizenzausgabe, Nymphenburger Verlagshandlung GmbH
Karl, Reinhard.
aus: „Reinhard Karl-Ein leben ohne Wenn und Aber", AS Verlag & Buchkonzept AG, Zürich, 2002
Lippert, Peter.
aus: „Engadin" ein Lesebuch, 1. Auflage, 1996, Abgruckgenehmigung: Provinzialat d. Oberdeutschen Provinz. Peter Lippert verbrachte als Jesuitenpater einige Zeit im Engadin.
Marti, Kurt.
Gedicht: „blauer himmel"
Kurt Marti, Bern
Macfarlane, Robert.
aus „Berge im Kopf", 1. Auflage, 2003, AS Verlag & Buchkonzept AG
Meyer, Hans.
aus: „Zum Gipfel des Kilimandscharo", 1. Auflage
Brockhaus Verlag Leipzig, DDR, 1989
Original: „Ostafrikanische Gletscherfahrten. Forschungsreisen im Kilimandscharo Gebiet"
Leipzig 1890
Nietzsche, Friedrich (1844-1900).
aus: „Also sprach Zarathustra",
„Menschliches, Allzumenschliches"
Paul, Jean.
aus „Ideen-Gewimmel", München, 2000, Deutscher Taschenbuch Verlag
Ratti, Achille, Papst Pius XI. (1857 bis 1939).

aus: G. Bobba und F. Mauro, „Alpine Schriften des Priesters Dr. Achille Ratti", Ins Deutsche übertragen von Leopold von Schlötzer. Berlin 1925

Rebuffat, Gaston .
aus: „Sterne und Stürme", Nymphenburger Verlagshandlung GmbH, München 1955

Saussure, Horace Bénédict de (1857-1913).
aus: „Reisen durch die Alpen", Leipzig, Johann Friedrich Junius, 1787

Schödlbauer, Ulrich
aus: „Uhuru Peak", Manutius Verlag, 2001

Stecher, Reinhold.
aus: „Botschaft der Berge"8. Auflage, 1993, Verlagsanstalt Tyrolia Gesellschaft m.b.H

Stephen, Leslie (1832 bis 1904).
aus: „Der Spielplatz Europas", Verlag Amstutz, Herdeg u. Co., Zürich/Leipzig 1942

Stifter, Adalbert.
aus: Erzählung Feldblumen

Vareschi, Volkmar.
aus :„Der Berg blüht" 2. Auflage, 1938, Bruckmann Verlag GmbH

Waggerl, Karl Heinrich.
aus: „Heiteres Herbarium"43. Auflage, Salzburg, 1993, Otto Müller Verlag GMB & o.KG

Waldau, Knut und Helmut Betz.
aus: „Berge sind stille Meister" 1. Auflage, 2003, Kösel GmbH & Co. KG

Zebhauser, Helmuth.
aus: „Jugend am Berg, JDAV" DAV Mitteilungen-Ausgabe 1/98, „Knetprodukt als Alpenvereinszeichen", Deutscher Alpenverein e.V

Allgemeine Quellen

Viele Bücher dienten als allgemeine Sekundärliteratur. Unter den wertvollsten sind: „Dr. Fritz Benesch - Zauber der Bergheimat", um 1900, ein Schwarz-Weiß Bildband mit brillanten 1:1 Bildabzügen von Glasplatten. (18 x 24 cm) Die mit einer Großformatkamera erstellten Aufnahmen faszinieren mich immer wieder mit ihrer unnachahmlichen Detailschärfe und regen mich stets zum Fotografieren an. „Jürgen Winkler - Aus den Bergen", 2004, ein prächtiger Schwarz-Weiß Bildband mit hervorragend, stimmungsvollen Aufnahmen. „Helmut Hirler - Iceland", 2004, ein Schwarz-Weiß-Infrarot Bildband im Panoramaformat. Der Profifotograf und Kollege unterrichtet an der Fotografenschule in Saulgau und hat sich auf Infrarotfotografie spezialisiert.
Desweiteren dient mir ein gut sortierter Bestand älterer „Bergsteiger"- Hefte immer wieder zur Inspiration und Erheiterung.
Eine wahre Fundgrube um an antiquarische, vergriffene und z.T. recht preisgünstige (Alpin)-Literatur zu kommen: „www. zvab.de"
Für Recherchearbeiten jeder Art: „Wikipedia, die freie Entzyklopädie, http://de.wikipedia.org"

Der Verfasser dankt den Rechteinhabern für die Nachdruckgenehmigungen, die durch den Textnachweis und einen folgenden Genehmigungs- oder Copyrightvermerk bezeichnet sind. Trotz gründlicher Recherchen war es nicht in allen Fällen möglich, die Rechtsinhaber ausfindig zumachen.

Bildnachweis

Bauer, Gerhard:
S. 118, Winterbegehung Vajolettürme

Egger, Manfred:
S. 127, Galdhøppigen

eso,
S. 175, Abbildung Spiralnebel, Copyright © ESO
http://www.eso.org/outreach/press-rel

Matasci, Fabiana:
S. 224

Puschendorf, Andreas
S. 98

Tilisunahütte
S. 140

Skischule Katschberg
S. 142

Kapitelvignetten
Christine Thoma

Alle anderen Aufnahmen in diesem Buch stammen vom Verfasser.

Dank

Ich danke allen ganz herzlich, die mir bei „hoch empor" in irgendeiner Form geholfen haben und mich mit Anregungen, Ratschlägen und Kritik immer wieder ermutigt haben. Die folgenden Personen tragen eine besondere Mitschuld: Meine Frau Elke für manchen hilfreichen Ratschlag von Anfang an. Manne Egger und Alfred Nuber als unermüdliche und unbezahlbare Fotomodelle auf unzähligen Berg-, Ski- und Klettertouren. Sie mussten manches Wegstück wegen meiner Fotoeskapaden mehrmals zurücklegen, manchmal auch in einer steilen Skispur.
Frau von Lockstaedt-Schäffler, Marianne Ossner, Herbert Sorg, Bernard Höger und Rupert Ambs fürs geduldige und gewissenhafte Korrekturlesen und Redigieren. Walter Kessler, der mich in die schwäbischen Maultaschenküche eingeweiht hat. Wolfgang Fehrenbach fürs Englischübersetzen. Christine Thoma für die stimmigen Acrylbilder zu „hoch empor", vor allem für das treffliche Titelbild.
Manuel Werner für die fachlichen, botanischen Informationen zum Thema Semperviven. Weiterführende Informationen zu diesem Thema auf seiner Homepage: http://berg.heim.at/tibet/451704/semperviven.htm
Für etwaige Fehler und Irrtümer inhaltlicher Art übernehme ich die alleinige Verantwortung.

Das Buch ist gesetzt in: Syntax/Linotype, so alt wie der Verfasser. Die Schrift gilt als Mutter der modernen Serifenlosen und schlägt mit ihrem humanistischen Charakter immer noch die meisten aktuellen „Modeschriften". H. F. Meier hat 14 Jahre an dieser Schrift gearbeitet. Durch die leichte Rechtsneigung und die rechtwinkligen Endungen entsteht das dynamische Schriftbild.
Garamond: Der Werksatz-Klassiker, 1530 von Claude Garamond geschnitten.
Info Web-Italic/FontShop: modische „Webschrift" (eigentlich für Bildschirmanzeige optimiert) von S. Sauerteig.

Das gestalterische Konzept dieser Publikation berücksichtigt typografische und sprachliche Besonderheiten des Autors. Der Autor folgt der reformierten Rechtschreibung nicht pauschal, sondern geht einen eigenen Weg zwischen Alt und Neu wie z.B. beim Wort „Rauhreif". Einem Wort wie „rauh" das „h" zu nehmen, (laut amtlichem Regelwerk mit der Begründung: „In Angleichung an die Wörter blau, schlau, die in der Aussprache verwandt sind, wird „rau" ohne „h" geschrieben.) ist für mich nicht nachvollziehbar, zumal das „h" in deutlicher Aussprache noch hörbar, etymologisch begründet und regional in lautlichen Varianten unangreifbar ist: „rauch" im Süden, „ruuch, ruge" im Norden. (Rauhreif und Rauhnächte kommt von „Rauch, Nebel") Übernommene, literarische Texte blieben in der Ursprungsfassung da eine Rechtschreibkorrektur zu gewissen Veränderungen von Stil und Bedeutung geführt hätte.

Die Ausarbeitung aller in diesem Buch beschriebenen Routen erfolgte nach bestem Wissen und Gewissen. Eine Haftung für Unfälle, oder Schaden, jeglicher Art wird abgelehnt. Jeder Bergsteiger übt seinen Sport auf eigenes Risiko aus.

Musikalische Inspirationen: Johann Pachelbel-Canon in 99 Variationen, Jan Garbarek, Leonard Cohen, Mark Knoepfler und natürlich meine kleine Sammlung afrikanischer Stücke, die ich 2003 aus Tansania vom Kilimanjaro mitgebracht habe, allen voran George Mukabi.

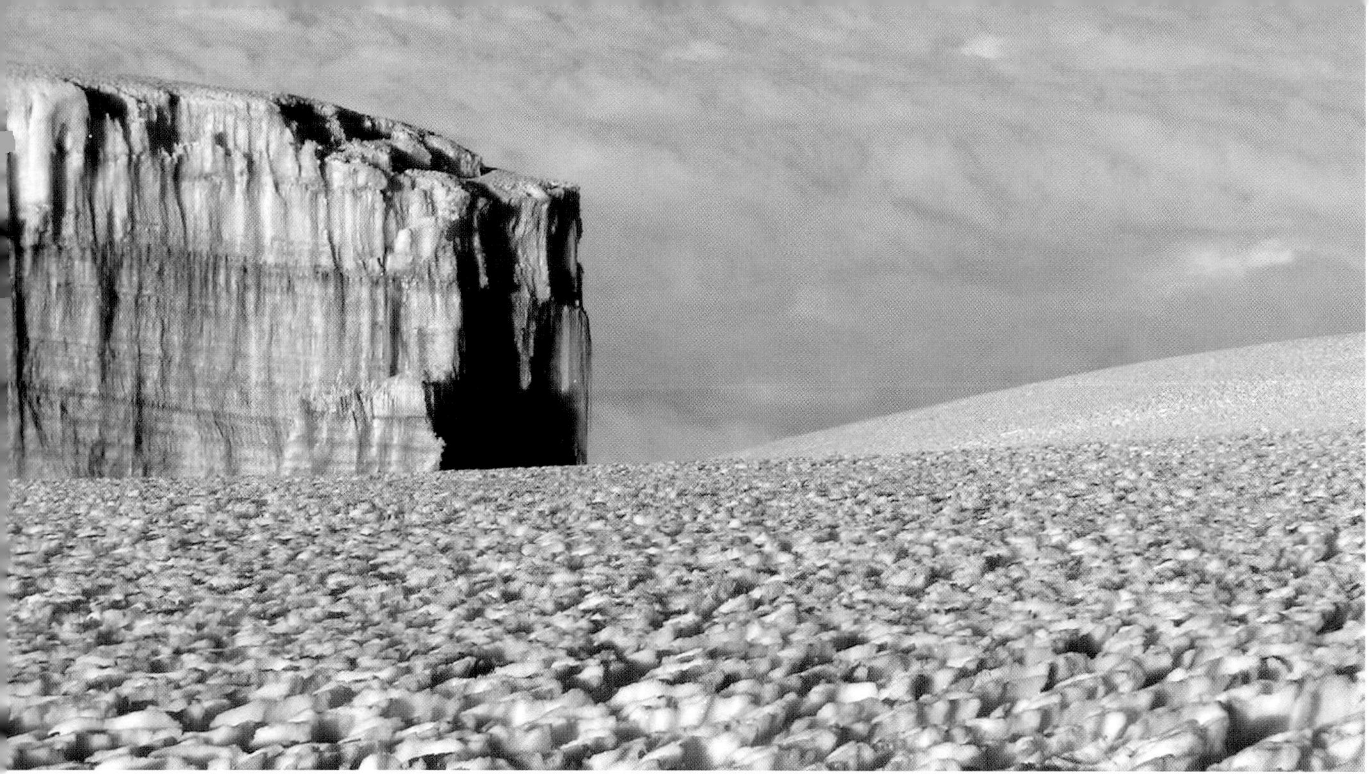

▲ *Auf dem Kilimanjaro, 5895 m*

Der Mensch trägt ein seltsames Paradox in sich.

Auf der einen Seite sucht er alle Wege und Mittel, um sein Leben bequemer, sicherer und bestimmbarer zu machen; andererseits aber weiß er intuitiv, dass er nur dann, wenn er Risiken eingeht und sich der Ungewissheit stellt, über sich selbst hinauswachsen und jenen Moment der Wahrheit erreichen kann, in dem er mehr von dem Unbekannten rund um ihn zu erfassen vermag.
Erst dann wird er auch seine eigenen Grenzen kennen lernen.

Doug Scott
Britischer Bergsteiger, Präsident des British Alpine Club

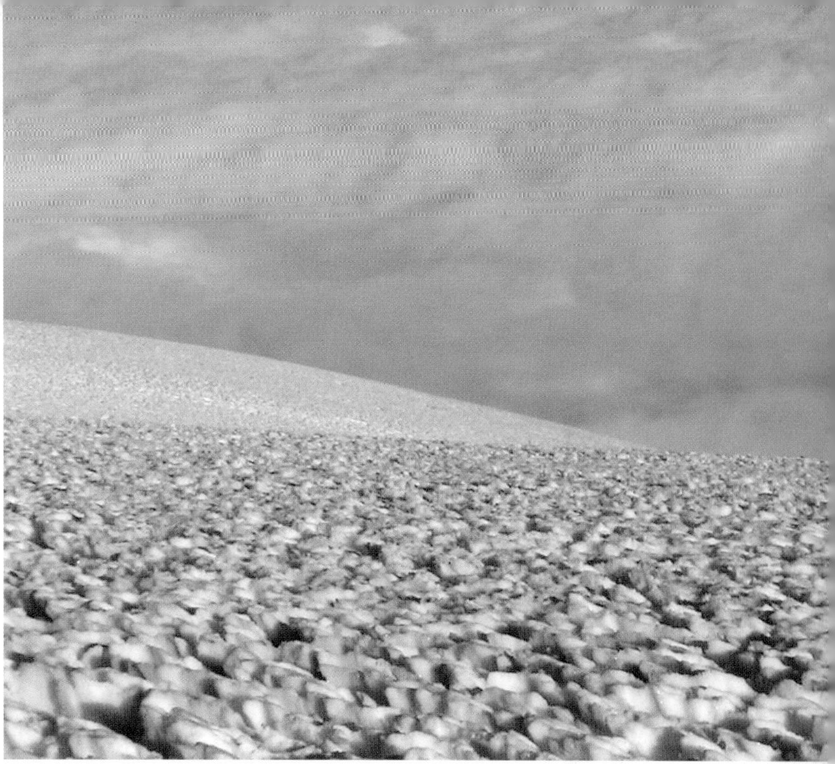

Beim ersten Lichtstrahl war dann alle Müdigkeit vergessen. Das Morgenrot, die differenzierten Purpurtöne und das noch dunkle Blau der Nacht wurden von dem starken Gelb der Morgensonne zerrissen. Aller Kleinmut war abgelegt, mit Steigeisen und Pickel legen wir eine tausend Meter hohe Spur in den bis dahin nur von Wind und Eis berührten Schnee.
Tausend Meter sind etwa 4000 steile Schritte, 50000 Herzschläge und vielleicht die Hälfte Atemzüge.
Bald stellte ich bei mir fest, dass anscheinend nicht die ganzen tausend Meter wichtig sind.
Eigentlich ist alles nur ein Sehnen auf die letzten Meter. Dann sieht man schon den Gipfel, du weißt, du bist gleich oben, erstaunlich leicht fällt jetzt das Atmen, das Kopfweh, das sich gewöhnlich bei mir in der Höhe einstellt, ist verschwunden.
Diese letzten Schritte, ja, die tun richtig gut.
Und dann oben. Zeit zum Atmen, Zeit zum Sehen, Zeit zum Staunen.

Reinhard Karl

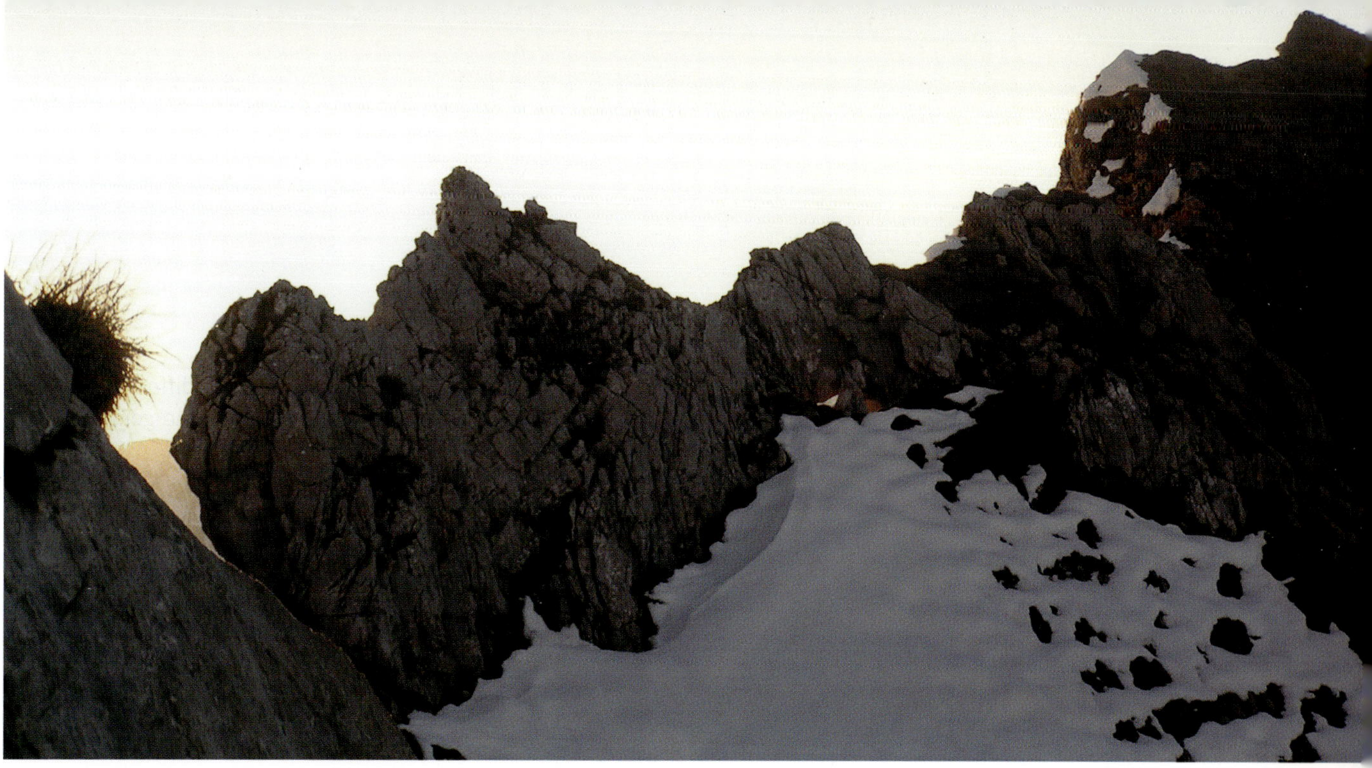

▲ *Winterlicher Zustieg auf die Hochkünzelspitze, 2397 m.*